간화선 수행의 교과서, 무문관

무문관 참구

간화선 수행의 교과서, 무문관

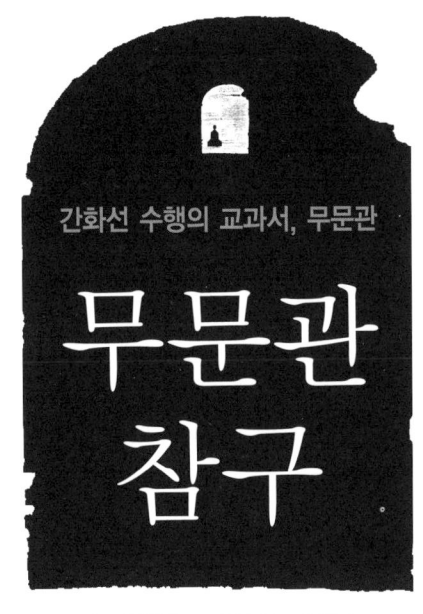

무문관 참구

| 장휘옥 · 김사업 제창 |

민족사

서문

아침 죽은 먹었는가? 그럼, 발우나 씻게나

산다는 것은 만만찮은 일이고 참되게 사는 것은 더욱 쉽지 않다. 그래서 때로는 세속을 떠나 시퍼렇게 수행하며 흔적 없는 바람처럼 살고 싶다는 막연한 생각을 하기도 한다. 하지만 현실은 놓아주지 않고, 결국 행복을 가르치는 책으로 위안을 삼지만 시간이 지나면 마음 한구석은 어딘가 허전하다.

선은 이런 일상의 끝없는 반복에서 벗어나 참다운 대자유의 세계로 인도한다. 안간힘을 다해 자기에 매달리고, 자신의 생각에 묶여 필요 없는 고통을 겪는 '나'. 선은 어리석음과 욕망으로 허우적거리는 이 고질적인 '나'를 빼앗고, 그것도 모자라 '나'라는 흔적조차 없게 함으로써, 오랜 망상의 껍질에서 벗어나 대자유의 세계에 안주하게 한다. 자유의 나라에는 자유라는 말이 없다. 진정 이 자리, 이 순간에 100퍼센트 철저하면 힘든 삶도 원하는 안락도 없다. 그저 순간순간을 온전히 살아가는 일상이 있을 뿐이다.

"아침 죽은 먹었는가?"
"예."

"그럼, 발우나 씻게나."

이 얼마나 걸림 없이 자유로운가!
이 책을 내는 이유는 단 하나, 이 참다운 대자유를 공유하기 위해서이다. 간화선의 정로(正路)는 찬탄에 머무는 것이 아니다. 공안을 실제로 참구하여 참다운 대자유를 얻지 않는다면 아무런 의미가 없다.

이 책의 집필에 매달린 지도 벌써 2년이 지났다. 대학 강단을 떠나 인석 드문 남해안 외딴섬에서 전문 선 수행을 시작한 지 만 10년. 그동안의 일들이 주마등처럼 스쳐 간다. 영하의 날씨에 불기 한 점 없는 고오가쿠지(向嶽寺) 선방에서의 겨울 안거, 법복이 땀에 젖어 물수건이 될 정도로 더운 여름 안거, "너희 둘은 내가 죽을 때까지 지도한다."며 질타와 격려를 아끼지 않으신 미야모토 다이호오(宮本大峰) 방장 스님의 힘, 1인 10역을 해도 항상 손이 모자라는 다사다난한 섬 생활 가운데서의 참선 수행. 그 속에서 본서 『무문관 참구』가 나왔다.

이 책이 나오기까지 지중한 인연들에 감사를 표한다. 고오가쿠지 다이호오 방장 스님, 동국대학교 은사님들, 유학시절 은사인 도쿄(東京)대학 고(故) 카마다(鎌田茂雄) 선생님, 키무라(木村清孝) 선생님, 교토(京都)대학 미마키(御牧克己) 선생님, 고오가쿠지 사가(師家) 고지마(小島岱山) 스님, 그 외의 많은 분들. 참으로 백골난망이다. 불연(佛緣)에 감사할 뿐이다.

2012년 1월
오곡도에서 장휘옥 · 김사업 합장

추천사

미야모토 다이호오(宮本大峰) 방장 스님

　인연은 불가사의하다.

　장휘옥, 김사업, 두 사람은 불교의 학문적 연찬(研鑽)에 정열을 불태워, 일본에 유학한 뒤 대학에서 교편을 잡았지만, 어느 날 함께 교직을 버리고 선 수행을 위해 소승(小僧)에게 입문했다. 물론 퇴로를 끊고, 확고한 결의 하에 입문했다는 것은 말할 필요도 없다.

　힘든 수행과 연마의 결과가 헛되지 않아, 드디어 안심(安心)의 선경(禪境)에 도달했다. 법희(法喜)·선열(禪悅)과 중생무변서원도(衆生無邊誓願度)의 억누를 수 없는 마음으로, 이번에 『무문관 참구(無門關參究)』를 저술했다. 충분한 실참(實參)·실구(實究)의 수련 없이는 집필하기 힘든 저작이므로 그 노고를 크게 칭찬하고 싶다.

　정법안(正法眼)을 활짝 뜨려고(豁開) 발원하는 구도자의 수행에 기연(機緣)이 되기를 바란다.

2011년 5월

鹽山 아래 向嶽寺 隱寮에서 宮本大峰

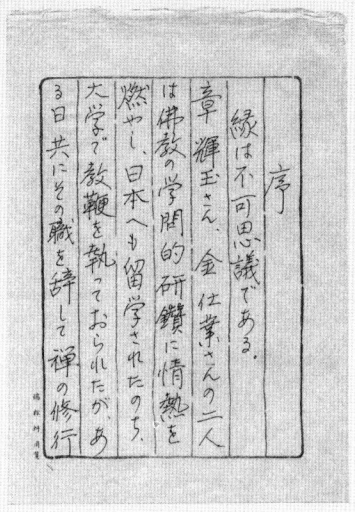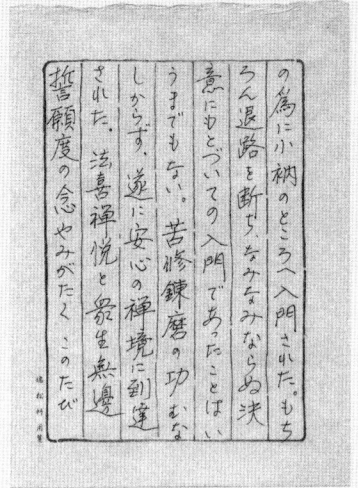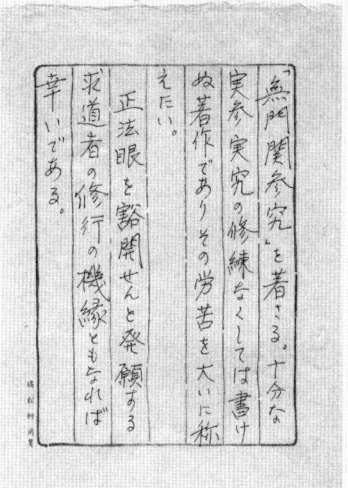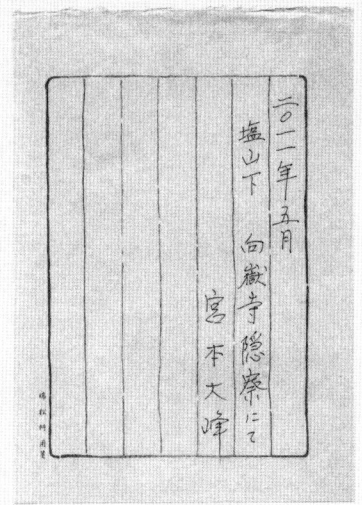

미야모토 다이호오(宮本大峰) 방장 스님은 간화선을 종지로 하는 일본 임제종 14 대본산의 하나인 고오가쿠지(向嶽寺)의 방장이다. 스님은 20대 초반에 출가하여 두 번의 죽을 고비를 넘겨가며 피나는 정진을 해왔다. 눈빛 하나, 몸 움직임 하나가 그대로 설법이라는 평을 받는, 일본을 대표하는 선승이다. 여든이 다 된 지금도 시자 없이 혼자 기거하며 몸소 빨래와 청소를 하고 계신다.

차례

- **서문** __ 아침 죽은 먹었는가? 그럼, 발우나 씻게나 ··· 4
- **추천사** __ 미야모토 다이호오(宮本大峰) 방장 스님 ··· 6
- **읽기 전에** __ 본서 『무문관 참구』의 특징 ··· 12
- **해설** __ 간화선 수행의 교과서, 『무문관』 ··· 20

무문의 자서(無門의 自序) ··· 27
     선종무문관

제1칙_ 조주구자(趙州狗子) ··· 29
     조주의 「무」

제2칙_ 백장야호(百丈野狐) ··· 44
     백장의 「불락인과·불매인과」

제3칙_ 구지수지(俱胝竪指) ··· 56
     구지의 「한 손가락 선」

제4칙_ 호자무수(胡子無鬚) ··· 66
     혹암의 「달마는 어째서 수염이 없는가」

제5칙_ 향엄상수(香嚴上樹) ··· 73
     향엄의 「입으로 가지를 물고 매달려 있을 때 어떻게 대답할까」

제6칙_ 세존염화(世尊拈花) ··· 80
     세존이 꽃을 드니 가섭이 미소 짓는다

제7칙_ 조주세발(趙州洗鉢) ··· 88
     조주의 「발우나 씻게나」

제8칙_ 해중조차(奚仲造車) ··· 93
     월암의 「수레를 해체하면 어떻게 되는가」

제9칙_ 대통지승(大通智勝) ··· 98
     청양의 「대통지승불」

제10칙_ 청세고빈(清稅孤貧) ··· 108
　　조산과 청세의 청빈

제11칙_ 주감암주(州勘庵主) ··· 113
　　조주와 두 암주의 주먹

제12칙_ 암환주인(巖喚主人) ··· 118
　　서암의 「주인공」

제13칙_ 덕산탁발(德山托鉢) ··· 125
　　덕산이 발우를 들고 되돌아가다

제14칙_ 남전참묘(南泉斬猫) ··· 134
　　남전이 고양이를 베다

제15칙_ 동산삼돈(洞山三頓) ··· 143
　　운문의 세 차례 방망이와 동산의 깨달음

제16칙_ 종성칠조(鐘聲七條) ··· 154
　　운문의 「종소리가 나면 어째서 가사를 입는가」

제17칙_ 국사삼환(國師三喚) ··· 161
　　혜충국사가 세 번 부르고 시자가 세 번 대답하다

제18칙_ 동산삼근(洞山三斤) ··· 169
　　동산의 「마삼근」

제19칙_ 평상시도(平常是道) ··· 174
　　남전의 「평상심이 도」

제20칙_ 대역량인(大力量人) ··· 181
　　송원의 「대역량인은 어째서 다리를 들지 못하는가」

제21칙_ 운문시궐(雲門屎橛) ··· 189
　　운문의 「똥 덩어리」

제22칙_ 가섭찰간(迦葉刹竿) ··· 194
　　가섭이 아난에게 법을 전하다

제23칙_ 불사선악(不思善惡) ··· 201
　　육조의 「선도 악도 생각지 않을 때 너의 본래면목은」

제24칙_ 이각어언(離却語言) ··· 211
　　풍혈의 「말에도 침묵에도 걸리지 않는 한마디」

제25칙_ 삼좌설법(三座說法) ··· 219
　　앙산의 「대승의 법은 사구를 여의고 백비를 끊는다」

제26칙_ 이승권렴(二僧卷簾) ··· 225
　　법안의 「일득일실」

제27칙_ 불시심불(不是心佛) ··· 232
　　남전의 「아직 사람들에게 설하지 않은 법」

제28칙_ 구향용담(久響龍潭) ··· 238
　　용담이 등불을 '훅' 불어 끄니 덕산이 깨닫는다

제29칙_ 비풍비번(非風非幡) ··· 249
　　육조의 「바람도 깃발도 아니고 마음이 움직인다」

제30칙_ 즉심즉불(卽心卽佛) ··· 255
　　마조의 「즉심즉불」

제31칙_ 조주감파(趙州勘婆) ··· 262
　　조주의 「오대산의 노파를 완전히 간파했다」

제32칙_ 외도문불(外道問佛) ··· 268
　　세존의 거좌와 외도의 깨달음

제33칙_ 비심비불(非心非佛) ··· 274
　　마조의 「비심비불」

제34칙_ 지불시도(智不是道) ··· 279
　　남전의 「마음은 부처가 아니고 지혜는 도가 아니다」

제35칙_ 천녀리혼(倩女離魂) ··· 285
　　오조의 「천녀의 육체와 영혼, 어느 것이 진짜인가」

제36칙_ 노봉달도(路逢達道) ··· 293
　　오조의 「말과 침묵을 초월한 자를 어떻게 대하겠는가」

제37칙_ 정전백수(庭前柏樹) ··· 298
　　조주의 「뜰 앞의 잣나무」

제38칙_ 우과창령(牛過窓欞) ··· 305
    오조의 「머리도 몸도 통과했는데 어째서 꼬리만 통과 못하는가」

제39칙_ 운문화타(雲門話墮) ··· 313
    운문의 「말에 떨어져 버렸군」

제40칙_ 적도정병(趯倒淨瓶) ··· 320
    백장의 주지 선발 시험에 위산이 정병을 차 버리다

제41칙_ 달마안심(達磨安心) ··· 328
    달마의 「이미 너의 마음을 편안하게 했느니라」

제42칙_ 여자출정(女子出定) ··· 337
    문수와 망명의 여인 깨우기

제43칙_ 수산죽비(首山竹篦) ··· 347
    수산의 「죽비를 뭐라고 부르겠는가」

제44칙_ 파초주장(芭蕉拄杖) ··· 352
    파초의 「주장자가 있으면 주고 없으면 뺏을 테다」

제45칙_ 타시아수(他是阿誰) ··· 357
    오조의 「석가와 미륵을 종으로 부리는 그는 누구인가」

제46칙_ 간두진보(竿頭進步) ··· 363
    석상의 「백척간두에서 어떻게 나아가겠는가」

제47칙_ 도솔삼관(兜率三關) ··· 369
    도솔의 세 관문

제48칙_ 건봉일로(乾峯一路) ··· 378
    건봉의 「열반으로의 한 길」

황룡삼관(黃龍三關) ··· 385
    황룡의 세 관문

- **색인** ··· 392
- **『무문관』 불조**(佛祖) **법계표**(法系表) ··· 414

읽기 전에

본서 『무문관 참구』의 특징

　보통은 책머리에 '일러두기'라 하여 독자가 그 책을 읽는 데 알고 있어야 할 사항을 간략히 언급해 두는 것이 상례이다. 그러나 본서는 간략한 언급으로는 독자가 이해하기 힘든 부분이 많아 '읽기 전에'라는 제목의 제법 긴 글로 '일러두기'를 대신한다. '읽기 전에'는 이 책을 읽는 데 꼭 알아야 할 예비적 지식임과 동시에 이 책의 특징이기도 하다.

900여 회의 독참

　자신의 허점을 스스로 발견하기란 대단히 어려운 일이다. 그래서 자기도 모르게 잘못된 길로 들어가 많은 시간과 노력을 낭비하고는 때늦은 후회를 한다. 이 점은 선 수행에서도 예외가 아니다. 특히 공안 참구에서 머리 굴리는 습관은 항상 경계해도 어느새 빠져들고 마는 함정과 같다.

　공안 참구의 핵심은 기존의 모든 알음알이에서 벗어나서 공안 그 자체가 되는 것이다. 자신의 머리로 공안을 짜맞추려 해서는 세월만 허비한다. 그러나 보통은 머리 굴리는 습관에 오랫동안 젖어 있었기 때문에 공안을 머리로 풀어낸다. 일단 머리로 어떤 해답을 찾았으면 그 답이 옳든 그르든 상관없이 그 답에 묶여서 더 이상 공안 참구에 진척이 없다.

또한 수행의 긴 여정에서 초심의 기세당당함은 시간이 흐르면서 의기소침으로 바뀌기 쉽고, 마경(魔境)을 깨달음으로 착각하여 옆길로 샐 수도 있다. 타성에 젖어 공안을 드는 것도 아니고 들지 않는 것도 아닌 나날을 보내기도 한다.

이러한 점을 간파했기 때문일까. 선의 본고장 중국 선종에는 매일 정기적으로 수행자가 스승과 일대일로 만나 공안에 대해 자신의 경지를 보이고 점검 받는 '독참(獨參)'이라는 전통적인 제도가 있었다. 독참은 청규(淸規)에도 그 규정이 상세히 나오며, '입실(入室)'이라고도 한다. 독참 때에는 스승과 수행자 사이에 선문답(禪問答)이 오고 간다.

전통적인 이 독참 제도가 일본 임제종에서는 온전히 행해지고 있다. 독참에서 수행자는 공안에 대해 자신이 참구한 바(見處)를 스승에게 내보인다. 그러나 스승은 그 허점을 선문답으로 예리하게 지적하며 바른 견처를 보이도록 엄하게 질타한다. 독참이 거듭되면서 스승의 선적(禪的) 역량에 수행자의 뿌리 깊은 선입견과 머리 굴림은 박살나고, 수행자 스스로가 자신의 문제점을 꿰뚫어 볼 수 있는 눈을 가지게 된다. 또한 다음 독참 때에는 바른 견처를 보여야 하기 때문에 수행자는 공안 참구 외에는 잠시도 다른 것에 눈을 돌리지 못한다.

독참에서 공안 참구만 점검받는 것이 아니다. 수행자가 의기소침에 빠져 있으면 스승은 분심을 불러일으켜 수행에 매진하도록 한다. 수행자가 자기도 모르게 타성에 젖어 있거나 심신의 편안함만 즐기고 있으면 스승은 죽비로 사정없이 후려쳐서 진정한 수행의 길을 걷게 한다.

수행자는 이렇게 독참을 통해 혼자서는 도저히 뚫기 어려운 관문을 뚫어나간다. 독참을 체험해 보면, 선은 스승의 지도 없이는 힘들고, 학문은 독학이 가능하나 선은 독학이 통하지 않는다는 말이 가슴에 절절이 와 닿는다. 선이 법맥(法脈)을 중시하는 이유가 바로 여기에 있다.

공동저자인 우리 두 사람은 2003년부터 지금까지 일본 임제종 14 대본산 가운데 하나인 고오가쿠지(向嶽寺)의 안거 집중수행(攝心)에 일년에 세 번 내지 네 번은 반드시 참가하고, 때로는 안거 기간 중 장기간 체재하면서 미야모토 다이호오(宮本大峰) 방장 스님의 독참 지도를 받아왔다. 안거 중에 매달 일주일씩 행하는 집중수행, 즉 용맹정진 기간에는 독참이 하루 4, 5회씩 있고, 평상시에는 매일 1, 2회의 독참이 있으니, 지금까지 우리는 각자 총 900여 회의 독참 지도를 받은 셈이다.

그동안 선 수행자의 필수적 공안집인 『무문관』, 『벽암록』, 『임제록』, 「오위편정(五位偏正)」, 「십중금계(十重禁戒)」 등에 나오는 수백 개의 공안을 다이호오 방장 스님과 한 칙 한 칙 선문답(독참)을 통해 마쳤다. 참으로 이 생에서는 불가능하다고 생각했던 일이 이루어진 것이다.

본서는 900여 회에 달하는 독참을 통해서 우리가 체험한 바를 중심으로 썼다. 체험을 바탕으로 머리 굴림이나 알음알이에 빠지지 않고 공안을 공안답게 올바로 참구할 수 있게 이끄는 내용과 구성이 되도록 온 힘을 쏟았다. 그 일환으로 공동저자 김사업이 『무문관』의 공안을 참구하면서 방장 스님과 독참 때 주고받은 실제의 문답 중, 필요하다고 판단되는 부분은 본서의 각 칙 마지막 〔입실〕 항목에 인용해 놓았다. 〔입실〕에서 '김'은 김사업을 가리킨다.

선종 전래의 제창(提唱) 형식

본서에서는 『무문관』의 본칙, 평어, 송 각각에 대해 선종 전통 방식으로 제창(提唱)했다. 제창은 선 지도자가 조사의 어록이나 고칙(古則)에서 선의 요체를 학인들에게 제기하고 참구심을 격발시키는 것으로, 단순한 강의나 설법이 아니다. 선을 지도하는 아주 중요하고 효율적인 방식이지만 안타깝게도 근래 우리나라에서 제창 형식으로 출간된 책은 드물다.

일반 강의에서는 의심의 여운이 남지 않도록 완벽히 잘 설명하는 것이 좋은 강의이다. 그러나 선에서 개별 공안에 대한 강의식 설명은 '죽은 말(死句)'일 뿐이다. 설명을 듣고 머리로만 공안을 이해하면 더 이상 진척이 없기 때문이다. 따라서 본서에서는 이론적 설명이 필요할 경우라도 제창의 전통에 따라 최소한으로만 했다.

전통적인 공안의 제시

공안 하나를 완벽히 뚫으면 1700 공안이 즉석에서 다 뚫린다. 하지만 좀처럼 그렇게 되기는 어렵다. 이 공안을 뚫었다 싶어도 저 공안에서 막혀 버린다. 그만큼 자신의 선적(禪的) 경지가 미숙하다는 것이다. 이것이 『무문관』·『벽암록』·『임제록』 등에 나오는 공안들을 뚫어나가면서 백련천단(百鍊千鍛)하는 이유이다. 그러나 독참 제도가 없다면 여러 공안을 뚫어나가는 수행은 사실상 불가능하다.

이 책에서 "뚫어야 할 공안"이라고 밝힌 화두는 우리가 임의로 설정한 것이 아니다. 일본 임제종에서 수백 년간 그대로 전해져 내려오는 전통적인 참구 공안이다. 그리고 우리가 독참을 통해 수행하면서 실제로 뚫은 공안이기도 하다. 『무문관』·『벽암록』 등의 공안집에서 "뚫어야 할 공안"은 한 칙에 하나만 있는 경우도 있지만 대부분은 여러 개가 있다. 『무문관』 제2칙 「백장야호」의 경우는 여섯 개나 된다.

일본 임제종은 송나라 때 일본으로 건너와 선법을 전한 중국 선사들과 송나라에 유학해 현지의 선을 전수받은 일본 선사들에 의해 형성되었다. 또한 현재 일본 임제종의 건물 구조, 수행 제도, 생활양식 등은 송대 중국 선종의 그것을 충실히 계승하고 있다. 따라서 "뚫어야 할 공안"도 중국 선종의 지대한 영향 하에서 학인들에게 제시된 것이 분명하다.

심혈을 기울인 원문 번역

원문에 대한 정확한 번역은 아무리 강조해도 지나치지 않다. 번역을 통해 원의(原義)가 제대로 드러나야 다른 후속 작업들이 올바른 방향을 잡는다. 『무문관』과 같은 공안집을 번역할 때는 번역에 필요한 제반 지식과 기법 이외에 그 공안을 꿰뚫어 보는 안목이 있어야 한다. 선적 안목의 유무에 따라 번역은 여러 가지로 달라질 수 있다.

본서에 실린 『무문관』 원문은 『대정신수대장경』 권48에 수록된 『선종무문관(禪宗無門關)』을 저본으로 하되, 저본에서 발견된 소수의 오자와 탈자는 히라타 타카시(平田高士)의 『무문관(無門關)』(선의 어록 18, 筑摩書房, 1981 초판 제4쇄, pp.210-211) 등을 참조하여 수정해 놓았다.

원문 번역을 위해 국내외에서 출간된 『무문관』에 관한 저술은 거의 모두 참고했는데, 번역과 용어 풀이에서 여러 문제점들을 발견할 수 있었다. '지객(知客, 선원에서 내빈을 접대하는 직책)'을 '객승'이라 풀이하는 초보적인 오류부터, 한 번 잘못된 오역이 여러 책에 걸쳐 두고두고 답습되는 것까지 다양했다. 또한 공안 참구의 체험 없이 문자 해석에만 매달렸기 때문에 생긴 실수도 적지 않았다.

우리는 이런 점들을 확인하면서 최선을 다하여 번역과 용어 풀이의 정확성에 심혈을 기울였다. 기존의 번역·풀이와의 차이점에 대해 일일이 밝혀두어야 하겠지만, 논문이 아니므로 생략했다.

본서에서는 『무문관』의 서문과 후서는 필요한 부분만 다루었다. 서문 중에서는 무문의 자서만 뽑아서 번역하고, 후서에서는 공안 참구로 이용하는 황룡삼관만 번역·제창했다.

현재형 서술

본서는 선의 정신과 공안 참구의 핵심이 잘 드러나도록 현재형 서술을 고집했다. 선은 지금 이 순간을 100퍼센트로 사는 것이다. 다시 말해, 이 순간을 싫다 좋다 등으로 쪼개지 않고 순간의 상황 그 자체가 되는 것이다. 마찬가지로 공안도 자신의 생각에 맞추어 복잡하게 쪼개지 말고, 이 순간의 내가 공안 그 자체가 되어야 한다. 이것이 공안 참구의 핵심이다.

공안 속의 등장인물을 나와 관계 없는 먼 옛날 사람으로 보아서는 안 된다. 바로 이 순간의 내가 그 상황의 그가 되어 공안 속의 말과 행동을 해야 한다. 그렇지 않으면 공안은 생명 없는 옛날이야기나 문학작품으로 끝나 버린다. 공안과 지금의 나 사이에 간격이 생기는 순간, 공안은 이미 대상화되어 그 자체가 되는 것에서 벗어나고 만다.

이런 이유로 본칙과 평어, 송을 모두 현재형으로 번역했고, 제창도 현재형으로 했다. 공안 속의 말과 행동은 지금 내가 하는 것이고, 평어와 송과 제창은 바로 지금 나의 일(己事)이니 당연히 현재형이 될 수 밖에 없다. 현재형이 생소할지 모르나 익숙해져야 한다는 확신을 갖고 있다. 이 순간 이 자리의 자기를 이탈하면 선은 없다.

선에는 칭찬이 없다

본서에서는 선적(禪的) 긴장감과 현장감을 살리기 위해 존칭과 겸손한 표현보다는 실제 수행 현장에서 사용되는 직설적인 말을 많이 사용했다. 선에는 칭찬이 없다. '억하(抑下)의 탁상(托上)'이라 하여 폄하하는 말이 오히려 칭찬인 경우가 많다. 선에서 가장 훌륭한 스승은 깨달음을 위해 제자에게 원한을 살 정도로 비수를 꽂는 스승이다. 이 점을 이해하여 표현이 부드럽지 못하더라도 널리 양해해 주기 바란다.

공안 참구서에 맞는 편집

본서는 공안을 참구하는 데 적절하도록 편집했다. 본칙과 평어, 송, 그리고 이들 각각에 대한 제창 부분은 모두 좌우 2단으로 편집했다. 원문 대조의 편의를 위해 한쪽 단에는 우리말 번역을, 바로 옆 단에는 한문 원문과 용어 풀이를 실었다. 특히 제창의 경우는 읽는 데 맥이 끊기지 않도록 하기 위해 용어 풀이는 따로 떼어서 그 용어가 나오는 바로 옆 단에 배치시켜 독자의 집중력과 가독성을 높이도록 정리했다.

그리고 각 칙의 끝부분에는 독참 때 방장 스님과 김사업이 나누었던 실제 문답을 〔입실〕이라는 제목으로 실었다. 또한 각 칙에 등장하는 중심 인물의 행장과 그 밖의 필요한 사항도 함께 정리해 독자의 편의를 도왔다.

본서는 제1칙부터 순서대로 읽기를 권한다. 앞에서 언급한 내용은 특별한 경우를 제외하고는 뒷부분에서 중복을 피했기 때문이다.

해설

간화선 수행의 교과서, 『무문관』

공안과 간화선

　공안(公案)을 참구하여 깨달음에 이르고자 하는 것이 간화선(看話禪)이다. 공안은 선 수행자를 깨닫게 하기 위한 하나의 문제를 말하며, 부처님이나 옛 선사들의 말씀이나 행동 등이 공안으로 사용된다. 공안은 무언가에 대해 집착을 갖고서는 결코 뚫을 수 없다. 그래서 수행자를 집착에서 완전히 벗어나게 하여 약이 필요 없는 본래의 자신에 눈뜨게 한다.

　공안이라는 말은 원래 법률용어로, 관공시에 비치된 판례 조문을 뜻했다. 판례가 지금의 법률문제를 푸는 데 나침반 역할을 하듯, 깨달음에 이르게 하는 나침반이 바로 공안이다. 공안과 화두(話頭)를 구분할 때도 있지만, 이 책에서는 동일한 의미로 사용했다.

간화선의 교과서 『무문관』

　『무문관』은 간화선 수행의 교과서라 불린다. 무문 혜개(無門慧開,

1183-1260)가 『무문관』을 완성한 것은 1228년으로, 간화선을 확립한 대혜 종고(大慧宗杲, 1089-1163)가 입적한 뒤 약 65년이 지난 후의 일이다.

　무문이 산 시대는 남송의 국력이 쇠미해가고 선도 황금기를 지나 활발함을 상실해가고 있을 때였다. 무문은 대혜와 같은 임제종 양기파였는데, 간화선을 수행하여 깨달았다. 그의 『무문관』 간행은 간화선의 정로(正路)를 지키고 밝혀야 할 시대적 요청에 부응한 것이었다.

　『무문관』의 핵심 부분은 48칙의 공안(本則)과 각 공안에 대한 무문 자신의 평어(評語)와 송(頌)이다. 무문은 선방 납자들을 지도하면서 간화선 수행에 필요한 공안 48칙을 선별했다. 종전의 『경덕전등록』(1004년 간행)에 나오는 공안뿐 아니라 무문과 동시대 선사들의 최신 공안까지 포함되어 있다. 이 중 그 이전에 발간된 『벽암록』의 100칙 공안과 중복되는 것은 4칙밖에 없다.

　『무문관』의 평어와 송은 참구자의 쓸데없는 지식과 그릇된 인식을 불식시키고 깨달음의 눈을 뜨게 하는 데 모든 초점을 맞추고 있다. 공안을 바르게 참구하고 그 공안의 핵심에 다가가도록 하는 내용만 간단명료하게 담고 있는 것이다. 『벽암록』이나 『종용록』에서와 같은 문학적 수사는 일체 없다.

　『무문관』은 이처럼 다른 공안집들과 비교할 때 양과 질에서 단순명쾌하기 때문에 간화선 수행의 교과서라 평해진다. 이런 이유로 본격적인 공안 참구의 입문서로 가장 많이 이용되고 있다.

　『무문관』은 서문(序文), 본문(本文), 후서(後序)로 구성되어 있다. 서문에 속하는 것은 습암(習庵)의 서와 무문 자신의 표문(表文) 및 자서(自序)이다. 본문은 48개의 본칙과 이에 대한 평어와 송이다. 후서는 간행할 때마다 새로운 부분이 첨가된 형태를 띠고 있다. 첫 간행 때(1228)는 무문 자신의 후서만 있었으나, 두 번째 간행(1245)에서는 선잠(禪箴), 황룡삼관(黃龍三關), 맹공(孟珙)의 발(跋)이 첨가되었다. 세 번째 간행본에는 안만(安晚)의 발(跋) 및 제49칙어(第四十九則語)가 새로이 추가되어 있다.

서문과 후서의 기록들을 종합해 보면, 『무문관』은 1228년 12월 5일에 처음으로 인쇄되었고, 이듬해 1월 5일 당시의 황제 이종(理宗)의 탄신일을 맞아 이종에게 헌정되었다.

무문 혜개는 누구인가?

무문 혜개는 남송 효종 순희 10년(1183) 절강성 항주(杭州)에서 태어났다. 속성은 양(梁)씨. 처음에는 천룡 굉(天龍 肱)에게 배웠지만, 강소성 평강(平江) 만수사(萬壽寺)의 월림 사관(月林師觀, 1143-1217)의 지도를 받고 그 법을 이었다. 임제종 양기파의 문을 연 양기 방회(楊岐方會, 992-1049)의 8세 법손에 해당한다.

무문은 월림 문하에서 「조주구자(趙州狗子)」공안으로 6년 동안 참구했지만 깨달음은 멀기만 했다. 그는 수마에 떨어지면 몸을 문드러지게 하겠다고 맹세하고 졸음이 올 때마다 기둥에 머리를 부딪히며 수행했다. 그렇게 심기일전하던 어느 날, 짐심 공양을 알리는 북소리를 듣는 순간 활연 대오했다. 그때 그는 이렇게 읊었다.

> 맑은 대낮에 우레 일성(青天白日一聲雷)
> 지상의 모든 존재가 눈을 떴다(大地群生眼豁開).
> 삼라만상이 일제히 머리를 숙이고(萬象森羅齊稽首)
> 수미산이 벌떡 일어나 덩실덩실 춤을 춘다(須彌踍跳舞三臺).

그는 이튿날 스승 월림과 법거량하여 인가를 받았다. 그 뒤 36세 때(1218) 안길산 보인사의 주지가 된 것을 시작으로 여러 사찰의 주지를 역임했다. 64세 때(1246)에는 칙령에 의해 호국인왕사의 개산조가 되었고, 이듬해에는 이종 황제로부터 금란가사와 불안(佛眼)이라는 시호를 받았다. 무문이 『무문관』을 간행한 것은 1228년 12월 5일, 그의 나이 46세 때의 일이다.

만년에는 학인들의 지도에 지쳐 서호 기슭에 은거했지만 그의 가르침을 찾는 이의 발길은 끊이지 않았다. 1260년 4월 7일, 문인들에게 열반송을 남기고 입적하니 그의 나이 78세였다. 그의 풍모와 인품을 보여주는 게송 한 수가 전해져 온다.

몸은 야위었고 정신은 밝고 맑았다(形枯神朗).
말은 꾸밈이 없었고 뜻은 현묘했다(言朴旨玄).
헝클어진 검푸른 머리카락에(紺髮鬅鬆)
해어진 남루한 승복을 입고 살았다(著弊垢衣).

무문관
참구

무문의 자서 (無門의 自序)

선종무문관(禪宗無門關)

　선(禪)은 부처의 마음을 근본으로 하고, 문 없음(無門)을 법의 문으로 삼는다. 이미 문이 없는데 무슨 수로 뚫고 나갈 것인가? "문으로 들어온 것은 가보(家寶)가 아니고, 인연으로 얻은 것은 끝내 소멸한다."는 것을 어찌 모르는가. 이 책에서 말하는 것 또한 바람도 없는데 파도를 일으키고, 괜히 고운 살을 도려내어 부스럼을 만드는 꼴이다. 하물며 언어 문자에 매달려 알려고 해서야 되겠는가? 실로 몽둥이로 달을 치려 하고, 발이 가려운데 신발을 긁는 것과 같다. 선과는 아무런 관계도 없다.

　나, 혜개(慧開)는 소정 무자년(1228) 하안거, 동가(東嘉)의 용상사에서 수좌(首座)로 있었다. 납자들이 가르침을 청하므로 옛사람의 공안으로 문을 두드리는 기와 조각으로 삼고, 근기에 맞추어 지도했다. 그중에 필요한 부분만 뽑아 적어두었는데 어느새 상당량이 되

禪宗無門關. 佛語心爲宗, 無門爲法門. 旣是無門, 且作麼生透. 豈不見道, 從門入者不是家珍, 從緣得者始終成壞. 恁麼說話, 大似無風起浪, 好肉剜瘡. 何況滯言句, 覓解會. 掉棒打月, 隔靴爬痒, 有甚交涉. 慧開, 紹定戊子夏, 首衆于東嘉龍翔. 因衲子請益, 遂將古人公案, 作敲門瓦子, 隨機引導學者. 竟爾抄錄, 不覺成集. 初不以前後叙列, 共成四十八則. 通曰無門關. 若是箇漢, 不顧危亡, 單刀直入. 八臂那吒, 攔他不住. 縱使西天四七, 東土二三, 只得望風乞命. 設或躊躇, 也似隔窓看馬騎, 眨得眼來, 早已蹉過.

었다. 처음부터 순서를 생각하여 정렬한 것은 아니었으나 48칙에 이르렀다. 이를 한데 모아 『무문관(無門關)』이라 부른다.

    대장부라면 목숨을 돌보지 않고 곧장 뛰어들 것이다. 대력(大力)의 여덟 팔 나타(那吒)도 이 자를 막지 못하고, 서천 28조와 동토의 여섯 조사라 한들 그 기상에 목숨을 구걸할 수밖에 없다. 그러나 만일 조금이라도 주저한다면 창 너머로 달려가는 말을 보듯 순식간에 진리를 놓쳐 버릴 것이다.

頌曰. 大道無門, 千差有路. 透得此關, 乾坤獨步.

■ '기불견도(豈不見道)'에서 종래 '도(道)'를 '말하다'로 새긴 것은 잘못이다. 여기서 '도(道)'는 동사에 붙는 접미사이다.

■ '서천사칠(西天四七)'은 석가모니부터 달마까지 인도의 28명의 전등 조사를 말한다.

■ '동토이삼(東土二三)'은 달마부터 혜능까지 중국의 여섯 조사를 가리킨다.

대도(大道)에는 문이 없어
온 천지가 길이다.
이 관문을 뚫으면
천하를 활보한다.

제1칙

조주구자 (趙州狗子)

조주의 「무」

 __ **본칙**

한 승이 조주 화상에게 묻는다.
"개(狗子)에게도 불성이 있습니까?"
조주가 말한다.
"무(無)."

趙州狗子.
趙州和尙, 因僧問, 狗子
還有佛性也無. 州云, 無.

 __ **제창**

"개(狗子)에게도 불성이 있습니까?"
"무(無)."
이것이 유명한 조주의 '무' 자 공안이다. 조주 같은 거장에게 법 거량을 요청한 승(僧)이라면 분명 보통 사람은 아니다.

■ '구자(狗子)'는 개(犬)를 말하고, 자(子)는 접미사.

『조주록』에서는 이 내용에 이어서 승이 다시 반문한다. "위로는 모든 부처님으로부터 아래로는 개미에 이르기까지 모두 다 불성이 있는데, 어째서 개에게는 없습니까?" 이 말로 보아 그는 '모든 중생에게 불성(佛性)이 있다'는 '일체중생, 실유불성(一切衆生, 悉有佛性)' 사상을 잘 알고 있다.

그렇다면 개에게 불성이 있음을 모를 리 없다. 그런데도 '개에게 불성이 있느냐' 묻는다. 이 승은 어째서, 그것도 당대를 대표하는 선승 조주에게 이렇게 상식적인 질문을 던질까?

또 조주는 무슨 까닭으로 예상을 뒤엎고 "무."라 외칠까? 이때의 '무'는 분명히 '없다'는 뜻은 아니다. '없다'는 뜻의 '무'라면 조주가 불교의 기본 상식인 '일체중생, 실유불성'도 모르는 것이 된다. 그렇다면 조주가 외친 '무'는 도대체 무엇을 의미할까? 승과 조주는 서로 무엇을 노리고 이처럼 첨예하게 대치하는 것일까? 서로가 노리는 '그것'은 무엇일까?

"개에게도 불성이 있습니까?"라는 물음은 단순히 교리적 차원에서 지적(知的) 해석을 기다리며 던진 것이 아니다. 선문답의 목적은 지적 해석이나 이론으로 경직되어 있는 사람들의 머리 굴림을 깨부수고 자신의 체험에서 나온 살아있는 답을 제시하게 하는 것이다.

승이 질문한 진짜 의도는 개에게도 불성이 있는지 없는지의 유·무를 묻는 데 있는 것이 아니다. 개의 불성, 더 구체적으로 말하면 누구에게나 있는 '불성', 그것을 말로 설명하지 말고 지금 내 눈앞에 실제로 보이라는 데 있다.

불성(佛性)은 '부처인 본성(本性)', '부처가 될 가능성' 어느 쪽으로도 해석된다. 선(禪)은 언제나 '이 순간', '이 자리', '자기'를 문제로 삼으므로, '불성'을 '부처인 본성'으로 본다. '부처가 될 가능성'은 미래의 이야기일 뿐이다.

불성, 부처인 본성은 시작도 끝도 없고(無始無終), 무량(無量) 무변(無邊)하다. 그런데 어떻게 불성을 내보이라는 말인가?
　질문의 내용으로 보아, 승은 수행깨나 했다고 자부하고 있다. 당대 제일가는 조주라도 이 물음에는 별수 없이 쩔쩔 맬 것을 예상하고, 그에게 지적 이론이나 추상적인 설명이 아닌 진짜 불성을 눈앞에 보여달라고 다그친다.
　그러나 조주는 역시 탁월한 선의 거장이다. 그는 주저 없이 "무." 하고 외친다. 그 순간 조주도 승도 없고, 온 천지엔 오직 "무." 일성(一聲) 뿐이다. 조주는 어떤 분별도 없이 하늘을 뒤덮고 땅을 뒤덮는(蓋天蓋地) '무' 그 자체가 되어, 질문한 승 앞에 '불성'을 내던진 것이다. 승은 예상을 뒤엎고 날아온 '무'에 멍하니 정신이 없다.
　도대체 이 '무'와 '불성'은 무슨 관계인가? 문자 상으로 '무(無)'는 부정을 의미하지만, 이 '무'는 '유'의 반대인 '무'가 아니다. 유·무를 초월한 진리 그 자체, 다시 말해 분별심이 완전히 끊어질 때 체득(體得)되는 불성 그 자체이다.
　더 단적으로 말하면, 온몸으로 깨달은 '불성'이 그대로 표출된 것이 '무'다. 따라서 이 '무'를 알려면, 조주와 똑같이 스스로 '무' 그 자체가 되라. 컵 속의 쥬스 맛은 아무리 말로 설명해도 알 수 없고 자신이 직접 마셔 보아야 알 수 있지 않은가.
　어떻게 해야 '무' 그 자체가 될까? 이것은 "무자(無字) 공안을 어떻게 참구해야 할까?"라는 물음과 같다. 갖가지 '무' 자 공안 참구법이 나와 있지만, 그런 것은 문제 삼을 게 아니다. 모두 다 방하(放下)하고 단지 '무' 밖에 모르는 바보가 되라.
　'무' 자 공안을 지금 여기 바로 내가 주인공이 되어 참구하라. 공안을 옛날 이야기로 읽지 말라. 지금 바로 자기 자신이 완전히 '무' 그 자체가 되라. 어떤 것도 생각하지 말고 '무'에만 사무쳐라.

머리로 답을 찾지 말라. "중생은 모두 다 불성을 가지고 있는데, 어째서 개는 불성이 없다고 하는가?", "있다·없다의 무도 아니고, 무가 무엇일까?" 하는 식으로 물음을 만들지 말라. 제발 '무'가 무엇인지 분석, 해부하지 말라. 이것일까, 저것일까 요모조모 생각하는 것 자체가 잡념이고 망상이다.

이렇게 머리 굴려 의심하는 것을 선에서 말하는 의정(疑情)·의단(疑團)이라고 잘못 아는 자도 있다. 그렇게 참구하면 세월만 허비할 뿐, 진짜 선 수행과는 십만 팔천 리 멀어진다.

단지 '무'가 되면 자기는 없다. 천지는 온통 '무'다. 입으로만 설명하는 무아(無我)가 아니라, '무'를 참구하여 진짜 '무아'가 되면 온 천지가 '무', 불성이 '무', 조주가 '무'이다. 아니, '무'라지만 이미 의미 없는 소리일 뿐, 원래 이름 붙일 수 없는 역겁무명(歷劫無名)의 진리 그 자체, 불성이다.

조주가 '무' 자 공안을 던진 의도는 오로지 무자기(無自己), 무아가 되어 '무' 그 자체가 되라, 그리고 '무'가 된 당체(當體)를 지금 내 눈앞에 보이라는 것이다. '무'를 뚫는 방법은 내 스스로 '무'가 되는 길밖에 없다.

 __ 평어

無門曰. 參禪須透祖師關, 妙悟要窮心路絕. 祖關不透, 心路不絕, 盡是依草附木精靈.

且道, 如何是祖師關. 只者一箇無字, 乃宗門一關

무문이 말한다. 참선(參禪)은 반드시 조사(祖師)의 관문(關)을 뚫어야 하고, 깨달음(妙悟)을 얻으려면 분별심(心路)을 완전히 끊어야 한다. 조사의 관문을 뚫지 못하고 분별심을 끊지 못하면 초목에 붙어사는 혼령과 다름없다.

자, 말해 보라. 어떤 것이 조사의 관문이냐? 오직 이 한 개의 무(無)자, 이것이 선종 제일의 관문이다. 그래서 이것을 '선종의 무문관(禪宗無門關)'이라 한다.

이 관문을 뚫는 자는 직접 조주를 만날 뿐 아니라, 역대 조사들과도 손을 맞잡고 한데 어울려, 그들과 한 몸이 되어(眉毛廝結) 같은 눈으로 보고, 같은 귀로 듣는다. 얼마나 멋지고 통쾌한 일인가.

이 관문을 뚫고 싶은 자 없느냐? 삼백육십 뼈마디와 팔만 사천 털구멍을 총동원해서, 온몸 전체가 한 개의 의심덩어리(疑團)가 되어, 오직 이 '무'만 참구하라.

불철주야 끊임없이 참구(提撕)하라. 이 '무'를 허무의 '무'나, 있다(有)의 반대인 없다(無)의 '무'로 잘못 참구해서는 안 된다. '무'의 참구는, 시뻘겋게 단 쇳덩이를 삼키고도 뱉으려야 뱉을 수 없는 지경에 빠진 것처럼 절박해야 한다.

그 동안의 쓸데없는 지식(惡知), 잘못된 인식(惡覺)을 완전히 불식하고, 수행이 깊어지면 저절로 '나(內)'와 '무(外)'가 하나가 된다(打成一片). 그 경계는 벙어리가 꾼 꿈처럼 오직 자기만 알 뿐 다른 사람에게는 전할 수 없다.

그리하여 불현듯 '무'가 터지면, 하늘을 놀라게 하고 땅을 진동시킨다. 마치 관우 장군의 큰 칼을 빼앗아 쥔 듯, 부처를 만나면 부처를 죽이고 조사를 만나면 조사를 죽인다. 생사의 벼랑 끝에서도 흔들림 없이 자유자재하고, 어디에(六道) 무엇으로(四生) 태어나건 해탈 무애한 삶을 산다(遊戱三昧).

자, 그러면 어떻게 참구해야 하는가? 온 기력을 다해 오직 '무'가 되라. 그것이 지속되어 끊어짐이 없으면 등불에 살짝 불만 갖다대어도 금방 불이 붙듯 깨달음이 찾아온다.

也. 遂目之曰, 禪宗無門關.

透得過者, 非但親見趙州, 便可與歷代祖師, 把手共行, 眉毛廝結, 同一眼見, 同一耳聞. 豈不慶快.

莫有要透關底麼. 將三百六十骨節, 八萬四千毫竅, 通身起箇疑團, 參箇無字.

晝夜提撕. 莫作虛無會, 莫作有無會. 如吞了箇熱鐵丸相似, 吐又吐不出.

蕩盡從前惡知惡覺, 久久純熟, 自然內外打成一片. 如啞子得夢, 只許自知.

驀然打發, 驚天動地. 如奪得關將軍大刀入手, 逢佛殺佛, 逢祖殺祖, 於生死岸頭, 得大自在, 向六道四生中, 遊戱三昧.

且作麼生提撕. 盡平生氣力, 擧箇無字. 若不間斷, 好似法燭一點便著

__ 제창

무문은 조주의 '무' 자 공안으로 깨달았다. 그런 만큼 이 공안에 대한 무문의 평어는 간절하면서도 상세하다.

"무문이 말한다. 참선(參禪)은 반드시 조사(祖師)의 관문(關)을 뚫어야 하고, 깨달음(妙悟)을 얻으려면 분별심(心路)을 완전히 끊어야 한다."

참선의 목적을 달성하려면 반드시 '조사의 관문', 곧 공안을 뚫어야 한다. 공안을 뚫으면 깨달음을 얻는다. 선의 생명은 깨달음의 직접 체험에 있다. 깨달음을 '묘오(妙悟)'라고도 한다. '묘(妙)'에는 새롭게 태어난다는 뜻이 있다. '대사일번, 절후재소(大死一番, 絕後再蘇)', 완전히 죽은 뒤에 새롭게 소생한다는 의미가 들어 있다.

분별심을 가진 현재의 자기가 완전히 죽어야 공안이 뚫린다. '분별(分別)'이란, 글자 그대로 '원래 나눌 수 없는 것을 나누어서 별개로 있다고 집착하는 것' 이다. 진리는 쪼갤 수 없다. 쪼갤 수 없는 진리 그 자체를 언어로써 낱낱이 쪼개는 것이 불교에서 말하는 분별이다.

공안을 뚫는 것은 분별심이 없는 참다운 자기로 새롭게 태어나는 것이다. 묘오의 체험을 통해 참다운 삶을 사는 것이 선이며, 참다운 삶이 따르지 않는 선은 선이 아니다. 깨달음, 즉 묘오란 조사의 관문을 뚫어 대해탈(大解脫), 대자유(大自由)를 얻는 것이다.

'무'를 참구하여 분별이 완전히 끊길 때 온몸과 마음은 공안 그 자체, '무'가 된다. 이때 온갖 망상으로 가득찬 '나(我)'는 없어진다. '내'가 없으면 온 천지는 자기 아닌 것이 없다. 이렇게 하여 대인격(大人格)이 완성된다.

"조사의 관문을 뚫지 못하고 분별심을 끊지 못하면 초목에 붙어사는 혼령과 다름없다."

이론과 문자에 헷갈려 자신의 주체를 확립하지 못하는 자들에게 경고한다. 공안도 뚫지 못하고 분별심도 끊지 못하는, 다시 말해 확고하게 선 수행을 하지 않는 자는 '의초부목의 정령(依草附木精靈)'이다. 죽어서 정처 없이 떠돌며 나무나 풀에 기생하는 혼령처럼, 안심입명 못하고 문자·지식에만 매달리는 쓸모없는 놈이다. 무문은 선 수행을 게을리하는 자들에게 이렇게 심한 말로 매도함으로써 그들이 올바른 선 수행자로 새롭게 태어나기를 거듭 촉구한다.

"자, 말해 보라. 어떤 것이 조사의 관문이냐? 오직 이 한 개의 무(無)자, 이것이 선종 제일의 관문이다. 그래서 이것을 '선종의 무문관(禪宗無門關)'이라 한다."

오직 이 한 개의 '무' 자, 이것이 선종 제일의 관문이다. '무'를 뚫는 것은 모든 공안을 뚫는 것과 똑같은 깊이와 힘이 있다. '무' 자 공안을 완벽히 뚫으면 『무문관』 48칙의 모든 관문(關)을 다 뚫는 것과 같다. 그래서 '무' 자 공안을 관(關) 중의 주(主), '선종의 무문관'이라 한다.

간혹 '무'를 초심자를 위한 초보 공안이라 하는데 완전히 잘못된 견해다. 공안을 참구하는 수행자의 근기에 깊고 얕음의 차이는 있을 망정 공안 자체에 쉬운 공안, 어려운 공안의 구별이나 등급은 없다. 옛 선사들도 "공안 하나를 뚫으면 천 개의 공안, 만 개의 공안을 일시에 뚫는다."고 했다. 공안 하나만 온전히 뚫으면 '만리일조의 철(萬里一條鐵)', 만리가 하나의 철 덩어리 경계(境界)가 된다. 이미 천지 그 자체가 된 경지인데, 더 이상 공안을 뚫고 말고가 어디 있는가?

간화선을 확립한 대혜 종고(大慧宗杲, 1089-1163)가 수행의 근본으로 삼은 공안도 바로 이 '무'다. 무문도 이 '무'로 6년간 참구한 끝에 점심 공양을 알리는 북소리를 듣고 깨달았다. 공안 자체에 등급은 없지만, 선의 역사에서 '무' 자 공안은 매우 중시된 것이 사실이다.

"이 관문을 뚫는 자는 직접 조주를 만날 뿐 아니라, 역대 조사들과도 손을 맞잡고 한데 어울려, 그들과 한 몸이 되어(眉毛廝結) 같은 눈으로 보고, 같은 귀로 듣는다. 얼마나 멋지고 통쾌한 일인가."

■ '미모시결(眉毛廝結)'은 '미모상결(眉毛相結)'과 같은 말로, 서로 눈썹을 한데 묶어 한 몸이 된 지음(知音) 관계를 말한다.

'무'를 뚫으면, 조주뿐 아니라 역대 조사들과 같은 차원의 삶을 살아간다. 깨달은 자에게는 어제의 그늘도 없고, 너와 나의 대립도 없고, 시간과 장소의 구애도 없다. 언제 어디서나 이런 경지에서 보고 듣는 자, 그는 바로 조주이자, 나 자신이며, 동시에 '무'이다. '무'를 뚫으면 대자유인이다. 시간도 공간도, 어떤 말이나 생각도 그에게는 더 이상 장애가 아니다. 그러나 여전히 버드나무는 푸르고 참새는 짹짹 운다.

"이 관문을 뚫고 싶은 자 없느냐? 삼백육십 뼈마디와 팔만 사천 털구멍을 총동원해서, 온몸 전체가 한 개의 의심덩어리(疑團)가 되어, 오직 이 '무'만 참구하라."

무문은 관문을 뚫는 방법, 곧 '무' 자 참구 방법을 구체적으로 제시한다. 삼백육십 뼈마디와 팔만 사천 털구멍을 총동원해서, 온몸 전체가 한 개의 의심덩어리(疑團)로 뭉쳐져 오직 '무' 만을 참구(參究)하라. 의심덩어리, 의단(疑團)의 단(團)은 '덩어리' 라는 뜻으로, 다른 생각이 끼어들 틈이 없음을 뜻한다. 세간에서 의심덩어리는 풀어야 하는 것이다. 그러나 선에서는 의심덩어리 그 자체가 되어 더 이상 의심할 여지가 없는 경지에 이르러야 한다.

신·구·의(身口意) 삼업(三業)을 다해 '무' 를 참구하여 잡생각이 털끝만치도 섞이지 않은 '무' 그 자체가 되라. 무문은 자기도 세계도 없이 오직 '무' 가 될 때까지 참구, 또 참구하라고 간곡히 말한다.

하늘을 보면 하늘이 되고, 밭을 갈면 오직 밭만 갈라. '양면경상조(兩面鏡相照), 어중무영상(於中無影像)', 두 거울이 서로 비추니 둘 사이에 어떤 상(像)도 끼일 틈이 없다. 보이고 들리는 것, 그 자체가 되어 간격이 없으니 한 생각(一念)도 일어나지 않는다. '무' 그 자체가 되어 '무' 도 자기도 초월하는 것이다.

"불철주야 끊임없이 참구(提撕)하라. 이 '무' 를 허무의 '무' 나, 있다(有)의 반대인 없다(無)의 '무' 로 잘못 참구해서는 안 된다."

불철주야 앉으나 서나 '무' 를 놓치지 말고 끊임없이 참구하라. 정념상속(正念相續)하라는 것이다. 옛 선사들도 '어미 닭이 알을 품듯', '고양이가 쥐를 잡듯' 전념하라 했다.

무문은 '무' 를 부정적인 허무의 '무' 나, 있다(有)의 반대인 없다(無)의 '무' 로 잘못 참구해서는 안 된다고 주의를 준다. '무' 자 공안을 "있는데, 왜 '없다(無)' 고 했을까?" 하는 식으로 든다면 '있다' 의 반대인 '없다' 를 찾는 것이다. 진짜 '무' 에서 완전히 멀어지고 만다. 이 '무' 는 말이나 생각이 있기 이전의 소식(消息)이다.

■ '제시(提撕)' 는 일반적으로 '잡아끌어 일깨우다' 는 뜻이다. 하지만 여기서는 '제(提)' 나 '시(撕)' 모두 '손에 들다' 는 의미로, 공안을 들어 참구하는 것을 뜻한다.

"'무'의 참구는, 시뻘겋게 단 쇳덩이를 삼키고도 뱉으려야 뱉을 수 없는 지경에 빠진 것처럼 절박해야 한다."

시뻘겋게 단 쇳덩이가 목구멍에 걸려 목이 타들어 가지만 뱉으려야 뱉을 수가 없다. 이때 '뜨거워 죽겠네' '생지옥이네' 하는 생각이 일어나겠는가? 오직 "앗, 뜨거!" 뿐이다. '개천개지(蓋天蓋地)', 하늘을 뒤덮고 땅을 뒤덮는 "앗, 뜨거!"이다. '무'는 티끌만큼의 잡생각 없이 이렇게 참구해야 한다.

■ '내외(內外)'는 주관과 객관, 곧 공안을 참구하는 '나'와 공안인 '무'를 말하고, '타성일편(打成一片)'은 하나가 되는 것, '타(打)'는 뒤에 오는 동사를 강조하는 접두사이다.

"그 동안의 쓸데없는 지식(惡知), 잘못된 인식(惡覺)을 완전히 불식하고, 수행이 깊어지면 저절로 '나(內)'와 '무(外)'가 하나가 된다(打成一片). 그 경계는 벙어리가 꾼 꿈처럼 오직 자기만 알 뿐 다른 사람에게는 전할 수 없다."

이렇게 절박하게 참구하여 온통 '무'가 되면, 그 동안의 쓸데없는 지식, 잘못된 인식은 그림자도 없이 소멸한다. 거기에 안주하지 않고 오직 '무'만 참구, 또 참구하면 어느 새 자신이 '무'가 되고, '무'가 되었다는 생각조차 없다. 자기도 세계도 함께 끊어진 자리, 천지 그 자체가 되어 어디에서도 자기를 찾을 수 없다. 이것이 바로 무문이 평어 첫머리에서 말한, '분별심(心路)이 완전히 끊긴' 경계다. 학자들이 말하는 절대무(絶對無)의 세계다. 이 경계는 벙어리가 꾼 꿈처럼 오직 자기만이 알 뿐 말로 표현할 길이 없다.

"그리하여 불현듯 '무'가 터지면, 하늘을 놀라게 하고 땅을 진동시킨다."

개천개지의 '무'가 터지는 순간, 하늘을 놀라게 하고 땅을 진동시키는 세계가 전개된다. 무문은 자신이 체험한 이때의 놀라움을 "수미산이 벌떡 일어나 덩실덩실 춤춘다."고 읊었다. 자기도 세계도 모든 것이 변한다. 보는 것, 듣는 것, 일체가 창조적으로 되살아난다. 이 체험이 묘오(妙悟), 곧 '대사일번, 절후재소(大死一番, 絕後再蘇)', 완전히 죽은 뒤 새롭게 되살아나는 깨달음이다. 무문은 자신의 묘오의 체험을 "지상의 모든 존재가 눈을 떴다."고 표현한다.

"마치 관우 장군의 큰 칼을 빼앗아 쥔 듯, 부처를 만나면 부처를 죽이고 조사를 만나면 조사를 죽인다. 생사의 벼랑 끝에서도 흔들림 없이 자유자재하고, 어디에(六道) 무엇으로(四生) 태어나건(向六道四生中) 해탈 무애한 삶을 산다(遊戲三昧)."

■ '향육도사생중(向六道四生中)', 곧 '육도와 사생 가운데에서' 란 '어디에(六道) 무엇으로(四生) 태어나든', '어떤 상황에 살든' 이라는 뜻이다.

관우는 종횡무진으로 청룡도를 휘둘러 적을 물리친다. '무'자 공안을 뚫은 삶은, 저 용장 관우 장군의 청룡도를 빼앗아 쥔 듯 자유자재하다. 부처가 막아서면 부처를 죽이고 조사가 막아서면 조사를 죽인다. '죽인다'는 이름이나 관념을 초월한다는 뜻이다. 일체의 집착, 속박에서 벗어나 참다운 자기로 되살아난 자에게 부처니 조사니 하는 것은 쓸데없는 군더더기이다. 이런 자는 "생사의 벼랑끝에서도 흔들림 없이 자유자재하고, 어디에(六道) 무엇으로(四生) 태어나건 해탈 무애한 삶을 산다." 종교적 안심(安心)을 확립한 자의 경계다.

■ '유희삼매(遊戲三昧)' 는 어린아이가 노는 데 여념이 없는 것처럼, 만나는 인연 그 자체가 되어 무애자재한 삶을 사는 경지를 말한다.

선 수행자에게는 좋은 때, 힘든 때도 모두 진리의 한때 모습일 뿐이다. 생(生)도 '무'의 한때 모습, 사(死)도 '무'의 한때 모습이며, 서면 선 곳, 앉으면 앉은 곳이 '무'다. 다시 말해, 살 때는 100퍼센트 살아 삶에서 자유롭고, 죽을 때는 100퍼센트 죽어 죽음에서 자유롭다. '생사'라고 싫어하지 않고, '열반'이라 좋아하지 않는다. 그에게 이미 생사는 무생사(無生死), 열반은 열반의 상(相)이 없다.

이렇게 인연 따라 살아가는, 일체가 그대로 수긍되어 안락함이 확립된 자유인의 삶, 이 이상 더 무엇을 바라겠는가? 하지만 스스로 체험하지 않으면 의미가 없다.

"자, 그러면 어떻게 참구해야 하는가? 온 기력을 다해 오직 '무'가 되라. 그것이 지속되어 끊어짐이 없으면 등불에 살짝 불만 갖다대어도 금방 불이 붙듯 깨달음이 찾아온다."

누차 밝혔듯 "온 기력을 다해 오직 '무'가 되라." 이것 외에는 길이 없다. 쉼 없이 자나깨나 참구하면, 언젠가는 참다운 자기로 되돌아가는 일대 전환의 순간이 온다. 바로 '무'의 묘지(妙旨)에 심안(心眼)이 열리는 순간이다. 천년 암굴이 성냥불 하나로 일순간에 밝아지듯, 중생의 무명(無明)은 곧바로 깨달음의 광명이 된다.

이렇게 전심전력으로 공안 참구의 요령과 대오(大悟)로 가는 길을 제시하는 것이 무문의 평어이다. 불을 밝혀라. 오직 '무'의 불을 밝혀라. 누구나 부모미생전(父母未生前)부터 법의 등불을 가지고 있지 않은가! 시방세계가 모두 나의 대광명 아닌가!

 ― 송

頌曰.
狗子佛性,
全提正令.

개의 불성,
진리가 그대로 드러나 있네.

털끝만치라도 유무의 분별이 있으면, 纔涉有無,
목숨은 없다. 喪身失命.

 ── 제창

  무문은 조주의 '무' 자 공안을 간절히 제창하고, 다시 그 진수를 송으로 간결명료하게 제시한다.
  "개의 불성"은 '무' 자 공안을 표현만 바꾼 것이다. '무' 대신 "개의 불성"이라 하고 있다. '무', 이 이상 더 무슨 말이 필요한가? 사물 하나하나가 그대로 '무'인데. 아는 자는 이것으로 일체를 안다.
  "진리가 그대로 드러나 있네(全提正令)." '무', 한마디로 진리가 완전히 드러난다. 진리가 바로 눈앞에 드러나 있지 않은가. '무'를 눈앞에 두고도 보지 못하다니. '맹자불견, 비일월과(盲者不見, 非日月過)', 맹인이 빛을 못 보는 것은 해와 달의 잘못이 아니다. "뭘 망설이는가? 자, '무'를 보여 보라!" 무문은 다그친다.
  "털끝만치라도 유무의 분별이 있으면 목숨은 없다." '무'는 유무를 초월하기 위해 빌려 쓴 것이다. 진정으로 '무'가 되면 '무'라는 언어적인 표현도 장애가 된다. 유무의 분별이 털끝만치라도 끼어 들면 '무'는 십만 리 저쪽, 이미 선과는 거리가 멀다.
  목숨에 연연해서야 어떻게 생사를 초월하겠는가. '대사일번(大死一番)', 온몸을 던져 크게 죽어보지 않으면 '무'의 경계는 절대로 알지 못한다.

■ '전제(全提)'는 '그대로(全) 드러내다(提)'를 뜻하고, '정령(正令)'은 불타의 올바른 명령, 곧 진리를 의미한다.

 — 입실

방장 스님 앞에서 본칙 전문을 외우고, '무' 자 공안에 대해,

방장: '무'를 보았느냐?
김　: 보는 자도 없고 보이는 것도 없습니다.
방장: 설명은 필요 없다. 보았으면 본 것을 그대로 보여라.
　　 자, 어떻게 보이더냐?
김　: …….
방장: '무'가 되는 것은 자신을 잊은 듯한 기분이 되는 게 아니다.
　　 하물며 그 기분을 설명하는 것은 더구나 아니다.
　　 한 점 남김 없이 '무'에 죽어라.
　　 '무-' 하고 완전히 죽어서 오라는 게야. 크게 죽으면 크게 살아난다.
　　 대보리심을 가지고 지지 말고 해봐.

형체가 없는 '무', 보일 방법이 없는 '무'를 보이라니!

중심 인물

조주 종심(趙州從諗, 778-897)은 당나라 말, 선이 한창 번성하던 시대에 큰 역할을 한 거장이다. 산동성 조주(曹州)에서 태어났고, 청년 시절 남전 보원(南泉普願, 748-834)을 참례하고 제자가 되었다.
예순 살 때, "일곱 살 아이라도 나보다 나으면 그에게 물을 것이고, 백 살 노인이라도 나보다 못하면 그를 가르치리라."는 원을 세우고 행각에 나서, 20여 년

간 여러 선지식을 역방(歷訪)하며 문답을 나누었다.

만년에는 하북성 조주(趙州)의 관음원(觀音院)에 머물며, 임제 의현(臨濟義玄, ?-866, 일설 867)과 함께 중국 북방의 지도적인 선사로 활약했다. 임제의 '할'이나 덕산의 '방'에 비견하여 그의 선풍을 '구순피선(口脣皮禪)', 즉 '유연한 입술로 상대의 어리석음을 통렬히 밝히는 선'이라 한다. 그의 공안은 운문(雲門)의 공안과 함께 『무문관』, 『벽암록』에 가장 많이 실려 있다.

제2칙

백장야호 (百丈野狐)

백장의 「불락인과 · 불매인과」

 __ 본칙

百丈野狐.
百丈和尙, 凡參次, 有一老人, 常隨衆聽法. 衆人退, 老人亦退. 忽一日不退.

師遂問, 面前立者, 復是何人. 老人云, 諾, 某甲非人也. 於過去迦葉佛時, 曾住此山. 因學人問, 大修行底人, 還落因果也無. 某甲對云, 不落因果. 五百生墮野狐身. 今請, 和尙代一轉語, 貴脫野狐. 遂問, 大修行底人, 還落因果也無. 師云, 不昧因果. 老人於言下大悟,

백장 화상이 설법하는(參) 자리에는 언제나 한 노인이 대중을 따라 법을 듣는다. 설법이 끝나고 대중이 나가면 노인도 나간다. 어느 날 노인이 느닷없이 남아 있다.

백장이 묻는다. "앞에 서 있는 당신은 누구요?" 노인이 대답한다. "예, 저는 인간이 아닙니다. 먼 옛날 가섭불(迦葉佛) 시대에 이 백장산에 주석하고 있었습니다. 어느 날 학인 하나가 '깨달은 자(大修行底人)도 인과(因果)에 떨어집니까?' 하고 묻기에, '불락인과(不落因果)', 인과에 떨어지지 않는다고 대답했다가 오백 생을 여우로 살고 있습니다. 간청하오니, 한 말씀(一轉語) 주시어 여우 몸을 벗게 해주십시오." 그리고는 다시 옛적의 그 물음을 던진다. "깨달은 자도 인과에 떨어집니까?" 백장이 곧바로 외친다. "불매인과(不昧因果)", 인과에 우매하지 않다고 말한다. 그 순간 노인은 홀연히 깨닫는다.

　노인이 큰절을 하며 말한다. "저는 이제 여우 몸을 벗었습니다. 껍데기가 산 뒤쪽에 있습니다. 화상께 부탁드리니, 죽은 승(僧)의 예에 따라 화장해 주십시오."

　백장이 유나(維那)에게 목판을 쳐(白槌), 대중에게 공양 뒤에 장례가 있음을 알리게 한다. 대중은 "다들 무사하고, 열반당에 환자도 없는데 무슨 일인가?"하고 쑥덕거린다. 공양 뒤, 화상은 대중을 데리고 산 뒤쪽 바위 아래로 가서 지팡이로 죽은 여우 한 마리를 끌어내 화장한다.

　저녁에, 백장이 설법하는 자리에서 낮에 있었던 일의 전말을 이야기한다. 수제자 황벽(黃檗)이 곧바로 묻는다. "노인이 말 한 마디 잘못해서 오백 생을 여우로 살았는데, 만일 매번 틀리지 않게 대답하면 무엇이 됩니까?" 백장이 말한다. "가까이 오게. 내 일러 주지." 황벽이 성큼 다가가 백장의 뺨을 후려갈긴다. 백장이 손뼉치고 웃으며 말한다. "달마(胡人)의 수염이 붉다고만 알았는데, 붉은 수염의 달마란 놈도 있구나."

作禮云, 某甲已脫野狐身, 住在山後. 敢告和尙. 乞依亡僧事例.

師令維那白槌告衆, 食後送亡僧. 大衆言議, 一衆皆安, 涅槃堂又無人病. 何故如是. 食後只見師領衆, 至山後巖下, 以杖挑出一死野狐, 乃依火葬.

師至晚上堂, 擧前因緣. 黃檗便問, 古人錯祇對一轉語, 墮五百生野狐身, 轉轉不錯, 合作箇甚麼. 師云, 近前來, 與伊道. 黃檗遂近前, 與師一掌. 師拍手笑云, 將謂胡鬚赤, 更有赤鬚胡.

■ '장위(將謂) A 갱유(更有) B'는 'A라 생각했는데 B도 있었던가'를 뜻하는 구문이다. '장위(將謂)'는 오해였음을 나타낸다.

 ─ 제창

　본칙은 백장이 상당(上堂) 설법(參)한 내용을 공안으로 삼은 것이다. 본칙의 여우 이야기는 인과(因果)를 설명하는 수단에 불과하다. 따라서 진위 여부에 구애될 필요는 없다. 인과법은 콩 심은 데 콩 나고, 팥 심은 데 팥이 나는 이치를 말한다. 원인(因) 없는 결과(果)는 없다. 인과법을 따르지 않는 것은 이 세상에 하나도 없다. 선 수행의 목적은 인과의 고리를 끊고 인과에서 자유로워지는 것이다.

■ '참(參)'은 대참(大參)인 듯하다. '대참'은 5일마다 있는 오참상당(五參上堂) 때, 대중이 법당에 모여 방장이나 주지의 제창(提唱)을 듣고 문답(問答商量)하는 것이다. 선종의 전통에는 '상당'이

매월 정기적으로 있다. 정기적인 상당인 대참과는 달리 필요에 따라 수시로 여는 것이 '소참(小參)'이다.

선 수행자의 대자유, 해탈은 어떤 것일까? 이 순간은 무량겁이 낳은 결과(果)인 동시에 무량겁을 잉태하는 원인(因)이다. 이 순간에 인(因)·과(果)가 함께 있다. 이 순간을 좋다 싫다 등으로 쪼개지 않고 이 순간에 온전히 머물러 인(因)·과(果) 그 자체가 되는 것이 해탈로 가는 길이다. 이때 인과를 초월하므로, 더 이상의 인과는 없다.

깨달은 자에게는 이 순간이 쪼개지지 않는다. 이 순간, 이 자리에서 일어나는 어떤 것도 그대로 수용된다. 수용된 것에 대해 취하고 버리는 집착이 없으니 흔적이 남지 않는다. 순간을 전심전력으로 살 뿐이다. 이것이 인과 그 자체가 되어 사는 것이고, 인과를 벗어난 대자유, 해탈의 삶이다.

'오상어차절(吾常於此切)', 늘 이 순간, 이것 그 자체로 끊임없이 움직이되 한없이 자유롭다. 무엇에 집착하고 뭘 괴로워하는가? 삶도 죽음도 진리의 한때 한순간의 모습일 뿐인데.

이 소식을 『문수소설경』은 말한다. '청정행자, 불입열반(淸淨行者, 不入涅槃)', 청정한 수행자는 열반에 들지 않고, '파계비구, 불타지옥(破戒比丘, 不墮地獄)', 파계한 비구는 지옥에 떨어지지 않는다. 순간순간을 사는 사람에게 열반은 무엇이고, 지옥은 무엇인가?

본칙의 노인은 먼 옛날 가섭불(迦葉佛) 시대에 백장산의 바로 이 절에 주석한 고승이었다. 과거칠불(過去七佛)의 순서상 가섭불이 여섯 번째, 석가모니불이 마지막 일곱 번째 부처이다. 무문은 옛날도 지금도 인과를 벗어나지 않음을 보이려고 일부러 '먼 옛날 가섭불'을 들고 나왔다. 예나 지금이나 봄이 오면 꽃이 핀다.

■ '대수행저인(大修行底人)'은 깨달아 생사윤회의 지배를 벗어난 자를 말한다.

노인이 백장산에 주석할 때, 한 학인이 묻는다. "깨달은 자(大修行底人)도 인과에 떨어집니까?" 노인은 "불락인과(不落因果)."라 대답한다. 인과에 떨어지지 않는다는 것이다.

이렇게 대답하는 순간, 노인은 인과에 떨어져 오백 생을 여우로 산다. '오백 생'은 고통스러운 윤회가 수없이 반복되는 것을 보이기 위한 말이다. 그런데 어째서 여우 몸을 받을까? 해석은 다양하다. 한 예로 '불락인과'는 '깨달은 자는 먹지 않아도 배고프지 않다'라고 주장하는 것과 마찬가지이며, 이것은 인과의 이법을 무시한 처사이므로 여우의 몸을 받는 것이 당연하다고 한다. 명심할 것은 선에서는 인과를 털끝만치도 무시하지 않지만, 이런 식으로 따지기 시작하면 선은 없다는 것이다.

'야호선(野狐禪)'이란 말은「백장야호」, 바로 이 공안에서 유래한다. 경지에 이르지도 못한 자가 깨달은 척하며 선지식 흉내나 내는 엉터리 선을 가리키는 말이다. 말 한마디 잘못해 오백 생을 여우로 사는 것이 야호선이다. 자신도 모르게 야호선의 길로 가지 않는지 항상 경계하라.

"불락인과는 어째서 여우 몸을 받는가?" 뚫어야 할 공안이다. 여우가 되면 철저히 여우로 살아라. 여우가 진정 여우일 때, 여우 몸을 받고 벗음의 분별은 없다. 이때 '불락인과'의 묘지(妙旨)는 저절로 체득(體得)된다.

여우 몸을 벗지 못한 노인이 백장에게 "간청하오니, 한 말씀(一轉語)을 주시어 여우 몸을 벗게 해주십시오."하고 머리를 숙인다. 백장이 곧바로 "불매인과(不昧因果)."라 외친다. 그 순간 노인은 홀연히 깨닫는다.

"불매인과는 어째서 여우 몸을 벗는가?" 뚫어야 할 공안이다. '불매인과'는 인과의 이치에 우매하지 않은 것이고, 깨달은 자는 인과를 잘 알아서 인과대로 산다는 뜻이다. 깨달은 자 역시 먹지 않으면 배고프고, 기온이 내려가면 춥다. 배고프면 밥 먹고 추우면 옷 입는다. 그러나 더 많이 먹기를 바라거나 추위를 꺼려하지 않는다.

■ '일전어(一轉語)'란, 깨달음을 얻게 하는 한마디로, 진리를 단적으로 드러내 보이는 말이다.

결과적으로 노인은 '불락인과'에 여우 몸을 받고, '불매인과'에 여우 몸을 벗는다. 그렇다면 '불락인과'는 무엇이고, '불매인과'는 무엇인가? 여기서 '불락인과'는 틀리고 '불매인과'가 옳다고 하면 큰 잘못이다. 공안은 지적 분별의 끝없는 사유로 접근하는 것을 용납하지 않는다. '불매'든 '불락'이든 머리를 굴리는 순간, 백장은 사정없이 죽비를 후려칠 것이다.

'불매'도 집착하면 여우 몸을 받고, '불락'도 흔적이 없으면 여우 몸을 벗는다. 선은 인과를 무시하지 않으면서 전혀 다른 차원에서 '불락', '불매' 어느 것에서도 자유롭게 살게 한다. 노인은 '불매인과'를 듣는 순간 깨닫는다. 어째서일까? 노인의 깨달음은 어떤 것일까?

'불매인과'를 듣는 순간 '노인'은 없다. 여우도 백장도 없고, '불매인과'라는 말에 매임도 없다. 단지 '불매인과' 일성(一聲)뿐이다. 무르익은 노인의 경계가 한계를 무너뜨린 것이다.

깨달은 자는 지금 이 순간의 인과(因果) 그 자체일 뿐, '불락', '불매'의 흔적이 없다. 따라서 '불락', '불매' 뭐라 해도 좋다. 그러나 '불락', '불매'에 털끝만큼이라도 분별심이 끼어들면 경계는 천지 차이로 벌어진다.

'호사불여무(好事不如無)', 좋은 일도 없는 것만 못하다. '불락', '불매'를 모두 초월하면 이 공안의 참뜻에 눈뜬다. 옛사람은 귀띔한다. '불락'이 여우가 되는 잘못을 저지르더니, '불매'로 여우 몸을 벗는 두 번의 잘못을 저지른다고. 자, '불락', '불매'에 걸리지 않는 소식을 보여라!

깨달은 노인은 백장에게 큰절을 하며 말한다. "저는 이제 여우 몸을 벗었습니다. 껍데기가 산 뒤쪽에 있습니다. 화상께 부탁드리니, 죽은 승(僧)의 예에 따라 화장해 주십시오."

무념(無念)도 집착하면 유념(有念)이다. 노인이 철저히 노인이 못되고 번뇌 망상으로 헤매면 여우다. 여우가 진정 여우로 살아 다른데 눈 돌리지 않으면 깨달은 노인이다. 깨달은 노인은 여우 몸을 벗든 벗지 않든, 언제 어디서나 풍류의 생(生)을 누린다.

백장이 유나(維那)에게 목판을 쳐(白槌), 대중에게 공양 뒤 장례가 있음을 알리게 한다. 대중은 "다들 무사하고, 열반당에 환자도 없는데 무슨 일인가?" 하고 쑥덕거린다.

공양 뒤, 백장은 대중을 데리고 산 뒤쪽 바위 아래로 가서, 지팡이로 죽은 여우 한 마리를 끌어내 승의 장례의식대로 화장한다. 과연 백장 화상이다. 여우든 승이든 다를 게 없지 않은가.

노인 이야기는 여기까지이다. 사실 여부는 중요하지 않다. 각자 목숨 걸고 공안을 뚫는 것이 급선무다. '탐견천상월, 막실장중주(貪見天上月, 莫失掌中珠)', 달을 보는 데 정신이 팔려 손안의 보석을 잃는 일은 없어야 한다.

저녁 제창(提唱) 때 백장이 낮에 일어난 사건의 전말을 말하고 대중을 뚫어지게 바라본다. 군계일학(群鷄一鶴), 닭의 무리 가운데 한 마리 학을 찾고 있는 것이다. 칠척 장신의 수제자 황벽(黃檗)이 당당히 나와 묻는다. "노인이 말 한마디 잘못해서 오백 생을 여우로 살았는데, 만일 매번 틀리지 않게 대답하면 무엇이 됩니까?"

"매번 틀리지 않게 대답하면 무엇이 됩니까?" 뚫어야 할 공안이다. 한 번, 또 한 번, 물을 때마다 제대로 대답하면, 그때그때마다 무엇이 되는지 묻는 것이다.

매번 여법(如法)하게 대답하는 자, 심안(心眼)을 가진 자에게는 모든 것이 진리 그대로인데 틀리고 말고가 어디 있는가? 장자(長者)는 장법신(長法身), 단자(短者)는 단법신(短法身)이다. 황벽은 "그때그때 인과(因果) 그 자체가 되어 틀리고 말고도 초월한 자는 어디에서 무

■ '유나(維那)'는 선원의 규율 담당 승(僧)이다.

■ '백추(白槌)'는 선원에서 상당의 청법(請法) 때 또는 대중에게 고지할 때, 나무망치로 나무 빈 침대(木臺)를 치는 것을 말한다.

■ '열반당'은 병든 승의 요양실이다.

엇이 되는가?"를 물은 것이다.

　백장은 역시 백전 노장이다. 황벽의 물음에 "가까이 오게. 내 일러 주지."라 답한다. 황벽은 이쯤 되면 말로는 절대로 통하지 않는다는 것을 안다. 그는 성큼 다가가 백장의 뺨을 후려갈긴다. "스님의 대답은 이런 뜻이지요."라는 의미일까?

　스승에게 한 치 양보도 않는 황벽의 선적(禪的) 역량에 백장은 희색이 만면하여 손뼉 치고 웃으며 말한다. "달마(胡人)의 수염이 붉다고만 알았는데, 붉은 수염의 달마란 놈도 있구나." 황벽의 경지를 인정한 말이다. 이것도 뚫어야 할 공안이다.

　스승과 제자가 같은 경계에 사는 소식. 백장과 황벽은 서로 마주 비추는 두 개의 거울이다. '동갱무이토(同坑無異土)', 같은 굴에 다른 흙이 없듯이, 말하지 않아도 서로를 아는 지음(知音)들이다.

 __ 평어

無門曰. 不落因果, 爲甚墮野狐. 不昧因果, 爲甚脫野狐. 若向者裏著得一隻眼, 便知得前百丈贏得風流五百生.

■ '영득(贏得)'은 '그것만큼은 얻었다'는 뜻이다.

　무문이 말한다. '불락인과(不落因果)', 어째서 여우 몸을 받는가. '불매인과(不昧因果)', 어째서 여우 몸을 벗는가. 이것을 꿰뚫을 일척안(一隻眼)을 가지면 전백장(前百丈, 노인)은 여우로서 풍류(風流)의 오백 생을 누린 것을 곧바로 안다.

 __ 제창

　무문은 먼저 중요한 공안 두 개를 뽑아 제시한다. "불락인과(不落因果), 어째서 여우 몸을 받는가?" 그리고 "불매인과(不昧因果), 어째서 여우 몸을 벗는가?" 여우가 되면 철저히 여우에 안주(安住)한다. 안주는 그 자체가 되는 것이다. 따라서 싫고 좋음이 없다. 여우 몸을 벗는다 하더라도 좋다는 생각마저 없다. 그저 벗을 뿐이다.

그렇다면 여우 몸을 받고 벗는 것은 무엇을 뜻하는가? 자유의 나라에는 자유라는 말이 없다. 진정 이 자리, 이 순간에 100퍼센트 철저하면 겁낼 지옥도 원하는 열반도 없다. 열반, 지옥을 넘어선 안심(安心)의 경지인 것이다.

여우가 여우에 철저하여 일념의 분별도 섞지 않으면 깨달은 자이다. 노인이 노인에 안주하지 못하고 다른 것을 찾아 헤매면 여우다. 자, 여우 몸을 '받는다', '벗는다'를 넘어선 경지를 보여라.

"이것을 꿰뚫을 일척안(一隻眼)을 가지면, 전백장(前百丈, 노인)은 여우로서 풍류(風流)의 오백 생을 누린 것을 곧바로 안다." 일척안을 가지면 여우의 오백 생이 그대로 풍류의 오백 생임을 안다. 노인이 노인으로 철저할 때, 여우가 여우로 철저할 때 풍류의 생을 산다. 어찌 오백 생뿐이랴. '수상청청취, 원래시부평(水上靑靑翠, 元來是浮萍)', 부평초는 원래 부평이라, 물의 흐름에 따라 어디로 흐르든 언제나 푸르다.

■ '일척안(一隻眼)'은 좌우로 편향되지 않고 일체를 있는 그대로 보는 지혜의 눈, 깨달음의 눈이다. 심안(心眼)·정법안(正法眼)과 같은 뜻이다.

 — 송

불락(不落), 불매(不昧)
한 번 승부에 둘 다 승리.
불매(不昧), 불락(不落)
뭐라고 하더라도 모두 다 착각.

頌曰.
不落不昧,
兩采一賽.
不昧不落,
千錯萬錯.

■ '채(采)'는 주사위의

면에 새겨진 눈이고, '새(賽)'는 주사위를 던져 승부를 결정하는 것이다.

 — **제창**

무문은 제1칙 송에서 보인 안목을 여기서도 그대로 드러낸다.

"불락, 불매." 「백장야호」 공안을 표현만 바꾸어 제시한 것이다. 천지 그 자체가 되어 일체의 분별이 끊어진 온 천지엔 '불락', '불매' 일성(一聲) 뿐이다.

"한 번 승부에 둘 다 승리." 주사위를 던져 1이든 2든 모두 이기는 눈이다. '불락'도 '불매'도 모두 다 진리이며, 언제 어디서든 이 순간의 인과뿐인데 어디서 무엇을 찾는가? 눈은 옆으로 나 있지만(眼橫), 코는 아래로 뻗어 있다(鼻直). 여기에 잘못된 것이 있는가? 둘 사이에 우열이 있는가?

"불락 불매, 한 번 승부에 둘 다 승리." 뚫어야 할 공안이다. 이 송은 '불락', '불매'를 완전히 터득한 경지를 읊은 것이다. 자, 견처(見處)를 보여라.

"불매(不昧), 불락(不落)." '불매', '불락'에 일순(一瞬)이라도 머리를 굴리면 어느 쪽도 지옥행. 따라서 "뭐라고 하더라도 모두 다 착각."이다. 사려분별이 미칠 바가 아니다. '불매', '불락'을 말로 설명하면 할수록 진리에서 멀어진다

"불매 불락. 뭐라고 하더라도 모두 다 착각." 역시 뚫어야 할 공안이다. 언제까지나 '불락', '불매'를 말하고 있으면 착각이 착각을 낳아서 천착만착(千錯萬錯)이 된다. 너의 목숨은 영원히 구제할 길이 없다. 무문은 이미 '불락', '불매'를 초월하여 흔적이 없다. 그 흔적 없는 경계를 읊은 것이 이 공안이다. 자, 흔적 없는 경계를 보여라.

— 입실

방장 스님 앞에서 본칙 전문을 외우고 "매번 틀리지 않게 대답하면 무엇이 됩니까?" 공안에 대해,

김 　: 뭐가 되어도 상관없습니다.
방장: 잘못 참구하고 있군.
　　　"무엇이 되는가?" 하고 물었다.

다음 입실.

방장: 자, 어떠냐?
김 　: 아침에 일어나 세수하고 예불하고 일하러 갑니다.
방장: 쯔쯧.
　　　한 번 또 한 번, 틀림없이 대답하면 무엇이 되는가?

중심 인물

백장 회해(百丈懷海, 749-814, 일설 720-814)는 복건성 장락(長樂) 출신이다. 강서성 백장산(百丈山) 대지원(大智院)에 오래 주석했으므로 백장이라 부른다. 백장산의 원래 이름은 대웅산(大雄山)이지만, 높고 험하기 때문에 백장산이라 불렀다.

백장은 젊은 나이에 출가하여 교학을 연구하다가, 마침내 선으로 돌아서 마조(馬祖)의 제자가 되었다. 88인에 달하는 마조의 뛰어난 제자 중 백장은 남전 보원, 서당 지장과 함께 가장 탁월했다. 그가 산 시대는 성당(盛唐)기에 속하고,

선이 활기차게 뻗어나가던 시대였다. 당시까지 선원은 주로 율종 계통 사찰에 속해 있었다. 이것을 독립시켜 선종(禪宗) 교단 확립에 크게 공헌한 이가 백장이다. 그는 대·소승 계율을 집약·절충하여 선종 교단의 규칙인 '청규(淸規)'를 최초로 제정했는데, 이것이 유명한 『백장청규』이다.

백장은 선 수행에 울력(普請)을 본격적으로 도입했다. 선원의 승려는 예외 없이 모두 노동에 참여하여 생활에 필요한 물자를 얻고, 외부의 도움 없이도 수행처가 유지되도록 했다. 이와 같은 자급자족 정신은 그가 남긴 "하루 일하지 않으면 하루 먹지 않는다(一日不作, 一日不食)."는 금언에 잘 나타난다. 역사의 뒤안길로 소리 없이 사라진 여타 종파와는 달리 선종이 중국 역사에서 끝까지 그 강인한 생명력을 유지한 것은 이런 정신에 힘입은 바 크다.

백장은 울력 때 남보다 먼저 나섰다. 제자가 보다 못해 연장을 숨기고 쉬기를 청했지만, 그는 "내게 아무런 덕(德)이 없는데 어찌 남들만 수고롭게 하겠는가?"하며 연장을 샅샅이 찾았다. 그러나 끝내 찾지 못하자 식사를 하지 않았다. 이에 "하루 일하지 않으면 하루 먹지 않는다."는 말이 천하에 알려졌.

그의 으뜸가는 제자는 위산 영우, 황벽 희운이다.

황벽 희운(黃檗希運, ?-?)은 복건성 민현(閩縣) 출신으로 소년 시절 복건성 황벽산에서 출가했다. 황벽이란 염료의 재료가 되는 식물 이름인데 그가 수행한 황벽산 주변에 많아 산의 이름으로도 쓰였다. 황벽은 풍모가 당당한 대장부로, 키가 7척이고 이마 가운데가 육주(肉珠)처럼 솟아 있었다 한다.

그는 출가해서 각지로 행각하며 불교를 학문적으로 계속 연구하였지만, 끝내 백장의 명성을 듣고 문하로 들어가 그의 법을 이었다. 황벽이 잠시 염관(鹽官) 국사 수행처에서 수좌로 있을 때였다. 그곳에는 나중에 선종 황제가 된 대중(大中)이 수행승으로 있있다. 황벽이 매일 이마에 못이 박일 정도로 불전에 절하는 것을 보고 대중이 물었다.

"무엇을 구하려고 절하는가?"
"불법승 어디에도 구함이 없다. 그냥 절할 뿐이다."
"그러면 절할 필요가 없지 않나?"

말이 떨어지기가 무섭게 황벽이 대중을 한 대 후려갈겼다. 대중이 "너무 심하군!"하고 소리치자, 황벽은 다시 "심하고 말고가 어딨어?"하며 또 한 대 후려갈겼다.

나중에 대중은 황제가 되어 황벽에게 시호를 내리게 되었다. 황벽의 제자인 재상 배휴(裴休)가 "염관 국사 수행처에서 황벽이 후려친 일장(一掌)에는 과거·현재·미래 삼제(三際)를 끊는 작용이 있으니, 단제 선사(斷際禪師)가 좋겠습니다."고 아뢰어 시호가 '단제'가 되었다.

이처럼 황벽은 준엄하고 투철한 선풍(禪風)으로 선계에 큰 영향을 미쳤다. 그의 수제자는 임제종을 연 임제 의현(臨濟義玄, ?-866, 일설 867)이다.

제3칙

구지수지 (俱胝竪指)

구지의 「한 손가락 선」

 — 본칙

俱胝竪指.
俱胝和尚, 凡有詰問, 唯擧一指. 後有童子. 因外人問, 和尚說何法要. 童子亦竪指頭. 胝聞遂以刃斷其指. 童子負痛號哭而去, 胝復召之. 童子廻首, 胝却竪起指. 童子忽然領悟.
胝將順世, 謂衆曰, 吾得天龍一指頭禪, 一生受用不盡. 言訖示滅.

구지 화상은 대중의 질문을 받으면 단지 손가락 하나를 세운다. 그 절에는 동자 하나가 있다. 외지 손님이 "화상은 어떤 법을 설하십니까?" 물으면 동자 역시 손가락 하나를 세운다. 구지는 이 말을 듣고 칼로 동자의 손가락을 잘라 버린다. 동자가 비명을 지르며 달아나자, 구지가 다시 부른다. 동자가 고개를 돌리는 순간, 구지가 손가락 하나를 세운다. 동자는 홀연히 깨닫는다.

임종에 이르러 구지가 대중에게 말한다. "천룡의 '한 손가락 선(一指頭禪)'을 얻어 평생 썼거늘 다 쓰지 못하구나." 말을 마치자 입적한다.

__ 제창

  이 공안은 선(禪)에서의 모방은 생명이 없는 허망한 것임을 생생히 보여 준다. 선은 자신이 피나는 노력 끝에 얻은 체험적 사실만을 중시한다. 본칙은 『전등록』 권11 「무주 금화산 구지 화상」 내용 중에서 구지가 동자를 깨치게 한 부분을 공안으로 제시한 것이다. 본칙 앞부분 내용은 『전등록』에 다음과 같이 실려 있다.

  구지가 산중 암자에 있을 때, 실제(實際)라는 비구니가 찾아온다. 삿갓도 벗지 않고, 지팡이를 짚으며 구지를 세 번 돈 뒤 "한 말씀 주시면 삿갓을 벗겠습니다." 한다. 세 번이나 말하지만 구지는 대답을 못한다. 비구니가 되돌아가려 하자 구지가 "날도 저물었으니 여기서 머물지요?" 하고 권한다. 비구니는 다시 말한다. "한 말씀 주시면 머물지요." 구지가 역시 대답을 못하자, 뒤도 돌아보지 않고 가 버린다.
  구지는 "내가 장부 모습을 하고 있지만 장부 기질은 하나도 없구나."고 탄식하며 제방의 선지식을 친견할 결심을 한다. 그날 밤, 산신이 나타나 조만간 대보살이 찾아올 테니 떠나지 말라고 일러준다. 과연 열흘 정도 지나자 천룡(天龍) 화상이 암자로 찾아온다. 구지는 예를 갖추어 맞아들여 비구니 일을 말한다. 말이 끝나자마자 천룡이 손가락 하나를 세운다. 그 순간 구지가 홀연히 대오(大悟)한다. 그 후로 승이 찾아오면 구지는 손가락 하나를 세울 뿐, 따로 제창(提唱)하는 일이 없다.

  위 내용에는 구지의 깨달음에 대해 "천룡이 손가락 하나를 세운다. 그 순간 구지가 홀연히 대오한다."고만 되어 있다. 내적 고뇌에 대한 언급은 없다. 그러나 구도 수행의 험난한 길을 걸어본 자는 이 내용에서 구지가 대오하기까지 얼마나 피눈물 나는 나날을 보냈을지 안다.

구지는 비구니의 물음, 그것도 네 번이나 거듭된 질문에 한마디도 답하지 못한다. 이에 "내가 장부 모습을 하고 있지만 장부 기질은 하나도 없구나."라고 한탄하며 암자를 떠날 결심을 한다. 하늘이 무너져 내리는 절망, 이것은 역으로 그가 산중 암자에서 얼마나 각고의 수행을 해 왔는지를 잘 말해준다. 세상이 잠든 한밤, 수행에 진척이 없어 좌선을 풀지 못하는데 불현듯 고향의 어머니 생각에 뜨거운 눈물을 흘려본 이라면, 구지의 심경이 얼마나 처참한지 안다.

지금 우리에게 중요한 것은 손가락 세운 것을 보고 홀연히 깨달은 구지의 오도(悟道)의 순간이 아니다. 그가 깨닫기까지 겪은 내적 고뇌와 피나는 노력에 심금이 울려야 한다. 구지의 목숨 건 수행 과정을 외면하면 이미 선과는 거리가 멀다.

선 수행에서 분별심을 끊고 자타가 하나 되는 경계에 이르려면, 자신의 인격에 일대전환이 일어날 정도의 극한 상태까지 스스로를 몰아넣어야 한다. 이런 극한 상태를 옛 선사는 '대지흑만만(大地黑漫漫)', 온 천지가 캄캄해 한 생각도 일어나지 않는다고 표현한다.

천룡이 손가락을 세웠을 때, 구지는 바로 그런 극한 상태에 직면해 있었으리라. 그는 오랫동안 좌선했지만 아직 분별심을 완전히 끊지는 못했다. 비구니의 만남은 그에게 절망과 함께 천지가 캄캄한 의문을 품게 하고, '한 말씀'에 대한 열렬한 참구심을 불러일으킨다. 그리하여 그는 마침내 극한 상태까지 쫓겨 들어간다.

이때 천룡이 내보인 한 손가락은 극한을 타파하는 하나의 계기가 된다. 한 손가락은 이미 한 손가락이 아니다. 그것은 구지 자신이고, 나 자신이고, 우주 그 자체이다.

대오(大悟)한 구지가 스승 천룡의 법을 이어 평생 '한 손가락 선(一指頭禪)'으로 제자를 지도한다. "구지 화상은 대중의 질문을 받으면 단지 손가락 하나를 세운다." 뚫어야 할 공안이다. "개에게도 불성이 있습니까?", "무엇이 부처입니까?" 어떤 질문에도 구지의 응대는 단 하나, 그저 손가락 하나를 세운다.

손가락이 무엇인가? 이것은 일체의 생각을 끊고 단지 손가락 그 자체가 되어야만 알 수 있다. '개천개지(蓋天蓋地)', 하늘을 뒤덮고 땅을 뒤덮는 한 손가락이 되어 보라. '나'는 없고 온 천지가 한 손가락일 때, 구지와 같은 세계에 살 수 있다. 불쑥 한 손가락을 세우는 순간, 아는 자는 온몸으로 안다. 그러나 뭐가 뭔지 캄캄한 자는 온몸으로 알 때까지 정진하라. 이것이 '한 손가락 선'이다.

구지에게는 시봉하는 동자가 하나 있다. 동자는 어느새 스승 구지를 흉내 낸다. "구지 화상은 어떤 법을 설하십니까?"고 물으면 동자는 말없이 손가락 하나를 세운다. 이것을 전해들은 구지는 비상수단으로 동자의 손가락을 자른다. 형해(形骸)에 불과한 손가락을 잘라 버린 것이다. 비명을 지르며 도망가는 동자를 구지가 큰 소리로 부른다. 동자가 무의식적으로 고개를 돌리는 순간, 구지는 불쑥 손가락 하나를 세운다. 동자는 홀연히 깨닫는다.

껍데기 모방 손가락에 머물던 동자가, 격렬한 고통의 극한 상태에서 구지의 손가락을 본 순간, 껍데기는 죽고 '진짜 손가락'에 눈을 뜬다. '대사일번, 절후재소(大死一番, 絕後再蘇)', 크게 죽은 뒤 진짜 모습으로 되살아난 것이다.

구지가 세운 한 손가락, 동자가 세운 한 손가락, 그것은 같은 손가락이지만 근본적인 차이가 있다. 구지의 한 손가락은 우주 그 자체, 진리 그 자체이고, 동자의 한 손가락은 체험이 동반되지 않은 흉내에 불과하다. 생명 없는, 참으로 쓸모없는 손가락이다.

결국 동자는 잘린 손가락 대신에 영원한 생명을 얻는다. 손끝을 초월해서 전 우주를 뚫는다. 껍질을 깨고 진실 세계에 눈뜨게 한 구지의 역량에는 찬탄을 금치 못한다.

명심할 것은 동자의 깨달음은 우연이 아니라는 것이다. 여기서 동자는 나이가 어리다는 것이 아니라 수행 정도가 철없는 아이 수준이란 뜻이다. 『화엄경』의 선재동자도 마찬가지이다. 본칙의 동자는 비구가 되려고 수행하는 사미로 볼 수 있다. 그는 고담(枯淡)하고 아이처럼 순수한 성격을 가졌을 것이다. 그렇지 않으면 그리 쉽게 깨닫지 못한다.

동자의 깨달음은 비록 모방에서 시작했지만, 일념(一念)도 끼어들 틈이 없는 손가락 그 자체가 되었기에 가능했다. 만약 이 동자가 끝없이 분석하고 머리를 굴리는 놈이라면 그 손가락이 수백 번 잘려도 깨닫지 못하리라.

임종에 이르러 구지가 대중에게 말한다. "천룡의 '한 손가락 선(一指頭禪)'을 얻어 평생 썼거늘 다 쓰지 못하구나." 말을 마치자 입적한다. 역사 속의 구지는 떠났으나, 그의 선은 시공을 초월하여 지금 여기, 내 한 손가락에 살아 있다. 전 우주가 한 손가락이고 한 손가락이 전 우주이다. 우주가 청소하고 우주가 밥 먹는다. 구지의 한 손가락은 순간순간 새롭게 창조적인 삶을 산다.

자, 어떤가? 지금도 구지는 '활발발지(活潑潑地)'다. 펄펄 살아서 자유자재로 활동한다. 허나, 심안이 없는 자는 볼 리가 없다. 눈 밝은 이만이 구지가 평생 "손가락 하나를 세울 뿐, 따로 제창(提唱)하는 일이 없다."는 경계를 안다. 그는 설하려고 해도 설할 수가 없다. 아니, 그는 완벽하게 설한다.

불쑥 한 손가락을 세우면 진짜 제창(提唱)은 그것으로 끝이다. 아는 자는 견처(見處)를 보여라. 뭐가 뭔지 모르는 자는 알 때까지 참구하라. 이것이 선의 진수(眞髓)이다. '한 손가락 선'을 알려면 이 생각, 저 생각 버리고, 행주좌와(行住坐臥), '한 손가락' 그 자체가 되라.

 __ 평어

무문이 말한다. 구지의 깨달음도 동자의 깨달음도 손가락에 있지 않다. 여기를 꿰뚫으면 천룡도 구지도 동자도 너 자신도, 모두 한 꼬챙이에 꿰이리라.

無門曰. 俱胝并童子, 悟處不在指頭上. 若向者裏見得, 天龍同俱胝并童子, 與自己一串穿却.

 __ 제창

무문은 구지와 동자의 깨달음이 손가락에 있지 않다고 한다. 그렇다면 어디에 있는가? '손가락'이라는 말에 매이지 말라. 그것은 이름 붙일 수 없는 진리를 가리키는 가명(假名)에 불과하다. 이것은 자기를 방하하고, 자기가 손가락 그 자체가 되지 않으면 알 리 없다. 자기가 손가락이면 온 천지에 손가락 아닌 것이 없다.

"여기를 꿰뚫으면 천룡도 구지도 동자도 너 자신도, 모두 한 꼬챙이에 꿰이리라." '여기'는 진리를 말한다. 심안으로 보면 일체가 진리다. 찢어진 옷도 황금사자도 진리 아닌 것이 없고, 손가락 아닌 것이 없다. 구지도 동자도, 하늘도 땅도, 생로병사(生老病死)도 한 손가락에 꿰이리라.

頌曰.
俱胝鈍置老天龍,
利刃單提勘小童.
巨靈擡手無多子,
分破華山千萬重.

 — 송

구지가 천룡 늙은이를 바보로 만들고,
예리한 칼로 동자를 시험하네.
거령신이 그저 척(無多子) 손을 들어,
천만겹의 화산(華山)을 둘로 깨부수네.

 — 제창

"구지가 천룡 늙은이를 바보로 만들고, 예리한 칼로 동자를 시험하네." 진리는 명명백백해서 어디든 그대로 드러나 있다. '기래끽반, 곤래면(飢來喫飯困來眠)', 배고프면 밥 먹고 피곤하면 잠잔다. 그렇다면 새삼스레 손가락을 세울 필요가 있을까?

하물며 손가락을 자를 이유는 무엇인가? 구지는 스승 천룡이 쓸데없이 손가락 세운 것에서 한 발 더 나아가 동자의 손가락을 잘라 버린다. 이 얼마나 바보 같은 짓인가. 스승 천룡을 무시해도 유분수지.

무문은 첫 두 구절에서 이렇게 천룡과 구지를 저평가하지만, 이것이 바로 천룡과 구지의 혈적적(血滴滴)한 자비심을 찬탄하는 부문의 선적(禪的) 표현이다. 폄하하는 듯하지만 사실은 찬탄하는, 선 특유의 이런 어법을 '억하(抑下)의 탁상(托上)'이라 한다. 선에는 세속에서 말하는 칭찬은 없다. 눈 있는 수행자라면 제자를 향한 두 선사의 무한한 자비심을 보리라.

"거령신이 그저 척(無多子) 손을 들어, 천만겹의 화산(華山)을 둘로 깨부수네." 무문은 마지막 두 구절에서 '한 손가락 선'의 광대무변

■ '무다자(無多子)'는 '조작도 이유도 없다'는 뜻이다.

한 작용을 보인다.

중국 신화에 거령(巨靈)이라는 대신통력을 가진 강(河)의 신이 나온다. 그는 그저 척 손을 들어 거대한 화산(華山)을 가볍게 둘로 깨부수어, 물을 황하(黃河)로 흘러 들게 했다. 화산은 중국 협서성에 있고, 오악(五嶽) 중의 하나이다. 오악은 태산(泰山 산동성)·화산(華山 협서성)·형산(衡山 호남성)·항산(恒山 산서성)·숭산(嵩山 하남성)이다.

"거령신이 그저 척 손을 들어." 무문은 '그저 척' 한마디에서 '한 손가락 선'의 '무심(無心)'의 경계를 보여준다. 천지 그 자체가 된 '한 손가락'의 눈으로 보면 거령신의 신통력도 한 티끌의 움직임이고, 전자기(全自己)의 일부분이다.

아무리 불가사의한 거령신의 신통력도 구지의 '한 손가락 선'의 위력에는 어림도 없다. 굉장하다고 머리로만 상상하지 말고 직접 자기가 그 어마어마한 경계가 되어 보라. 그때 더 이상 무엇을 구하겠는가?

우리는 거령신도 놀랄 정도의 신통력을 가지고 있다. 보고 듣고 냄새 맡고 말하고 움직이고 생각하는 능력이 그것이다. 우리는 배가 고프면 밥을 지어먹는다. 우주 그 자체가 된 손으로 밥을 짓는다. 이 경지에서는 오악(五嶽)은 쌀 한 톨보다 작고, 황하·양자강의 물을 한 줌에 다 푼다. 이만한 신통력이 어디 있는가? 방(龐) 거사(740?-808)는 이렇게 말했다. '신통병묘용, 운수여반시(神通幷妙用, 運水與搬柴)', 내 신통 묘용은, 물 긷고 땔감 나르는 것.

소름 끼치도록 무심이 된 경지는 '허공소운, 철산최(虛空消殞鐵山摧)', 허공이 소진하고, 철산이 산산조각 난다고 표현해도 다 드러내지 못한다. 자, 뭘 두려워하는가? 공안에 매달려라. 마음이 무르고 게으른 비열한 자가 되지 말라.

■ "거령신이 그저 척 손을 들어, 천만겹의 화산을 둘로 깨부수네."는 『벽암록』 제32칙 송에 나오는 구절이다.
선사들은 종종 옛 시구(詩句)를 빌어 자신의 경계를 드러내 보이는데, 이것을 선에서는 표절로 보지 않는다. 오히려 공안에 딱맞는 시구를 가려 뽑은 그의 안목을 중히 여긴다. 그 시구를 통해 그의 선 체험의 경계가 그대로 드러나기 때문이다.

 __ 입실

　방장 스님 앞에서 본칙 전문을 외우고 "구지 화상은 대중의 질문을 받으면 단지 손가락 하나를 세운다." 공안에 대해,

　　김　：(오른손 검지를 세워 당당히 앞으로 내민다.)
　　방장：(갑자기 주장자를 들어 내려치려하면서 벽력같은 소리로)
　　　　　잘리면 어떻게 할래?
　　김　：(놀라 흠칫한다.)
　　방장: 흉내나 내어서 되겠는가?
　　　　　선은 살아 있는 자신의 체험이 중요하다.
　　　　　단지 흉내만 내어서는 손가락이 잘린다.
　　　　　간화선의 약점 가운데 하나가 흉내 내는 것이다.
　　　　　흉내 내어선 자신의 것이 되지 않는다. 손가락 하나에 철저해라.
　　　　　간화선의 또 하나의 약점은 '이렇게 답하면 되겠지' 하고 자신도 모르게 머리를 굴리는 것이다.
　　　　　그렇게 하면 공안을 참구하는 힘이 붙지 않는다. 자칫하면 빠지기 쉬운 간화선의 폐해이다.
　　　　　머리는 그만 굴리고, 그저 온몸으로 손가락 그 자체가 되어 보라.

중심 인물

금화 구지(金華俱胝, ?-?)는 절강성 무주(婺州) 금화산(金華山)에 주석했다. 구지(俱胝)라 불리게 된 이유에 대해서는 두가지 설이 있다. 금화현에 있는 구지원(俱胝院)에 머물렀기 때문이라고도 하고, 금화산에 있을 때 항상 '구지불모다라니(俱胝佛母陀羅尼)'를 외웠기 때문이라고도 한다. 본칙 내용 외에는 전하는 바가 거의 없다. 대매 법상(大梅法常, 752-839)의 3세 법손이므로, 9세기경에 활동한 것으로 보인다.

항주 천룡(杭州天龍, ?-?)은 구지의 스승으로 대매 법상의 법을 이었으며, 약간의 법어와 문답을 남긴 것 외에는 거의 알려진 것이 없다. 『전등록』에는 천룡의 제자로 신라의 언충(彦忠)도 올라 있다.

제4칙

호자무수 (胡子無鬚)

혹암의 「달마는 어째서 수염이 없는가」

胡子無鬚.
或庵曰, 西天胡子, 因甚無鬚.

 — 본칙

혹암이 말한다. "서천에서 온 달마(胡子)는 어째서 수염이 없는가?"

■ '서천(西天)'은 인도(印度). '호자(胡子)'의 '호(胡)'는 원래 중국에서 '서북방의 야만인'을 지칭한 말이나, 여기서는 6세기 인도에서 중국으로 건너온, 중국 선종의 초조(初祖) 보리달마를 가

 — 제창

혹암이 말한다. "서천에서 온 달마(胡子)는 어째서 수염이 없는가?" 뚫어야 할 공안이다.

달마의 얼굴은 수염투성이다. 그런데 혹암은 무엇을 노리고 엄연히 '있는' 수염을 '없다'고 할까? 여기서 '어째서'는 이유를 머리 굴려 캐내라는 말이 아니다. 질문을 던져 질문을 초월하게 하는 비장의 한마디이다. 스승은 '어째서' 한마디로 제자를 날카롭게

추궁하여 그가 머리 굴려 답하는 온갖 망상을 절멸(絶滅)시킨다.

"달마는 어째서 수염이 없는가?" 이것은 유(有)·무(無)의 분별에 헤매는 이들을 유·무를 초월한, 있는 그대로의 진리에 눈뜨게 하려는 공안이다. 어떻게 참구해야 할까? 어떤 분별도 하지 말고, 온몸으로 수염투성이 달마가 되어 보라.

분별이 끊어진 경계, 온 천지는 수염투성이 달마뿐이다. 이때 달마의 수염을 있다 할 것인가, 없다 할 것인가? 있다 해도, 없다 해도 상관없다. '있다', '없다'를 초월했기 때문이다. 이때 있는 그대로의 수염을 안다. 혹암이 노리는 것은 바로 여기이다.

늘 이 순간 이 자리에 앉은 면벽(面壁) 9년의 달마. 그의 '수염'은 유·무를 초월한 진리 그 자체, 분별이 끊어지면 체득(體得)되는 보리(菩提)의 다른 이름이다. 달마는 '있다, 없다', '깨끗하다, 더럽다'를 초월해 있다. 유수(有鬚) 즉 무수(無鬚), 번뇌(煩惱) 즉 보리(菩提)이다.

있는 그대로의, 달마의 진짜 수염을 보는 눈을 가져라. 수염이 있는 것(有鬚)이 곧 없는 것(無鬚)이다. 수염이 있으면 있음에 맡겨서 있는 그대로 무수(無鬚)이고, 없으면 없음에 맡겨서 없는 그대로 유수(有鬚)이다. 이런 수염의 주인공이야말로 걸림 없는 대자유인이다.

리킨다. '자(子)'는 접미사이다.

 __ 평어

무문이 말한다. 참선은 반드시 직접 몸으로 행하는 실참(實參)이어야 하고, 깨달음은 반드시 직접 체득한 실오(實悟)라야 한다. 이 달마(胡子)를 알려면, 반드시 한 번은 직접 만나야만 한다. 아니, 직접 만난다고 하는 순간 이미 둘이 된다.

無門曰. 參須實參, 悟須實悟. 者箇胡子, 直須親見一回始得. 說親見, 早成兩箇.

 __ 제창

몸으로 직접 선을 수행하는 것은 힘들다. 그래서 직접 체득하기를 포기하고 머리 굴려 답만 맞추는 '야호선'을 하는 자들이 있다.

무문은 이런 자들에게 말한다. "참선은 반드시 직접 몸으로 행하는 실참(實參)이어야 하고, 깨달음은 반드시 직접 체득한 실오(實悟)라야 한다." 실참·실오, 온 존재로 수행하고 철저히 깨달으라는 것이다. 죽을 때 살려하기 때문에 괴롭다. 철저히 살고 철저히 죽어라.

선 수행에서 선문답이 있는 이유는 지적 해석이나 이론으로 경직된 사람들의 머리 굴림을 깨부수고 자신의 체험에서 나온 살아 있는 견처(見處)를 제시하게 하는 데 있다. 체험이 없는 선은 선이 아니다. 따라서 선 수행은 자신이 직접 몸으로 행해야 참다운 수행인 실참(實參)이 되고, 이를 통해 진실한 깨달음인 실오(實悟)를 증득한다.

"이 달마(胡子)를 알려면, 반드시 한번은 직접 만나야만 한다." 달마의 수염이 있는지 없는지 말로만 다투지 말고, 활달마(活達磨), 살아있는 달마를 직접 한 번 만나 보면 간단히 해결될 것 아닌가.

어떻게 하면 직접 만날까? 무문은 제1칙 평어에서 "이 관문을 뚫는 자는 직접 조주를 만날 뿐 아니라, 역대 조사들과도 손을 맞잡고 한데 어울려, 그들과 한 몸이 되어(眉毛廝結) 같은 눈으로 보고, 같은 귀로 듣는다."라고 했다.

목숨 걸고 수염투성이 달마가 되어 보라. 유·무의 분별이 끊어져 온 천지가 수염으로 뒤덮이는 순간, 내가 바로 수염투성이 달마이고, 달마의 수염이 바로 내 수염이다. 아니, 내가 바로 달마라고 하는 순간 이미 분별에 떨어져 진짜 달마와는 영원히 멀어진다. 그래서 무문은 "직접 만난다고 하는 순간 이미 둘이 된다."고 한다.

진짜로 만나면 만남은 없다. 그 자체가 되었는데 만나고 말고가 있겠는가?

 — 송

바보(癡人) 앞에서는
꿈 이야기를 말라.
달마는 수염이 없다고 하여
분명한 것을 일부러 헷갈리게 하네.

頌曰.
癡人面前,
不可說夢.
胡子無鬚,
惺惺添憒.

 — 제창

무문이 혹암에게 화난 듯 말한다. "바보(癡人) 앞에서는 꿈 이야기를 말라." 저 정신 못 차리는 범부에게 '달마는 수염이 없다'는 헛된 이야기를 하다니.

유·무를 초월한 자에게는 보고 듣는 그대로가 진리이다. 그에게는 '달마는 어째서 수염이 없는가' 하고 물은 혹암도, '바보 앞에서는 꿈 이야기를 말라'는 무문도 허황된 꿈 이야기를 하고 있는 자들이다. 이름 붙일 수 없는 역겁무명(歷劫無名)의 진리에 흠만 내고 있는 것이다.

"달마는 수염이 없다고 하여, 분명한 것을 일부러 헷갈리게 하네." 수염이 없다는 둥 괜히 쓸데없는 말을 해서 눈앞의 생생한 진리를 도리어 헷갈리게 만든다는 것이다. 무문은 이 공안을 허무맹랑한 꿈 이야기로 매도하여 이 공안 전체를 정면에서 빼앗아 버린

■치인(癡人)은 바보, 곧 유·무의 구속에서 벗어나지 못한 우리 범부를 말한다.

다. 그 진의는 무엇일까?

　생각이 끊어지면 진실 세계는 저절로 눈에 들어온다. 무문은 송에서 들리지 않는 목소리로 소리친다. "진리는 다른 데 있는 것이 아니다. '서천에서 온 달마는 어째서 수염이 없는가?'라고 말하는 바로 여기에 있다!" 눈이 있는 자이면 제자에 대한 무문의 간절한 마음을 보리라.

 ― 입실

　방장 스님 앞에서 본칙 전문을 외우고 "서천에서 온 달마는 어째서 수염이 없는가?" 공안에 대해,

　　김　：유무를 초월한 절대무(絶對無)의 무수(無鬚)입니다.
　　방장：(갑자기 눈을 부릅뜨고)
　　　　그렇다면 유무를 초월한 수염을 보여라.
　　김　：…….
　　방장：뭘 꾸물거리나, 견처(見處)를 보여라 하지 않는가?
　　　　(이어 비수를 꽂는 한마디가 날아온다.)
　　　　대학에서 강의하듯 그런 식으로 입으로만 앵무새처럼 나불거리려면 선 수행을 그만두는 것이 좋다.
　　　　세월만 허비한다.

　"유무를 초월한 절대무의 무수(無鬚)." 이론적으로는 분명히 옳은 말이지만 이것은 단지 사상에 불과할 뿐, 직접 몸으로 얻은 체험적 사실이 아니다. "입으로만 앵무새처럼 나불거리려면 선 수행을 그

만두는 것이 좋다. 세월만 허비한다." 이때 받은 충격은 아직도 뇌리에 생생하다.

중심 인물

혹암 사체(或庵師體, 1108-1179)는 절강성 단구 황암(丹丘黃巖) 출신으로 15세에 출가했다. 임제종 양기파로, 원오 극근(圜悟克勤, 1063-1135)의 제자인 호국 경원(護國景元)의 법을 이었다. 강소성 진강부(鎭江府) 초산(焦山)에 주석한 적이 있으므로 그를 '초산 사체'라고도 부른다.

혹암은 수행자를 지도할 때 항상 빗자루를 들어 불법을 설했다. 72세 되던 해에 임종하면서 다음과 같은 게송을 지어 대중과 작별한 후 곧바로 입적했다.

철수개화(鐵樹開華),	무쇠 나무 꽃이 피고
웅계생란(雄鷄生卵).	수탉이 알을 낳네.
72년(七十二年),	72년
요람승단(搖籃繩斷).	요람의 밧줄을 끊다.

혹암이 입적한 4년 뒤 무문(無門, 1183-1260)이 태어났다.

임제종(臨濟宗)은 중국 선종의 오가칠종(五家七宗) 중에서 가장 번창했으며 지금도 큰 영향력을 미치는 종파이다. 그 종조는 당나라 말에 활약한 **임제 의현**(臨濟義玄, ?-866, 일설 867)이다. 임제는 산동성 조주(曹州) 남화(南華) 출신으로, 그가 산 시대는 당 왕조의 운명이 급속히 쇠락하여 지방에는 군벌들이 서로 패권을 다투고 농민과 병사들의 난도 해마다 일어나던 어려운 때였다.

그는 출가하여 처음에는 경율론을 깊이 연구했으나, 마침내 선에 입문하여 황벽 희운의 법을 이었다. 황벽의 인가를 받은 뒤, 하북성 진주(鎭州)로 가서 호타하(滹沱河) 근처의 임제원(臨濟院)이라는 조그만 암자에서 선풍을 크게 떨쳤다. '임제(臨濟)'라는 이름은 암자가 이 강의 나루터(濟)를 바라보는(臨) 곳에 자리

잡고 있었던 것에서 비롯되었다. 나루터를 피안으로 인도하는 상징적인 곳으로 보면 이곳에서 일체중생을 제도한다(濟)는 뜻도 된다. 이 이름은 그 가풍을 경모하여 모인 문하 법손들의 종명(宗名)이 되었고, 그의 호칭도 되었다.

임제종의 종풍은 기봉이 높고 예리하며, 학인 접화도 '임제장군(臨濟將軍)'이라 불릴 정도로 힘차고 명쾌하다. 그야말로 여탈종횡(與奪縱橫), 살활자재(殺活自在)이다. 오조 법연(五祖法演, ?-1104)은 그 가풍을 '오역문뢰(五逆聞雷)'라 평했다. 오역죄를 지은 자가 우레 소리에 소스라치게 놀라는 것처럼 수행자를 휘어잡는 힘이 그만큼 강하다는 뜻이다. 임제종의 수행자는 늘 깨어 있어야 한다는 의미도 담겨 있다.

임제종은 북송 중기에 이르러 석상 초원(石霜楚圓, 986-1039)의 문하에 황룡 혜남(黃龍慧南, 1002-1069)과 양기 방회(楊岐方會, 992-1049)라는 두 신족(神足)이 나와 각각 황룡파와 양기파를 형성하면서 발전해 갔다. 그러나 남송시대(1127-1279)에 와서 양기파가 압도적인 우세를 점하게 되었고 황룡파는 쇠퇴의 길을 걸었다. 현재 한국과 일본의 간화선은 대부분 양기파의 맥을 잇고 있다.

참고로, 오가(五家)는 위앙종·임제종·조동종·운문종·법안종을 말하고, 칠종(七宗)은 오가에다 황룡파와 양기파를 합한 것에 대한 호칭이다.

제5칙

향엄상수 (香嚴上樹)

향엄의 「입으로 가지를 물고 매달려 있을 때
어떻게 대답할까」

 __ 본칙

향엄 화상이 말한다. 한 사람이 나무에 올라가, 손으로 가지를 붙잡지도 않고, 발로 나무를 밟지도 않고, 입으로 가지만 물고 매달려 있다. 그때 나무 아래서 누군가 "달마가 서쪽에서 온 뜻(西來意)이 무엇입니까?" 묻는다. 대답하지 않으면 질문을 무시하는 것이고, 대답하면 떨어져 죽는다. 바로 이럴(正恁麼) 때 어떻게 하겠는가?

香嚴上樹.
香嚴和尙云, 如人上樹, 口啣樹枝, 手不攀枝, 脚不踏樹. 樹下有人, 問西來意, 不對卽違他所問, 若對又喪身失命. 正恁麼時, 作麼生對.

 __ 제창

이 공안은 우리가 사로잡혀 있는 지적(知的) 분별을 일격에 깨부순다. 향엄은 학문을 좋아하고 학식이 깊은 수재였다. 그런 만큼 지적 모순을 뛰어넘는 데 남들보다 훨씬 더 쓰라린 고투의 과정을 겪었다. 수행 중 숱하게 만난 한계와 좌절, 이를 뼈를 깎는 심정으로 극복해낸 것이 이 공안을 제시한 배경이 되었을 것이다.

입으로 가지만 물고 매달려 있을 때, 나무 아래 사람이 달마가 서쪽에서 온 뜻(西來意), 즉 선의 진수를 묻는다. 대답하면 떨어져 죽고, 답하지 않으면 질문자의 뜻을 무시하는 것이다. 이 난관을 어떻게 극복할 수 있을까?

본칙의 상황은 한 치 앞을 모르는 우리의 삶 그대로이다. 우리 목숨은 매 순간 경각에 달려있다. 언제 무슨 사고를 당할지 모른다. 갑자기 중병에 걸릴 수도 있다. 이렇게 목숨이 경각에 있는데도 자각하지 못하고 영원히 살 듯한 착각 속에서 사는 것이 우리이다. 선은 이 착각에서 벗어나 '지금 이 순간을 온전히 사는 법'을 체득하게 한다.

"입으로 가지만 물고 매달려 있을 때, '조사서래의'를 묻는다. 바로 이럴(正恁麽) 때 어떻게 하겠는가?" 뚫어야 할 공안이다. 대답하자니 떨어져 죽고, 살자니 상대를 무시하게 되는 딜레마에서 어떻게 하면 자유로울 수 있을까?

이런 절체절명의 위기에 직면해서 집착과 생각이 많으면, 문제만 더 복잡하게 엉킬 뿐 진짜 자유는 얻지 못한다. 이 생각 저 생각을 버리고 오직 이 순간에 철저하여 현 상황 그 자체가 되라. 제1칙 평어에서 "분별심(心路)을 완전히 끊는다."고 한 것은 바로 이런 경우를 말한다.

향엄은 "바로(正) 이럴(恁麽) 때 어떻게 하겠는가?"고 묻는다. 바로 이 순간에 어떻게 하겠는가?

매달려 있거나, 떨어지거나 일념의 분별도 섞지 않고 그 순간 그

■ '서래의(西來意)', 곧 '조사서래의(祖師西來意)'는 달마가 인도에서 중국에 건너온 진의(眞意), 그 의도를 뜻한다. 그러나 후대로 오면서 '불법이나 선의 요체(要諦)'를 가리키는 말로 정착된다.

■ '임마(恁麽)'는 당송시대 구어로 '이와 같은'을 뜻한다. 문어의 '여차(如此)'와 같다.

자체가 되라. 이때 비로소 시비·선악을 초월하고, 만물이 모두 진리로 번쩍이고 있음을 안다. 향엄의 선의 진수는 바로 여기에 있다. 지금, 여기, 있는 그대로의 구체적 사실을 떠난 곳에 선은 없다.

 __ 평어

무문이 말한다. 폭포수같이 거침없는 달변도 소용없고, 팔만사천법문을 다 설해도 역시 소용없다. 만일 이 공안에 답하면, 죽은 사람을 살려내고 산사람을 죽이리라. 그러나 답하지 못하면, 아득한 세월을 기다려 미륵에게 물어볼 수밖에.

無門曰. 縱有懸河之辨, 總用不著. 說得一大藏教, 亦用不著. 若向者裏對得著, 活却從前死路頭, 死却從前活路頭. 其或未然, 直待當來問彌勒.

 __ 제창

"대답하면 떨어져 죽고, 대답하지 않으면 질문자의 뜻을 무시하는 것이다. 자, 바로 이럴 때 어떻게 하겠는가?" 향엄이 다그치며 선 수행자들의 숨통을 조이고 있다.

이에 대해 무문은 단호히 말한다. "폭포수같이 거침없는 달변도 아무 소용없고, 팔만사천법문을 다 설해도 역시 소용없다." 태어난 뒤 알게 된 지식은 여기서 통하지 않는다. 태어나기 이전의 면목(面目)을 아는 자는 답하라.

"만일 이 공안에 답하면, 죽은 사람을 살려내고 산사람을 죽이리라." 만일 심안(心眼)을 가진 자가 옳은 답을 하면, 지금까지 죽지 못한 자는 '대사일번, 대활현전(大死一番, 大活現前)', 크게 죽여 크게 되살리고, '반청반황(半靑半黃)'하여 깨달음의 냄새를 풍기는 자는 확실히 죽여 다시는 냄새나지 않게 한다.

　미혹한 이는 어리석음에서 깨닫게 하고, 깨달음에 집착하는 이는 깨달음을 빼앗아 참된 눈을 뜨게 할 역량이 있다. 그 사람은 그야말로 자유자재한 대자유인이다. 매달려 있을 때도, 떨어질 때도 항상 무애자재하다.

　"그러나 답하지 못하면, 아득한 세월을 기다려 미륵에게 물어볼 수밖에." '지금, 이 자리, 이것이 바로 그것'이란 걸 모르면, 56억 7천만 년 뒤에 중생 구제를 위해 출현할 미륵불을 기다려 물어볼 수밖에 없다.

　무문의 이 말에는 큰 질타와 격려가 담겨 있다. "어영부영 허송세월만 하는 사람들아, 깨달음은 남의 힘으로 얻는 게 아니다. 도와주려 해도 도와줄 방법이 없으니 목숨 걸고 한번 해 보시게."

 — 송

頌曰.
香嚴眞杜撰,
惡毒無盡限.
啞却衲僧口,
通身迸鬼眼.

■ '두찬(杜撰)'은 자신의 억견대로 아무렇게 말하거나 행동하는 것이다. 송나라 때 두묵(杜默)이 율에 맞지 않는 시를 지은 것에서 유래한다는 설이 있다.

향엄은 정말 함부로 말하나니,
그 악독함은 한이 없네.
납승의 입을 틀어막아 놓고,
온몸에 유령의 눈을 번뜩이게 하네.

 — 제창

　"향엄은 정말 함부로 말하나니(杜撰), 그 악독함은 한이 없네." 무문은 향엄을 혹독히 비난한다. "향엄은 정말 함부로 말하니 상대할 수가 없군. 그가 내뿜은 맹독에 얼마나 많은 수행자가 중독되어 목숨을 잃었던가!"

수많은 수행자의 목숨을 빼앗은 이 공안의 무시무시함을 지적하며 욕을 퍼붓는다. 하지만 이 비난의 진의는 오히려 향엄의 비범한 역량을 극찬하는 데 있다. 선 특유의 '억하(抑下)의 탁상(托上)'이다.

"납승의 입을 틀어막아 놓고, 온몸에 유령의 눈을 번뜩이게 하네." 향엄은 이 공안으로 납승들이 말 한마디 못하게 한다. 분별이 끊기면 말도 사라진다. 대신 분별이 끊겨 말을 잊은 납승들의 눈을 이 공안 참구에만 번뜩이게 한다. 그 눈은 유령의 눈처럼 부시무시하게 빛을 발한다. 향엄의 선적(禪的) 역량에 대한 한없는 찬탄이다.

일체의 사려분별이 끊어진 진리의 세계, 무문은 이렇게 번뜩이는 한마디로 향엄에게 멋지게 답하고 있지만, 이 소식을 알지 못하는 자에게는 '대우탄금(對牛彈琴)', 소를 마주하고 거문고를 타는 꼴이다.

 ― **입실**

본칙에 대한 문답이 끝나자마자 갑자기,

방장: 나무에 매달렸을 때는 그렇다 치고,
　　　나무 아래 떨어졌을 때, '조사서래의'를 물으면 어떡할 텐가?
김　: (갑작스런 물음에 머뭇거린다.)
방장: 곧바로 견처(見處)를 보이지 못하는 걸 보면, 방금 보인 견처는 흉내 낸 것에 불과해.

온몸으로 체득한 경지를 보여라.
머리 굴려 흉내나 내어서 쓰겠느냐.

흉내 낸 것이 아니라고 항변하고 싶지만, 방장 스님이 요령을 울리면 방장실에서 사정없이 쫓겨나올 수밖에 없는 처지. 억울한 생각에 찡그린 얼굴로 선방으로 돌아오니, 그만 두고 싶은 생각이 솟구친다.

그런데 다시 정신을 가다듬고 좌복 위에 앉으니, 불가사의하게도 조금 전의 자존심은 그림자도 없이 사라지고, 머리 굴려 나온 답이었다는 것이 스스로 인정된다. 방장실을 나오면서 은연중에 얼굴을 찡그린 것이 부끄럽다. 입실의 고마움과 중요성을 절절히 느낀다.

중심 인물

향엄 지한(香嚴智閑, ?-898)은 산동성 청주(靑州) 출신이다. 어릴 적부터 학문을 좋아하고 기억력이 뛰어난 드물게 보는 수재였다. 세속을 싫어하고 도를 흠모했기에 출가하여 처음에는 백장에게 사사했다. 하지만 백장이 곧 입적하므로 그 제자인 위산(潙山) 아래서 수행을 계속했다.
위산은 어느 날 향엄을 불러 말했다. "네가 태어나기 전, 아직 동서가 구별 안 될 적의 본래성품(本分事)을 말해 보라." 향엄은 앞이 캄캄할 뿐, 아무 대답도 못했다. 이 질문에 빠져 오랫동안 골몰한 향엄은 수차례 자신의 견해를 제시했지만 위산은 그때마다 매정하게 물리쳤다.
기력이 소진한 향엄은 위산을 찾아가 "부디 가르침을 주십시오."하고 애원했다. 그러나 위산은 "내가 너를 위해 설한들 그것은 나의 말이지, 너의 안목에 아무런 도움이 안 된다."며 거절했다.

방으로 돌아온 향엄은 온갖 서책에서 답을 구했으나 얻지 못했다. 그림 속의 떡은 허기를 채워주지 않는다고 한탄하며 향엄은 서책을 모두 불태웠다. "이 생에서 불법을 배우지 못할 바에야 그저 밥이나 먹고사는 중이 되어 마음이나 쉴 수밖에!" 그가 서책을 태우며 한 말이다.

그는 위산을 하직하고 호북성 무당산(武當山)에 당도해 혜충(慧忠) 국사의 옛 암자에 은거했다. 그러다가 어느 날, 잡초를 베다가 멀리 던진 기와 조각이 대나무에 부딪쳐 딱! 소리가 났다. 그 순간, 그는 자신도 모르게 껄껄 웃으며 확연히 깨달았다. 이것이 유명한 '격죽(擊竹)의 깨달음'이다.

향엄은 곧바로 암자로 돌아와 목욕재계하고, 향을 피워 멀리 위산을 향해 절하면서 말했다. "화상의 대자대비한 은혜는 부모 은혜보다 높습니다. 일찍이 가르쳐 주셨다면, 어찌 오늘의 통쾌함이 있었겠습니까?" 이후 그는 하남성 등주(鄧州) 향엄사(香嚴寺)에서 선풍을 드날렸으며 게송 200여 편이 있다.

제6칙

세존염화 (世尊拈花)

세존이 꽃을 드니 가섭이 미소 짓는다

 __ 본칙

世尊拈花.
世尊, 昔在靈山會上, 拈花示衆. 是時衆皆默然, 惟迦葉尊者, 破顔微笑. 世尊云, 吾有正法眼藏, 涅槃妙心, 實相無相, 微妙法門. 不立文字, 敎外別傳, 付囑摩訶迦葉.

세존이 옛날 영취산(靈山)에서 설법할 적에, '염화시중(拈花示衆)', 대중에게 꽃을 들어 보인다. 이때 대중은 말없이 잠잠한데, 오직 가섭 존자만이 빙그레 미소 짓는다. 세존이 말한다. "나에게 정법안장(正法眼藏)·열반묘심(涅槃妙心)·실상무상(實相無相)의 미묘한 법문이 있다. 불립문자(不立文字), 교외별전(敎外別傳)인 이것을 마하가섭에게 부촉하노라."

 __ 제창

본칙은 「세존염화」 외에 「염화미소(拈華微笑)」, 「영산밀부(靈山密符)」라고도 불린다. 위 내용은 『대범천왕문불결의경(大梵天王問佛決疑

經)』에 실려 있다. 이 경은 중국에서 만든 위경(僞經)이다. 그렇다고 「세존염화」 공안의 가치에 대해 왈가왈부하지는 말라. 공안의 생명은 수행자를 모든 집착에서 자유로워지게 하는 데 있다. 때문에 공안 내용의 실화(實話) 여부가 공안의 진가를 좌우하지 않는다. 「세존염화」가 역사적 사실 여부와 상관없이, 오늘도 훌륭한 공안 역할을 하는 이유이다.

본칙을 통해 선에서의 사자상승(師資相承)의 면모를 알 수 있다. 사자상승(師資相承)은 진리가 스승(師)에서 제자(資)로 이어지는 것이다. '이 그릇의 물이 그대로 저 그릇에 옮겨지듯' 스승과 제자의 진리 체험이 완벽히 일치할 때만 사자상승이 성립한다. 하나뿐인 절대 진리의 체험이기에 서로 다를 리 없다.

이런 이유로 선의 사자상승은 마음에서 마음으로 진리를 전하는 '이심전심(以心傳心)'의 특이한 형태를 띤다. 그러나 '전하다(傳)'를 '갑에서 을로의 시간적 공간적 이행(移行)'으로 이해하는 자들 때문에 종종 오해를 산다.

선에서 말하는 '전(傳)'은 '부전(不傳)의 전(傳)', '전한 바 없는 전함'이다. '전(傳)'을 '계합하다'는 의미의 '계(契)'라 하여 '사자상승(師資相承)'을 '사자상계(師資相契)'라고도 한다. 전하는 '나'도, 받는 '너'도 없는 경계에서 이루어지니 '부전(不傳)의 전(傳)'이요 '사자상계'이다.

진리의 동일한 체험이 확인되면 스승은 제자의 깨달음을 인가한다. 이 확인은 선문답(禪問答) 등을 통해 이루어진다. 선 수행에서 선문답이 반드시 필요한 이유가 바로 여기 있다. 선에서 전등(傳燈)의 순수성이 보전되는 것도 선문답이 있기에 가능하다. 「세존염화」는 석가모니와 가섭 사이에 이루어지는 사자상계이다.

■ 영산(靈山)이라고도 하는 영취산. 석가모니가 『법화경』을 설한 곳으로 유명하고, 마가다국의 수도 왕사성 근처에 있다.

영취산에서 석가모니가 설법하려고 법좌에 오른다. 수천 개의 시선이 법좌의 석가모니에게 집중된다. 고대하며 설법을 기다리는 대중 앞에 석가모니는 흔한 금파라 꽃(金波羅華, 일종의 연꽃) 한 송이를 들어올릴 뿐 말이 없다.

"염화시중(拈花示衆), 세존이 대중에게 꽃을 들어 보인다." 뚫어야 할 공안이다. 대중 앞에 꽃을 들어 보인 것으로 석가모니는 설법한 것일까, 하지 않은 것일까?

이것은 꽃을 들어 보이는 순간 결정 난다. 한 송이 꽃을 들어 보이는 순간, 거기에 일념의 분별도 없으면 온 천지는 꽃으로 꽉 차서 빈틈이 없다. 온 천지가 한 송이 꽃이고 내가 한 송이 꽃이다. 이 이상 더 완벽한 설법이 있을까?

눈이 있다고 볼 수 있는 설법이 아니고, 귀를 가졌다고 들을 수 있는 설법이 아니다. 몸과 마음이 한 송이 꽃 그 자체가 될 때 듣는 설법이다. 옛 사람은 이 경계를 소동파의 시를 인용해서 읊는다.

군간차화지(君看此花枝)
중유풍로향(中有風露香)

그대는 보는가, 이 꽃가지
그 속에 가득한 풍로(風露)의 향기.

한겨울 강풍과 찬 이슬을 견뎌내며 꽃봉오리를 맺은 가지, 강풍과 찬 이슬(風露)이 뿜어내는 향기는 내가 꽃가지가 되지 않으면 알 리가 없다. '풍로의 향기', 그 묘함을 어찌 분별심으로 헤아리랴!

명심할 것이 있다. 생각으로 '내가 꽃 그 자체다'고 여기는 습(習)이 붙으면 아무리 시간이 흘러도 제자리다. 몸과 마음을 다해 공안을 드는 진짜 선(禪)과는 영영 멀어져 다시는 되돌아오지 못한다. 그래서 선은 반드시 눈 밝은 스승의 지도를 받아야 하고, 그것도 수행 초기 단계에서 철저하고 정확한 지도를 받아야 한다.

『법화경연의』(권1)는 말한다. "영산일회, 엄연미산(靈山一會, 儼然未散), 영취산에서는 석가모니가 아직 설법 중이다." 석가모니가 꽃 한 송이 들어 보인 설법을 시공을 초월하여 지금 이 자리에서 들어 보라. 머리로 생각하면 도저히 불가능하다. 그러나 좌복 위에 앉아 목숨 거는 이라면 불가능할 것도 없다.

한 송이 꽃을 들어 보여 완벽한 설법을 해도 대중은 오리무중이다. 가섭만이 알아듣고 미소 짓는다. "오직 가섭 존자만이 빙그레 미소 짓는다." 뚫어야 할 공안이다.

가섭이 본 진리는 무엇일까? 가섭의 미소는 무엇을 의미할까? '냉난자지(冷暖自知)', 음식을 먹을 때 차고 뜨거움은 이론을 통해서가 아니라 자신의 몸으로 분명히 안다. 이처럼 가섭의 미소를 확연히 알려면 선적(禪的) 심안(心眼, 一隻眼)을 열어라.

가섭의 미소에 대해, 옛 선사는 '부양양, 자증지(父攘羊, 子證之)', 아버지가 양을 훔치자, 아들이 그것을 증언한다고 평한다. 스승인 석가와 제자인 가섭이 함께 사는 경계, 묵묵히 있어도 좋고 미소 지어도 좋다. 다만 한 송이 꽃 그 자체가 되라. 그러면 저절로 공안이 뚫릴 것이다. 그때 '나'는 어디 있고, 우주는 어디 있는가? 한마디 해 보라.

「세존염화」의 공안을 두고 운거 도응(雲居道膺, 835?-902)과 상서(尙書)의 지위에 있던 정부 고관 사이에 오고간 문답이 있다(『전등록』 권17). 어느 날, 운거에게 고관이 찾아와 묻는다.

고관: 세존에게 염화의 밀어(密語)가 있고, 가섭은 미소 지어 감

■ '부양양, 자증지(父攘羊, 子證之)' 『논어』 「자로편」에 나오는 구절로, 아버지의 절도를 아들이 고발한다는 바보 같은 정직함을 말한다. 여기서는 부자가 다른 입장을 취하면서도 멋지게 서로 계합하는 묘취를 보여주려 한 것이다. 그러나 '아버지가 양을 훔치고' '아들이 증언하는' 선적 경계를 알지 못하면 그 묘취도 보지 못한다.

추지 않는다는 이야기가 있는데, 이것은 어떤 것입니까?

운거: 상서(尙書)여!

고관: 예.

운거: 알겠는가?

고관: 모르겠습니다.

운거: 그대가 모르면 세존에게 밀어가 있는 것이요, 안다면 가섭은 감추지 않은 것이요.

  세존의 염화는 진리대로 사는 이라면 누구나 아는 친절한 설법이다. 석가모니가 들어 보인 한 송이 꽃향기가 지금도 온 천지에 진동하고, 고관의 "예."라는 대답도 지금 온 우주에 울리고 있다. 이 소리는 투철한 선적 체험을 가진 이라야 들을 수 있다. 그는 고관이 "모르겠습니다."라고 한 것도 한때의 진리임을 안다.

  가섭의 '파안미소'에 석가모니는 가섭의 경계가 당신의 깨달음에 완전히 계합함을 확인하고, 그곳에 모인 대중 앞에서 "나에게 정법안장·열반묘심·실상무상의 미묘한 법문이 있다. 불립문자, 교외별전인 이것을 가섭에게 부촉한다."고 정법(正法)의 전수를 선언한다.

  '정법안장·열반묘심·실상무상의 미묘한 법문'이란 정법(正法), 곧 일념의 분별도 섞지 않은, 있는 그대로의 진리(這箇)를 말한다. 이 법은 각자가 모두 지니고 있지만 깨닫지 않으면 알 수 없다. 그런데 이 법은 도저히 언어나 문자로 표현할 수 없는 소식이고(不立文字), 이심전심(以心傳心)의 '전한 바 없는 전함'으로만 전할 수 있다(敎外別傳). '불립문자, 교외별전'이다.

  '전한 바 없는 전함'을 예부터 '유불여불의 증계(唯佛與佛의 証契)'라 한다. 부처의 깨달음과 일치하는 깨달음을 가진 자는 부처뿐이다. 따라서 정법을 전하는 것도 부처와 부처 사이에서만 가능하다.

때문에 석가가 가섭에게 전하는 것이 아니라, 석가가 석가에게 전하고, 가섭이 가섭에게서 이어받는다. 알겠는가?

 __ 평어

무문이 말한다. 누런 얼굴의 구담(석가모니)은 안하무인이다. 그는 양민(良民)을 윽박질러 노비 취급하고, 간판에는 양 머리를 걸어놓고 개고기를 판다. 대단한 설법인가 했더니 아니, 이런 것인가? 그때 대중이 모두 미소 지으면 정법안장(正法眼藏)을 어떻게 전할까? 또 가섭이 미소 짓지 않으면 정법안장을 어떻게 전할까? 정법안장이 전해지는 것이라면, 누런 얼굴 늙은이는 순박한 서민을 큰 소리로 속인 것이다. 전해지는 것이 아니라면, 어째서 가섭에게만 허락할까?

無門曰. 黃面瞿曇, 傍若無人, 壓良爲賤, 懸羊頭賣狗肉. 將謂多少奇特. 只如當時大衆都笑, 正法眼藏, 作麽生傳. 設使迦葉不笑, 正法眼藏, 又作麽生傳. 若道正法眼藏有傳授, 黃面老子, 誑謼閭閻. 若道無傳授, 爲甚麽獨許迦葉.

 __ 제창

무문은 누누이 그랬던 것처럼, 오히려 냉소적인 평으로 공안의 진짜 소식에 눈뜨게 한다. 무문의 이런 평을 문자 그대로 받아들이면 그 진의를 놓치고 만다. 표현을 넘어선 그의 진짜 의도는 '불립문자 교외별전'의 소식을 듣는 자만이 안다.

무문은 첫머리부터 석가모니를 '누런 얼굴의 구담'이라 폄하해서 부른다. "누런 얼굴의 구담(瞿曇)은 안하무인이다. 그는 양민을 윽박질러 노비 취급하고(壓良爲賤), 간판에는 양 머리를 걸어놓고 개고기를 판다. 대단한 설법을 하는가 했더니 아니, 이런 것인가(將謂

■구담(瞿曇)은 석가모니의 성(姓)인 고타마(Gotama)를 음역한 것이고, '누런 얼굴(黃面)'은 금색으로 빛나는 부처 얼굴이다.

■ '압량위천(壓良爲賤)'은 『자치통감』 후진기(後晉記)에 나오는 말로, 원뜻은 '양민의 자녀를 사들여 노비로 만들다'이다.

■ '장위다소기특(將謂多少奇特)'에서 '장위(將謂)'는 '~라 생각했는데 오해였다', '다소(多少)'는 '얼마나', '기특(奇特)'은 '매우 뛰어나다'는 의미다.

多少奇特)?" 이 말로 무문은 석가모니의 염화설법을 다음과 같이 비방한다.

"여보세요, 석가. 사람을 바보 취급하는 데도 분수가 있지. 어느 때는 선량한 양민을 윽박질러 거지처럼 정법안(正法眼)을 얻으러 다니게 하더니, 이번에는 최고의 설법이라는 큰 간판을 내걸기에 뭔가 특별한 것이라도 있는가 했소. 그런데 설법은 한마디도 않고 흔해빠진 꽃 한 송이만 들어 보이다니, 정말 어처구니가 없소. 더구나 중생이 다 불성(佛性)을 가졌는데, 어째서 당신은 거기 모인 대중을 죄다 장님 취급하고, 가섭 한 사람만 눈뜬 자라 하오?"

이렇게 매도하는 듯 하지만, 실은 석가모니의 '설한 바 없는 설법(不說의 說)'의 훌륭함을 극찬한 것이다. 이 또한 억하(抑下)의 탁상(托上)이다.

"그때 대중이 모두 미소 지으면 정법안장을 어떻게 전할까?" 만일 수만 명의 대중이 일시에 웃으면, 수만 통의 인가증을 써 주어야 하지 않을까. 무문은 대중이 모두 헛미소만 지어도 정법안장을 전할 것인가, 미소가 뭐 그리 대단하느냐고 꼬집는다.

"가섭이 미소 짓지 않으면 정법안장을 어떻게 전할까?" 반대로 가섭이 미소 짓지 않으면 정법의 사자상승은 영원히 끊어질 것 아닌가. 미소에 그렇게 집착하다니 한심하다는 어투다. 그러나 실은 가섭이 미소 짓든 그렇지 않든 정법의 사자상승과는 아무런 상관이 없다. 여기서 '미소'는 선적(禪的) 체험의 한 표현에 불과하다. 중요한 것은 미소가 아니라 선적 체험이다. 이렇게 일체를 빼앗아버리고, 빈정거림에 가까운 평으로 무문이 보이려는 것은 무엇일까?

"정법안장이 전해지는 것이라면, 석가모니는 사람들을 속인 것이 되고, 전해지는 것이 아니라면, 어째서 가섭에게만 허락할까?" 중생은 누구나 정법안장, 곧 불성을 가지고 있다. 불성을 전할 수 있다 할 것인가, 없다 할 것인가? 무문은 질문을 통해 선에서의 '전한 바 없는 전함'의 진정한 의미를 보임으로써 제자들에게 사자상승의 진짜 모습을 깨닫게 한다.

 __ 송

꽃을 드는 순간
꼬리는 이미 드러났네.
가섭은 빙그레 미소 짓는데
대중은 영문을 몰라 어리둥절.

頌曰.
拈起花來,
尾巴已露.
迦葉破顔,
人天罔措.

 __ 제창

"꽃을 드는 순간, 꼬리는 이미 드러났네." '꼬리'는 문자를 초월한 진리를 가리킨다. 석가모니가 꽃을 드는 순간 이미 그의 마음은 들통나고, 전한 바 없이 전하는 진리도 간파되었음을 나타낸다. 굳이 꽃을 들 필요가 있는가? 우리는 언제나 시들지도 타지도 않는 연꽃이 아닌가?

석가모니가 든 한 송이 꽃, 그것은 불 속에서도 타지 않고 서리를 맞아도 시들지 않는다. 예나 지금이나 가는 곳마다 지지 않고 생생히 피어 있는 꽃, 크지도 작지도 않은 꽃이다.

마지막 두 구절은 본칙 내용의 반복이다. "가섭은 빙그레 미소 짓는데, 대중은 영문을 몰라 어리둥절." 무문은 질타한다, 눈먼 대중 속에 끼이지 말고 홀로 미소 짓는 가섭이 되라고.

제7칙

조주세발 (趙州洗鉢)

조주의 「발우나 씻게나」

趙州洗鉢.
趙州, 因僧問, 某甲乍入
叢林, 乞師指示. 州云,
喫粥了也未. 僧云, 喫粥
了也. 州云, 洗鉢盂去.
其僧有省.

 __ 본칙

한 승이 조주에게 묻는다. "저는 이 총림의 신참입니다. 스님께 가르침을 구합니다." 조주가 말한다. "아침 죽은 먹었는가?" 승이 대답하길 "예. 먹었습니다." 조주가 말한다. "그럼, 발우나 씻게나." 그 승은 깨닫는 바(省) 있었다.

 __ 제창

본칙은 일상생활 속에 불법(佛法)의 진리가 있음을 단적으로 보인 예로, 조주의 독특한 선풍(禪風)이 잘 나타난다. 어느 날, 한 승이 조주에게 "저는 이 총림의 신참입니다. 스님께 가르침을 구합니다." 하고 인사한다. 승의 청에 대한 조주의 답은 지극히 친절하고 간단하다. "아침 죽은 먹었는가?" 그는 일상의 너무나 평범한 말로 응대한다. 이는 "파랑새는 멀리 있지 않다. '지금, 여기, 나'를 떠나서 어디서 무엇을 찾느냐?"라는 일갈이다. 아는 자는 안다. "아침 죽은 먹었는가?" 이 한마디에 삼천대천세계를 다 내보였음을.

  승은 조주의 한마디를 알아듣지 못하고, 솔직히 대답한다. "예. 먹었습니다." 아, '이것이 바로 그것'이라 했건만! 남대문 앞에서 남대문을 모르다니, 바로 눈앞에 있다 하지 않는가? 이 승만의 일이 아니다. 아직도 눈을 뜨지 못하는 자는 각성하라.

  조주는 처음 화살이 빗나가자, 틈을 주지 않고 두 번째 화살을 쏜다. "그럼 발우나 씻게나." 얼마나 친절하고 멋진 답인가! 죽을 먹었으면 발우를 씻는 것은 당연하다. 단지 발우를 씻는 행위, '이것이 바로 그것'이다. 씻어야 할 때 씻지 않는 것은 번뇌의 더러움 없는 더러움이다.

  조주에게 선은, 선 냄새를 풍기지 않는, 일상의 생활 그대로가 선이다. 평상(平常) 속에서 일체 조작 없는, 본래모습 그대로 사는 것이 조주의 선풍이다. 조주의 이 멋진 대답, "그럼 발우나 씻게나.", 이 무심의 선경(禪境)에 한 방 맞은 느낌이 없는가? 불법 속에 살면서 아직도 불법을 찾아 밖으로 헤매는 어리석은 자들이여!

  다행히 승은 조주의 이 말을 듣는 순간 "깨닫는 바(省) 있었다." 뚫어야 할 공안이다. 승은 정신이 번쩍 들었다. 있는 그대로 그 자체가 진리이고, 언제 어디서나 진리 한가운데 있다는 것에 눈을 떴다. 서 있든 앉아 있든 자기 자신이 '바로 그것(這箇)'이다. 남의 일이 아니다. 정신이 번쩍 들었다는 것은 한없이 먼 길을 돌아왔다는 말이다. 조주는 "늦었다! 늦었다."라고 말하겠지만, 지금은 이 정도 경계까지 오는 자도 드물다.

無門曰. 趙州開口見膽,
露出心肝. 者僧聽事不
眞, 喚鐘作甕.

 — 평어

　무문이 말한다. 조주가 입을 열어 쓸개를 내보이고, 심장·간을 몽땅 드러낸다. 승이 그것을 듣고도 참 진리를 알지 못하니, 종(鐘)을 항아리라 한다.

 — 제창

　이것 이대로가 바로 진리이다. 드러내고 말고도 없다. 그런데도 조주는 "입을 열어 쓸개를 내보이고, 심장·간을 몽땅 드러낸다." 원래 감추지 않는 것이 선(禪)이다. 무문은 드러내고 말고 조차 없음을 드러내 보이는, 조주의 제자에 대한 자비심을 칭송한다.

　조주의 친절한 교시에도 불구하고, 승은 그 진의를 꿰뚫는 역량이 부족하다. 이에 무문이 호되게 평한다. "승이 그것을 듣고도 참 진리를 알지 못하니, 종을 항아리라 한다." 본칙에서 "승은 깨닫는(省) 바 있었다."고 한 것은 완전한 깨달음인 대오(大悟)를 했다는 것이 아니다. 그래서 무문이 종을 항아리로 착각하지 말라고 경고한다.

　종과 항아리는 모양만 비슷할 뿐 전혀 다르다. "그럼 발우나 씻게나." 할 때 "아아, 그렇구나."하고 머리로 이해한 것과 무심히 발우를 씻는 것과는 천지 차이다. 머리로 이해한 것과 몸으로 체득한 것은 그 내용 면에서 완전히 다르다는 말이다. 무문은 엄하게 경책한다. 조주의 교시를 지레짐작해서 "아, 이런 것이구나."하고 머리 굴려 생각하면 선은 이미 거기 없다는 것을.

— 송

너무나 분명해서,
도리어 체득이 더디네.
등잔이 불인 줄 알았던들,
밥은 벌써 다 되었을 텐데.

頌曰.
只爲分明極,
翻令所得遲.
早知燈是火,
飯熟已多時.

 — 제창

"너무나 분명해서, 도리어 체득이 더디네." 모든 것이 분명하지 않은가? 보면 보는 대로, 들으면 듣는 대로 명명백백하다. 더 이상 무엇을 의심하는가? "아침 죽은 먹었는가?", "마당은 쓸었는가?" 어찌 이것뿐이랴? 일거수일투족이 모두 진리인데.

그런데도 이리저리 찾아 헤매는 자는 물속에서 갈증 난다고 외치는 꼴이다. 아무리 외쳐도 직접 물을 마시지 않는 한, 갈증은 해소되지 않는다. 이리서리 재지 말고 그냥 마셔라.

머리를 굴리면 안 되는 줄 알면서도 머리를 굴리는 것이 중생이다. 머리 굴리지 않는다고 바보 되지 않는다. 아니, 바보가 될 수 있으면 진짜 바보가 되라. 어설픈 바보는 아무 짝에도 쓸모 없다. 어느 하나 취할 줄도 버릴 줄도 모르는, 오직 이 순간을 사는 진짜 바보가 되라.

"조지등시화, 반숙이다시(早知燈是火, 飯熟已多時), 등잔이 불인 줄 알았던들, 밥은 벌써 다 되었을 텐데." 옛날 중국에 한 어리석은 사람이 날이 저물어 밥을 지으려니 아궁이에 불씨가 없었다. 그는 등잔에 불을 붙여 멀리 떨어진 마을까지 불을 구하러 갔다. 들고 있는 등잔이 불인 줄 일찍이 알아차렸다면 밥은 벌써 다 되었을 텐데.

이 격언으로 무문은 경책한다. "그럼, 발우나 씻게나.", 이 한마디에 승이 깨달은 바 있다고 대단하게 여길 일이 아니다. 등잔이 불인 줄 알고, 물속에서 물을 안 것뿐이다. 낮이나 밤이나 진리 속에 살면서 진리를 보지 못하다니, 등잔 밑이 어둡다. 밥은 다 되어 있는데 먹지 않으니 어찌 배부르랴!

 ─ 입실

방장 스님 앞에서 본칙 전문을 외우고 나니,

방장: "승은 깨닫는 바 있었다."고 하는데, 어떻게 깨달았다는 말인가?
김 : 일상생활 그대로가 깨달음의 세계입니다.
방장: 무엇을 깨달았느냐가 아니라, 어떻게 깨달았느냐고 물었다. 너 자신의 체험을 보이라는 말이다.
김 : (무심하게 밥 먹고 청소하고 좌선하는 모습을 한다.)
방장: 식사 뒤 설거지하는 것, 당연하다.
　　　일어나면 세수하는 것, 당연하다.
　　　시간이 되면 회사에 출근하는 것, 마찬가지다.
　　　진짜로 진리 세계를 알면, 아침부터 밤까지 모든 행동과 태도가 그대로 부처 모습이다.
　　　이것을 승은 깨달았다.
　　　자, 어떻게 깨달았는가?
　　　너의 견처(見處)를 보여라.

제8칙

해중조차 (奚仲造車)

월암의 「수레를 해체하면 어떻게 되는가」

 ― 본칙

월암 화상이 한 승에게 묻는다. "해중이 바퀴살이 백 개인 수레를 만들었다. 수레 앞뒤 부분을 떼고, 축을 떼면 어떻게 되겠느냐?"

奚仲造車.
月庵和尚問僧, 奚仲造車
一百輻. 拈却兩頭, 去却
軸. 明甚麽邊事.

 ― 제창

월암이 문하의 승에게 묻는다. "수레 만드는 명인 해중이 백 개의 바퀴살을 가진 수레를 만들었다. 수레 앞뒤 부분을 떼고 축을 떼면, 어떻게 되겠느냐?" 뚫어야 할 공안이다.

월암은 무엇을 보이려는 것일까? 수레는 바퀴, 바퀴살, 축, 갖가지 부품으로 만든다. 부품을 하나하나 떼어버리면 더 이상 수레가 아니다. 갖가지 부품으로 조립한 것을 임시로 수레(車)라 부를 뿐이다.

사람도 마찬가지다. 색·수·상·행·식 오온(五蘊)이 모이면 사람이라 부른다. 흩어지면 어디서도 자기(自己)를 찾을 수 없다. 자기가 없으면 우주는 자기 아닌 것이 없다. '자기'는 오온이 이 몸과 마음을 구성하고 있을 때 임시로 붙인 가명(假名)이다.

'막인자기청정법신(莫認自己淸淨法身)', 네가 생각하는 고정불변의 '자기'를 청정법신이라 오해하지 말라. 그런 '자기'는 없다는 것을 본래공(本來空)이라 한다. 그래서 본칙을 '일체는 공(空)'임을 드러내는 공안이라 하기도 한다. 그러나 이것은 불교의 교리적 설명일 뿐, 선은 아니다.

선 수행은 착각에서 벗어나 '자기'의 진짜 모습으로 되돌아가는 과정이다. 나·수레·월암, 이름은 다르지만 본래 하나이다. 수레는 때려도 화내지 않는다. 그러나 사람은 살짝만 건드려도 신경을 곤두세운다. 한심한 것은 사람 마음이다. 마음 그 자체는 정해진 모습(相)이 없다. 기쁨도 슬픔도 떠나 있다. 그런데 무엇을 더 규명하려는가? 월암의 의도가 바로 이것이다. 기쁨·슬픔이 있기 이전의 마음은 어떤 것일까?

월암이 묻는다. "수레를 완전히 분해하면 어떻게 되는가?" 그는 이론적 해석이 아닌, 살아 있는 선적 체험을 보이라고 다그친다. 티끌 한 점 끼어들 틈 없이 수레 그 자체가 되어 보라. 수레 모습을 초월하고 자기를 초월하면, '수레 앞뒤 부분을 떼고, 축을 뗀 것이 어떤 것인가'를 알 수 있다. 인간의 분별이 움직이기 이전의 진리에 눈뜰 수 있다. 이때 '대휴헐(大休歇)', 더 이상 구할 것이 없다.

해중은 수레의 명인이다. 그는 수레를 만들 때 그 자신이 수레가 된다. 수레를 만드는 나도 만들어지는 수레도 없는 경계이다. 물론 자신이 수레 그 자체가 되었다는 의식도 없다. 이럴 때 최상의 기술로 최고의 수레를 만든다. 선에서의 무심(無心)의 묘용(妙用), 너와 내가 하나 된(自他一如) 경지와 비슷하다.

월암이 본칙 첫머리에서 수레의 명인 해중을 들어 수레를 분해하면 어떻게 되느냐고 물은 것은 해중의 경지를 실마리로 수행자의 선적 체험을 심화시키기 위해서이다. 하늘을 날듯 기뻐하지만 기쁨의 흔적이 없고, 하염없이 슬픔의 눈물을 흘리지만 슬픔의 흔적이 없는 무심의 생활에 눈뜨게 하기 위한 한마디이다.

선 수행 과정이 예술 세계의 심리적, 기능적 연마와 유사한 점은 있다. 그렇다고 양자를 혼동하지는 말라. 예술가나 명인들이 작품을 만들 때 자기를 잊고 몰입하는 것과 선의 삼매가 꼭 일치하는 것은 아니다.

어떤 일에 몰두할 때 자기를 잊고 주객일체(主客一體)의 몰입 상태에 드는 일이 종종 있다. 그러나 대부분의 경우, 그 일이 끝나면 몰입은 사라진다. 이런 몰입은 그 사람의 인격이나 생활을 근본적으로 변화시기는 본질적 자각을 동반하지 않는다. 이 점이 선과 다르다.

선 수행에서의 삼매는 여태까지의 잘못된 인식을 불식하고, 있는 그대로의 참 진리를 깨달아 전혀 새로운 삶을 살게 한다. 따라서 기능적 몰입이나 자기 망각과는 본질적으로 다르다. 선의 목적은 깨달음의 체험으로 종교적 인격을 완성하여 찰나찰나, 일거수일투족 무심(無心)·무아(無我)로 생활하는 데 있다. 나를 송두리째 뒤바꾸는 깨달음의 체험 없이는 아무리 훌륭한 기능적·심리적 몰입도 결코 선이 되지 않는다.

 — 평어

無門曰. 若也直下明得,
眼似流星, 機如掣電.

무문이 말한다. 이것을 단박에 꿰뚫으면 눈은 유성과 같고, 마음 작용(機)은 번개와 같다.

 — 제창

무문이 말한다. "이것을 단박에 꿰뚫으면 눈은 유성과 같고, 마음 작용(機)은 번개와 같다." 수레 앞뒤 부분과 축을 다 떼어 냈을 때의 소식을 단박에 알면, 다시 말해 하늘을 보면 하늘이 되고, 땅을 보면 땅이 되면, 그 눈은 고명(高明)해서 유성처럼 번뜩이고, 마음은 번개처럼 신속해서 일념의 분별이 끼어들 틈이 없다. 자기도 수레도 없고, 달리는 것도 달리지 않는 것도 없다. 너무 빨라 이 자유자재함에는 번개마저 미치지 못한다.

자, 번개도 미치지 못하는 소식이 뭐냐? 무문이 날카로운 눈으로 대중을 둘러본다. 누군가 털이 곤두설 정도로 소름 끼치게 할 자 없느냐?

 — 송

頌曰.
機輪轉處,
達者猶迷.
四維上下,
南北東西.

자유자재한 수레가 달리는 곳,
달인도 어찌할 방법이 없네.
사유(四維) 상하,
남북동서.

__ 제창

  무문은 깨달은 자의 자유로운 삶을 자유자재로 달리는 수레에 비유한다. 전신을 자유자재로 움직이면 팔다리가 있는 줄 모른다. 팔다리가 '내 것'이라는 생각조차 없다. "자유자재한 수레가 달리는 곳.", '수처작주(隨處作主)', 이르는 곳마다 내가 주인이다. 따라서 "달인도 어찌할 방법이 없네." 진정으로 무심·무아로 살면, 부처도 그 세계를 엿볼 수 없다.

  "사유(四維) 상하, 남북동서." 달달달달, 시방(十方)세계 어디든 수레가 굴러간다. 온 천지에 자기의 움직임 아닌 것이 없다. 수레는 여전히 쉼 없이 달린다.

중심 인물

월암 선과(月庵善果, 1079-1152)는 임제종 양기파로서, 강서성 신주(信州) 연산(鉛山) 출신이다. 어린 시절 출가하여, 황룡산의 황룡 사심(黃龍死心)에게 인가 받지만, 오조 법연(五祖法演)의 제자 개복 도녕(開福道寧) 문하에서 대오하여 그 법을 이었다. 만년에 호남성 담주(潭州) 대위산(大潙山)에 주석했다. 무문은 월암의 4세 법손이다.

제9칙

대통지승(大通智勝)

청양의 「대통지승불」

 ─ 본칙

大通智勝.
興陽讓和尙, 因僧問, 大通智勝佛, 十劫坐道場, 佛法不現前, 不得成佛道時如何. 讓曰, 其問甚諦當. 僧云, 旣是坐道場, 爲甚麽不得成佛道. 讓曰, 爲伊不成佛.

한 승이 흥양의 청양 화상에게 묻는다. "대통지승불(大通智勝佛)은 열 겁이나 도량에서 좌선하지만(十劫坐道場), 불법이 나타나지 않고(佛法不現前), 불도를 이루지 못합니다(不得成佛道). 어찌된 일입니까?" 청양이 말한다. "네가 말한 그대로다." 승이 이르길, "그토록 좌선하는데 어째서 불도를 이루지 못합니까?" 청양이 말한다. "그는 성불하지 않느니라(不成佛)."

 ─ 제창

본칙은 『법화경』 제7 「화성유품(化城喩品)」에 나오는 이야기이다. 여기서 대통지승불은 참다운 깨달음을 단적(端的)으로 보여주는 부처이다.

한 승이 청양에게 묻는다. "대통지승불은 열 겁이나 도량에서 좌선하지만, 불법이 나타나지 않고, 불도를 이루지 못합니다. 어찌된 일입니까?"

이 물음에는 "좌선하면 과연 깨달을까?" 하는 수행승의 의심이 깔려 있다. 밤낮으로 좌선하지만 깨달을 기미는 없고, 무한한 세월 좌선한 대통지승불은 아직도 성불하지 못했다 하고, 수행승은 답답해서 물었으리라. 그러나 실은 이러한 답답한 마음이 있기에 깨달을 수 있다.

'대통지승불'은 어떤 부처일까? 뚫어야 할 공안이다. 열 겁이나 도량에서 좌선하지만 불법이 나타나지도, 불도를 이루지도 못한 부처. 상대를 알려면 상대 그 자체가 되라. 내가 대통지승불이 되는 것 외에는 방법이 없다.

"대통지승불은 열 겁이나 도량에서 좌선한다(十劫坐道場)." 뚫어야 할 공안이다. 무수한 세월, 대통지승불은 깨달음의 도량에서 묵묵히 좌선한다. 앉은 '나'도, 앉은 자리도 없고, 열 겁이란 세월도 없고, 천지 그 자체가 된 경계. 그 어디에 열 겁이라거나 좌선한다는 분별이 있겠는가? 옛사람은 이 경계를 '대붕일거구만리(大鵬一擧九萬里)', 대붕이 한 번 날개 치니 구 만리라 읊는다. 그야말로 무심의 세계다.

대통지승불이 이렇게 무수한 세월 좌선하는데 "불법이 나타나지 않는다(佛法不現前)."니, 무슨 말인가? 뚫어야 할 공안이다. 우리는 누구나 불법 속에 살고 있다. 이것도 저것도 죄다 불법이다. 천지가 불법 세계인데, 불법이 나타나고(現前) 나타나지 않고(不現前)가 어디 있는가?

그런데도 대통지승불이 "불도를 이루지 못한다(不得成佛道)."고 한

■ '겁(劫)'은 상상을 초월하는 우주론적 시간 단위이므로, '열 겁'은 숫자 개념을 초월한 한없는 세월이다.

다. 왜 그럴까? 뚫어야 할 공안이다. '불리당처, 상담연(不離當處常湛然)', 언제 어디든 바로 이 자리가 깨달음의 한가운데이다. 앉은 곳이 불좌(佛座)이고, 행하는 것마다 불행(佛行)인 경계. 그런데도 불도(佛道)를 이루겠다면 삿갓 위에 삿갓 쓴 격이다.

아침에 일어나면 그냥 예불하고 좌선하고 울력하고, 그렇게 매일매일 산다. 바로 이 자리가 '깨달음의 도량'이다. 그래서 승의 물음에 청양은 "네가 말한 그대로다."라고 말한다. '기적마, 진적(騎賊馬趁賊)', 적의 말을 타고 적을 쫓는 탁월한 대답이다. "그렇다. 성불하지 않는다. 성불(成佛)도 불성불(不成佛)도 없다."는 일갈이다. 청양은 '조고각하(照顧脚下)', 자신의 발밑이나 잘 살피라고 말해주지만, 승은 알아듣지 못한다.

승은 다시 반문한다. "도량에서 그토록 좌선하는데 어째서 불도를 이루지 못합니까?" 깨닫지 못한 것이 못내 마음에 걸리는 모양이다. 단지 무심히 좌선하면 될 것을. 성불·불성불이 마음에 남아 있는 한 '무심'은 영원히 멀다.

깨달음의 경지는 분별투성이 범부가 알 리 없다. 부처는 부처만이 안다. 자신이 수행해서 눈을 떠야 대통지승불이 성불하지 않는 경지를 안다. 돼지 앞에 진주는 소용이 없다.

"대통지승불은 성불하지 않는다(不成佛)." 마지막 이 한마디로 청양은 대통지승불, 아니 모든 중생의 본모습을 보여준다. 부처가 또다시 부처를 구할 필요는 없다. 그래서 성불하지 않는다.

성불하지 않는 것(不成佛)이야말로 중생의 본래모습이다. 본래 깨끗한 피부에 상처를 내어 어쩌겠다는 것인가? '부장홍분, 자풍류(不粧紅粉自風流)', 화장을 하지 않아도 그대로 풍류인 것을.

청양은 오늘도 성불하지 않은 채 후학을 지도하고, 외부 손님을 만나고, 설법하며 바쁜 일과를 보낸다.

__ 평어

무문이 말한다. 달마가 불법을 안다(知)고는 용납하지만, 불법을 깨달았다(會)고는 용납 못한다. 범부가 불법을 알면(知) 곧 성인이고, 성인이 불법을 깨달으면(會) 곧 범부다.

無門曰. 只許老胡知, 不許老胡會. 凡夫若知卽是聖人, 聖人若會卽是凡夫.

■ '노호(老胡)'는 달마, 때로는 석가모니, 고불(古佛)을 가리킨다. 이 공안에서는 대통지승불로 보아도 무방하다.

■ "달마가 불법을 안다(知)고는…" 이 구절의 해석은 다양하다. 그 주된 이유는 '지(知)'와 '회(會)'의 난해함 때문이다. 본서에서는 '지(知)'를 '알음알이로 불법을 알다', '회(會)'를 '불법을 깨닫다'로 해석한다. 104쪽의 주1 참조.

 __ 제창

"달마(老胡)가 불법을 안다(知)고는 용납하지만, 불법을 깨달았다(會)고는 용납 못한다." 대통지승불의 진면목을 보여주는 대목이다. 달마는 불법을 말하고 불법대로 살고 있지만 불법을 깨달았다(會)는 생각이 없다. 물속 고기가 물을 의식 못하듯, 깨달은 자는 깨달았다는 의식이 없다. 천지가 깨달음의 경계인데 석가라 한들 엿볼 틈이 있겠는가? 어떤 분별도 끼어들 틈이 없다.

달마의 경계는 깨닫고 말고의 차원을 떠나 있다. 이 경계를 무문은 "달마가 불법을 깨달았다(會)고는 용납 못한다."고 평한다. 진짜 부처(眞佛)는 회(會)·불회(不會)의 세계에 속하지 않는다.

이 소식을 무문이 다시 예를 들어 설한다. "범부가 불법을 알면(知) 곧 성인이고, 성인이 불법을 깨달으면(會) 곧 범부다."

"범부가 불법을 알면(知) 곧 성인이다."는 중생의 차원을 나타낸 말이다. 중생은 불법을 알음알이로 알기만 해도 성인이 된다고 생각한다. 설령 깨달아야 성인이 된다고 알고 있다 해도 중생이 아는 깨달음이란 역시 '알음알이로만 아는 깨달음'이다.

"성인이 불법을 깨달으면(會) 곧 범부다."는 부처의 경계에서 하는 말이다. 여기서 말하는 성인은 깨달음의 흔적이 없는 진짜 성인

■ "범부가 불법을 알면(知)…" 이 구절도 '지(知)', '회(會)'의 해석에 따라 의견이 나뉜다. 106쪽의 주2 참조.

이고, 범부 또한 깨달았으되 깨달았다는 의식이 없는 진짜 범부를 말한다. 이 경지의 성인과 범부는 각(覺)·불각(不覺)을 초월해 있다. 그래서 '불법을 깨달았다' 해도, '불법을 깨닫지 않았다' 해도 상관없다.

대통지승불의 경계는 깨달음의 흔적이 없는 불가득(不可得)의 세계이다. 그러므로 대통지승불은 성불하지 않는(不成佛) 진짜 범부이다. 이렇게 무문은 범부니 성인이니, 각이니 불각이니 하는 일체의 분별을 빼앗아 대통지승불의 진면목을 그대로 보여주고 있다.

 — 송

頌曰,
了身何似了心休,
了得心兮身不愁.
若也身心俱了了,
神仙何必更封侯.

몸 깨닫는 것이 마음 깨닫는 것에 비해 어떠한가
마음을 깨달으면 몸도 근심 없는 것을.
몸과 마음 온통 깨달으면,
신선이 뭣하러 다시 제후가 되겠는가?

 — 제창

■ "몸 깨닫는 것이…" 이 구절에 대한 종래의 해석에도 문제점이 많다. 106쪽의 주3 참조.

무문은 대통지승불의 경계를 다시 송으로 읊는다. "몸 깨닫는 것이 마음 깨닫는 것에 비해 어떠한가.", 다시 말해 "몸 깨닫는 것과 마음 깨닫는 것, 과연 뭐가 다른가."라는 뜻이다. 몸과 마음이 둘이 아님을 일깨우려고 일부러 묻고 있는 것이다.

"마음을 깨달으면 몸도 근심 없는 것을." 마음을 깨달으면 몸도 근심이 없고, 몸을 깨달으면 마음도 근심이 없다는 것이다. 몸과 마음이 둘이 아니거늘(身心一如), 어느 것이 더 중요할까 고민하는 것 자체가 번뇌고 분별이다. '신외무여(身外無餘)' 온 천지가 몸이고, '심외무여(心外無餘)' 온 천지가 마음이다.

　무문은 이 경계를 "몸과 마음을 온통 깨닫는다."라고 한다. 너와 나, 객관과 주관의 대립은 흔적이 없고, 삼라만상 하나하나가 그대로 내 모습이다. 어느 선사는 이 경계를 "마음은 초목이다."라 했다. 깨닫고 말고도 없는 것이 대통지승불의 세계다.

　그래서 무문은 "신선이 뭣하러 다시 제후가 되겠는가?"라 묻는다. 신선이 지위, 권세에 끌리는 일이 절대로 없듯, 대통지승불도 부처나 깨달음을 초월해 있다. 부처를 구하지 않는 것(不成佛)이야말로 대통지승불이 진짜 부처라는 증거이다.

　그런데 송에서 언급한 몸과 마음이 이 공안, 대통지승불의 경계와 무슨 관계일까? 열 겁이나 좌선해도 성불하지 못했다고 하면 중생은 머리로 그 이유를 찾는다. 몸은 열 겁이나 좌선하여 조복(調伏) 받았지만 마음이 아직 깨닫지 못했다며 마음을 깨닫고자 애쓴다.

　대통지승불은 열 겁 동안 좌선했으되 몸으로도, 마음으로도 좌선하지 않았다. 몸을 깨달은 적도, 마음을 깨달은 적도 없다. 이것이 몸과 마음을 온통 다 깨달은 경지이다. 무문이 송에서 보이려는 것은 '몸 깨닫기'와 '마음 깨닫기', 성불(成佛)·불성불(不成佛)로 끝없이 나누는 희론이 종식될 때 나타나는 진실 세계이다.

 ― **입실**

　방장 스님 앞에서 본칙 전문을 외우고 "대통지승불은 어떤 부처인가?" 공안에 대해,

김 : (손바닥으로 무릎을 치며)

　　목전(目前)에 앉은 바로 이 놈입니다.

방장: 쯧쯧, 그런 조잡한 안목으로 귀중한 공안을 망가뜨리다니.

　　대통지승불은 그런 시시한 부처가 아니야.

　　자, 대통지승불은 어떤 부처냐?

　　견처를 보여라.

중심 인물

흥양 청양(興陽淸讓, ?-?)은 위앙종 파초 혜청(芭蕉慧淸, ?-?)의 제자이다. 파초는 신라 출신으로, 중국으로 건너가 앙산의 제자 남탑 광용(南塔光湧, 850-938)의 법을 이었다. 제44칙 「파초주장(芭蕉拄杖)」의 주인공이다. 청양은 위산의 4세 법손이고, 호북성 영주(郢州) 흥양산에 주석한 것 외에는 전하는 바가 거의 없다.

주1

「只許老胡知, 不許老胡會」

『벽암록』 제1칙, 제47칙 송의 평창, 제51칙 본칙의 평창 등에도 나온다. 이 구절에 대한 국내외 번역은 크게 둘로 나뉜다. 하나는 '知'를 '체득하다', '會'를 '알음알이로 알다'로, 다른 하나는 '知'를 '알음알이로 알다', '會'를 '체득하다'로 보는 것이다.

『조당집』 권2, 「혜능 화상」조의 내용을 보자.

　　승 : 황매의 뜻을 누가 얻습니까?

　　혜능: 불법을 깨달은 이가 얻느니라(會佛法者得).

승 : 화상께서는 얻었습니까?

혜능: 나는 얻지 않았다.

승 : 화상께서는 어째서 얻지 않으십니까?

혜능: 나는 불법을 깨닫지 않았느니라(我不會佛法).

(원문은 柳田聖山 編, 『祖堂集索引』下冊 p.1719上. 京都大人文研, 1984)

황매, 즉 오조 홍인의 법을 누가 얻느냐는 질문에 혜능은 "불법을 깨달은 이가 얻느니라." 한다. 이 답변의 원문이 "會佛法者得"이다. 여기서 '會'를 '알음알이로 알다'로 새기면 "불법을 이론으로 이해한 자가 얻었느니라."가 되어 '불립문자 교외별전', '직지인심 견성성불'을 표방하는 선(禪)을 완전히 무시하는 번역이 된다. '會'를 '깨닫다' 내지 '체득하다'의 의미로 새겨야 뜻이 통한다.

혜능의 "나는 불법을 깨닫지 않았느니라."의 원문은 "我不會佛法"이다. 깨달았으되 깨달았다는 흔적이 없는 경지이다. 이 경지를 재발견한 사람은 조주의 스승인 남전이다.

남전은 요즘은 선사가 너무 많아 한 사람의 치둔인(一个癡鈍底)을 찾기 힘들다면서, "오조 문하의 599인은 모두 불법을 깨달았다(盡會佛法). 다만 노행자(盧行者=혜능)만은 불법을 깨닫지 않았다(不會佛法)."(앞의 책, p.1637下)고 말한다.

한 사람의 치둔인은 바로 혜능이다. 깨달았으되 깨달은 줄 모르는 진짜 바보다. 「혜능 화상」조의 '不會佛法'이 남전을 거치면서 이렇게 정착되고, 『벽암록』에서는 '不許老胡會'로 나타난다고 보는 것이 자연스럽다.

이런 근거로 본서는 '知'를 '알음알이로 불법을 알다', '會'를 '불법을 깨닫다'로 새긴다. 이렇게 보면 대통지승불의 평어 '不許老胡會'도 무리 없이 해석된다. 여기서 '老胡'는 대통지승불을 가리킨다고 볼 수 있다. 따라서 '不許老胡會'는 '대통지승불이 불법을 깨달았다고는 용납 못한다', 곧 '대통지승불은 불법을 깨닫지 않았다'가 된다. 깨달음의 흔적조차 없는 대통지승불의 경지를 단적으로 나타낸 것이다.

일본 임제종의 전문 선원에서도 「只許老胡知, 不許老胡會」를 공안으로 다룰 때 '知'를 '머리로, 이론으로 알다', '會'를 '체득하다' 내지 '깨닫다'의 의미로 받아들인다.

주2

「凡夫若知卽是聖人, 聖人若會卽是凡夫」

많은 책들이 '知'를 '깨닫다', '會'를 '알음알이로 알다'로 새긴다. 결과적으로, "범부가 깨달으면 성인이고, 성인이라도 머리로 이해하는 알음알이에 빠지면 도리어 범부"라는 뜻이 된다. 너무나 당연한 말이다. 불교 왕초보에게나 할 법한 이 말을 과연 무문이라는 당대를 대표하는 선승이, 그것도 깨달음의 흔적도 없는 대통지승불의 경계를 평하는 평어에서 했을 리 있겠는가?

'범부'와 '성인', 과연 명칭이 같다고 해서 차원도 반드시 같을까? 중생이 아는 그것과 부처가 말하는 그것은 차원이 다르다. 주1에서 밝혔듯이 남전이 말하는 '한 사람의 치둔인'은 일반적 의미의 바보가 아니라, 깨달았다는 의식조차 없는 참다운 의미의 성인을 가리킨다.

'知'를 '알음알이로 알다', '會'를 '깨닫다'로 새겨야 한다. "성인이 불법을 깨달으면 곧 범부다(聖人若會卽是凡夫)."에서 '범부'는 성인의 반대인 범부가 아니라 범부와 성인을 모두 초월한, '치둔인'과 같은 차원의 진짜 범부이다.

주3

了身과 了心

「了身何似了心休」에 대해 국내외 대부분의 저술들은 '마음 깨닫는 것'이 '몸 깨닫는 것'보다 더 중요하다는 뜻으로 새긴다. 이것을 증명하는 예로 "마음을 깨달으면 몸도 근심 없다."(제2구)를 받아들인다. 그런 다음 몸과 마음을 다 깨달아야 최고의 경지에 이른다(제3구, 제4구)는 논조로 끝맺는다. 마음 깨닫는 것이 몸 깨닫는 것보다 중요하다고 말해 놓고, 곧이어 몸과 마음을 다 깨달아야 한다는 것은 아무래도 앞뒤가 맞지 않다. 도대체 선에서 몸과 마음을 별개로 보는 일이 있는가? 몸과 마음뿐 아니라 너와 내가 서로 별개가 아니라는 것(不二)이 불교의 기본이자 선의 기본이다. 일찍이 남양 혜충 국사가

"몸과 마음은 둘이 아니니, 온 천지가 몸이다(身心一如, 身外無餘)."
(『조당집』, 柳田聖山 編 앞의 책, p.1714上)

"몸과 마음은 둘이 아니니, 온 천지가 마음이다(身心一如, 心外無餘)."
(『전등록』, 『大正藏』51, p.438下)

라고 갈파한 이래, 이 문구는 『벽암록』에서도 언급될 정도로 선 수행자의 골수에 아로새겨져 왔다. 몸과 마음 가운데 어느 것이 더 중요한지를 고민하는 것 자체가 바로 번뇌이고 분별이라는 것, 이것이 선이고 불교다.

무문 자신도 『무문관』 제35칙 「천녀리혼(倩女離魂)」에서 몸과 마음을 둘로 나누는 어리석음을 타파하는 공안을 제시한다. 이런 무문이 몸과 마음을 둘로 나누고, 그것도 모자라 마음 깨닫는 것이 더 중요하다고 했을 리 없다.

「了身何似了心休」에서 '似'는 비교의 기준을 나타내는 말이다. 주로 구어에서 "A似B (B보다 A하다)"의 형태로 사용된다. 古語의 "A於B"와 같다. 예를 들어, "本寺遠於日, 新詩高似雲"은 "本寺는 해보다 멀고, 新詩는 구름보다 높다."는 뜻이다. 이처럼 '似' 앞 A의 자리에는 형용사가 오는 것이 보통인데, 「了身何似了心休」에서는 '何似'라 하여 형용사 대신에 何라는 의문사가 왔다.

'何似'의 용례는 『임제록』에도 나온다. "今日供養, 何似昨日"(『大正藏』47, p.503中)이라 하여 "오늘 공양은 어제 공양보다 어떠한가?"라는 뜻이다. 따라서 본서는 이 첫 구절 「了身何似了心休」를 "몸 깨닫는 것이 마음 깨닫는 것에 비해 어떠한가."로 번역했다. 곧 "몸 깨닫는 것과 마음 깨닫는 것, 과연 뭐가 다른가."라는 뜻으로 새겼다. 몸 깨닫는 것과 마음 깨닫는 것이 둘이 아님을 일깨우기 위해 일부러 묻는 질문으로 보았기 때문이다. 제2구 "마음을 깨달으면 몸도 근심 없는 것을"은 몸과 마음은 둘로 쪼갤 수 없음을 깨우치게 하는 것이다. 제3구와 제4구에서는 몸과 마음을 나누지 말고 온통 다 깨닫는 것이 진정한 깨달음임을 보인다. 이상과 같이 보아야 몸과 마음의 이분(二分)이라는 우도 범하지 않고 내용상으로도 모순이 없다.

제10칙

청세고빈 (清税孤貧)

조산과 청세의 청빈

淸税孤貧.
曹山和尚, 因僧問云, 清
税孤貧, 乞師賑濟. 山云,
税闍梨. 税應諾. 山曰,
青原白家酒, 三盞喫了,
猶道未沾脣.

 __ 본칙

한 승이 조산에게 묻는다. "저, 청세는 외롭고 가난합니다. 화상께서 제발 구제해 주십시오." 조산이 부른다. "청세 스님!" 청세가 대답한다. "예." 조산은 말한다. "청원(青原)의 백가주를 석 잔이나 마시고도, 아직 입술도 축이지 못했다 하시오?"

 __ 제창

청세라는 승이 조산을 찾아와 간청한다. "저는 외롭고 가난합니다. 제발 구제해 주십시오." 뚫어야 할 공안이다. 유명한 조산을 찾아와 자기 이름을 당당히 '청세'라 밝히고, 심경을 '외롭고 가난하다'고 거침없이 표명한 것을 보면 보통 승은 아니다.

청세는 스스로 '외롭고 가난하다'고 말함으로써 자신의 무일물(無一物)의 경지를 기세 좋게 내보인다. 여기에는 천하의 조산이라 한들 "번뇌도 깨달음도 없는, 청정무구해서 구제의 손길조차 뻗칠 수 없는 자를 무슨 수로 구하시겠습니까?" 하는 의도가 숨어 있다.

조산은 과연 선의 거장이다. 그는 청세의 말이 떨어지기 무섭게 "청세 스님(闍梨)!" 하고 부른다. 청세가 자신도 모르게 "예." 하고 대답한다. 부르면 대답하는 메아리. 여기에 무슨 부족함이 있으랴. 무심히 부르고 무심히 대답하는 이상으로 무엇이 더 필요하다는 말인가?

'거년빈, 유추무지(去年貧有錐無地)', 지난해의 가난함은 송곳은 있으나 꽂을 자리가 없더니, '금년빈, 무추무지(今年貧無錐無地)' 올해의 가난함은 꽂을 송곳조차 없다. 그러나 이것도 아직 진짜 가난함이 아니다. '없다'고 말하는 한 아직 '있다'의 그늘 속이기 때문이다.

기세등등하게 말을 건넸다가 조산의 부름에 자신도 모르게 "예."라고 대답한 청세. 이에 조산이 청세를 나무란다. "청원(靑原)의 백가주(白家酒)를 석 잔이나 마시고도, 아직 입술도 축이지 못했다 하시오?" 뚫어야 할 공안이다.

청원의 백가주가 무엇이기에 잔뜩 마셨다 하는가? 옛 선사는 이에 대해 다음과 같이 읊었다.

■ '사리(闍梨)', 곧 '아사리(阿闍梨)'는 범어 ācārya의 음사로, '궤범이 되는 스승(軌範師)'을 뜻한다. 선에서는 '청세사리(稅闍梨)'와 같이 이름 아래 붙여 가벼운 경칭으로 사용한다.

■ '청원의 백가주'란 술의 명산지 청원의 백씨 집 명주(銘酒)를 말한다.

심외무법(心外無法)
만목청산(滿目靑山)

마음 밖에 법이 없나니
눈에 가득 청산이로다.

여기도 가득, 저기도 가득, 온 천지에 차 넘친다. 도대체 무엇이 부족하다는 말인가? 배고프면 밥 먹고, 졸리면 잠자고, 대부호가 아닌가? 그런데도 외롭고 가난하다니. 청세는 자신의 '무일물(無一物)'의 경지를 자랑하고 나왔지만, 조산의 무애자재한 묘용(妙用)에 손들 수밖에 없었다. 조산의 조동종(曹洞宗)의 선풍(禪風)이 잘 나타나 있는 공안이다.

 — 평어

無門曰. 清稅輸機, 是何心行. 曹山具眼, 深辨來機. 然雖如是, 且道, 那裏是稅闍梨喫酒處.

무문이 말한다. 청세는 한 수 양보해서 겸손하게 나온다. 그 의도는 무엇인가? 조산의 심안(心眼)은 청세의 마음을 꿰뚫는다. 그건 그렇지만 자, 말해 보라. 어디를 두고 청세가 술을 마셨다 하는가?

 — 제창

청세가 "저는 외롭고 가난합니다. 제발 구제해 주십시오."라고 한 말에 대해 무문은 "청세는 한 수 양보해서 겸손하게 나온다."고 평하고, 그 의도가 무엇인지 묻는다. 의도는 앞에서 밝힌 것과 같다.

이어 무문은 조산의 심안(心眼)은 청세의 마음을 꿰뚫어 참으로 멋진 대답을 했다고 칭송한 뒤, "어디를 두고 청세가 술을 마셨다 하는가?"하고 묻는다. 조산이 청세에게 최고의 술을 넘치도록 실컷 마셨다고 한 뜻을 묻는 것이다.

번뇌도 깨달음도 없는 무일물(無一物)에 집착한 결과, 만물의 평등만을 주장하는 자들에게 평등 속에 차별의 무애자재한 묘용(妙用)이 있음을 참구하게 하는 부분이다. 무문은 제자들을 다그친다. "이것은 남의 이야기가 아니다. 지금 자신의 문제로 받아들여 그 참뜻을 꿰뚫는 심안(心眼)을 열라!"

 __ 송

가난하기 범단(范丹)과 같고,
기개는 항우와 같네.
생계도 어려운 지경에,
감히 부를 겨루네.

頌曰.
貧似范丹,
氣如項羽.
活計雖無,
敢與鬪富.

 __ 제창

범단은 후한 때 사람이다. 그는 책을 읽음으로써 가난을 잊고, 쌀 한 톨 없어도 태연자약했다. 청세는 범단의 청빈에 못지않게 가난하지만, 그 가난을 자부하여 조산에 대적한다. 청세의 이런 용기를 무문은 "힘은 산을 움직이고, 기개는 천하를 뒤덮는다."는 초패왕 항우에 필적할 만하다고 칭찬한다.

청세는 일원 한 푼 없는 가난뱅이지만, 조산이 부르면 곧바로 대답한다. 무심히 부르고 무심히 대답하고. 여기가 부(富)를 다투는 곳이다. 무엇이 더 필요한가? 황금 방석 위에 앉은 거지가 아닌가!

이를 두고 무문은 "청세는 일세의 대부호 조산과 부를 다툴 정도로 부자."라 읊는다. 조산과 청세가 함께 사는 멋진 경계(境界), 그것은 하나면서 동시에 둘이다.

> 중심 인물

조산 본적(曹山本寂, 840-901)은 복건성 천주(泉州) 포전(莆田) 출신이다. 19세 때 출가하여, 동산 양개(洞山良价, 807-869) 문하로 들어가 그 법을 이었다. 그는 법을 전해 받은 뒤, 광동성 조계산(曹溪山)을 찾아 육조 혜능 탑에 참배했다. 대중의 청으로 강서성 길수산(吉水山)에서 법을 선양할 때 육조를 흠모하여 산 이름을 조산(曹山)으로 개칭했다.

조산은 스승 동산이 설한 오위(五位)의 깊은 뜻을 얻어, 그것으로 학인들을 지도했다. 이에 특색 있는 종풍이 생기게 되어, 그 문도들의 종명(宗名)을 스승과 제자의 이름 한 자씩을 따 조동종(曹洞宗)이라 칭했다.

조동종의 가풍은 '치서부도가(馳書不到家)', 편지를 부쳐도 집에 빨리 도달하지 않는다는 평을 들을 정도로 면밀(綿密)하다. 일상생활을 면밀히 하는 것을 중시하고, 온건 착실한 종풍이므로 '조동사민(曹洞士民)'이라고도 평한다.

우리나라에서도 신라말 동산 양개의 또 다른 제자 운거 도응(雲居道膺, 835?-902)에게서 네 명의 승이 조동종의 법을 받아왔다. 형미(逈微)·경유(慶猷)·여엄(麗嚴)·이엄(利嚴)이 그들인데, 당시 중국 사람들은 이들을 존경하여 '해동사무외대사(海東四無畏大士)'라 불렀다.

또 한 사람의 등장인물 청세(淸稅)에 대해서는 전하는 바가 없다.

제11칙

주감암주(州勘庵主)

조주와 두 암주의 주먹

 __ 본칙

조주가 한 암주(庵主)의 거처에 이르러 묻는다. "있는가?" 암주는 주먹을 들어 보인다. 조주가 "물이 얕아서 배를 댈 곳이 못 되구먼." 하고 가 버린다. 그가 다시 다른 암주의 거처를 찾아가 묻는다. "있는가?" 이 암주 역시 주먹을 들어 보인다. 조주는 "주는 것도 뺏는 것도, 죽이는 것도 살리는 것도 자유자재하군요." 하면서 큰절을 올린다.

州勘庵主.
趙州, 到一庵主處問, 有麼有麼. 主竪起拳頭. 州云, 水淺不是泊舡處, 便行. 又到一庵主處云, 有麼有麼. 主亦竪起拳頭. 州云, 能縱能奪, 能殺能活, 便作禮.

 __ 제창

어느 날, 조주가 한 암주(庵主)의 거처를 찾아간다. 암주는 대오(大悟)했지만 세상에 나오지 않고 산중 암자에 은거하며 사는 도인을 말한다. 수행자들은 대오한 뒤에도 남아 있는 좋지 않은 미세한 습관들을 없애기 위해 한적한 곳에서 계속해서 수행하는 것이 상례이다. 이것이 선에서 말하는 성태장양(聖胎長養)이다.

거처에 이르자 조주가 다짜고짜 묻는다. "있는가?" 선 수행자는 종종 일상의 한마디를 절차탁마의 기회로 삼아 경지를 심화시켜 나간다. 이 공안에서도 평범한 일상의 한마디가 선문답으로 제시된다.

암주가 불쑥 주먹을 들어 보인다. 말없이 주먹 하나를 들 뿐이다. 무슨 뜻일까? 이것을 본 조주는 "물이 얕아서 배를 댈 곳이 못되구먼."하고 발길을 돌린다. 겉으로 본다면 조주는 이 암주가 선문답할 상대가 못된다고 알아차리고 주저 없이 떠나버린 것이다.

조주는 다른 암주의 거처를 찾아가서 똑같이 "있는가?"하고 묻는다. 이 암주도 불쑥 주먹을 들어 보인다. 단지 주먹만 들 뿐, 말이 없다. 그런데 조주는 이번에는 "주는 것도 뺏는 것도, 죽이는 것도 살리는 것도 자유자재하군요." 하면서 큰절을 올린다.

두 암주가 들어 보인 주먹이 어떻게 다르기에 조주가 한 번은 그냥 되돌아가고, 한 번은 큰절을 올릴까? 과연 들어올린 주먹 그 자체에 깊고 얕음의 차이가 있을까?

주먹에서 참구의 눈을 떼지 말라. 주먹은 철저히 주먹이다. 오직 하나의 주먹, 여기에 분별이 끼어들 틈은 없다. 진짜 주먹을 볼 때 조주의 의도가 저절로 명확해지리라.

옛 선사는 이 공안에 대해 다음의 게송을 읊는다.

일수춘풍유양반(一樹春風有兩般)
남지향난북지한(南枝向暖北枝寒)

한 나무라도 봄바람을 맞는 데 양면이 있으니.
남쪽 가지는 따뜻한 쪽으로, 북쪽 가지는 추운 쪽으로.

같은 나무라도 봄기운이 다르게 나타난다. 남쪽 가지에는 꽃망울이 맺는데 북쪽 가지에는 소식도 없다. 하나에서 두 측면이 나온다. 일즉일체(一卽一切) 일체즉일(一切卽一), 평등즉차별(平等卽差別) 차별즉평등(差別卽平等). 확고한 선 수행의 체험이 있는 자는 "그래, 이거야!" 하고 무릎을 치리라.

 — 평어

무문이 말한다. 똑같이 주먹을 드는데 어째서 하나는 긍정하고, 하나는 긍정하지 않는가? 자, 말해 보라. 어디에 난해함이 있는가? 이것에 '정곡을 찌르는 한마디(一轉語)'를 던질 수 있으면 곧바로 알 것이다. 주주의 변설은 걸림이 없어 한쪽은 붙들어 일으키고, 한쪽은 밀어 넘어뜨리는 자유자재한 경계임을. 그렇지만 도리어 조주가 두 암주에게 간파되어 버렸으니 어떻게 할까? 만일 두 암주에게 우열이 있다 하면, 선의 눈을 뜨지 못한 것이다. 우열이 없다 해도 역시 선의 눈을 뜨지 못한 것이다.

無門曰. 一般竪起拳頭, 爲甚麽肯一箇, 不肯一箇. 且道, 誵訛在甚處. 若向者裏下得一轉語, 便見趙州舌頭無骨, 扶起放倒, 得大自在. 雖然如是, 爭奈趙州却被二庵主勘破. 若道二庵主有優劣, 未具參學眼. 若道無優劣, 亦未具參學眼.

 — 제창

무문은 먼저, 두 암주가 똑같이 주먹을 드는데, 조주가 한쪽은 인정하고 한쪽은 인정하지 않은 난해함의 진상을 묻는다. 이것은 수행자로 하여금 긍정·부정을 초월하여 오직 하나의 주먹이 되라고 다그치는 것이다. 그래서 수행자가 하나의 주먹이 되어 정곡을 찌르는 한마디, 일전어(一轉語)를 던질 수 있게 한다. 무문은 그 경지에 이르면 어느 때는 부정하고 어느 때는 긍정하는 조주의 자유자재한 경계를 알게 된다고 말한다.

조주는 이렇게 자유자재한 경계에 사는데도 불구하고, 무문은 "조주는 두 암주를 간파했다는데, 내 눈으로 보면 조주가 오히려 두 암주에게 간파되어 버렸으니 어떻게 할까?"라 평한다. 조주가 두 암주에게 간파된 곳은 대체 어디일까?

첫 암주가 주먹을 들어 보일 때, 조주는 "물이 얕아서 배를 댈 곳이 못 되구먼."이라 한다. 하지만 암주는 주먹을 들어올릴 뿐 말이 없다. 두 번째 암주가 주먹을 들어 보일 때, 조주는 "주는 것도 뺏는 것도, 죽이는 것도 살리는 것도, 자유자재하군요."라 한다. 그러나 이 암주도 단지 주먹만 들어올릴 뿐 말이 없다. 오직 하나의 주먹, 이 절대의 주먹을 향해 조주는 말을 내뱉음으로써 오히려 심중이 간파되어 버린다. 조주를 간파한 두 암주는 분명 선안(禪眼)이 투철한 거장이리라.

무문은 마지막으로, 두 암주에게 우열이 있거나, 반대로 없다고 해도 선의 눈을 뜨지 못한 것이라 결론짓는다. 두 암주의 주먹에 우열이 있다, 없다고 말할 수 없다는 것이다. 도대체 무슨 뜻일까? 우열의 유무를 초월해서, 단지 하나의 주먹이 되어 보라. 그러면 저절로 해결된다. 평등은 차별을 포함하고, 차별은 평등 위에 성립한다. 각자의 선적 체험이 이 진리에 눈뜨게 할 것이다.

 ― 송

눈은 유성과 같고,
기량은 번개와 같네.
살인도(殺人刀),
활인검(活人劍).

頌曰.
眼流星,
機掣電.
殺人刀,
活人劍.

 ― 제창

 무문은 먼저 조주 화상의 탁월한 역량을 칭송하여, 그의 눈은 유성처럼 번뜩이고 선적 기량은 번개처럼 빠르다고 한다. 이어 일검(一劍)의 무애자재한 작용을 읊는다. 번뇌를 죽이는 살인도(殺人刀)가, 어느새 사람을 살리는 활인검(活人劍)이 된다.
 '하나의 주먹'이 바로 무애자재한 일검이다. '하나의 주먹'에 철저할 때, 현실에서 무애자재한 묘용(妙用)이 나온다. '하나의 주먹'은 바로 조주고, 두 암주이고, '나'이다. 무문의 이 송이 진정 나의 송이 될 때, 조주의 진의가 더불어 간파될 것이다.
.

제12칙

암환주인(巖喚主人)

서암의 「주인공」

巖喚主人.
瑞巖彦和尙, 每日自喚主
人公, 復自應諾. 乃云,
惺惺著, 喏. 他時異日,
莫受人瞞, 喏喏.

 ― 본칙

서암 사언 화상은 날마다 자신에게 "주인공!"하고 부르고, 스스로 "예."하고 대답한다. 그리고는 "깨어 있어라." "예.", "언제 어느 때든 남에게 속아선 안 돼." "예, 예."하고 스스로 말하고 대답한다.

 ― 제창

본칙은 많이 알려진 공안이다. 하지만 제대로 참구하는 사람은 의외로 적다. 무문은 이 공안을 통해 수행자들이 서암의 선풍(禪風)에 접하고, '주인공'에 눈을 떠 참다운 삶을 살게 하려 한다.
서암은 날마다 자신에게 "주인공!"이라 부르고, 스스로 "예."하고 대답한다. 뚫어야 할 공안이다. "주인공!" "예.", "주인공!" "예." 이것이 전부이다. 이 뜻을 알려면 공안 그 자체가 될 수밖에 없다.

서암의 일상은 스스로 "주인공!"이라 부르고, 스스로 "예."하고 대답하는 자문자답의 생활이다. 그가 부르는 '주인공'은 나(主)·너(客)의 상대를 초월하고, 시간 공간의 제약을 벗어나 생사에 구속되지 않는, 이름 붙일 수 없는 역겁무명(歷劫無名)의 '참된 자기'이다. 따라서 이것을 '주인공'이든 '본래면목'이든, 뭐라고 불러도 상관없다. 서암은 이 '참된 자기'를 '주인공'이라 부를 뿐이다.

서암은 날마다 이 '주인공'을 부름으로써 '참된 자기'를 살고, '참된 자기'가 되어 노니는 소위 '자수용삼매(自受用三昧)'의 선 생활을 한다. 부르는 주인공과 대답하는 주인공이 결코 둘이 아닌, 일체의 대상화나 개념화가 불가능한 '절대주체'의 '참된 자기'를 사는 것이다.

그가 부르는 주인공은, "주인공!"하고 부르는 찰나에, "예." 대답하는 찰나에 생생히 살아 있다. "주인공!" "예.", "주인공!" "예.", 온 천지엔 오직 그 일성(一聲)뿐, 부르고 대답하는 그 찰나에 어떤 것도 끼어들 틈이 없다. "주인공!" 일성이 바로 주인공이다.

"깨어 있어라." "예.", "언제 어느 때든 남에게 속아선 안 돼." "예, 예.". 뚫어야 할 공안이다. 이것은 "주인공아, 항상 깨어 있어라." "예.", "언제 어디서든 남에게 속아 참된 자기의 본래모습이 가려져서는 안 돼." "예.", "이 일성(一聲)에 어떤 분별도 끼어들면 안 돼." "예예, 걱정 마십시오."라는 자문자답이다.

서암의 '주인공'은 서면 선 곳, 앉으면 앉은 곳에 깨어 있어 누구에게도 속지 않는다. 밥 먹고 청소하고 외출하는 중에도 언제나 주인공의 본래모습 그대로이다. 스스로 묻고 답하면서 늘 주인공을

■ '자수용(自受用)'은 체득한 깨달음을 스스로 비추어 보고 그 법락을 음미하면서 누리는 것이다.

■ '자수용삼매(自受用三昧)'는 삼매 속에서 이루어지는 자수용의 세계를 말하며, 법신(法身)의 경계(境界)로, 온 우주가 이 속에 들어와서 남음이 없다. 좌선은 이 경계에 이르는 묘한 방법이다.

떠나지 않는 정념상속(正念相續)의 투철한 선 생활이다. 이 공안과 관련된 일화가 있다.

> 한 승이 현사 사비(玄沙師備, 835-908)를 찾아온다.
> 현사: 최근 어디에 있었는가?
> 승 : 서암 화상의 회상에 있었습니다.
> 현사: 서암 화상은 제자를 어떻게 지도하시는가?
> 승은 서암이 날마다 스스로 주인공을 부르고, 스스로 대답하는 일상을 이야기한다.
> 현사: 어째서 서암 화상 회상을 떠났느냐?
> 승 : 화상께서는 입적하셨습니다.
> 현사: 지금 주인공이라 부르면 서암 화상이 대답하겠느냐?
> 승은 아무 대답을 못한다.

서암은 입적했는데 어째서 현사는 "지금 주인공이라 부르면 서암 화상이 대답하겠느냐?"고 묻는가? 이 질문은 승으로 하여금 시간·공간을 초월하고, 자타를 초월하고, 생사를 초월한 진짜 주인공, 참된 자기에 눈뜨게 하려는 현사의 자비심에서 나온 배려이다. 이렇게 친절한 마음으로 질문했지만 승은 눈을 뜨지 못한다.

"지금, 주인공은 어디 있는가?" 서암의 주인공은 지금 나의 주인공이고, 너의 주인공이다. 진짜 '주인공'은 아득한 과거부터 지금까지 누구에게나 생생히 살아 있다. '주인공'이 단지 입으로만 불리는 생명 없는 개념에 불과해서는 안 된다. '주인공'은 지금, 여기, 내가 있는 곳에 확실히 깨어 있다. 눈 있는 자는 곧바로 보고, 귀 있는 자는 곧바로 들으라! 지금도 서암은 '주인공!' 하고 외치고 있다.

― 평어

　무문이 말한다. 서암 늙은이는 혼자서 팔고 산다. 온갖 귀신과 마귀 얼굴을 하고 노는데, 도대체 무엇 때문일까? 자, 여기다(聻)! 부르는 자, 대답하는 자, 깨어 있는 자, 남에게 속지 않는 자, 이것들을 인정하면 여전히 큰 잘못이다. 서암의 흉내를 내면 그것이야말로 야호(野狐)의 견해다.

無門曰. 瑞巖老子, 自買自賣, 弄出許多神頭鬼面. 何故. 聻. 一箇喚底, 一箇應底. 一箇惺惺底, 一箇不受人瞞底. 認著依前還不是. 若也傚他, 總是野狐見解.

 ― 제창

　무문은 서암의 자문자답하는 일상의 언행을 격하게 힐문한다. "당신은 팔았다가 샀다가 혼자 연극을 하면서 온갖 귀신과 마귀 얼굴을 보여주는데, 도대체 어쩌자는 건가?" 그러나 실은 이런 매도하는 듯한 표현으로 상대의 선적(禪的) 역량에 깊은 경의를 표하는 것이 선의 전통이다. 서암이 행주좌와(行住坐臥) 진짜 '주인공'이 되어 '참된 자기'를 살아가는 투철함을 보여주는 것에 무문은 한없이 찬탄하고 있다.

　이어 무문은 "자, 여기다(聻)! 부르는 자, 대답하는 자, 깨어 있는 자, 남에게 속지 않는 자, 이것들을 인정하면 여전히 큰 잘못이다."라고 한다. 서암은 어느 때는 부르는 자, 어느 때는 대답하는 자, 어느 때는 깨어 있는 자, 어느 때는 남에게 속지 않는 자의 모습으로 '주인공'을 보여준다. 그런데 무문은 이들을 별개로 인정하면, 다시 말해 부르는 자와 대답하는 자가 따로 있다고 생각하면 큰 잘못이라고 경고한다.

　부르는 내가 있고, 대답하는 주인공이 따로 있다고 착각하면 안

■ '적(聻)'은 무언가를 지시함으로써 주의를 촉구하는 말이다. 여기서는 "자, 여기다!"라는 뜻으로, 다음 문장을 주시하라는 것이다.

된다. 무문은 그렇게 착각하는 것은 '주인공'을 알기 전과 다를 바 없이 여전히 망상 속에 헤매는 것이라고 단정한다. 부르는 자도 대답하는 자도 모두 한 '주인공'의 작용이라는 것이다.

'주인공'은 언제 어디서 어떤 모습을 하든 '주인공'이다. 수처작주(隨處作主), 버들에서는 푸르고, 동백에서는 붉다. 이와 같이 '주인공'에는 정해진 모습이 없다. 그러나 모습 없는 주인공이 항상 어딘가 있다가 갖가지 모습으로 나타난다고 생각하는 것은 망상 중의 망상이다.

가야금을 타면 소리가 난다. 이 소리가 항상 어딘가에 있다가 가야금을 타는 순간 홀연히 나타나서 울리는 것이 아니다. 주인공이 어딘가 항상 있다고 생각하면, 주인공은 고정불변의 '아(我, ātman)', '실체(實體)'가 되어, 유일신(唯一神)을 믿는 종교의 신이나 하느님 같은 존재가 되어 버린다.

지금 여기 그저 무심히 피어 있는 붉은 동백이 바로 '주인공'이지, 주인공이 동백 모습으로 나타난 것이 아니다. 잡념 없이 "주인공." 하고 부르는 그것이 '주인공'이다. '주인공'은 오지도 가지도 않는 무일물(無一物)이지만, 무일물의 주인공이 있다고 생각하는 순간 어리석음의 한가운데에 떨어진다.

마지막으로 무문은 경책의 한마디를 더한다. "서암의 흉내를 내면 야호(野狐)의 견해다." 자기 자신이 '주인공'이 되지 않고, 입으로만 "주인공!", "주인공!" 하고 부르며 서암의 흉내만 내는 이들은 야호선의 무리, 곧 깨달은 체 허풍만 떨며 남을 기만하는 엉터리 선에 빠진 자들이다. 수행자들을 살아 있는 참다운 주인공으로 이끌어 무애자재한 삶을 살게 하려는 무문의 노파심과 친절함을 볼 수 있다.

구지의 흉내만 내던 동자는 손가락이 잘린다. 흉내 내는 순간

'주인공'은 거기 없다. 욕망과 타성(惰性)에 속지 않고 무심히 밭을 가는 '주인공', 몸이 아파 병실에 누워 있어도 깨어 있는 '주인공'이어야 한다.

 __ 송

수행자가 진리(眞)를 깨닫지 못함은
'나(識神)'를 여전히 인정하기 때문이네.
끝없이 반복되는 생사윤회의 근본인 이것을
어리석은 이들은 본래인(本來人)이라 부르네.

頌曰.
學道之人不識眞,
只爲從前認識神.
無量劫來生死本,
癡人喚作本來人.

■ 이 송은 『전등록』 권10에 나오는 장사 경잠(長沙景岑)의 송 "學道之人不識眞, 只爲從來認識神, 無始劫來生死本, 癡人喚作本來身"을 몇 자만 바꾸어 인용한 것이다. 앞에서도 밝혔듯이, 선사가 타인의 송이나 말을 빌려 자신의 선적 경지를 표현하는 것은 전혀 흠이 되지 않는다.

 __ 제창

무문은 첫 구절에서 "수행자가 진리(眞)를 깨닫지 못함은 '나'를 여전히 인정하기 때문"이라 한다. '진리(眞)' 한 글자에 선 수행의 생명이 달려 있다. '주인공'도 '본래인'도 모두 이 '진리'의 다른 표현이다. 무문은 수행자가 '주인공'을 알지 못하는 것은, 우리가 보통 '나'라고 믿고 있는 그것을 여전히 인정하기 때문이라고 한다.

'주인공'을 알지 못한다는 것은 너가 아닌 '나', 이렇게 되어야 하는 '나'가 있고, 이것이 바로 자기이고, 이것이 영원하다고 믿기 때문이다. 우리는 이 '나'를 지키기 위해 안간힘을 쓰고, '나'라는 생각에서 한 발자국도 벗어나지 못한다.

"끝없이 반복되는 생사윤회의 근본인 이것을, 어리석은 이들은 본래인이라 부르네." 이 '나'야말로 끝없이 반복되는 생사윤회의 원인이고, 괴로움의 근본 원인이다. 그런데도 우리는 이것을 '주인공', '본래인'으로 착각한다. '주인공'은 지금 어디에 있는가?

중심 인물

서암 사언(瑞巖師彦, ?-?)은 복건성 민월(閩越) 출신으로, 『조당집』에서는 오암 사언(烏巖師彦)이라 한다. 덕산의 제자 암두 전활(巖頭全豁, 828-887)의 법을 이었다. 절강성 태주(台州) 단구(丹丘)에서 종일 바보처럼 있으니 사부대중이 흠모하여 서암사로 청했다. 대중을 통솔함이 엄정하다고 칭송이 자자했다.
『오등회원』 권9에 보면, 서암사의 큰 바위에 앉아 종일 바보처럼 본칙과 같이 스스로 주인공을 부르고 대답했다고 한다. 상세한 전기는 전하지 않는다.

제13칙

덕산탁발 (德山托鉢)

덕산이 발우를 들고 되돌아가다

 __ **본칙**

　어느 날, 덕산이 발우를 들고 공양처로 간다. 제자 설봉이 묻는다. "스님, 아직 종도 울리지 않고, 북도 치지 않았는데 발우를 들고 어디 가십니까?" 덕산은 말없이 곧장 방장실로 되돌아간다.
　설봉이 이 일을 사형인 암두에게 고한다. 암두가 말한다. "대선지식 덕산도 아직 '궁극적 한마디(末後句)'를 알지 못하는군."
　덕산이 이를 전해듣고 시자를 시켜 암두를 부른다. "자네는 이 노승을 인정하지 않는 건가?" 암두가 덕산의 귀에 뭔가 한마디 속삭이자(密啓), 덕산은 더 이상 말이 없다.
　다음날, 법좌에 오른 덕산은 과연 평소와 다르다. 암두가 승당(僧堂) 앞으로 나와 손뼉 치고 웃으며 말한다. "참으로 경사로운 일이다. 노장이 궁극적 한마디를 아신다. 이제는 천하의 누구도 그를 어쩌지 못할 것이다."

德山托鉢.
德山, 一日托鉢下堂. 見雪峰問, 者老漢, 鐘未鳴鼓未響, 托鉢向甚處去, 山便回方丈.

峰擧似巖頭. 頭云, 大小德山, 未會末後句.

山聞, 令侍者喚巖頭來, 問曰, 汝不肯老僧那. 巖頭密啓其意. 山乃休去.

明日陞座, 果與尋常不同. 巖頭至僧堂前, 拊掌大笑云, 且喜得老漢會末後句. 他後天下人, 不奈伊何.

 __ 제창

이 공안에 등장하는 덕산, 암두, 설봉은 모두 일세를 풍미한 선사들이다. 덕산이 스승이고, 두 사람은 제자이다. 암두가 나이는 4세 내지 6세 아래지만 설봉의 사형이다.

본칙은 『전등록』, 『오등회원』의 암두 선사 조 등에 나온다. 『전등록』의 생몰 연대를 기준한다면 본칙은 덕산 83세, 암두 35세, 설봉 41세 때의 일이다. 덕산은 본칙의 일이 있은 3년 후 입적한다.

어느 날, 점심때가 되어도 식사를 알리는 신호가 없어, 덕산은 여느 때처럼 발우를 들고 공양처로 간다. 공양승 소임을 맡은 설봉이 묻는다. "스님, 아직 종도 울리지 않고, 북도 치지 않았는데 발우를 들고 어디에 가십니까?" 그러자 덕산은 말없이 곧바로 방장실로 되돌아간다.

이름 높은 선의 거장인 덕산은 제자 설봉에게 한 소리 듣자, 말없이 곧바로 자신의 거처인 방장실로 되돌아간다. 이런 덕산의 행동을 어떻게 보아야 할까? 덕산은 체면을 손상시키는 말을 듣고도 화내지 않고, 공양이 늦다고 야단치지도 않는다. 어떤 티도 내지 않는다.

선의 거장이지만 선적인 흔적을 보이시 않고 단지 말없이 되돌아간 덕산의 경지. "덕산은 말없이 곧장 방장실로 되돌아간다." 뚫어야 할 공안이다.

덕산이 아무 일 없는 듯 곧바로 되돌아간 사실 자체가 선의 거장에 어울리는 선적 행동이다. 결코 아무나 흉내 낼 수 없는 경계다. 어떤 심정으로 되돌아갔을까? 덕산의 주저 없이 깔끔하게 되돌아가는 경계 그 자체가 되어 보라.

그런데 아직 수행이 얕은 설봉은 덕산의 이런 고고하고 담백한 경지를 알아볼 눈이 없다. 그는 오히려 덕산을 꼼짝없이 방장실로 되돌아가게 한 자신의 공을 자랑할 뿐, 수행이 미숙해서 스승의 경계에 미치지 못했음을 눈치채지 못한다. 그는 사형인 암두에게 이 사건을 의기양양하게 이야기한다.

당시 암두는 이미 높은 경계에 있었다. 이야기를 들은 암두는 덕산의 경계를 알아보지 못하는 설봉의 미숙함이 가여워, 이 기회에 설봉의 선심(禪心)에 불을 붙여 눈뜨게 해 주고 싶어 한다.

그 묘책으로 암두는 스승 덕산을 의도적으로 매도한다. "대선지식 덕산도 아직 '궁극적 한마디(末後句)'를 알지 못하는군." 덕산이 잠자코 돌아간 것은 궁극적 한마디를 알지 못하기 때문이란 뜻이다. 뚫어야 할 공안이다.

기실 암두는 이 말을 통해 설봉에게 '궁극적 한마디'라는 공안을 던진 것이다. 스승을 매도하면서까지 사제 설봉의 눈을 뜨게 해 주려는 암두의 눈물겨운 자비심이다.

'궁극적 한마디(末後句)', '말후의 일구(末後一句)'는 '향상의 일구(向上一句)'라고도 하며, '더 이상 오를 바 없는 마지막 경계'를 말한다. '궁극적 한마디'는 선 수행자들이 뛰어넘어야 할 하나의 관문이다.

선에서 '궁극적 한마디'란 무엇일까? '궁극적 한마디'가 있을까? 철학적 사색이나 개념의 대상으로서가 아닌, 온몸으로 참구하고 온몸으로 생활할 때 '궁극적 한마디'는 저절로 해결된다. 진리는 바로 내 발밑에 있다. 조고각하(照顧脚下)가 될 때, '궁극적 한마디'의 창조적인 삶을 산다.

이 말을 전해들은 덕산은 암두를 불러 "자네는 이 노승을 인정하지 않는건가?"하고 묻는다. 암두는 당연히 덕산이 '궁극적인 한마디'에 구애받을 경계가 아님을 알고 있다. 암두가 덕산에게 다가가 그의 귀에 뭔가 한마디 속삭인다. 원문의 표현대로 한다면 '밀계(密啓)'한 것이다. 그러자 덕산은 더 이상 말이 없다.

암두가 뭘 속삭였기에 덕산은 잠잠할까? 암두의 '밀계'를 통해 스승과 제자는 서로를 알아보고 하나가 된다. "암두가 덕산의 귀에 뭔가 한마디 속삭인다." 뚫어야 할 공안이다. 무엇을 밀계(密啓)했는가?

'밀계'라지만 비밀 이야기, 다시 말해 몇몇 사람만이 아는 비밀을 속삭이는 것은 아니다. 그렇다면 암두는 덕산에게 무엇을 밀계한 것일까? 이 공안은 선 수행자의 지적 분별은 물론 일체의 선적인 흔적조차도 완전히 빼앗아버림으로써, 그들로 하여금 청담무비(淸談無比)의 경계에 이르게 한다. 방법은 하나, 덕산에게 속삭이는 암두의 경계 그 자체가 되는 것밖에 없다. 괜히 머리 굴려 밀계의 내용을 알아내려 하면 이 공안의 의도와는 아득히 멀어진다.

다음 날, 덕산은 법좌에 올라 제창하는데, 과연 밀계의 공이 헛되지 않게 평소와는 달리 멋지게 설한다. 이것을 본 암두는 일부러 승당 앞으로 나와 손뼉 치며 웃으며 외친다. "참으로 경사로운 일이다. 노장이 궁극적 한마디를 아신다. 이제는 천하의 누구도 그를 어쩌지 못할 것이다."

덕산의 이런 변화를 어떻게 보아야 할까? 제자를 위해 자신의 추함도 개의치 않는 덕산의 자비심. 범부의 잣대로는 도저히 헤아릴 수 없는 경지다. 게다가 그 스승에 그 제자다. 암두는 덕산을 매도해가며 설봉에게 '궁극적 한마디' 공안을 던지더니, 이번에는 승당 앞에서 손뼉 치며 설봉이 이 공안에 빠져들도록 잡아끌고 있다.

"노장이 '궁극적 한마디'를 모를 때는 너에게 당하지만, 이제 '궁극적 한마디'를 알아 천하무적이다. 자, 이 '궁극적 한마디'가 뭐냐? 이래도 눈뜨지 못하느냐?" 암두가 안타깝게 다그치고 있다.

그러나 대기만성형 설봉은 암두의 진의를 알지 못한다. 수행자들이 암두의 자비행에 보답하는 길은, 스스로 눈을 떠 '궁극적 한마디'에서 자유로워지는 것이다.

제자를 위해 자신의 추함도 개의치 않는 덕산, 사제를 눈뜨게 하려고 무한한 자비행을 행하는 암두, 참으로 이 두 거장은 둘이면서 하나, 하나면서 둘이다. 천지 그 자체가 된 경계에서, 각자 무애자재한 삶을 사는 멋진 선의 거장들이다.

 __ 평어

무문이 말한다. 궁극적 한마디(末後句)는 암두, 덕산이 꿈에도 들은 적이 없다. 자세히 살피면, 무대 위의 꼭두각시놀이와 같다.

無門曰. 若是末後句, 巖頭德山俱未夢見在. 撿點將來, 好似一棚傀儡.

 __ 제창

평어는 본칙에 비해 매우 간결하다. 무문은 '궁극적 한마디'는 덕산도 암두도 꿈에서조차 들은 적이 없다 함으로써, 이 문제를 거론하는 것조차 빼앗아 버린다. 살아 있는 진리는 언어를 초월해 있어 무엇이라고도 이름 붙일 수 없다. '궁극적 한마디'가 웬 말인가? 진정으로 진리를 체득한 자에게는 '궁극적 한마디'의 '궁'이라는 흔적도 없다.

이어서 무문은 당신들이 하는 수법, '궁극적 한마디다', '밀계다', '알지 못했다' 하는 것은 무대 위의 꼭두각시놀이와 같다고 평한다. 이렇게 무문은 일체를 죄다 빼앗음으로써, 참다운 선 수행자의 청정무구한 경계를 제시한다. 온갖 것을 다 떨쳐버린, 구름 한 점 없이 펼쳐진 하늘, 거기엔 '궁극적 한마디'도 '밀계'도 없다.

 __ 송

頌曰.
識得最初句,
便會末後句.
末後與最初,
不是者一句.

최초의 한마디(最初句)를 알면,
곧바로 궁극적 한마디(末後句)를 안다.
'궁극적 한마디', '최초의 한마디',
이것은 한마디(一句)가 아니다.

 __ 제창

"최초의 한마디를 알면, 곧바로 궁극적 한마디를 안다." 최초의 한마디도, 궁극적 한마디도 없다는 것을 역설적으로 말한 것이다. 시작이 없으면 끝도 없다.

진리는 일원상(一圓相)과 같아서, 무시무종(無始無終), 시작도 끝도 없다. 원주 위의 어디를 시작이고 끝이라 하겠는가? 원주 위의 어디가 좋고 나쁜가? 시작이 없어 '최초의 한마디'가 없으니, 그것을 안다는 것 자체가 말이 안 된다. 애초부터 불가능한 것을 제시해서 스스로 어리석음의 함정에서 빠져나오게 한다.

진리에는 '최초', '궁극'이란 것이 없다. 삶도 죽음도 진리의 한 때 모습이다. 어리석게 분별하는 자가 자의적으로 이름을 붙여 '최초'니 '궁극'이니 할 뿐이다.

그래서 무문은 마지막으로, "궁극적 한마디, 최초의 한마디, 이것은 한마디가 아니다."라고 함으로써 공안 전체를 깔끔하게 마무리 짓는다. 이것도 뚫어야 할 공안이다. 자, 뭐라고 견처(見處)를 내보일까? 온 천지가 그대로 진리인데, 따로 한마디라니!

 __ **입실 1**

　방장 스님 앞에서 본칙 전문을 외우고 "덕산은 말없이 곧장 방장실로 되돌아간다." 공안에 대해,

　김 　: (방장실로 되돌아가는 모습을 보이면서)
　　　　 무심의 작용입니다.
　방장: 그 정도로는 미흡하다.
　　　　 덕산의 경계에 이르지 못하면 덕산의 행동이 왜 훌륭한지 알지 못한다.
　　　　 이 말이 좋을까, 저 말이 좋을까, 말만 고른다.
　　　　 좀 더 안목 있는 견처를 보여라.

 __ **입실 2**

　방장 스님 앞에서 본칙 전문을 외우고 "암두가 덕산의 귀에 뭔가 한마디 속삭인다." 공안에 대해,

　김 　: (귀에 대고 속삭이는 말투로)
　　　　 "말후구의 일은 전부 연극입니다."

방장: 이것을 '밀계' 공안이라 하는데, 그렇게 말하면 이 '밀계'
    는 엉망이 되어 버린다.
김 : 버들은 푸르고 꽃은 붉습니다.
방장: 상식 범위에서 맴도는군. 그걸 뛰어넘지 않고서는….

중심 인물

덕산 선감(德山宣鑑, 780-865)은 사천성 검남(劍南) 출신의 학승으로 『금강경』의 대가였다. 속성이 주(周)씨이므로 '주금강(周金剛)'으로 불릴 정도였다.

당시 중국 남쪽에서는 선이 번창했다. 덕산은 이렇게 말했다. "출가해서 천겁 동안 불교의 위의(威儀)를 배우고, 만겁 동안 불교의 세세한 행(細行)을 배워도 성불하기 어렵거늘, 남쪽의 마구니 선승들은 감히 '직지인심, 견성성불(直指人心 見性成佛)'을 말한다. 내 그들을 근절시켜 불은(佛恩)에 보답하리라."

덕산은 선승들과 대적하기 위해 『금강경』 주석서 청룡초(靑龍鈔)를 짊어지고 의기양양하게 고향을 떠났다. 양자강을 따라 동정호 부근에 이르렀을 때, 길가에서 떡을 파는 노파의 살아 있는 질문에 답이 꽉 막혔다. 그는 이 일을 계기로 용담 숭신(龍潭崇信) 선사를 친견하여 크게 깨닫고 그 법을 이었다. 이에 관한 전말은 제28칙 「구향용담(久響龍潭)」에 상세히 나온다.

선의 역사상 굴지의 대선사가 된 덕산은 "한마디 해도 30방, 못 해도 30방."하고 호통치며 방망이를 휘둘러, 수행자를 진리 한가운데로 뛰어들게 이끌었다. 이것이 임제의 '할' 만큼 유명한 덕산의 '방(棒)'이란 말이 나온 배경이다.

암두 전활(巖頭全豁, 828-887)은 매우 명석해서 스승인 덕산의 방망이를 한 번도 맞지 않았다. 복건성 천주(泉州) 사람으로, 『열반경』을 강의하다 덕산을 참문하고 그 법을 이었다.

842년부터 3년여에 걸친 회창(會昌) 폐불 사건 때 동정호의 나룻배 사공이 되어 세월을 보냈다. 그의 나이 겨우 16세(혹은 19세) 때였지만, 강제로 환속 당하는 풍파 속에서도 흔들리지 않고 선(禪)으로 살았다. 하루하루가 무심(無心)

의 나날이었다.

암두는 본칙에서처럼 설봉의 스승 역할을 많이 했다. 어느 날 두 사람이 호남성 상덕현(常德縣) 북쪽에 있는 오산진(鰲山鎭)에 갔다가 눈에 갇히게 되었다. 7일 동안 암두는 날마다 잠만 잤고, 설봉은 오직 좌선에만 몰두했다. 잠만 자는 사형을 못마땅해 하는 설봉에게 암두가 고함치며 말했다.

"너야말로 잠만 자고 있지 않느냐? 매일 긴 평상에 앉은 꼴이 촌구석의 새까만 토지신 그대로다. 바깥에서 들어온 것은 보배가 아니다. 일거수 일투족 자신의 가슴에서 솟구쳐 나와 하늘을 뒤덮고 땅을 뒤덮는가?"

배우고 들은 것은 중요하지 않다. 어떤 것이든 천지를 뒤덮을 정도로 자신의 온 존재를 통해 나와야 한다는 말이다. 설봉은 이 말 끝에 대오(大悟)했다. 그의 나이 44세 때의 일이다.

설봉 의존(雪峰義存, 822-908)은 암두와 같은 복건성 천주(泉州) 출신으로, 갓난아기 때부터 불상을 보거나 절의 종소리를 들으면 얼굴빛이 달라졌다. 출가 뒤 제방 선원을 돌다가 덕산과 인연을 맺었다. '삼도투자(三到投子), 구상동산(九上洞山)'이 말해주듯, 투자의 수행처를 세 번, 동산의 수행처를 아홉 번이나 오르내린 열렬한 수행승이었다.

설봉은 "나는 둔근(鈍根)이라 총림에서 공양승 일을 맡아 그 음덕으로 불도를 성취하리라." 발원하고, 항상 국자를 가지고 총림을 찾아다니며 공양승 소임을 자처했다. 선원의 전좌(典座, 취사 책임 승)가 거처하는 전좌료(典座寮)를 설봉료(雪峰寮)라 하는 것은 그의 뜻을 기리기 위함이다. 뒷간을 설은(雪隱)이라 부르는 이유 또한 설봉이 항상 남몰래 뒷간 청소를 한 데에서 비롯되었다. 설봉이 뒷간(隱所)을 청소한 인연으로 대오했다는 뜻이다.

이렇게 그는 수많은 음덕(陰德)을 쌓은 끝에 대오(大悟)한 대기만성의 전형이다. 대오한 뒤, 49세 때 복건성 설봉산에 주석하면서 운문, 현사를 비롯한 기라성 같은 제자 40여 인을 길러냈다. 그를 따르는 수행승이 항상 1500명 이상이었다.

(※덕산과 암두의 생몰 연대는 『전등록』의 기록에 따랐다.)

제14칙

남전참묘 (南泉斬猫)

남전이 고양이를 베다

南泉斬猫.
南泉和尚, 因東西兩堂爭
猫兒, 泉乃提起云, 大衆
道得卽救, 道不得卽斬却
也. 衆無對. 泉遂斬之.

晚趙州外歸. 泉擧似州.
州乃脫履, 安頭上而出.
泉云, 子若在, 卽救得猫
兒.

 __ 본칙

　남전(南泉) 화상이, 동당(東堂)과 서당(西堂)의 수행승들이 고양이를 두고 다투는 것을 보고, 고양이를 잡아들고 말한다. "납자들아, 한마디하면 살려주고, 못하면 베어 죽인다." 대중은 아무 말이 없다. 남전이 끝내 고양이를 칼로 벤다.
　저녁에, 제자 조주(趙州)가 외출에서 돌아온다. 남전이 조주에게 이 일을 말한다. 조주가 곧바로 신을 벗어 머리에 이고 밖으로 나간다. 남전이 말한다, "너라면 고양이를 살릴 텐데."

 __ 제창

　어느 날, 남전 문하의 수행승들이 고양이를 두고 동당과 서당으로 나뉘어 다툰다. 마침 그곳에 있던 남전은 승들이 끝없는 논쟁에 휘말리고 있는 것을 본다. 논쟁은 한번 불이 붙으면 끝이 없다. 논쟁에서 자유로울 수 있으면 저절로 극락이다. 원효는 "여래는 논쟁이 없다(無諍)."고 말했다.

상황을 본 남전은 선의 거장으로서 억누를 수 없는 자비심이 솟구친다. 제자들의 사변적(思辨的) 희론을 깨부수어 심안을 열어 주고 싶어진다. 그는 마침 그곳에 있던 고양이를 붙잡아 한 손에 쥔다. 그리고 다른 한 손에는 칼을 들고 우레와 같은 목소리로 승들을 다그친다. "자, 네 놈들이 다투고 있는 실물이 여기 있다. 누구라도 곧바로 한마디 말하면 고양이를 살려줄 것이고, 못하면 당장 죽일 테다." 뚫어야 할 공안이다.

남전은 눈앞에 살아 있는 고양이 한 마리를 손에 쥐고, 살릴 수 있는 한마디를 요구한다. "자, 보여라. 어떻게 하면 어린 고양이를 살릴 수 있나? 이러쿵저러쿵 말로 하지 말고, 실제로 고양이를 살려 보라. 만일 잠시라도 머뭇거리면, 고양이 목숨은 순식간에 날아간다."

남전은 이론의 그물에 갇혀 머리만 굴리는 제자들에게 서슬이 시퍼렇게 진검 승부를 걸고 나온다. 철학적·종교적 사상을 되뇌이는 것이 아니라, 온 존재를 다해 터져나오는 살아 있는 답을 요구한다.

눈앞의 살아 있는 고양이를 죽이지 않을 한마디, 자, 뭐라고 할 텐가? 주저하지 말고 빨리 말하라. 고양이가 무엇인가? 고양이 그 자체가 되어 보라. 무아, 무자기(無自己)가 되어 진짜로 '나'가 없을 때, '나'와 고양이를 구분할 틈이 있을까? '나'와 남전과 다름이 있을까? 살리고 죽이고를 초월한 경계, 이때 고양이를 구하는 한마디는 저절로 제시된다.

대중은 쥐 죽은 듯 대답이 없다. "남전이 끝내 고양이를 칼로 벤다." 뚫어야 할 공안이다. 예나 지금이나 역량 있는 사람은 드물다. 동·서당의 승 누구 하나 대답하는 자가 없다. 그렇게 밤낮으로 지도했건만, 경지에 이른 자가 한 사람도 없다니! 남전은 눈물을 머금고 끝내 고양이를 칼로 벤다. '끝내(遂)' 이 한마디에서 남전의 마음에 피맺힌 아픔을 엿볼 수 있다.

남전은 제자들의 눈을 뜨게 하려고 살아 있는 고양이의 목숨을 끊는다. 얼마나 무서운 결단인가? 그는 왜 고양이를 베어야만 하는가? 그것은 끊어도 끊어도 되살아나는 우리의 지독한 분별을 남김없이 끊게 하기 위함이다. 남전이 벤 것은 고양이뿐만 아니다. 부처니 범부니, 살리니 죽이니 하는 우리의 분별의식을 완전히 잘라버린 것이다. 옛사람은 이 경지를 이렇게 읊는다.

양두구절단(兩頭俱截斷)
일검의천한(一劍倚天寒)

머리 둘을 단번에 벤 칼날
시퍼렇게 창공에 번쩍인다.

완전히 잘라 잘린 흔적조차 없는 경계. '청풍만지(淸風滿地)', 청량한 기운이 온 천하 대지를 한없이 뒤덮는다. 이 경지를 알면 고양이를 벤 남전의 경지를 알 수 있다.

그런데 이 공안을 윤리적·상식적 시각에서 보고, 불살생계를 어긴 수행자의 전도된 행위라느니, 틀에 박힌 고정관념을 초월하게 하려는 행위라는 등의 해석을 하는 사람들이 있다. 완전히 잘라, '자른다'는 흔적이 없는 경지에 불살생계가 어디 있고, 고정관념의 초월이 어디에 있는가? 전도몽상이고 착각일 뿐이다. 선 체험이 없어, 공안 참구와는 십만 팔천 리 먼 해석을 하는 이들에게 무엇을 더 말하겠는가?

　나아가 이들은 선(禪)이 윤리, 상식을 무시한다고 할 지도 모른다. 하지만 그것은 오해일 뿐이다. 선은 윤리, 상식을 무시하는 것이 아니라 오히려 윤리, 상식의 주체가 되어 이것을 자유자재로 사용하고 살린다.

　저녁에 남전의 제자 조주가 외출에서 돌아온다. 남전은 낮에 일어난 고양이 사건을 말한다. 법거량(法擧揚)을 한 것이다. 조주는 곧바로 신을 벗어 머리에 이고 밖으로 나간다. 이를 본 남전은 "자네라면 고양이를 살릴 텐데."하고 조주를 칭찬한다. "아버지는 아들을 알고, 아들은 아버지를 안다." 부자묵계(父子默契)가 그대로 드러나 있다.

　"조주가 곧바로 신을 벗어 머리에 이고 밖으로 나간다." 뚫어야 할 공안이다. 조주는 고양이가 잘리는 이야기를 듣는 순간, 조주 자신도, 남전도, 온 천지도, 일체가 완전히 잘려 잘린 흔적조차 없다.

　죽을 때는 오직 죽을 뿐, 철저히 죽을 때 생사를 초월하는 소식이 있다. 고양이, 신, 모자, 이런 것들은 한때 주어진 가명(假名)에 불과하다. 이 가명에 대한 맹목적인 집착을 끊어버릴 때 새로운 진리 세계가 전개된다. 이때 고양이도 신도 '나'도 가명을 초월하여, 일체가 새로운 생명으로 되살아난다. 조주의 행동은 이 새로운 세계의 자유자재한 창조적 삶을 단적으로 제시한 것이다. 그래서 남전이 "너라면 고양이를 살릴 텐데."하고 칭찬한 것이다.

　남전은 입적하여 어디로 갔는가? 예, 여기 있습니다. 황금덩이를 자르면 조각조각 모두 황금이다. 남전의 세계가 따로 숨겨져 있는 것이 아니다. 산천 초목이 그대로 남전의 세계이다. 눈은 옆으로 코는 아래로다. 석가도 공자도 모두 되살아난다.

남전의 살인도(殺人刀), 조주의 활인검(活人劍). 참으로 남전과 조주는 둘이면서 하나, 하나면서 둘이다. 무문은 제자들에게 선의 무애자재한 묘용(妙用)을 체득하라고 이 공안을 제시한 것이다.

 — 평어

無門曰. 且道, 趙州頂草鞋, 意作麽生. 若向者裏下得一轉語, 便見南泉令不虛行. 其或未然, 險.

무문이 말한다. 자, 말해 보라. 조주가 짚신을 머리에 이고 나간 의도가 어디에 있는가? 이에 대해 한마디(一轉語) 던질 수 있다면, 곧바로 남전의 명령이 쓸데없는 짓이 아니었음을 안다. 그것이 불가능하다면, 위험하다 위험해.

 — 제창

"조주가 짚신을 머리에 이고 나간 의도는 무엇인가? 한마디 하라. 그렇지 않으면 남전이 헛되이 고양이 목숨만 버린 것이 된다." 무문은 이렇게 제자들을 다그친다. 짚신이 모자가 되고, 산이 되고, 강이 되는 이 창조적 자유는 어디서 생길까? 자르고, 자르고, 일체를 잘라라. 고양이뿐 아니라 부처도 조사도, 티끌 하나 남기지 않고 완전히 자를 때 이 창조적 자유는 저절로 얻어진다.

남전은 고양이도, 유(有)·무(無)도 흔적 없이 잘라 버린다. 조주는 그 잘린 당체(當體)를 짚신으로 증명해 보인 것뿐이다. 이 부분을 진짜로 알면 남전의 혈적적(血滴滴)한 마음을 알 수 있다. 그러나 뼈를 깎는 수행 없이는 어림도 없다.

이런 의미로 무문은 "남전의 명령이 쓸데없는 짓이 아니었음을 안다."고 했다. 조주의 무애자재한 행동 이면에서 남전의 탁월한 선적 역량을 보라는 것이다. '대사일번, 절후소생(大死一番, 絕後蘇生)', 완전히 죽게 해 참된 모습으로 되살아나게 하는 남전의 절묘함을 보라는 것이다. 그때 잘린 고양이는 지금도 여전히 우리의 손발이 닿는 곳에 생생히 살아 있다.

마지막으로 무문은, "그것이 불가능하다면, 위험하다 위험해." 하고 경고한다. 사량분별을 완전히 끊으려면 죽음의 극한까지 내몰리는 체험 없이는 불가능하다. 죽을 때는 철저히 죽을 뿐, 사변적(思辨的) 희론이나 종교적 논쟁으로 시종해서는 생사를 초월하는 소식을 알 수 없다.

소리 없이 외치는 무문의 진심 어린 충고가 들리는가? "크게 죽고 크게 사는 실천적 체험이 없으면 선 수행은 가짜다. 목숨 걸고 뛰어들어 남전의 칼날에 잘려 보라!"

 ― 송

조주가 그 자리에 있으면
남전 대신 이 영을 행하네.
그가 남전의 칼을 빼앗으면
남전이라도 목숨을 구걸할 수밖에.

頌曰.
趙州若在,
倒行此令.
奪却刀子,
南泉乞命.

 ― 제창

무문이 말한다. 남전이 "한마디 못하면 고양이를 죽인다."며 칼을 들어올릴 때, 조주가 그 자리에 있다면, 남전을 대신해서 고양이뿐 아니라 일체의 분별을 자를 것이라고. 되살릴 힘을 가진 자만이 죽일 힘도 갖고 있다. 되살리는 것도 죽이는 것도, 빼앗는 것도 주는 것도 자유자재한 조주.

"만일 조주가 남전의 칼을 빼앗으면, 천하의 남전이라도 조주 앞에서는 살려달라 목숨을 구걸할 것이다." 조주의 선적 역량을 절대적으로 신뢰한 말이다. 이것을 조주의 역량이 남전보다 뛰어나다는 의미로 새기면 안 된다.

여기서 '남전의 칼'이란 살리고 죽이는 것이 자유자재한, '살인도(殺人刀)'인 동시에 '활인검(活人劍)'이다. 조주가 무심의 '살인도'를 빼어들면, 남전이 깨달음의 한마디를 던지든 던지지 않든 조주의 칼날은 온 천지를 잘라 흔적이 없고, 천하의 남전 뿐 아니라 석가, 달마라 해도 조주 앞에서는 목숨을 구걸해야 할 것이다.

제창이 끝난 뒤, 무문은 무언가를 찾는 듯 좌중을 둘러본다. 그러나 모두 자라 모가지처럼 목을 움츠리고 있을 뿐, 고개를 끄덕이는 자도 미소 짓는 자도 없다.

 ― 입실 1

방장 스님 앞에서 본칙 전문을 외우고 "남전이 끝내 고양이를 칼로 벤다." 공안에 대해,

김　: 일체를 끊어버려 털끝만큼의 흔적도 없습니다.
방장: 매우 중요한 부분이다.
　　　그런 대답으로는 통하지 않는다.

__ 입실 2

　방장 스님 앞에서 본칙 전문을 외우고 "조주가 곧바로 신을 벗어 머리에 이고 밖으로 나간다." 공안에 대해,

　김　: (방장 앞의 돗자리를 베개 삼아 누우며)
　　　　돗자리를 베개로 해도, 베개를 돗자리로 해도 상관없습니다.
　방장: 말하는 것과 실제가 일치하지 않는구먼.
　　　　진짜를 알지 못하고 있다는 증거다.
　　　　머리로 생각하는 것과 진짜는 그만큼 차이가 난다.
　　　　고양이, 신발, 이런 것은 임시로 붙인 이름이다.
　　　　진정 소생하여 새롭게 창조된 세계를 조주가 훌륭히 보이고 있는데,
　　　　이걸 모르면 이 공안을 모른다는 게야.
　　　　진정 크게 죽지(大死一番) 않았다는 증거다.

중심 인물

남전 보원(南泉普願, 748-834). 하남성 정주(鄭州) 신정(新鄭) 출신이다. 속성은 왕(王)씨로, 나중에 스스로 자신을 '왕노사(王老師)'라 불렀다. 30세에 비구계를 받고, 여러 강석을 다니면서 공부하다가 공관(空觀)의 깊은 뜻을 익혔다. 나중에 마조 도일(馬祖道一) 문하에서 교학을 단박에 잊고 유희삼매를 얻었다. 795년부터 안휘성 지주(池州, 池陽) 남전산(南泉山)에 주석하여 선의 가르침을 폈다. 이렇게 머물기를 30여 년, 그 동안 산을 내려오는 일은 없었다. 선성(宣城)의 염사(廉使)인 육긍(陸亘)이 화상의 도풍을 흠모하여 하산을 청하며 제자

의 예를 갖추었다. 그리하여 현묘한 진리를 크게 떨치니, 따르는 이가 수백에 이르렀다.

남전은 마조의 제자 중에서도, 백장 회해, 서당 지장과 함께 삼대사(三大士)로 불릴 정도로 유명하다. 그의 문하에서 조주 종심(趙州從諗), 장사 경잠(長沙景岑), 육긍(陸亘) 대부 등 뛰어난 제자들이 나왔다. 문인들에게 다음과 같은 게송을 남기고 입적했다.

성예등환역구의(星翳燈幻亦久矣)
물위오유거래야(勿謂吾有去來也)

별은 지고 등불은 환(幻)인지 이미 오래
말하지 말라. 나에게 가고 옴이 있다고.

제15칙

동산삼돈 (洞山三頓)

운문의 세 차례 방망이와 동산의 깨달음

 ― 본칙

동산이 운문을 참문(參問)한다. 운문이 묻는다.

운문: 최근 어디 있었느냐?

동산: 사도(查渡)에 있었습니다.

운문: 하안거는 어디서 했는가?

동산: 호남의 보자사(報慈寺)입니다.

운문: 언제 그곳을 떠났지?

동산: 8월 25일입니다.

운문: 너에게 세 차례나 방망이를 후려쳐야겠지만 참는다.

다음 날, 동산이 다시 운문을 찾아가 묻는다.

동산: 어제 화상께 세 차례나 맞을 것을 용서받았는데, 어디에 잘못이 있는지 모르겠습니다.

운문: 이 밥통아, 강서와 호남을 그런 식으로 헤매고 다녔느냐?

洞山三頓.
雲門因洞山參次,
門問曰, 近離甚處.
山云, 查渡.

門曰, 夏在甚處.
山云, 湖南報慈.

門曰, 幾時離彼.
山云, 八月二十五.
門曰, 放汝三頓棒.

山至明日却上問訊,
昨日蒙和尙放三頓棒,
不知過在甚麽處.

門曰, 飯袋子, 江西湖南,
便恁麽去.

山於此大悟.   이에 동산은 곧바로 깨닫는다.

 ― 제창

　동산 수초(洞山守初, 910-990)는 협서성 봉상鳳翔) 출신이다. 그는 선 수행을 위해 중국 서북의 한 구석 봉상에서 운문이 있는 중국 남동의 광동성 소주(韶州) 운문산까지 몇천 킬로나 되는 길을 걸어 광막한 중국 대륙을 횡단한다. 그것은 천신만고의 길, 구도심과 단호한 의지가 없으면 도저히 감내하기 힘든 여정이다. 이렇게 고난의 먼 길을 찾아온 구도자에게 운문은 너무나 평범한 질문을 한다.

　"최근 어디 있었느냐?" 이 물음은 선사들이 초대면의 인사로 곧잘 쓰는 말로, 이면에는 선적인 역량을 시험하는 저의가 깔려 있다. 다시 말해 '어디 있었느냐'는 실제 거주한 장소를 묻기도 하지만, 내적인 선적 경계를 묻는 것이다. 선에서는 스승이 제자를 받아들일 때 이런 선문답을 한다. 이때 스승의 한마디 한마디는 구두시험과도 같다.
　동산은 운문이 선적 경계를 묻는다고는 꿈에도 생각하지 못하다. 그래서 솔직하게 "사도(查渡)에 있었습니다."라고 대답한다. 사도는 호남성과 운문산의 중간에 있다. 그의 대답에는 선적인 통찰이라고는 없다. 물론 있는 그대로 솔직한 대답도 선의 깊은 경계를 나타내지만, 동산의 경우는 아직 거기까지는 이르지 못했다.
　운문은 경계를 찔러 보는 데 슬슬 발동이 걸리기 시작한다. 그는 다시 한 걸음 더 들어가 묻는다. "하안거는 어디서 했는가?" 동산은 "호남의 보자사에서 결제했습니다." 하고 무심코 대답한다. 여전히 눈치채지 못한 것이다.

운문이 다시 묻는다. "언제 그곳을 떠났지?" 이쯤 되면 눈치채고 뭐라고 한마디 던져야만 할 시점이다. 그런데도 동산은 변함없이 솔직하게 대답한다. "8월 25일입니다." 어떤 선심(禪心)의 번뜩임도 없다.

부르면 대답하는 이놈이 누구냐? 하나하나 그대로 드러나 있지 않느냐? 동안거 하안거를 몇 차례나 지냈으면 선이 무엇인지 충분히 알고도 남을 텐데, 이 어리석은 녀석아.

운문은 더 이상 참을 수 없어 선기(禪機)가 폭발한다. "이 얼간이 같은 놈. 너는 세 차례나 방망이를 맞아도 모자라지만, 몽둥이가 더러워질까 참는다(放汝三頓棒)!" 그는 천지가 진동할 정도로 고함을 지른다. 몇 번이나 있는 그대로가 진리라고 말해 주었는데 아직도 모르다니!

운문은 솔직히 대답하는 동산을 방망이로 때리려 한다. 왜 그랬을까? 뚫어야 할 공안이다. 운문은 천하에 유명한 선의 거장이다. 이유 없이 몽둥이를 들 리 없다. 그렇다면 동산의 대답 어디에 맞아야 할 이유가 있을까?

선 수행의 목적은 자기 자신을 밝히는 기사구명(己事究明)에 있다. 운문의 물음은 장소나 일자를 묻는 것이 아니다. 하나하나 자기의 선적 경지를 묻는 것이다. 그런데도 동산은 호남의 보자사니, 8월 25일이니 하는 엉뚱한 대답을 한다. 일체가 그대로 진리이고, 매일매일 불법(佛法) 가운데 생활하면서도 그것을 눈치채지 못하니, 안경을 끼고 안경을 찾는 격이다.

동산은 스승을 찾아 중국 대륙을 횡단하는 목숨 건 여행을 끝내고 지금 겨우 운문산에 도착했다. 그런데 느닷없이 호된 야단을 듣고 물러났으니 그 심정이 어떻겠는가? 동산은 그날 밤 뜬눈으로 지

■ '돈(頓)'은 방망이로 때리는 횟수의 단위이다. '일돈(一頓)'은 보통 '한 번'을 뜻하지만, '20방', '40방', '60방'을 뜻할 때도 있다.

■ '방여삼돈봉(放汝三頓棒)', 즉 "너에게 삼돈의 봉을 방(放)한다."에는 두 가지 해석이 있다. "세 차례나 방망이를 후려쳐야겠지만 면해 주다."와 "세 차례 방망이를 후려치다."이다. 뒤에 나오는 평어에서 무문이 "운문이 이때 몽둥이를 휘둘렀으면 운문종이 쇠미하지 않았을 텐데."라고 한 것과, 선 문헌에서 '방(放)'이 '타(打)'의 의미로 사용되는 예가 없다는 연구를 참조하여, 여기서는 "너에게 세 차례나 방망이를 후려쳐야겠지만 참겠다."로 번역한다.

새며 스승의 질책을 원망하고 의심했으리라.

왜 때리려 했을까? 아무리 생각해도 그럴 이유가 없다. 분하고 원통한 심정에 많은 생각이 오갔지만, 시간이 흐를수록 사념들은 종적을 감추고 "왜 그랬을까?" 이 일성(一聲)뿐이다. 동산이 겪은 이 하룻밤의 내적 고뇌가 얼마나 소중한가는 실제로 목숨 건 수행을 해보지 않은 사람은 상상하기 힘들다.

옛 선사는 운문의 뼈에 사무치는 질타를 평해서 이렇게 읊는다.

오봉루전문낙양(五鳳樓前問洛陽)
금편요지어가장(金鞭遙指御街長)

오봉루(五鳳樓) 앞에서 낙양이 어딘가 물으니
금 채찍으로 낙양의 긴 대로(大路)를 가리킨다.

낙양 한복판 오봉루에서 낙양이 어딘지 물으니, 금 채찍으로 눈앞의 대로를 가리키며 "이 사람아, 어디를 보고 있어, 저기야 저기!"라 한다. 불법 한가운데 있으면서 불법 속에 살고 있는 것을 모르는 어리석은 자들. 이들에 대한 운문의 질타는 바로 눈앞의 길을 가리키는 금 채찍과 같다. 일촉즉발의 상태에 있던 동산의 선적 안목에 일대 전환을 가져오는 기연(機緣)이 된다.

하룻밤 뜬눈으로 지샌 동산은 날이 밝기를 기다려 운문을 찾아가 묻는다. "어제 화상께 세 차례나 맞을 것을 용서받았는데, 어디에 잘못이 있는지 모르겠습니다." 천지를 뒤덮는 절규의 물음이었으리라.

운문은 역시 백전 노련한 거장이다. "이 밥통아(飯袋子), 진리를 구하는 놈이 그런 식으로 강서, 호남의 이 절 저 절 다니면서 세월

■ '밥통'의 원문 '반대자(飯袋子)'는 밥을 넣는 포

만 보내면 어떻게 하느냐?" 세 차례의 방망이보다 훨씬 더 심하다. 운문은 자존심을 있는 대로 짓밟는 욕을 퍼붓는다. "이 밥통아, 강서 호남을 그런 식으로 헤매고 다녔느냐?" 뚫어야 할 공안이다.

운문의 질타는 과연 헛된 것이 아니었다. 동산은 여느 승과는 달랐다. 천지가 진동하는 운문의 꾸짖는 고함소리를 듣자마자 그를 괴롭히던 망상 분별은 완전히 끊어지고 홀연히 '자기' 라는 허상이 종적을 감춘다. 다년간의 뼈를 깎는 수행, 그리고 밤새 이어진 절망의 심연, 이렇게 극한상태까지 내몰린 동산의 내적 참구심이 운문의 벽력같은 고함소리에 난관을 뚫는 결실을 맺는다.

홀연히 본래모습에 눈뜬 것이다. 물을 것도 대답할 것도 없는 것을. 묻는 나도 대답하는 운문도 없는 것을. 어제부터의 일문일답, 그대로가 진리 아닌가. 그렇게 찾아 헤맨 것이 바로 내 발아래, 내가 밟고 있는 바로 이것 아닌가. 이 깨달음이 동산에게만 한정된 이야기로 끝나서는 안 된다. 『무문관』은 또 한 사람의 동산을 기다린다.

기록에 의하면, 동산은 너무 기뻐 운문에게 보은의 말을 드린다. "지금부터는 인적이 드문 한적한 곳에서 쌀 한 톨 축적하지 않고 살면서, 시방의 중생들을 인도하겠습니다." 깨닫고 보면 나와 중생이 둘이 아니다. '한량없는 중생을 다 구제하겠다' 는 '중생무변서원도(衆生無邊誓願度)' 를 어찌 실천하지 않겠는가.

운문도 기뻐하며 "몸은 야자만 해도 이렇게도 큰 말을 하는구나(身如椰子大, 開得如許大口)." 하며 동산의 깨달음을 인가한다. "한 입에 우주를 머금고, 우주가 바로 너인데, 누가 그 큰 입을 방해하겠는가?" 라는 뜻이다. 스승과 제자가 하나가 되어 별천지에 사는 소식, 어찌 부럽지 않으리오.

대라는 뜻이다. 수행은 제대로 하지 않고 세월만 낭비하는 한심한 수행승을 빗대어 부르는 말이다.

■ '강서, 호남' 은 당시 선이 한창 번창하고 있던, 오늘날의 중국 남쪽 강서성과 호남성 지방을 가리킨다.

無門曰. 雲門當時, 便與本分草料, 使洞山別有生機一路, 家門不致寂寥. 一夜在是非海裏著倒, 直待天明再來, 又與他注破. 洞山直下悟去, 未是性燥.

且問諸人, 洞山三頓棒合喫不合喫. 若道合喫, 草木叢林皆合喫棒. 若道不合喫, 雲門又成誑語. 向者裏明得, 方與洞山出一口氣.

■ '본분초료(本分草料)'에서 '본분'은 '본래면목', '초료'는 소나 말을 키우는 꼴을 뜻한다. 따라서 '본분의 초료'란, 소를 키우는데 풀이 필요한 것처럼, 본래면목대로 사는데 필요한 '깨달음의 자양분'을 의미한다.
선에서는 방(棒)이나 할(喝)이 죄고의 본분초료가 될 수 있다. 여기서 "본분의 초료를 준다(與本分草料)."는 몽둥이(棒)로 때리는 것을 말한다.

■ 당말 오대 시대에 운문이 개창한 운문종은 송대(960-1279)에 접어들어 설두 중현(雪竇重顯, 980-1052), 불일 계숭

 — 평어

무문이 말한다. 운문이 그때 곧바로 방망이(本分草料)를 휘둘러서 동산을 살아있는 선지(禪旨)에 확실히 눈뜨게 했으면, 운문종은 쇠미하지 않았을 텐데. 하룻밤 시비분별의 심연에 떨어져 괴로워하던 동산이 날이 밝기를 기다려 다시 찾아가자, 운문은 다시 한 번 그가 관문을 뚫도록 돕는다(又與他注破). 동산은 그 자리에서 곧바로 대오하지만, 타고난 선적 역량의 소유자(性燥)는 아니다.

자, 너희에게 묻는다. "동산은 세 차례의 방망이를 맞아야 할까, 맞지 않아야 할까?" 맞아야 한다면 풀과 나무, 총림의 모든 사람들이 죄다 맞아야 한다. 맞지 않아야 한다면 운문은 거짓말을 한 것이다. 이 점을 분명히 알면, 동산과 똑같은 경지에 살리라.

 — 제창

무문은 먼저 운문에 대해 평한다. "동산이 처음 참문(參問)할 때, 곧바로 방망이(本分의 草料)를 휘둘러서 확실히 눈뜨게 해야 했다. 그랬으면 운문종도 지금처럼 쇠미하지 않을 텐데, 참으로 애석하구나."

이렇게 문맥상으로는 운문종의 법계(法系)가 쇠미한 이유를 운문의 가르침이 엄하지 못한 것으로 돌려 운문을 비난하는 듯이 보인다. 그러나 무문은 오히려 이런 비난조의 말을 통해 수행자들에게 경종을 울리는 동시에 운문의 엄한 가풍을 칭찬한다.

이어서 무문은 동산을 평한다. "하룻밤 시비분별의 심연에 떨어져 괴로워하던 동산이 날이 밝기를 기다려 다시 찾아간다." 무문은 고된 수행의 길을 걸어온 선의 거장이다. 역시 동산이 겪어야 했던

내적 격통을 놓치지 않는다. 무문은 "운문의 호된 질타를 받은 동산은 캄캄한 의문의 바다로 밀려 떨어져, 앞뒤 분간이 안 되는 암흑의 심연에서 하룻밤을 뜬눈으로 괴로워한다."며 자신의 일처럼 말한다.

"날이 밝기를 기다려 다시 운문을 찾아간다."는 문장에서 동산의 참구심이 극에 달해 있음을 본다. 이렇게 찾아온 동산을 운문은 다시 한 번 그가 관문을 뚫도록 돕는다(又與他注破). 그간의 수행이 뼈를 깎는 것이었기에, 하룻밤의 고뇌에 너무도 피가 말랐기에, "이 밥통아, 강서와 호남을 그런 식으로 헤매고 다녔느냐?"라는 청천벽력 같은 스승의 또 한 번의 질타가 그의 심중의 암흑을 단번에 깨부수었다. 생사의 관문을 뚫는 순간이 온 것이다.

이런 동산의 깨달음에 대해 무문은 비아냥거린다. "동산은 그 자리에서 곧바로 대오하지만, 운문의 두 번째 질타에 눈뜬 것으로 보면, 타고난 선적 역량의 소유자(性燥)는 아니다." 여기에는 다음과 같은 무문의 질타가 깔려 있다. "그렇게 예리하지도 못한 동산이 운문의 한마디에 깨닫지 않느냐. 너희들이라고 못할 게 뭐냐. 목숨 걸고 한 번 참구해 보라!"

이것은 제자들을 분발시켜 수행에 매진케 하려는 무문의 자비심의 표출이지만, 그 이면에는 스승의 질타 한마디에 곧바로 깨달은 동산의 선적 역량에 대한 한없는 칭찬이 깔려 있다.

무문이 이번에는 제자들에게 묻는다. "동산은 맞아야 할까? 맞지 않아야 할까?" 뚫어야 할 공안이다.

"맞아야 한다면 풀과 나무, 총림의 모든 사람들이 죄다 맞아야 한다." 운문을 처음 참문할 때 동산이 한 대답에는 잘못이 없다. 정직하게 있는 그대로 대답했는데도 맞아야 한다면, 온 천지 있는 그대로의 산천초목, 총림의 수행자들 모두가 다 두들겨 맞아야 한다.

(佛日契嵩, 1007-1073) 등 뛰어난 인재가 나와 번창하지만, 남송 시대(1127-1279)에 이르러 점차 쇠퇴한다. 이후 운문종과 상하를 다투던 임제종이 중국 천하를 석권한다.

■ "다시 한 번 그에게 주파(注破)를 준다(又與他注破)."에서 '주파(注破)'는 '주석(註釋)'을 말한다. 운문이 동산에게 방망이 질타 외에 "이 밥통아."라는 말로써 다시 한 번 완전하게 설했다는 뜻이다. 선에는 주석이나 해설이 없다. '주파(注破)를 준다'를 선적으로 표현하면, "그가 관문을 뚫도록 도왔다."가 된다.

■ '성조(性燥)'에 대한 번역은 다양하다. 여기서는 『벽암록』 제7칙 수시(垂示)의 평창에 나오는 '성조한(性燥漢 천성적으로 영리한 자)'을 참조하여 '타고난 선적 역량의 소유자'라 번역했다.

이것은 당치도 않은 일이다. 따라서 "동산은 맞아서는 안 된다."는 것이 무문의 뜻이다.

이어 무문은 "맞지 않아야 한다면 운문은 거짓말을 한 것이다."고 빠져나갈 퇴로를 차단해 버린다. 잘못이 하나도 없기 때문에 맞지 않아야 한다면, 세 차례나 방망이를 맞아야 한다고 말한 운문이 잘못이다. 그런데 운문은 결코 잘못하지 않았다. 따라서 동산은 맞지 않아야 한다고도 할 수 없다.

맞아야 한다고도, 맞지 않아야 한다고도 못하는, 진퇴양난에 빠뜨린 무문의 역량이 빛난다. 긍정도 부정도 모두 빼앗아 버린 것이다. "동산은 세 방망이를 맞아야 할까, 맞지 않아야 할까?" 이 공안을 뚫으면, 대오한 동산과 같은 경지에서 살 수 있다.

 — 송

頌曰.
獅子敎兒迷子訣,
擬前跳躑早翻身.
無端再敘當頭著,
前箭猶輕後箭深.

사자에게는 새끼를 교육하는 비결이 있어,
벼랑에서 뛰어내리는 순간 재빨리 몸을 뒤집네.
뜻밖에도 두 번째 말은 정통으로 명중,
첫째 화살은 가벼우나 둘째 화살은 깊네.

 — 제창

백수의 왕 사자에게는 그에 어울리는 엄격한 자식 교육방법이 있다. 사자는 새끼를 낳으면 3일 후에 높은 낭떠러지 아래로 밀어 떨어뜨린다. 용기 있는 놈은 곧 몸을 뒤집어 낭떠러지를 기어오른다.

어미 사자는 이렇게 기어올라 달려드는 놈만 교육시키고, 올라오지 못하는 놈은 거들떠보지도 않는다.

"사자에게는 새끼를 교육하는 비결이 있어, 벼랑에서 뛰어내리는 순간 재빨리 몸을 뒤집네." 무문은 어미 사자의 새끼 교육법을 들어 운문의 제자 지도 방법을 암시한다.

운문도 어미 사자의 자식교육법처럼, 세 방망이 질타로 동산을 천길 낭떠러지 아래로 밀어 떨어뜨린다. 그러나 동산은 그 자리에서 몸을 뒤집어 달려들 용기도, 힘도 없다. 방망이 질타는 효과를 보지 못한다.

이에 운문은 두 번째 화살을 쏜다. "이 밥통아, 강서와 호남을 그런 식으로 헤매고 다녔느냐?" 역시 동산이다. 이 말에 동산은 깨닫는다. 무문은 이때를 "뜻밖에도 두 번째 말은 정통으로 명중(當頭著), 첫째 화살은 가벼우나 둘째 화살은 깊네."라 읊는다. 운문의 살아 있는 선적 역량과 함께 동산의 깨달음을 칭찬한 것이다.

"이 밥통아, 강서와 호남을 그런 식으로 헤매고 다녔느냐?"라는 두 번째 맹공에, 동산은 몸을 뒤집는 힘을 얻어 난관을 깨부수고 대오한다. 두 번째 화살이 동산의 가슴팍에 깊게 박힘으로써 동산은 완전히 죽어 다시 새롭게 태어난 것이다. 동산이 이렇게 눈뜨기까지 제자를 생각하고 또 생각한 운문의 깊은 자비를 잊어서는 안 된다.

무문은 제창을 마치고, 날카로운 눈으로 좌중을 둘러보며 말한다. "네놈들처럼 세월만 허비하는 놈들에게는 절대로 낭떠러지에 떨어뜨리는 시험을 하지 않아!"

■ '당두착(當頭著)'은 바둑에서의 묘수를 말하는데, 여기서는 '정통으로(當頭) 명중하다(著)'는 뜻이다.

중심 인물

운문 문언(雲門文偃, 864-949)은 절강성 가흥(嘉興) 출신으로 당말에서 5대에 걸쳐 활약했다. 어려서 출가하여 주로 율장을 연구하지만, '자기의 일대사(己事)'를 알 수 없어 선에 입문했다. 처음에는 황벽의 제자 목주 도종(睦州道蹤)에게 참(參)했다.

목주는 황벽 문하의 수좌였을 당시 수행승 임제로 하여금 황벽에게 참문하도록 한 장본인이다. 목주 용흥사에 머물 적에 짚신을 만들어 남몰래 거리에 두어서 지나가는 사람들에게 공양한 이야기는 유명하다.

운문이 목주를 처음 찾아갔을 때 목주는 문을 닫아걸고 만나주지 않았다. 사흘째 찾아간 날, 목주는 대뜸 운문의 멱살을 움켜쥐고 "말해라, 말해."라고 했다. 운문이 대답하려는 참에 목주는 그를 대문 밖으로 밀치며 "이런 쓸모없는 놈!" 하고는 문을 쾅 닫아 버렸다. 운문은 한쪽 다리가 문에 끼어 크게 다쳤으나 깨달은 바가 있었다.

운문은 목주의 지시로 다시 설봉 의존(雪峰義存, 822-908)의 문하로 들어가 마침내 그 법을 이었다. 대오한 뒤에는 광동성 소주(韶州) 운문산 광봉원(光奉院, 光泰禪院)에 30년 가까이 주석하며 선을 드날렸다. 운문종의 시조로 추앙받는 그는 기봉(機鋒)이 높고 예리했다. 학인의 접화 방법도 종횡무진해서 신묘(神妙)를 다했고, 말은 사람들의 의표를 찔렀다. 그의 말은 천자의 소칙(召勅)과 같아서 한 번에 모든 분별을 떨쳐 대꾸할 여유를 주지 않기 때문에 '운문천자(雲門天子)'라고 불렸다.

운문종은 송대(960-1279)에 접어들어 걸출한 인재가 많이 나와 크게 발전했지만, 남송대(1127-1279)에 이르러 점차 쇠퇴하게 된다. 이후 운문종과 상하를 다투던 임제종, 그중에서도 양기파가 중국 천하를 석권하게 되었다. 운문종의 종풍을 평하여 '홍기섬삭(紅旗閃爍)'이라 한다. 하늘 높이 승리의 홍기(紅旗)가 펄럭이는 것처럼 높고 준엄해서 범접하기 어려운 풍격이 있다는 것이다.

운문은 문하에 60여 명의 뛰어난 제자를 배출했다. 여기 나오는 동산 수초도 그중 한 사람이다.

동산 수초(洞山守初, 910-990)는 호북성 양주(襄州)의 동산(洞山)에 오래 머물렀기 때문에 동산이라 부른다. 종종 조동종의 시조인 동산 양개(洞山良价, 807-869)와 혼동되기도 한다. 양개는 강서성 균주(筠州)의 동산(洞山)에 주석했으며, 본칙의 수초와는 시대, 장소가 다르다.

동산 수초는 협서성 서부의 봉상(鳳翔) 출신이다. 봉상은 장안, 낙양과 함께 당대부터 송대에 이르기까지 교학 불교가 왕성한 지역이었지만 동산은 이에 만족하지 않았다. 그는 선 수행을 위해 고향을 떠났다. 중국 서북의 한구석 봉상에서 남동의 광동성 운문산까지 몇천 킬로나 되는 길을 걸어 광막한 중국 대륙을 횡단한 것이다. 그것은 천신만고의 길이었고, 구도심과 단호한 의지가 없으면 도저히 감내하기 힘든 여정이었다. 목숨을 아끼지 않고 진리를 구하는 또 한 사람을 여기서 본다.

제16칙

종성칠조 (鐘聲七條)

운문의 「종소리가 나면 어째서 가사를 입는가」

鐘聲七條.
雲門曰, 世界恁麼廣闊,
因甚向鐘聲裏披七條.

■ '임마(恁麼)'는 '이와 같이(如是)'라는 뜻으로, 여기서는 '언제나 그러함을 알라'는 의미가 내포되어 있다.

■ '인심(因甚)'은 '어째서'라는 뜻이다.

■ '칠조(七條)'는 승이 입는 세 종류의 가사(五條·七條·九條~二五條) 가운데 하나이다.

 __ 본칙

운문이 말한다. "세계는 이처럼 광활하다. 그런데 어째서 종소리가 나면 가사를 입는가?"

 __ 제창

어느 날 운문이 법상에 올라 제창하려고 하자 마침 종소리가 들려온다. 운문은 곧바로 "세계는 이처럼(恁麼) 광활하다. 그런데 어째서(因甚) 종소리가 나면 가사(七條)를 입는가?"라는 물음을 던진다. "어째서 종소리가 나면 가사를 입는가?" 뚫어야 할 공안이다.

운문은 먼저 "세계는 이처럼 광활하다."고 자신의 선적 경계를 내보인다. 그가 보이고자 하는 바는 다음과 같다. "눈을 떠 보라.

천지가 내 눈 속에 들어오지 않느냐! 하늘에는 새가 날고 바다에는 물고기가 헤엄친다. 진정으로 '나'가 없을 때 '나' 아닌 것이 있더냐? 이 세계가 곧 '나'이고 '나'를 방해하는 것이라고는 없다. 세계는 이처럼 막힘 없이 확 트여 한없이 넓거늘, 너희도 눈을 떠 이 무심의 경지에 살라."

운문의 선기(禪機)는 참으로 예리하다. 이렇게 자신의 선적 경지를 제시한 뒤, "어째서 종소리가 나면 가사를 입는가?"하고 다그친다. 여기서 종소리는 소리, 가사는 형상을 대표하고, 나아가서는 일체의 모든 대상을 대표한다. 제자들로 하여금 소리, 형상을 포함한 모든 대상의 주체로 되살아나게 하려는 일념에서 물은 것이다.

이렇게 광활한, 걸림 없는 대자유의 세계에 살면서 어째서 스스로 한계를 만들어 외부세계의 소리나 형상에 구속되어 괴로워하는가? 이 속박을 끊고 본래의 자유를 되찾으라! 운문의 자비 넘치는 가르침에 귀를 기울여야 한다.

"어째서 종소리가 나면 가사를 입는가?" '어째서'는 가사를 입는 이유를 분석적으로 캐라는 말이 아니다. 오히려 그것을 뛰어넘어 분별 없는 세계로 인도하기 위한 말이다. '나'를 방하하고 진정으로 무심이 되라. 종소리가 나면 무심히 가사를 입고, 전화벨이 울리면 무심히 수화기를 든다. 부르면 대답하는 바로 거기에 무애자재한 무심의 묘용(妙用)이 있다.

'입중의(入衆衣)'라 불리는 데서 알 수 있듯이 법문을 들을 때나 포살 때처럼 대중이 모일 때 입는다.

■불교에서는 인식 대상을, 모양과 색깔(色)·소리(聲)·냄새(香)·맛(味)·감촉(觸)·생각의 내용(法)이라는 여섯으로 분류한다. 이 여섯을 통틀어 '육경(六境)'이라 하는데, 육경은 일체의 대상을 가리킨다.

 — 평어

무문이 말한다. 선 수행에서는 소리(聲)에 끌리고 형상(色)에 집착하는 것을 단호히 피해야 한다. 설령 소리를 들어 깨닫고, 형상

無門曰. 大凡參禪學道, 切忌隨聲逐色. 縱使聞聲悟道, 見色明心, 也是尋常. 殊不知衲僧家騎聲蓋色, 頭頭上明, 著著上妙. 然雖如是, 且道, 聲來耳畔, 耳往聲邊. 直饒響寂雙忘, 到此如何話會. 若將耳聽應難會, 眼處聞聲方始親.

■ '수부지(殊不知)'는 '그런 사람은 다음의 사실을 완전히 모른다'는 뜻이다.

을 보고 마음을 밝힌다 해도 이것은 특별한 일이 아니다. 이 정도에 만족하는 사람은, '납승(衲僧)이 소리의 주인이 되고 형상을 자유자재로 다룰 수 있어, 사물 하나하나에서 진리를 보고 일거수일투족이 무애자재함'을 모른다. 그렇지만, 말해 보라. 소리가 귀 쪽으로 오는가? 귀가 소리 쪽으로 가는가? 설사 음향(響)과 정적(寂)을 모두 초월했다 하더라도 그것을 어떻게 설명할까? 귀로 들으면 깨닫기 어렵다. 눈으로 소리를 들을 때 비로소 온몸으로 안다.

 ─ 제창

본칙이 간결한 반면, 평어는 간절하고 친절하다. "선 수행에서는 소리(聲)에 끌리고 형상(色)에 집착하는 것을 단호히 피해야 한다." 선 수행의 목적은 주(主)·객(客)을 함께 초월하여, 어느 것에도 걸리지 않는 진실한 자기(絶對主體)로 살게 하는 데 있다.

주·객이 분리되면 갈등과 부자유가 생긴다. 소리나 형상과 같은 바깥 세계(客)에 이끌려 생기는 혼잡과 갈등은 주객 분리의 대표적 예이다. '나'와 '나에 대한 욕'이 분리되면 '화'라는 부자유가 생긴다. '나'에 대한 집착 때문에 화가 일어난다. 선은 '나'와 '욕', 즉 주·객을 함께 초월해서 욕에 걸리지 않는 대자유인으로 살게 한다. 어떻게 하면 주객을 초월할 수 있을까? 행주좌와 세월을 잊고, 온몸으로 수행하라.

사홍서원(四弘誓願)의 '중생무변서원도(衆生無邊誓願度)'를 실천해야 할 입장에서 도리어 바깥 세계에 휘둘려 힘들어하고 괴로워해서야 되겠는가. 내가 중생 그 자체가 될 때, 다시 말해 주객을 초월할 때 자신의 이해관계나 집착 없이 '중생무변서원도'를 실천할 수 있다.

이어서 무문은 "설령 소리를 들어 깨닫고, 형상을 보고 마음을 밝힌다 해도 이것은 특별한 일이 아니다."라고 한다. 향엄(香嚴)처럼 기와 조각이 대나무에 부딪치는 소리를 듣고 깨닫거나, 영운(靈雲)처럼 복사꽃을 보고 진실한 자기에 눈뜨는 일도 있다.

그러나 깨닫기 전에도 대나무는 헤아릴 수 없이 부딪치는 소리를 내었고, 복사꽃은 매년 피었다. 대나무 소리와 복사꽃이 깨달음으로 이끈 것이 아니라, 익을 대로 익은 깨달음의 종자가 대나무 소리와 복사꽃을 인연으로 꽃을 피운 것이다. 따라서 무문의 말대로 소리를 들어 깨닫고, 형상을 보고 마음을 밝힌다 하더라도 이것은 특별한 일이 아니다.

더구나 이 정도에 만족하는 사람은, '납승(衲僧)이 소리의 주인이 되고 형상을 자유자재로 다룰 수 있어, 사물 하나하나(頭頭)에서 진리를 보고, 일거수일투족(著著)이 무애자재 하다는 것'을 모른다고 한다.

■ '두두(頭頭)'는 '하나하나의 사물'을 뜻한다.

■ '착착(著著)'은 '일거일동의 모든 행동'을 말한다.

참다운 선 수행자는 소리가 들리면 소리의 주인이 되고, 형상이 나타나면 형상의 주인이 된다. 천하의 소리와 형상은 나의 소리, 나의 형상이므로, 어떤 대상에도 집착하지 않고 자유자재하다.

그러므로 일체의 만물 하나하나가 그대로 진리이고, 일거수일투족이 그대로 무심의 묘용(妙用)이다. 이것이 참다운 선 수행자의 대자유이며, 창조적인 삶이다. 그래서 무문은 단호히 말한다. 소리와 형상으로 깨닫는 정도에 만족하는 자는 이런 참다운 수행자의 깨달은 경지를 알 리가 없다.

무문은 이번에는 "그렇지만, 말해 보라. 소리가 귀 쪽으로 오는가? 귀가 소리 쪽으로 가는가?"하고 다그친다. 참다운 선 수행자는 소리의 주인이 되기 때문에 어떤 소리에도 구속되지 않고 자유자재하다. 이것은 귀(주관)와 소리(객관)를 둘 다 초월해, 더 이상 귀와 소리가 분리되지 않는다는 말이다. 그런데 어찌 소리가 귀 쪽으로 오거나, 귀가 소리 쪽으로 가겠는가?

"설사 음향(響)과 정적(寂)을 모두 초월했다 하더라도 그것을 어떻게 설명할까?" 음향(響)은 소리 곧 외부의 대상, 정적(寂)은 귀 곧 마음을 가리킨다. 마음과 대상은 원래 둘이 아니라 하나이다. 소리(響)인 객관세계와 소리를 듣는 마음(寂)인 주관을 함께 초월할 때, 다시 말해 주관과 객관이 하나 된 세계에는 종이 울리거나 울리지 않는다는 것이 없다. 오직 "뎅-, 뎅-"뿐이다. 무엇으로도 쪼개거나 덧붙일 수 없는 부증불감(不增不減)의 "뎅-, 뎅-"이다.

모든 분별이 끊어진 진리의 세계, 그것은 말로는 도저히 설명할 방법이 없다. 그런데도 무문은 "그것을 어떻게 설명할까?"하고 다그친다. 이것은 오직 "뎅-", 이 일성(一聲)의 진실을 참구하여 '일성' 그 자체가 되라는 것이다.

무문은 마지막으로, 동산 양개가 '무정설법(無情說法)'의 공안을 깨친 뒤에 지은 게송을 이용하여 참구의 비결을 제시한다. "귀로 들으면 깨닫기 어렵다. 눈으로 소리를 들을 때 비로소 온몸으로 안다." 귀가 아니라 눈으로 소리를 들어라. 이것이 주관과 객관을 함께 초월하여 대자유로 가는 비결이다.

지금까지의 귀와 눈을 방하(放下)하고 듣고 보라. 진짜로 들을 때, 전신(全身)이 그대로 귀이고, 진짜로 볼 때 온몸이 그대로 눈이다. 눈으로 듣고 발로 듣는다고 해서 무슨 불가사의함이 있는가? 명심할 것은, 이것을 실천적 수행을 떠나 사상이나 개념으로 운운하면 이미 선이 아니라는 것이다.

 — 송

깨달으면 만물은 하나,
깨닫지 않으면 천차만별.
깨닫지 않으면 만물은 하나,
깨달으면 천차만별.

頌曰.
會則事同一家,
不會萬別千差.
不會事同一家,
會則萬別千差.

 — 제창

송의 전반과 후반은 서로 반대다. 전반 두 구절, "깨달으면 만물은 하나, 깨닫지 않으면 천차만별."은 범부 입장에서 하는 말이다. 범부에게는 미혹(迷)과 깨달음(悟)이 서로 다른 별개의 세계이다.

"깨달으면 만물은 하나." 범부에게는 주·객이 분리되어 있기 때문에 만물은 결코 하나일 수 없다. 그러나 그가 깨달아 '나'가 없으면 천지는 '나' 아닌 것이 없다. 걸림 없는 세계는 얼마나 광활한가! 객관세계의 주인이 되어 눈으로 소리를 듣는 무심의 묘용으로 살아갈 때, 만물은 한 집안이고(事同一家), 너와 나는 하나(自他一如)인 평등 세계에 산다.

그러나 "깨닫지 않으면 천차만별." 깨닫지 못한 눈으로 보면 세상은 천차만별로 대립한다. 너와 나, 부(富)와 빈(貧) 등등의 갖가지 대립에 괴로워하고 욕망으로 뒤얽힌 차별 세계에 산다. 만물은 하나라는 깨달음의 경지에 도달하지 못했기 때문이다.

"깨닫지 않으면 만물은 하나, 깨달으면 천차만별." 미오(迷悟)의 흔적이 없는 대자유인의 차원이다.

"깨닫지 않으면 만물은 하나." 진리 세계는 깨닫고 말고에 따라

변하는 세계가 아니다. 더럽다, 깨끗하다, 그리고 범부다, 부처다 하는 분별은 원래부터 없다. '사동일가(事同一家)', 즉 '만물은 하나'임을 깨닫지 못했더라도 만물은 본래 평등해서 하나이다. 언제라도 눈을 뜨면 천지는 내 눈 안에 들어오지 않는가. 연못에 빠지려는 어린애를 팔짱끼고 수수방관할 자는 아무도 없지 않은가. 이처럼 깨닫고 말고에 상관 없이 천지와 나, 어린애와 나는 하나이듯이 만물은 본래 하나이다.

"깨달으면 천차만별." 깨달아도 하늘은 하늘이고, 땅은 땅이다. 하나(一如)의 세계는 원만히 융화하기 때문에 각각 개성을 가지면서도 부딪치지 않는다. 천차만별 그대로 무애자재하다. 천차만별의 세계를 보고 듣지만 볼 때는 보는 그 자체가 되고, 들을 때는 듣는 그 자체가 되어 객관세계에 휘둘릴 틈이 없다.

무문은 이 송을 통해 선 수행자는 모름지기 깨달음(悟)과 미혹(迷)이라는 두 테두리를 깨고 나와, 지금 당장 있는 그대로의 세계에 눈을 떠야 한다고 역설한다. 일체의 알음알이를 떠나 "어째서 종소리가 나면 가사를 입는가?" 이 공안에 정면으로 뛰어들어라. 이 공안이 뚫리면 있는 그대로의 진실 세계에서 자유롭게 산다. 이것이 무문이 말하는 바이다.

제17칙

국사삼환 (國師三喚)

혜충국사가 세 번 부르고 시자가 세 번 대답하다

 __ 본칙

국사가 시자를 세 번 부른다. 시자도 세 번 대답한다. 국사가 말한다. "내가 너에게 잘못했다(辜負) 생각했는데, 실은 네가 나에게 잘못한 것이다."

國師三喚.
國師三喚侍者, 侍者三應. 國師云, 將謂吾辜負汝, 元來却是汝辜負吾.

■ '장위(將謂) A 원래(元來) B'는 'A라고만 생각하고 있었더니 실은 B였다'는 뜻이다.

 __ 제창

본칙에 나오는 국사는 6조 혜능의 법을 이은 남양 혜충(南陽慧忠, ?-775)이고, 시자는 혜충의 법을 이은 탐원 응진(耽源應眞, ?-?)이다. 응진이 혜충의 시자로 있을 적의 일이다.

어느 날 혜충이 "시자야!" 하고 부른다. 시자는 곧바로 "예." 하고 대답한다. 국사가 다시 "시자야!"하고 부른다. 시자는 곧바로 "예."하고 대답한다. 국사가 세 번째로 "시자야!"하고 부른다. 시자는 곧바로 "예."하고 대답한다. 부르면 대답하는 메아리.

"국사가 어째서 세 번이나 시자를 부를까?" 뚫어야 할 공안이다. 한 번 불러 대답하면 그만이지 무엇 때문에 세 번이나 부를까? 옛사람은 국사가 세 번 부른 것에 대해 아래 송으로 평한다.

빈호소옥원무사(頻呼小玉元無事)
지요단랑인득성(只要檀郞認得聲)

"소옥아, 소옥아." 부르지만 애당초 소옥에는 뜻이 없네.
다만 연인에게 제 목소리를 알리고 싶을 뿐.

젊은 부인이 시녀의 이름을 몇 번이나 크게 부르지만, 실은 시녀에게 용무가 있는 게 아니다. 가까이 와 있는 연인에게 자기 목소리를 눈치채게 하여, 근처에 있음을 알리고 싶은 일심(一心)에서 부른 것이다.

국사가 세 번 부른 것도 마찬가지이다. 용건이 있으면 한 번 불러 대답한 것으로 족하다. 세 번이나 부른 뜻이 어디에 있는가? "시자야, 시자야, 시자야." 시자를 부르는 국사가 되어보지 않으면 알 도리가 없다.

그런데 시자는 이미 스승의 마음을 알아차리고, 주저 없이 "예."하고 세 번 다 무심히 응한다(三應).

부르는 쪽도 무심(無心), 답하는 쪽도 무심, 무심이 무심에 응하는 메아리. 여기에 일념의 분별이라도 끼어들면 부르는 국사도, 대답하는 시자도 둘 다 지옥행이다. 손에 꽃을 들면 자신이 꽃이고, 산

■시자가 세 번 다 무심히 응한 것을 '삼응(三應)'이라 한다. 시자가 머무는 거처인 시자료(侍者寮)를 '삼응료(三應寮)'라 부르는 연유가 여기 있다.

을 보면 자신이 산이다. 일거 일동 그 자체(一如)가 된 무심의 묘경(妙境)이다.

그런데 국사는, 세 번 부르고 세 번 대답한 것(三喚三應)에 대해 스스로 평을 붙인다. "내가 너에게 잘못했다(辜負) 생각했는데, 실은 네가 나에게 잘못한 것이다." 뚫어야 할 공안이다.

용무도 없이 불쑥 너를 불러 내가 너에게 잘못했다고 생각했는데, "예."하고 대답한 너도 역시 나에게 잘못한 것이다. 내가 바보라면 너도 바보, 바보끼리는 서로 통해, 이런 뜻이다. 이것은 스승과 제자가 하나가 되었음을 증명하는 일구(一句)이다.

국사가 시자를 부른 것이 어째서 잘못일까? 또 시자가 대답한 것이 어째서 잘못한 것일까? 진리는 원래 이름도 형상도 없다. 따라서 뭐라고 불러도 잘못이다. 그런데도 국사가 "시자야!"하고 불렀으니 잘못(辜負)이고, 시자 또한 허명(虛名)에 대답했으니 잘못(辜負)이다. 이름 붙일 수 없는 무일물(無一物)에 흔적을 남겼기 때문이다.

그러나 부르고 대답하는 것에 어떤 분별도 일으키지 않으면 잘못(辜負)이면서 잘못이 아니다. 진흙 밭에 피었으되 진흙이 전혀 묻지 않는 연꽃과 같다. 무심히 부르고 무심히 대답하는 메아리, 거기에 무슨 잘못이 있는가? 옛사람은 이 경지를 아래 게송으로 표현한다.

■ '고부(辜負)'는 고부(孤負)라고도 하며 '기대를 저버리다', '배반하다', '등지다'는 의미이다.

경분금전촉(鏡分金殿燭)
산답월루종(山答月樓鐘)

거울은 황금 어전의 촛불을 비추고
산은 달빛 누각의 종(鐘)에 답한다.

황금 어전의 촛불이 거울에 비친다. 어느 것이 진짜 촛불이고 어느 것이 비춰진 것인지 알 수가 없다. 조용한 밤하늘 달빛 누각에서 울리는 종소리가 메아리 되어 돌아오니, 누각의 종소리가 진짜인지 메아리 치는 종소리가 진짜인지 분간하기 어렵다. 참으로 무심(無心)이 무심에 응하는 일여(一如)의 묘용(妙用)이다. 심안을 가진 자는 "시자야!" "예.", 이 호응에서 이름 붙일 수 없는 무일물(無一物)의 소식을 들을 것이다.

 ― 평어

無門曰. 國師三喚, 舌頭墮地. 侍者三應, 和光吐出. 國師年老心孤, 按牛頭喫草. 侍者未肯承當. 美食不中飽人湌. 且道, 那裏是他辜負處. 國淸才子貴, 家富小兒嬌.

무문이 말한다. 국사는 세 번이나 불러 혀가 땅에 떨어질 지경이다. 시자는 세 번 다 대답함으로써 상대에 동화되어(和光) 무심코 속내를 보여준다. 국사는 연로하여 마음이 외로운지, 소 대가리를 눌러 억지로 풀을 먹게 한다. 시자는 응하지 않는다. 맛있는 음식도 배부른 사람에게는 소용없는 법. 자, 말해 보라. 어디가 시자가 잘못한(辜負) 곳인가? 나라가 태평하면 재주 있는 사람이 세를 떨치고, 집안이 부유하면 아이들 버릇이 없다.

 ― 제창

"국사는 세 번이나 불러 혀가 땅에 떨어질 지경이다." 무문은 먼저, 국사가 세 번 부른 것을 평해서 "한 번만 불러도 충분할 것을 세 번이나 불렀으니 얼마나 친절하냐. 혀도 녹아 땅에 떨어질 지경이다."라고 한다. 비아냥거리는 표현 속에는 국사의 제자에 대한 지극한 사랑을 찬탄하는 마음이 담겨 있다.

무문은 시자가 세 번 다 대답한 것에 대해 "상대에 동화되어(和光) 무심코 속내를 보여주고 만다."고 평한다. 스승이 부르면 몇 번이라도 대답하는 제자. 무문은 스승의 부름에 무심히 응하여 스승과 하나된 제자의 때 묻지 않은 경지를 칭찬한다.

"국사는 연로하여 마음이 외로운지, 소 대가리를 눌러 억지로 풀을 먹게 한다." 국사는 나이가 들어 마음이 허전한 모양이다. 시자를 빨리 키우고 싶은 생각에, 배가 잔뜩 부른 소 대가리를 억지로 처박아 풀을 먹게 하듯 무리하게 시자를 눈뜨게 하려 한다.

그런데 "시자는 응하지 않는다. 맛있는 음식도 배부른 사람에게는 소용없는 법." 국사는 노파심으로 시자에게 억지로 먹이려 하지만, 시자는 배가 잔뜩 불러 아무것도 필요 없다. 이미 자기에게 충분해서 바깥에서 구할 필요가 없는 경지다. 그는 수행이 많이 된 훌륭한 선승으로, 국사의 속마음을 이미 알고 있다. 국사의 제자에 대한 한없는 사랑과 시자의 나무랄 데 없는 태도를 알 수 있다.

무문은 말을 바꾸어 문하의 승들에게 묻는다. "자, 말해 보라. 국사는 시자가 잘못했다고 하는데, 도대체 어디가 시자가 잘못한 곳인가?" 무문은 이 공안의 급소를 제시하여 제자들의 참구를 독려한다.

그리고는 '국청재자귀, 가부소아교(國淸才子貴, 家富小兒嬌)', 나라가 태평하면 재주 있는 사람이 세를 떨치고, 집안이 부유하면 아이들 버릇이 없다는 명언을 인용한다. 『명심보감』에 실려 있는 태공망(太公望)의 말이다.

나라가 화평할 때에는 재주 있는 사람이 높은 지위에 올라 도도하게 군다. 웬만한 관직은 거들떠보지도 않는다. 부잣집 아이들은 어지간한 물건에는 눈도 주지 않는다. 이미 경지에 올라 부족한 것이 없는 시자에게 억지로 풀을 먹이려 한들 먹을 리가 없다. 수행 끝에

■ '상대에 동화되다'의 '화광(和光)'은 『노자』 제56장에 나오는 '화광동진(和光同塵)'에서 따온 말이다. '화광동진'은 빛을 감추고 티끌 속에 섞여 있다는 뜻으로, 자기의 뛰어난 지덕(智德)을 나타내지 않고 세속을 따름을 이르는 말이다.

깨닫고자 하는 마음조차 없어진 사람만큼 자유로운 자는 없다.

각자 돌아 보라. 무엇이 부족하여 안절부절 마음을 빼앗기고 있는가? 깨달음도 거들떠보지 않는 본래면목에 눈을 떠라. 태공망의 말을 인용하는 무문의 애타는 마음을 알겠는가!

 — 송

頌曰.
鐵枷無孔要人擔,
累及兒孫不等閑.
欲得撑門并拄戶,
更須赤脚上刀山.

구멍 없는 철칼을 목에 써야 하니,
그 화는 자손까지 미쳐 떨칠 수가 없네.
선종의 문호(門戶)를 유지하려면,
또다시 맨발로 칼의 산을 올라야 하네.

 — 제창

옛날에는 중죄인에게 널빤지로 만든 칼을 목에 씌웠다. 그런데 여기서 말하는 것은 '구멍 없는 철칼'이다. 철로 만든 데다 목이 들어갈 구멍도 없다. 모든 분별을 떠난 일물(一物)을 말하는데, 한 번 쓰면 영원히 벗을 수 없다는 뜻도 있다. '구멍 없는 철칼', 이것은 불조(佛祖) 전래의 선의 묘지(妙旨)이고, 동시에 「국사삼환(國師三喚)」을 포함한 모든 공안을 가리킨다.

"구멍 없는 철칼을 어떻게 해서라도 목에 써야 한다." 앞뒤 캄캄한 공안을 붙잡고 어떻게 해서든 뚫으려고 애쓴다. 제대로 뚫기만 하면 진리대로 살 수 있다. 한 번 쓰면 벗을 수 없는 구멍 없는 철칼을 써라.

이 철칼은 하늘을 뒤덮고 땅을 뒤덮는 것이어서 그 "재앙은 자자손손까지 미치니, 자손들도 그 재앙을 떨칠 수가 없다." 철칼을 쓴 달마를 찾아간 혜가는 마침내 눈 속에서 한쪽 팔을 스스로 끊는다(雪中斷臂). 달마의 철칼, 혜충의 철칼은 법의 등불을 잇는 제자들도 떨칠 수 없다. 공안에서 손 뗄 수가 없다. 세속의 재미에 빠져들어 흐리멍덩하게 살 수가 없다.

무문은 이 두 구절을 통해 선의 진리를 체득하는 것이 얼마나 힘들고 중요한가를 강조하고, 선의 묘지에 눈뜨지 못하면 종문(宗門)을 유지하기 힘들다고 제자들을 경책한다.

그리고는 다시 말한다. "지금이야말로 기울어지는 우리 선종의 문호(門戶)를 흥륭시킬 때다. 구멍 없는 철칼을 쓰는 정도로는 어림없다. 다시 예리한 칼의 산을 맨발로 오르는 기백으로 분연히 털고 일어나지 않으면 안 된다." 무문은 피륙이 상접해도 눈이 살아 번뜩이는 수행자를 보고 싶다고 제자들을 독려한다. 선의 쇠퇴가 현저한 남송 말기, 이지러져 가는 선종의 문호를 어떻게 해서라도 흥륭시키려는 무문의 안타까운 심정이 그대로 묻어난다.

 __ 입실

방장 스님 앞에서 본칙 전문을 외우고 "국사가 어째서 시자를 세 번이나 부를까?" 공안에 대해,

김 : 제자의 안목을 가늠하기 위해서입니다.
방장: 당치 않다.
　　　용건이 있으면 한 번으로 족하다.

그런데 세 번이나 부르고 세 번이나 대답한다.
어째서인가?

중심 인물

남양 혜충(南陽慧忠, ?-775)은 절강성 월주(越州) 제기(諸暨) 사람이다. 그는 6조 혜능의 법을 이었다. 혜능 입적 후 각지를 역방(歷訪)하다가 하남성의 오지 남양(南陽) 백애산(白崖山) 당자곡(黨子谷)으로 들어갔다. 그곳에서 성태장양(聖胎長養)하며 머물기 40여 년, 도행이 천하에 알려져 당나라 숙종과 대종이 그를 국사(國師)로 모셨다.

중국에서 '국사'라 하면 이 혜충 국사를 가리킬 정도로 이름이 높다. 그는 신회(神會)와 마찬가지로 중국 북방에 선을 펼치는 데 공적이 컸다. 그의 선의 특색은 경율론을 근거로 삼은 점이며, 무정설법(無情說法)을 처음으로 주장한 것으로 유명하다.

탐원 응진(耽源應眞, ?-?)은 강서성 길주(吉州) 탐원산에 주석했으며 상세한 전기는 전하지 않는다. 『벽암록』 제18칙 「충국사 무봉탑」에서 그는 스승 혜충이 말한 무봉탑(無縫塔)의 깊은 뜻을 국사 입적 뒤 게송으로 나타내 보인다.

제18칙

동산삼근 (洞山三斤)

동산의 「마삼근」

 __ 본칙

한 승이 동산 화상에게 묻는다. "어떤 것이 부처입니까?" 동산이 말한다. "마삼근."

洞山三斤.
洞山和尚, 因僧問, 如何是佛. 山云, 麻三斤.

 __ 제창

여기에 나오는 동산은 운문의 법을 이은 동산 수초(洞山守初, 910-990)이다.

한 승이 동산에게 묻는다. "어떤 것이 부처입니까?" 누구나 갖는 질문이다. 『무문관』에서만 같은 질문이 본칙 외에 제21, 30, 33칙 도합 네 번이나 나올 정도다.

"어떤 것이 부처입니까?" '부처'에 대한 교리적 설명이 아니라

■ '마삼근'의 '삼근'은 무게가 세 근이란 뜻이다.

선 체험에 입각한 살아 있는 '부처'를 묻는 질문이다. 동산은 그 자리에서 "마삼근."이라 대답한다.

얼마나 멋진 대답인가! "불신(佛身)은 우주에 충만하여 일체중생 앞에 두루 나타난다."거나 "사물 하나하나 부처 아닌 것이 없다."라는 개념적 설명과는 차원이 다르지 않은가.

"어떤 것이 부처입니까?", "마삼근." 뚫어야 할 공안이다. 어떻게 참구해야 할까? 암흑의 심연에 빠져 '마삼근'을 끌어안고 몸부림쳐라. 모든 분별을 방하(放下)하고 무심·무아가 될 때까지 "마삼근."에 푹 빠져라.

"마삼근." 이 무심의 일성(一聲)이 하늘을 뒤덮고 땅을 뒤덮으면, "마삼근."에 일체를 초월한다. 시간도 공간도 초월하고, 생(生)도 사(死)도 초월하고. "마삼근.", 얼마나 광대하고 무변한가. 부처도 조사도 도저히 손댈 수 없는 철 쐐기이다. 자, 어떤가? 살아 있는 '마삼근'을 보여라.

"어떤 것이 부처입니까?" 이 물음과 이에 대한 답변은 선서(禪書)에 수없이 많이 나온다. 그런데 이 물음에 대해 선사들은 각각 다른 말과 행동으로 답한다. 그것은 그때 그 장소에서 자연스럽게 나온 깊은 체험의 표출이다. 그러므로 서로 다른 것은 당연하다.

중요한 것은 그들의 선 체험과 동일한 체험을 하려는 자각이 없으면 공안으로서의 생명을 잃는다는 것이다. '마삼근'도 동산의 선 체험에서 나온 것이다. 그런데 "마삼근."이라 대답한 동산의 선심(禪心)은 무시하고, "마삼근은 오직 마삼근일 뿐, 일념의 분별심을 섞지 않고 마삼근이라 받아들이는 것이 부처."라고 머리로 이해하여 '마삼근'을 안다고 하면 큰 오산이다.

어느 선사는 이 공안에 대해 이렇게 말한다. "산봉우리의 빛깔도 계곡의 물소리도 모두 석가모니의 모습과 음성이다. 그래서 '마삼근'도 부처라고 말하는 자가 있다. 이 무슨 잠꼬대 같은 소리인가!" 이 꾸짖음에 귀 기울여라. '마삼근' 그 자체에 의미가 있는 것이 아니다. '마삼근'이라 대답한 동산의 선심(禪心)에 눈을 돌리지 않으면, 결코 이 공안을 뚫을 수 없다. '마삼근'이란 말에서 동산의 면목을 보려 하지 마라. 동산의 면목은 '마삼근'이라는 언구(言句)를 초월한 저쪽에 있다.

 ― 평어

무문이 말한다. 동산 노장은 조개선(蚌蛤禪) 정도는 터득했는지, 입을 조금 여는가 했더니 내장까지 완전히 드러내 보인다. 그건 그렇지만, 말해 보라. 어디서 동산을 보겠는가?

無門曰. 洞山老人參得些蚌蛤禪, 纔開兩片, 露出肝腸. 然雖如是, 且道, 向甚處見洞山.

■ '방합(蚌蛤)'은 조개를 뜻한다.

 ― 제창

"동산 노장은 조개선(蚌蛤禪) 정도는 터득했는지, 입을 조금 여는가 했더니 내장까지 완전히 드러내 보인다." 동산이 '마삼근'이라 대답한 것에 대한 평이다. 조개는 입을 조금만 열어도 창자까지 다 보인다. 동산도 '마삼근' 한마디에 속내를 온통 다 드러내 보인다. 서투르기 짝이 없다. 무문은 여느 때처럼 비꼬듯 평한다. 하지만 이면에서는 '마삼근' 한마디에 우주의 진리를 온통 다 보여준 동산의 위대함을 극찬한다.

그는 다시 강한 어세로 묻는다. "그건 그렇지만, 말해 보라. 어디서 동산을 보겠는가?" 그는 지금 당장 동산을 보라고 제자들을 다그친다. 역시 체험이 깊은 무문다운 호령이다. 자, 어디서 동산을 보겠는가?

 ─ 송

頌曰.
突出麻三斤,
言親意更親.
來說是非者,
便是是非人.

툭 튀어나온 '마삼근',
말도 '마삼근' 그대로(親), 마음은 더욱 '마삼근' 그대로(親).
옳다, 그르다 말 많은 사람,
그가 바로 머리 굴리는 사람(是非人).

 ─ 제창

"툭 튀어나온 '마삼근'." 온 천지, 지금 바로 이 자리에 '마삼근' 뿐이다. 도저히 손쓸 틈이 없다. 평어에서 "어디서 동산을 보겠는가?"라 했다. 동산을 보는 자라면, "툭 튀어나온 '마삼근'."에 일체를 꿰뚫는다.

■ '친(親)'은 '직접 피부에 닿을 정도로 가깝다'는 뜻으로, 하나가 된다는 의미이다. 그래서 '친(親)'을 "마삼근 그대로."라 번역했다.

"말도 '마삼근' 그대로(親), 마음은 더욱 '마삼근' 그대로(親)." "마삼근."이라 대답할 때, 동산은 그 말과 하나가 되고, 마음은 '마삼근' 외에는 아무것도 없다는 것을 나타낸다. 만신이 '마삼근' 그 자체가 되어 자기가 없다는 것이다. 철저히 '마삼근'이다.

"옳다, 그르다 말 많은 사람, 그가 바로 머리 굴리는 사람(是非人)." 시비하는 자는 언제나 옳니 그르니, 손해니 이익이니 말이 많지만, '마삼근'은 아무런 영향을 받지 않는다. '마삼근' 그 자체에는 시비가 없다. 사람이 시비를 걸어서 다툴 뿐이다.

__ 입실

   방장 스님 앞에서 본칙 전문을 외우고 "어떤 것이 부처입니까?"
"마삼근." 공안에 대해,

   김   : (큰 소리로) 마삼근 -!
   방장: 그 정도라면 '마삼근'을 완전히 알았다고 할 수 없지.
         무엇이 부처인가?
   김   : 마를 보면 마 그 자체가 되고, 미가 그대로 부처입니다.
   방장: 아직 알아차리지 못하군.
         너의 대답은 부처를 보인 것이라 할 수 없다.
         진짜 '마삼근'을 알면 진짜 부처도 안다.

제19칙

평상시도 (平常是道)

남전의 「평상심이 도」

 __ 본칙

平常是道.
南泉, 因趙州問,
如何是道.
泉云, 平常心是道.

州云, 還可趣向否.
泉云, 擬向卽乖.

州云, 不擬爭知是道.
泉云, 道不屬知, 不屬不知. 知是妄覺, 不知是無記.

若眞達不擬之道, 猶如太虛廓然洞豁. 豈可强是非也.

州於言下頓悟.

조주가 남전(南泉)에게 묻는다.
조주: 어떤 것이 도(道)입니까?
남전: 평상심(平常心)이 도다.
조주: 그것에 도달하도록 수행하면 됩니까?
남전: 도달하려 하면 곧바로 도에서 멀어진다.
조주: 아무것도 하지 않는데 어떻게 평상심이 도라는 것을 알 수 있습니까?
남전: 도는 안다(知), 알지 못한다(不知)를 떠나 있다. 도에 대해 알고 있는 모든 것은 망각(妄覺)이고, 도를 알지 못한다는 것은 무기(無記)이다. 진정 일체의 얻고자 함에서 벗어난 도(道)에 이르면, 그것은 허공이 활짝 틔어 끝이 없는 것과 같다. 어찌 이렇다 저렇다 분별하겠는가?

이 말이 끝나자마자 조주는 단박에 깨닫는다.

 ― 제창

본칙은 제14칙 「남전참묘(南泉斬猫)」와 마찬가지로 스승인 남전과 제자인 조주와의 문답이다. 청년 구도승 조주가 남전 문하에서 수행하면서 선적 심안을 열게 된 인연 깊은 공안이다.

"어떤 것이 도(道)입니까?"라는 조주의 물음에, 남전은 "평상심이 도."라고 한다. "평상시의 마음 그대로가 불도, 곧 진리."라고 대답한다. 뚫어야 할 공안이다. "평상시의 마음 그대로가 도."라면, '도'를 알기 위해 새삼스레 성인이나 철인의 가르침을 찾을 필요가 있을까?

남전이 "평상심이 도다.", "평상시의 마음 그대로가 불도, 곧 진리다."라고 대답한 저의는 무엇일까? '도는 가까이 있는데, 도리어 멀리서 구한다.'는 말이 있다. 진리는 어디에나 있다.

달밤에 두 손으로 물을 움켜쥐면 달은 손안에 있다. 꽃을 가지고 놀면 꽃향기가 옷에 가득하다. 광대무변하고 한량없는 '도', '도'가 없으면 사람도, 세상도 없다. 이처럼 '도'는 사람들 각자의 발밑(脚下)에 있다. 이것을 자각하지 못하고 항상 멀리서 구하려는 것이 범부이다. 아미타불도 관세음보살도 멀리서 구한다.

남전은 평상심 외에 따로 '도'는 없으니, 찾는 것을 멈추라고 한다. 우리는 평상시에 일거수일투족이 자유롭다. 그때의 마음이 바로 평상심이다. 길을 가다 뒤에서 누가 부를 때 불현듯 돌아보는 마음이 평상심이고, 걷는다는 의식 없이 그냥 걷는 마음이 평상심이다. 이렇게 돌아보거나 걷는 마음에는 분별이 없다.

■ '도(道)'는 우주의 근원을 가리키는 도교의 핵심 용어지만, 선에서 '도(道)'는 '불교의 참된 진리(佛道)', '선의 진수'라는 의미로 쓰인다. '지도(至道)', '대도(大道)'도 같은 뜻이다.

분별 없는 평상심으로 사방을 둘러 보라. 전 우주가 '도'이며 '자기'이다. 그러나 조주는 수긍할 수 없어 되묻는다. "그것에 도달하도록 수행하면 됩니까?" 불법 한가운데 살면서 불법에 도달하려 한다. 물속에 있으면서 갈증난다고 외치는 격이다.

남전은 대답한다. "도달하려 하면 곧바로 도에서 멀어진다." 너는 지금 불법의 한가운데 있지 않으냐. 그걸 모르고 밖으로 찾아 헤매면 도리어 점점 더 멀어진다. 찾으려고 마음 쓰는 자체가 이미 분별이다. 그러나 이 자비심 넘치는 남전의 가르침도 아직 심안이 열리지 않은 조주에게는 납득될 리 없다.

조주는 계속해서 묻는다. "아무것도 하지 않는데 어떻게 평상심이 도라는 것을 알 수 있습니까?" 깨달음 직전의 관문을 넘기 위해 조주는 몸부림치고 있지만, 스스로 체득하기 전까지는 '평상이 그대로 불법' 임을 아무래도 납득할 수 없다. 수행은 자기를 방하(放下)하는 과정이다. 무심·무아가 될 때에야 일거일동이 우주적임을 자각할 수 있다. '일초직입여래지(一超直入如來地)', 단계 없이 홀연히 깨치게 된다.

조주의 물음에 남전의 가르침은 지극히 친절하다. "도는 안다(知), 알지 못한다(不知)를 떠나 있다. '도'는 어디에나 가득 차 있기 때문에 구하고 말고가 없다. 구하는 마음이 바로 구하고자 하는 '도'이다. 이렇게 '도'는 앎(知)과 알지 못함(不知)을 초월해 본래부터 모든 것에 갖추어져(本來具足) 있다.

"도에 대해 알고 있는 모든 것은 망각(妄覺)이고, 도를 알지 못한다는 것은 무기(無記)이다." '망각(妄覺)'은 착각이고, '무기(無記)'는 흐리멍덩한 상태다. 눈이 눈을 볼 수 없듯이 '도'는 알고자 하면 도리어 보이지 않는다. 보이지 않는 '도'를 어떻게 안다는 말인가. 따라서 '도'에 대해 기존에 알고 있는 모든 것은 착각이다. 그렇다고 '도'를 모른다는 것은 눈으로 늘 보면서도 눈을 모른다는 것과 같다. 그만큼 흐리멍덩하다는 말이다.

"진정 일체의 얻고자 함에서 벗어난 도(道)에 이르면, 그것은 허공이 활짝 틔어 끝이 없는 것과 같다. 어찌 이렇다 저렇다 분별하겠는가?" 진정 구하는 바가 없을 때, 그것은 허공이 일체를 포용하여 한없이 넓고 큰 것처럼, 그냥 그대로 휑하게 넓고 넓어서 끝도 한도 없다. '도' 바로 그 자체이다. 여기에 어찌 시비의 분별이 끼어들 틈이 있겠는가?

"이 말이 끝나사마자 조주는 단박에 깨닫는다." 조주는 더 이상 구할 마음이 없다. 무시겁래(無始劫來)의 짐이 내려진 것이다. 오랜 세월 목숨 건 각고의 수행 끝에 얻어진 창조적인 삶, 목마르면 물 마시고, 배고프면 밥 먹는 것, 평상심이 도이다.

조주의 깨달음은 남전의 인가가 있기에 의미가 있다. 이렇게 해서 사자상승(師資相承)이 이루어지는 것이다.

 ― 평어

무문이 말한다. 남전은 조주의 물음에 기와가 산산조각 나고 얼음이 녹아 내리듯 엉망진창이 되어 뭐라고 변명할 여지가 없다. 조주가 비록 깨달았다 해도, 다시금 30년을 수행해야 진짜로 안다.

無門曰. 南泉被趙州發問, 直得瓦解氷消, 分疎不下. 趙州縱饒悟去, 更參三十年始得.

 ― 제창

무문은 평어에서, 남전과 조주를 한꺼번에 번쩍 들어 쓰레기통에 던져 버린다. 누구라도 말로 설명하면 선(禪)은 없다. 남전과 조주의 말에 걸려 넘어지지 말라는 것이다.

첫 구절에서 무문은 남전의 친절한 가르침에 무척 화를 낸다. "남전은 조주의 물음에, 이러쿵저러쿵 입을 놀려 엉망으로 만들어 버린다. 이 무슨 추태냐. 아무리 남전이라도 변명할 여지가 없다." 그러나 이면에 감춰진 뜻은 진짜 평상심은 결코 말로써 설명할 수 없음을 일깨우고, 동시에 남전 화상의 멋진 선적 역량을 칭송하는 데 있다.

이어서 무문은 조주의 돈오(頓悟)를 빼앗아 버린다. "비록 깨달았다 하더라도 다시 30년은 더 수행해야 진짜로 안다." '진리'는 문답으로 얻는 것이 아니다. 선은 그 사람의 인격이고, 매일의 생활 속에서 실현되지 않으면 안 된다. 그렇지 않으면 공허한 말장난에 불과하다.

'30년'이란 글자 그대로의 30년 세월이 아니라 '끝없는' 세월이다. 향상(向上)의 수행, 곧 절대 평등의 경지에 이르는 수행에는 목표달성의 때가 있지만, 향하(向下)의 수행, 즉 상대 차별의 세속으로 내려와 중생을 구제하는 데는 끝이 없다. 한량없는 중생을 다 구제하는 수행은 무한히 계속된다. 다함이 없는 것이 참다운 수행이고 선 생활이다. 석가도 수행 중이고, 달마도 좌선 중이다.

 ― 송

頌曰.
春有百花秋有月,
夏有凉風冬有雪.
若無閑事挂心頭,

봄에는 백화, 가을에는 달,
여름에는 시원한 바람, 겨울에는 눈.
쓸데없는 일에 마음이 걸리지 않으면,

그야말로 인간 세상의 호시절.　　　　　　　　　　　　便是人間好時節.

 ─ 제창

　무문은 '평상심이 도'를 사계절로 읊는다. "봄에는 백화, 가을에는 달, 여름에는 시원한 바람, 겨울에는 눈." 봄에는 백화가 만발하여 갖가지 색깔로 한껏 아름다움을 자랑한다. 가을 달은 또 얼마나 밝고 청명한가. 한여름 소나무 사이로 부는 바람은 너무나 시원하고, 겨울의 눈은 온 세상을 티끌 한 점 없는 청정 세계로 만든다. 사시사철이 아름답고 좋기만 하듯이, 평상심으로 사는 세계 또한 그렇다.

　그러나 봄의 백화가 질 때는 애수가 따르고 가을 달은 구름이 끼면 가린다. 여름의 시원한 바람은 불쾌한 무더위와 함께하고 겨울의 눈 아래에는 티끌투성이의 세상이 있다. 평상심의 세계는 호(好)·불호(不好)의 소용돌이 위에 있는 것이 현실이다.

　이 소용돌이와 상관없이 언제 어디서나 무애자재한 평상심의 삶이 되려면 어떻게 해야 할까? 무문은 "쓸데없는 일(閑事)에 마음이 걸리지 않으면, 그야말로 인간 세상의 호시절."이라고 답한다. 쓸데없는 일에 걸리지 않고 끝없이 확 트인 허공과 같은 마음이 바로 평상심이며 도(道)이고, 이 평상심으로 살아갈 때 세상은 언제나 호시절이라는 것이다.

■ '한사(閑事)'는 '쓸데없는 일'이란 뜻으로, 끝없는 분별을 말한다.

　다른 것을 바라지 말고, 지금 하고 있는 일 그 자체가 되라. 그때의 마음이 바로 평상심이다. 청소할 때는 온전히 청소만 하라. 좌선할 때는 목숨 걸고 좌선만 하라. 아플 때는 아픈 것에 맡기고, 가난하면 가난하게 살고, 그 자리 자리에 안주(安住)하여 이르는 곳마다 주인이 될 때(隨處作主)가 인간 세상의 호시절이다.

생(生)도 평상심의 한 장면, 사(死)도 평상심의 한 장면이다. 내일 지구가 멸망해도 오늘 한 그루 사과나무를 심으라.

 ― 입실

방장 스님 앞에서 본칙 전문을 외우고 "어떤 것이 도(道)입니까?" "평상심(平常心)이 도다." 공안에 대해,

김 : 추울 때는 "아아, 춥다."
　　　아플 때는 "아야, 아야!"
방장: 머리로, 느낌으로, "아, 이런 것이구나." 하고 어림잡아서는 절대로 알 수 없다.
　　　몸으로 체득한 살아 있는 평상심을 보여라.

제20칙

대역량인(大力量人)

송원의「대역량인은
어째서 다리를 들지 못하는가」

 __ 본칙

송원 화상이 말한다. "대역량을 가진 사람이 어째서 자기 다리를 들어올리지 못하는가?" 또 말한다. "말을 하는 데 어째서 혀를 사용하지 않는가?"

大力量人.
松源和尚云, 大力量人,
因甚擡脚不起. 又云, 開口不在舌頭上.

 __ 제창

본칙은 '송원의 삼전어(三轉語)'에 나오는 공안이다. '송원의 삼전어'란 '미혹을 변화시켜(轉) 깨달음을 얻게 하는 송원의 세 공안'이란 뜻으로, 위의 두 공안과 '깨달은 사람이 어째서 발아래 번뇌망상을 끊지 못하는가?' 라는 공안으로 되어 있다.

먼저 송원은 "대역량을 가진 사람이 어째서 자기 다리를 들어올리지 못하는가?" 하고 묻는다. 뚫어야 할 공안이다. '대역량을 가진 사람'은 육체적·정신적으로 뛰어난 사람이다. 그런 사람이면 자기 다리를 자유자재로 들어올리는 것은 문제도 아니다. 이 당연한 것을 '어째서 들어올리지 못하는가?' 하고 부정해 버리는 데에 이 공안의 생명이 있다.

'어째서'는 다리를 들어올리지 못하는 이유를 머리 굴려 답하라는 말이 아니다. 스승은 '어째서' 한마디로 제자를 날카롭게 추궁하여 온갖 알음알이로 쥐어짜 내는 답변들을 철저히 부정해 버린다. '어째서'는 모든 분별을 방하(放下)하도록 이끄는 말이다.

대역량인이 멀쩡한 다리를 들어올리지 못한다고 부정한 저의는 어디 있을까? 스스로 대역량인이 되어 보라. 견처(見處)가 저절로 나오리라.

비슷한 이야기가 있다. 어느 날, 지네가 질문을 받았다. "너는 그 많은 발을 자유롭게 움직이는데, 어떻게 뒤얽히지 않고 사용할 수가 있니?" 그때부터 지네는 자유롭게 걸을 수 없게 되어 죽어 버렸다. 지금까지는 발의 움직임이 자유로니 어떠니 하는 분별이 없어 자유롭게 다녔지만, 질문을 받은 뒤로는 발에 마음이 걸려 결국 죽게 된 것이었다.

다리를 들어올리는 것에 대해 일체의 분별이 없는 사람이 진짜 대역량인이다. 송원은 "어째서 다리를 들어올리지 못하는가?"라는 부정적 한마디로, 다리도 자기도 완전히 방하(放下)하라고 한다.

자기가 없을 때 자기를, 다리를 방해하는 것은 아무것도 없다. 온 천지가 다리이고 온 천지가 자기이다. 이때 다리를 들어올리고 말고가 어디 있는가? 다리가 없는 무(無)다리의 자유자재한 묘용(妙用). 송원의 저의는 여기에 있다.

이렇게 송원은 수행자에게서 일체의 분별을 빼앗아 버림으로써, 진짜로 대역량을 가진 자유인으로 되살아나 창조적인 삶을 살 것을 원하고 있다. 이 공안에 대해 옛 선사는 당나라 때의 시 한 수를 인용해서 평한다.

조진동문영(朝進東門營)
모상하양교(暮上河陽橋)

아침에 동문의 영으로 나아가고,
저녁 때 하양의 다리에 오른다.

동문의 진영으로 갔다고 생각했는데, 어느새 하양(河陽)의 다리를 건너 진군한다는 뜻이다. 하양은 하남성에 있는 지명으로 당나라 때 군진(軍鎭)이 있던 곳이다. 이 시는 무심의 걸음을 걷는 자의 대역량을 노래한 것으로, 이 사람이야말로 '아무리 해도 다리를 들어 올리지 못하는 대역량의 사람'이다.

송원의 두 번째 공안은 "말을 하는 데 어째서 혀를 사용하지 않는가?"이다. 뚫어야 할 공안이다. 주어는 물론 '대역량을 가진 사람'이다. 육체적·정신적으로 뛰어난 대역량인은 혀를 보통 사람보다 더 자유자재로 사용하지만, 혀를 사용하지 않고 말할 수 있는 사람은 없다.

그런데 송원은 이 당연한 것을 "말을 하는 데 어째서 혀를 사용하지 않는가?"하고 부정해 버린다. 이 부정적 한마디로 일체의 분별을 빼앗아 버림으로써, 자기도 세계도 완전히 초월하라고 한다.

진짜로 자기가 없을 때 어묵(語默)을 방해하는 것은 없다. 대역량

■두 번째 공안을 원문 그대로 번역하면, "말을 하는데 혀를 사용하지 않는다(開口不在舌頭上)."이다. 하지만 예로부터 '송원(松源)의 삼전어(三轉語)'에서는 "말을 하는데 어째서 혀를 사용하지 않는가(開口爲甚不在舌頭上)?"라 하여 '어째서(爲甚)'를 넣어 공안으로 삼아왔으므로, 여기서도 '어째서'를 넣어 번역했다.

인이 혀를 움직이지 않는 것은 침묵이 아니라, 어묵(語默)이 자유롭다는 것이다. 하루 종일 말하고도 전혀 혀를 움직이지 않는 묘용(妙用)을 가진 자야말로 진짜 대역량인이다. 대역량인은 말을 하는 데 절대로 혀를 사용하지 않는다.

유마 거사는 "어떤 것이 보살이 불이법문(不二法門)에 드는 것입니까?"라는 물음에 침묵했다. 이 침묵은 단순한 침묵이 아니라 어묵(語默)을 초월한 대역량을 가진 자의 침묵, 곧 대설법임을 아는 사람은 안다. 송원은 말로만이 아니라, 어묵동정(語默動靜) 속에서 어묵동정을 초월하는 진짜 대역량을 가진 자의 자유로운 삶을 살라고 역설한다.

'송원의 삼전어' 가운데 세 번째 공안은 '명안(明眼)의 사람이 어째서 발아래 번뇌망상을 끊지 못하는가(明眼人, 因甚脚跟下, 紅絲線不斷)?'이다. 이 공안은 『송원숭악선사어록』 권상에 나온다.

'명안의 사람(明眼人)'은 불법을 깨달은 자, '대역량을 가진 자'를 말하고, '홍사선(紅絲線)'은 번뇌망상이다. 깨달은 자는 번뇌망상을 완전히 끊은 것이 당연한데, 송원은 "어째서 끊지 못하는가?"라 하여 상식의 타성을 송두리째 부수어 버린다.

이 부정적 한마디로 송원은 수행자들이 번뇌가 곧 보리가 되는 경지를 체득하여 참다운 자유인으로 되살아나게 하려 한다. 일체의 분별 없이 번뇌 그 자체가 될 때, 번뇌는 그대로 보리이다.

옛 선사는 이 경지를 다음과 같이 노래한다.

산호침상양행루(珊瑚枕上兩行淚)
반시사군반한군(半是思君半恨君)

산호 베개 위로 흐르는 두 줄기 눈물

한 줄기는 임이 그리워서, 한 줄기는 임을 원망하여.

규방 여인의 한을 읊은 시다. 임을 떠나보낸 여인이 동짓달 기나긴 밤 홀로 산호 베개에 머리를 묻고 소리 죽여 흐느낀다. 밝은 달빛 가득한데 스산한 바람 소리. 자신을 떠나간 임이 그립기도 원망스럽기도 하다. 그리움과 원망의 한이 일념(一念)의 눈물이 되어, 그리움도 원망도 모두 초월하여 그대로 보리(菩提)가 된다.

 ─ 평어

무문이 말한다. 송원은 뱃속을 다 드러냈다. 다만 그것을 아는 사람이 없다. 설령 곧바로 안다 해도 무문(無門)에게 와서 방망이로 실컷 맞아야 한다. 왜 그럴까? 자, 여기다! 순금을 식별하려면 불 속을 보라.

無門曰, 松源可謂, 傾腸倒腹. 只是欠人承當. 縱饒直下承當, 正好來無門處喫痛棒. 何故. 聻. 要識眞金火裏看.

 ─ 제창

무문의 평은 주고 빼앗는 것이 자유자재하다. 그는 먼저 송원의 공안을 평해서 "뱃속을 다 드러냈다."고 한다. 제자들을 위해 자신의 선의 경지를 숨김없이 다 드러내 보인 참다운 대역량인이라 찬탄한다.

그러나 이런 친절한 교시(敎示)에도 불구하고 "그 진의를 아는 사람이 없다."고 무문은 안타까워한다. 참으로 유감스러운 일이다. 예나 지금이나 눈 밝은 수행자를 찾기는 어렵다. 법의 등불은 가는 실오라기처럼 아슬아슬하게 이어져 왔다.

"설령 곧바로 안다 해도 무문(無門)에게 와서 방망이로 실컷 맞아야 한다." 송원의 법어를 듣고 곧바로 깨닫는 이가 있다 해도 다시 무문에게 와서 실컷 맞아야 한다는 것이다.

이유가 무엇일까? 깨달음의 흔적조차 없어야 진정한 깨달음이다. 하물며 깨닫지도 않았는데 "어떻게 왔는고?" 하고 물으면 방 한 바퀴 돌며 선지식 흉내나 내는 자가 한둘이 아니다. 무문은 이런 모방 선을 경계해서 자신에게 와서 섣부른 깨달음을 깨부수고 그 흔적도 없애라는 것이다. 참다운 대역량을 가진 자는 썩은 냄새나는 모방이 아닌, 살아 꿈틀거리는 창조적인 삶을 살기 때문이다.

무문은 마지막으로 "왜 그럴까? 자, 여기다(荐)! 순금을 식별하려면 불 속을 보라." 하고 친절히 일러준다. '그것이 바로 그것' 이라고 곧바로 깨닫는 자가 있다 해도, 다시 맹화(猛火)의 화염 속에서 쇠망치로 두들겨 맞는 단련을 겪어야 더욱 색깔이 선명한 순금이 된다. 엄한 스승에게 예리한 선문답으로 시험을 받아 진짜 깨달은 자로 인정을 받아야 한다는 것이다.

그렇지 않으면 아무리 삼전어(三轉語)를 꿰뚫어도 대역량을 가진 자의 자유자재한 묘경(妙境)은 얻지 못한다. 이렇게 무문은 온몸으로 체득하는 참다운 수행자가 되라고 격려한다.

안거 중에 방장 스님이 한 말씀이다.

"스승에는 세 종류가 있다. 첫째는 인자하게 제자들을 보살펴 주는 스승, 둘째는 제자들이 쳐다보기만 해도 고개가 숙여지는 덕 높은 스승, 셋째는 제자에게 비수를 꽂아 원한을 사게 만들어 수행에 매진케 하는 스승이다. 선에서는 세 번째 스승을 최고로 삼는다."

■ '자, 여기다!' 로 번역한 '적(荐)'은 무언가를 지시함으로써 반문하거나 주의를 재촉하는 말이다. 여기서는 다음 문장을 주시하라는 뜻이다.

무문은 제자가 송원의 공안을 알았다고 해도 뜨거운 방망이를 후려쳐 그를 참된 길로 인도하고자 한다. 그는 역시 세 번째 스승이다.

 — 송

다리를 들어 향수해(香水海)를 차 버리고
머리를 숙여 사선천(四禪天)을 내려다 보네.
이 큰 몸 둘 곳은 어디에도 없으니,
부디 마지막 한 구절을 부탁하노라.

頌曰.
擡脚踏翻香水海,
低頭俯視四禪天.
一箇渾身無處著,
請續一句.

 — 제창

　무문은 대역량을 가진 자의 위용을 그린다. "다리를 들어 향수해(香水海)를 차 버리고, 머리를 숙여 사선천을 내려다 보네." 대역량인은 다리를 슬쩍 들어올려도 온 세계를 차버리는 힘이 있다. 일거수일투족에 자기가 없어 움직이는 찰나찰나 우주가 진동한다. 그 몸은 수미산보다 높아 사선천도 눈 아래 내려다보니, 그 거대함은 상상을 초월한다. 이것이 우리가 본래 갖추고 있는 위용이다.
　"이 큰 몸 둘 곳은 어디에도 없다." 이렇게 대우주를 품에 넣을 정도로 큰 몸, 시간적·공간적 한계를 초월한 절대적 몸을 도대체 어디에 두겠는가. 이 절대적 몸은 수행을 해나가는 중에 자신의 일거수일투족에서 스스로 안다. 이 경계가 '만법귀일(萬法歸一)', 만법이 하나로 돌아간 경계이다. 자, 그러면 '일귀하처(一歸何處)', 그 하나는 또 어디로 돌아가는가?

■불교의 우주관에 의하면, 세계의 한가운데에는 상상을 초월하는 크고 높은 수미산이 솟아 있고, 그 주위를 광대무변한 여덟 겹의 바다가 둘러싸고 있다. 이 중 일곱 번째 바다까지는 향수로 되어 있어 향수해(香水海)라 한다.
수미산 위로는 욕계(欲界)·색계(色界)·무색계(無色界)의 셋으로 분류되는 27 내지 28개의 천상이 있다. 색계에 속하는 천상이 사선천(四禪天)으로, 각각 네 종류의 선정(禪定)을 닦아서 태어난다. 그러나 여기서의 '향수해'는 무한히 넓은 것, '사선천'은 무한히 높은 것을 뜻한다.

무문은 "부디 마지막 한 구절을 부탁하노라." 하고 끝맺는다. 일부러 무문 자신이 마지막 구절을 붙이지 않고, 수행자들에게 "각자 한 구절을 붙여 보라." 고 목을 조이고 있다. 선의 묘용은 지금, 자기의 일거수일투족에 있다. 자, 마지막 구절을 뭐라고 할테냐? 말하기 귀찮으면, 내년 봄 각설이가 찾아오면 그에게나 주든지!

중심 인물

송원 숭악(松源崇岳, 1132-1202). 임제종 양기파로, 선이 쇠퇴해 가던 남송 시대에 살아 있는 진짜 선을 보여준 거장이다. 1202년, 그가 71세로 입적할 때 무문(1183-1260)은 20세였으니, 두 사람은 거의 같은 시대를 살았다. 그는 『무문관』에 등장하는 조사 중에서 시간적으로 우리와 가장 가깝기도 하다.

송원은 오랫동안 거사로 수행하다 30세를 넘어 출가했다. 출가한 후 각지를 역방(歷訪)하다가 밀암 함걸(密庵咸傑, 1118-1186)에게 참문했을 때의 일이 전해진다. 밀암의 물음에 송원이 곧바로 대답하니 밀암은 빙그레 미소만 지었다. 침식을 잊을 정도로 오도(悟道)에 절절했던 송원은 이 인연으로 그곳에 머물며 수행했다.

그러던 어느 날, 밀암이 한 승에게 '마음도 아니고, 부처도 아니고, 물건도 아니다(不是心·不是佛·不是物).' 라는 공안(『무문관』 제27칙)을 묻는 것을 듣고 활연 대오했다. 그는 가태(嘉泰) 2년(1202) 8월 4일, 대중에게 여기에 나온 본칙을 제시하고 가부좌한 채 입적했다.

제21칙

운문시궐 (雲門屎橛)

운문의 「똥 덩어리」

 __ 본칙

한 승이 운문에게 묻는다. "어떤 것이 부처입니까?" 운문이 말한다. "똥 덩어리(乾屎橛)."

雲門屎橛.
雲門因僧問, 如何是佛.
門云, 乾屎橛.

 __ 제창

임제종과 쌍벽을 이루던 운문종의 시조 운문. 그의 말은 천자의 소칙(詔勅)과 같아서 한 번에 상대의 모든 분별을 떨쳐버려 대꾸할 여유조차 주지 않았다. 그래서 사람들은 그를 '운문천자(雲門天子)'라 불렀다.

그는 때때로 간단명료한 한 음절, 한마디로 상대의 급소를 찌른다. 예를 들면 "부처를 초월하고 조사를 초월한 소식은 어떠합니까?"라는 질문에 "호떡(胡餅)."이라 답한다. "아버지를 죽이고 어머니를 죽이면 부처님 전에 참회합니다. 부처를 죽이고 조사를 죽이면 어디를 향해 참회합니까?"라는 질문에는 "로(露)."하고 끝내 버린다. 본칙도 간단명료한 대답의 한 예이다.

운문은 "어떤 것이 부처입니까?"라는 승의 물음에 단지 "똥 덩어리(乾屎橛)."라 대답한다. 뚫어야 할 공안이다. 승의 질문은 '부처'에 대한 교리적 설명이 아니라, 온몸으로 체험한 살아 있는 '부처'를 보여 달라는 것이다. 그런데 운문의 대답은 너무나 의외로 '똥 덩어리(乾屎橛)'이다.

"불신(佛身)은 법계에 충만하여, 일체중생 앞에 두루 나타난다."는 『화엄경』 구절에 따르면, 어떤 것도 부처 아닌 것은 없다. 똥 덩어리도 불신(佛身)이다. 명심할 것은 자신이 법계, 곧 우주 그 자체가 되어야 '개개의 사물 하나하나가 모두 부처' 임을 자각(自覺)한다는 것이다. 이것을 사상, 개념으로 아는 것과 자신의 자각적 체험으로 아는 것은 전혀 차원이 다르다.

아무리 훌륭한 사상도 체험이 없으면 그림 속의 사자일 뿐이다. 우주 그 자체가 되지 못하고 경전 구절만 읊조리는 것은 '수타보, 무반전분(數他寶無半錢分)', 평생 남의 보물만 세고 자기 것은 하나도 없는 것과 같다. 운문에게는 전 우주가, 깨끗하다·더럽다 등의 온갖 분별이 끼어들 틈이 없는 '똥 덩어리' 이다.

혹자는, 부처가 거룩하다는 생각을 떨쳐버리기 위해 운문이 일부러 '똥 덩어리' 라 했다고 한다. 이것은 운문의 수준을 격하하는 것이다. '거룩하다' 만 떨쳐버리면 되는 것이 아니다. '부처'의 '부' 라는 흔적만 남아도 때가 묻어 있는 것이다.

운문의 '똥 덩어리' 는 '거룩하다', '신성하다' 는 생각은 말할

■ '건시궐(乾屎橛)'에 대한 번역은 똥 치우는 도구인 '똥 막대기'와 막대 모양 그대로 굳은 '똥 덩어리', 이 둘로 나누어져 있다. 여기서는 '똥 덩어리'라 새겼는데, 어쨌거나 가장 더러운, 사람들이 싫어하는 것이다. 공안 참구에서는 '똥 덩어리', '똥 막대기' 어느 쪽이든 전혀 문제가 되지 않는다.

것도 없고, '부처'의 '부' 자조차 빼앗아 버린다. 대신 일체를 떨쳐 버린 거기에 진짜 부처, 운문불(雲門佛), 똥덩어리불(乾屎橛佛)이라는 참다운 부처를 보인다. 이것은 운문만의 부처가 아니다. 누구나 가져야 할 안목이다.

"어떤 것이 부처입니까?", "똥 덩어리." 단지 '똥 덩어리'이다. 비교 대상도 없고, 머리로 생각해 낼 수 있는 실마리도 없다. 아예 그런 것은 바라지도 말라. '똥 덩어리'에 대한 일체의 생각에서 벗어나 오직 '똥 덩어리' 그 자체가 되라.

옛 선사는 운문의 역량을 평하여 "일생 동안 타인을 위해 못을 뽑고 쐐기를 빼다(一生與人抽釘拔楔)."라고 한다. '못'이나 '쐐기'는 상대의 번뇌망상을 가리킨다. 상대를 분별 망상에서 벗어난 진짜 부처, 참다운 자유인으로 새롭게 태어나게 하려는 운문의 지극한 자비심을 극찬한 것이다.

 __ 평어

무문이 말한다. 운문은 너무 가난해서 변변찮은 식사조차 마련하기 어렵고, 일이 너무 바빠 휘갈기는 글조차 쓸 틈이 없다. 자칫 똥 덩어리로 문호를 유지하려 한다면 불법의 쇠퇴가 불 보듯 뻔하네.

無門曰. 雲門可謂, 家貧難辨素食, 事忙不及草書. 動便將屎橛來, 撐門拄戶. 佛法興衰可見.

 __ 제창

무문은 먼저 '똥 덩어리'라는 대답에 대해 평한다. "운문은 너무 가난해서 변변찮은 식사조차 마련하기 어렵고, 일이 너무 바빠 휘갈기는 글조차 쓸 틈이 없다." 운문은 너무 가난해서 손님이 와도 죽 한 그릇 대접하기 힘들다. 진짜 수행자는 쌀 한 톨도 사적으로 축적하지 않는다. 설사 운문이 머무는 선원이 웅장할지 몰라도 운문의 개인 소유는 하나도 없다. 그는 모든 것에서 자유로워 무엇에도 집착하지 않는다.

그는 또한 너무 바빠 필요할 때마다 즉석에서 말하기 때문에 무엇을 말했는지 자신도 모른다. 단지 '똥 덩어리'라 불쑥 말했을 뿐이다. 조작함이 없는 운문의 이러한 무심한 생활을 무문은 극찬하고 있다.

그리고는 다시 "자칫 똥 덩어리로 문호를 유지하려 한다면, 불법의 쇠퇴가 불 보듯 뻔하네."하고 평한다. 운문의 선풍(禪風)은 깨달음의 흔적조차 없는 것이거늘, 자칫 후세의 제자들이 '똥 덩어리'라는 썩은 물건을 받들어 모시고 그것으로 문호를 유지하려 한다면 불법이 쇠멸할 것은 너무나 뻔하다고 경고하는 것이다.

'똥 덩어리' 공안에 걸터앉아 이것을 이용하기만 한다면 진짜 냄새나는 똥 덩어리가 된다. 각자 실천을 통한 체험이 우선이고, '깨닫는 족족 버린다'는 철칙을 잊어서는 안 된다.

 — 송

頌曰.
閃電光,
擊石火.
眨得眼,
已蹉過.

번개의 섬광,
부싯돌의 불꽃.
눈 깜빡할 틈이라도 있으면,
벌써 지나가 버렸네.

__ 제창

'똥 덩어리'라고 대답한 운문의 대단함을 잘 표현하고 있다. "번개의 섬광", "똥 덩어리"라 외친 운문의 경계에는 흔적이 없다. 보려고 하면 번개처럼 사라지고 없다. "부싯돌의 불꽃", 잡으려 하면 사라지고 없는 불꽃처럼, 천지 그 자체가 된 운문의 세계에는 사량분별이 끼어들 틈이 없다.

"눈 깜빡할 틈이라도 있으면, 벌써 지나가 버렸네." 번개의 섬광도 이미 늦다. 보려고 하면 백운만리(白雲萬里), 보려 하지 않으면 거기에 있다. 바로 여기에 있는 것이 보이지 않으니 갈팡질팡할 수밖에. 운문의 뱃속으로 직접 뛰어들 역량 있는 이가 아니라면 '똥 덩어리'의 진의(眞意)는 영원히 놓치리라.

제22칙

가섭찰간 (迦葉刹竿)

가섭이 아난에게 법을 전하다

迦葉刹竿.
迦葉因阿難問云, 世尊傳
金襴袈裟外, 別傳何物.
葉喚云, 阿難. 難應諾.
葉云, 倒却門前刹竿著.

 __ 본칙

아난이 가섭에게 묻는다. "세존은 스님에게 금란가사를 전한 것 외에 또 무엇을 전했습니까?" 가섭은 "아난!"하고 부른다. 아난은 "예."하고 대답한다. 가섭은 말한다. "문 앞의 찰간(刹竿)을 넘어뜨려라."

 __ 제창

제6칙 「세존염화(世尊拈花)」는 석가모니가 가섭에게 법을 전하는 사자상전(師資相傳)의 공안이다. 본칙은 가섭에서 아난으로의 사자상전을 무문이 문하의 승들에게 공안으로 제시한 것이다. 사자상전은 진리가 스승(師)에서 제자(資)로 그대로 이어지는 것을 말한다.

이것은 스승과 제자의 깨달음이 서로 일치할 때만 가능하므로 사자상계(師資相契)라고도 한다.

명심할 것은 본칙이 「세존염화」와 비슷한 공안이라 해서 유사한 유형의 답을 찾으려 머리 굴리면 백전백패라는 것이다. 각각의 공안은 등장인물도 장면도 다르다. 공안은 자신의 모든 생각을 버리고 공안 속 등장인물 그 자체가 되어야 뚫린다. 유사한 공안이라고 동일하게 답하는 것은 그 공안의 생명을 죽이는 것이다. 이런 태도로는 여러 공안을 참구할 필요가 없다.

아난이 가섭에게 묻는다. "세존은 스님에게 금란가사(金襴袈裟)를 전한 것 외에 또 무엇을 전했습니까?" 선종에서는 석가모니가 열반에 들 때 금란가사와 교법을 가섭에게 전했다고 하여, 금란가사를 정법(正法)의 상징으로 여긴다. 금란가사를 전했다는 것은 정법을 전해 사자상전이 이루어졌다는 것이다.

"금란가사를 전한 것 외에 또 무엇을 전했습니까?" 뚫어야 할 공안이다. 이 질문에서 아난의 피투성이 수행은 마침내 금빛 찬란한 빛을 발한다. 이 질문은 금란가사 외에 발우를 전했는가 따위를 묻는 것이 아니다. 세월을 잊고 수행에 매진하면 어느 순간 아난과 같은 심정으로 동일한 질문을 하게 된다. 그때 이 물음의 진의를 알 수 있다.

명안(明眼)을 갖춘 조사는 걸어오는 제자의 발소리만 들어도 그 경계를 안다. 가섭은 "아난!"하고 부르고, 아난은 "예."하고 대답한다. "아난!"밖에 없고, "예." 밖에 없다. 천지를 뒤덮는 "아난!"이고 "예."이다. 가섭이 가섭을 부르고, 아난이 아난에게 대답하고, 우주가 부르고 우주가 대답한 것이다.

무심히 부르고 무심히 대답하는 메아리. 이 사이에는 털끝만큼

■금란가사(金襴袈裟)는 금색 실로 문양을 넣은 가사이다. 석가모니 재세 시 마하파자파티 왕비가 석가모니께 올렸다고 전해진다.

■아난(Ānanda)은 가섭과 마찬가지로 석가모니의 10대 제자 중 한 사람이다. 그의 이름은 '경희(慶喜)' 또는 '환희(歡喜)'라 의역되는데, 이름에 걸맞게 용모 단정하고 온화 다정하여 보는 사람마다 기뻐하고 좋아했다고 한다. 석가모니 입멸 때까지 20여 년간 시자로 시봉하면서, 법문을 가장 많이 들었기 때문에 다문제일(多聞第一)이라 평해진다. 그러나 다문다지(多聞多知)한 것이 오히려 방해가 되어 석가모니 입멸 때까지 깨달음을

의 분별도 끼어들 틈이 없다. 스승과 제자의 깨달음이 일치된 사자상계의 순간이다. 옛 선사는 이것을 평해서 '양면경상조, 어중무영상(兩面鏡相照, 於中無影像)', 두 거울이 서로 비추니 둘 사이에 어떤 상(像)도 끼일 틈이 없다고 한다.

선에서 진리는 이론에 의해서가 아니라 깨달음의 일치에 의해 전승된다. 따라서 사자상전, 사자상계는 문자나 암기를 통해서가 아니라 깨달음의 일치가 확인되는 이심전심(以心傳心)을 통해 이루어진다. 이것을 '불립문자 교외별전(不立文字 敎外別傳)'이라 한다.

예로부터 사자상전·사자상계를 '전한 바 없는 전함(不傳의 傳)'이요, '유불여불의 증계(唯佛與佛의 証契)'라 한다. 진리의 전승은 전하는 '나'도, 전해 받는 '너'도 없는 경지에서 이루어지는 것이니 '전한 바 없는 전함'이요, 오직 부처와 부처 사이에서만 가능하므로 '유불여불의 증계'이다. 따라서 가섭이 아난에게 전한 것이 아니라 가섭이 가섭에게 전한 것이고 아난이 아난으로부터 이어받은 것이다. 선 수행의 체험 없이는 알 수가 없다.

아난의 대답이 끝나자, 가섭은 곧바로 "문 앞의 찰간(刹竿)을 넘어뜨려라."고 말한다. 뚫어야 할 공안이다. 이것은 가섭이 아난을 인가했다는 뜻이다. 찰간을 넘어뜨린다는 것은 제창이나 문답 등 할 일이 끝났음을 알리는 것이다. 사자상계의 전승이 완료되었으므로 깃발을 내리는 것이다. 가섭에 이어 인도에서의 전등(傳燈) 제2조가 탄생하는 순간이다.

선은 지금, 이 자리의 자기를 떠나 있을 수 없다. 공안 참구의 목적은 일상생활을 하는 '나' 그대로가 살아 있는 진리임을 체득하고자 하는 것이다. 아난의 응답은 지금도 '나'를 통해서 살아 우주에 울려 퍼지고 있다. 선이 개념이나 알음알이와는 근본적으로 다른 점이 여기에 있다.

■ 얻지 못하다가, 가섭을 스승으로 삼아 마침내 견성(見性)한다.

■ '찰간(刹竿)'은 사찰의 문 앞에 세워 둔 깃대로, 설법·법요가 있다는 것을 알리기 위해 여기에 기를 단다.

─ 평어

무문이 말한다. 이에 대해 딱 맞게(親切) 한마디(一轉語) 한다면, 영취산의 대법회는 엄연히 계속되고 있음을 곧바로 알 것이다. 그렇지 않으면, 비바시불(毘婆尸佛)이 아득한 과거부터 마음을 다해 수행해 오지만, 지금도 묘(妙)를 얻지 못하는 것과 같으리라.

無門曰, 若向者裏下得一轉語親切, 便見靈山一會儼然未散. 其或未然, 毘婆尸佛早留心, 直至而今不得妙.

■ '친절(親切)'이란 용어에 대해서는 주의가 필요하다. '고객에 대한 친절'이라는 용례에서 사용되는 '친절(kindness)'의 의미로 받아들이면 큰 오해다. 선(禪)에서 친절은 '딱 들어맞음'이나 '마음에 깊이 와 닿음'이라는 뜻이다.

■ '일전어(一轉語)'는 '미혹한 사람을 깨닫게 할 수 있는 한마디'를 말한다.

 ─ 제창

"이에 대해 딱 맞게(親切) 한마디(一轉語) 한다면, 영취산의 대법회는 엄연히 계속되고 있음을 곧바로 알 것이다." 가섭이 부르고 아난이 대답하는 사자상계의 묘처(妙處)에 대해 꼭 들어맞는 한마디(一轉語)를 하면, 먼 옛날 영취산에서 설법한 석가모니도 십대 제자인 가섭도 아난도 지금 여기서 직접 만날 수 있다.

'이심전심'의 사자상전은 시공을 초월하여 지금 이 자리에 전한 바 없이 전해지고 있다. 배고프면 밥 먹고 피곤하면 잠잔다. 예나 지금이나 여기에 다른 점이 어디 있는가? 먼 옛날 영취산에서 설한 그 세계가 따로 숨겨져 있는 것이 아니다. 선 수행을 통해 직접 체험으로 얻은 진리는 역사를 초월하고, 동시에 역사 속에 살아 있는 구체적 사실로 작용한다. 그렇지 않으면 살아 있는 진리가 아니다.

"그렇지 않으면, 비바시불(毘婆尸佛)이 아득한 과거부터 마음을 다해 수행해 오지만 지금도 묘(妙)를 얻지 못하는 것과 같으리라." 부르면 대답하는 이 묘처(妙處)에 대해 번뜩이는 한마디를 할 수 없다면, 과거 구원겁(久遠劫)의 부처인 비바시불이 지금까지 장구한 세월에 걸쳐 수행을 거듭해 오지만 아직도 그 묘(妙)를 얻지 못하고 있는

■ 선의 전등(傳燈) 계보에서는 가섭을 인도의 전등 제일조(第一祖)로 삼고, 그 이전의 전등으로 '과거칠불(過去七佛)'을 두고 있다. 가섭에게 법을 전한 석가모니불이 과거칠불 가운데 맨 마지막 일곱 번째 부처이므로, 나머지 여섯 부처는 전등의 존엄과 그 유래를 장엄하기 위한 신화적인 부처이다. 비바시불은 과거칠불 중 첫 번째 부처인

데, 여기서는 헤아릴 수 없이 먼 옛날의 부처라 보면 된다.

것과 같다는 것이다. 아무리 오랜 세월 수행한다고 앉아 있어도 심안(心眼)을 얻기 힘들다는 뜻이다. 무문은 마냥 세월만 보내고 있는 제자들의 남은 기력마저 꺾어 버림으로써 오히려 그들의 분기를 재촉하고 있다.

"비바시불이 아득한 과거부터 마음을 다해 수행해 오지만, 지금도 묘(妙)를 얻지 못한다."는 것은 원래 조주의 말이다. 이 구절은 무문의 평어에서 사용된 의미와 상관없이 선 도량에서 하나의 독립된 공안으로 참구하고 있다. 문자상의 뜻과는 차원이 다른 선적 경지를 보여주기 때문이다. 뚫어야 할 공안이다.

이 '묘'야말로 시공을 초월하여 지금 이 자리에서도 빛나고 있는 진리이고, 또한 영취산의 대법회가 아직도 계속되고 있다는 증명이기도 하다. 이 '묘'를 알아야 가섭은 "문 앞의 찰간을 넘어뜨려라."라고 하여, 사자상계의 전승을 인가할 것이다. 또한 비바시불이 아직도 묘를 얻지 못하는 까닭도 알 수 있다.

진정으로 '묘'를 아는 경지에 이르려면 '백련천단(百鍊千鍛)' 해야 한다. 넘어지면 일어서고 또 일어서는 피투성이의 고투 없이는 힘들다.

 ― 송

頌曰.
問處何如答處親,
幾人於此眼生筋.
兄呼弟應揚家醜,
不屬陰陽別是春.

물음이 더 적절한가? 대답이 더 적절한가?
몇이나 되는 수행자가 이 문답에 눈떴을까?
형이 부르고 아우가 답하여 집안의 추함을 속속들이 드러내니,
이야말로 음양을 벗어난 별천지의 봄소식.

__ 제창

"아난!"하고 부른 가섭의 물음이 더 적절한가? "예."하고 대답한 아난의 대답이 더 적절한가? 가섭의 물음도, 아난의 대답도 훌륭하다는 뜻이다. 무문은 진짜 살아 있는 문답은 이렇게 물음이 답 속에, 답이 물음 속에 있다는 것을 우리에게 각성시킴과 동시에, 은근히 가섭과 아난의 사자상계의 묘(妙)를 찬탄하고 있다.

"몇이나 되는 수행자가 이 문답에 눈떴을까(眼生筋)?" 이 문답에 심안을 열어, 이 공안의 '묘'를 꿰뚫은 이가 몇이나 있을까? 거의 없다. 무문은 이렇게 말함으로써 이 공안이 두드러지게 훌륭하다는 것을 드러낸다.

"형이 부르고 아우가 답하여 집안의 추함(家醜)을 속속들이 드러내니." 사형인 가섭과 사제인 아난이 서로 부르고 대답하여, 집안의 비밀스러운 부분을 속속들이 드러내 버렸다는 것이다. 무문은 야유적인 표현을 통해 '부전의 전(不傳의 傳)'의 '묘'가 훌륭하게 성취된 것을 보여주고 있다.

"이야말로 음양을 벗어난 별천지의 봄소식." 중국 사람들은 사계절을 포함한 모든 변화는 음·양의 변화에서 생긴다고 본다. 따라서 '음양을 벗어난다'는 것은 시공을 초월한 다른 차원의 세계에 산다는 뜻이다. 집안의 감추고 싶은 비밀스러운 부분이야말로 계절이나 시절에 상관없는 영겁불변의 봄소식이다.

죽비도 필요 없고 좌선 방석도 필요 없다. 봄을 찾으려 하면 봄은 어느새 숨어버린다. 푸른 포도밭에는 금포도가 익어가고, 산호 가지에는 옥의 꽃이 핀다. 불가사의한 봄이다. 이것은 어느 곳의 소식인가. 놀라지 말라. 우리는 언제나 그 속에서 행주좌와 살고 있다. 이런 봄 속에 살면서 엉뚱한 곳에서 봄을 찾는 바보는 누구인가.

■ "물음이 더 적절한가? 대답이 더 적절한가?" 이 부분의 원문 '問處何如答處親'을 직역하면 "물음은 대답의 적절함에 비해 어떠한가?"이다. '하여(何如)'는 '하사(何似)'와 같이 'A何如B, A는 B와 비교하여 어떤가?'라는 뜻이다. '何似'의 용법에 대해서는 106쪽의 주3을 참조.

■ '눈떴을까'로 번역한 '안생근(眼生筋)'은 '눈에 근육이 생긴다'는 표면적 의미를 넘어 '활안(活眼)을 연다'는 뜻이다. 묘(妙)를 꿰뚫는 역량을 가진다는 것이다.

■ '집안의 추함', 곧 '가추(家醜)'는 '공개하기를 꺼리는 집안의 불명예스러운 일'을 뜻하지만, 선에서는 '집안의 보배와 같은 비전(秘傳)'이란 의미로 사용한다.

무문은 예나 지금이나, 동쪽이든 서쪽이든, 언제 어디서나 변함없는 '진리(這箇)'의 소식을 전한다. 모두가 낮에도 밤에도 이 아름다운 봄 속에 살고 있는데, 어째서 이 상춘(常春)의 아름다움에 눈뜨지 못하는가. 무문은, 연신 아쉬워한다.

 — 입실

방장 스님 앞에서 본칙 전문을 외우고 "비바시불이 아득한 과거부터 마음을 다해 수행해 오지만, 지금도 묘(妙)를 얻지 못한다." 공안에 대해,

김　: '묘'를 얻었다, 얻지 못했다는 흔적도 없습니다.
방장: '묘'가 어떤 것이냐?
　　　공안으로서 '묘'를 본다면?
　　　이 '묘'를 모르면 사자계합(師資契合)이 있을 수 없다.
　　　이 부분 역시 백련천단(百鍊千鍛)했을 때 진짜를 알 수 있다.

제23칙

불사선악 (不思善惡)

육조의 「선도 악도 생각지 않을 때 너의 본래면목은」

 __ 본칙

　육조(六祖)는 혜명(慧明) 상좌(上座)가 대유령까지 뒤쫓아오는 것을 보고, 의발(衣鉢)을 바위 위에 던지며 말한다. "이 가사는 불법의 신표이네. 힘으로 뺏을 것이 아니니 그대가 가져가게." 혜명이 들어올리려 하지만 그것은 산처럼 꼼짝도 하지 않는다. 혜명은 머뭇거리며 두려움에 떨면서 말한다. "저는 법을 구하러 온 것이지 가사 때문에 온 것이 아닙니다. 행자여, 부디 가르침을 주십시오."
　육조가 말한다. "선(善)도 생각하지 말고 악(惡)도 생각하지 말라. 바로 그럴 때, 어떤 것이 혜명 상좌의 본래면목(本來面目)인가?" 혜명은 곧바로 깨닫고, 전신이 땅에 흠뻑 젖는다. 그가 울며 절하면서 묻는다. "방금 말한 밀어(密語)와 밀의(密意) 외에 아직 다른 뜻이 있습니까?"
　육조가 말한다. "내가 지금 그대에게 말한 것은 비밀이 아니네.

不思善惡.
六祖因明上座趁至大庾嶺, 祖見明至, 卽擲衣鉢於石上云, 此衣表信, 可力爭耶. 任君將去. 明遂擧之, 如山不動, 踟躕悚慄. 明曰, 我來求法, 非爲衣也. 願行者開示.

祖云, 不思善, 不思惡, 正與麽時, 那箇是明上座本來面目. 明當下大悟, 遍體汗流. 泣涙作禮問曰, 上來密語密意外, 還更有意旨否.

祖曰, 我今爲汝說者, 卽

非密也. 汝若返照自己面目, 密却在汝邊.

明云, 某甲雖在黃梅隨衆, 實未省自己面目. 今蒙指授入處, 如人飮水, 冷暖自知. 今行者卽是某甲師也.

祖云, 汝若如是, 則吾與汝同師黃梅. 善自護持.

그대 스스로 본래면목에 눈뜨면, 비밀은 오히려 그대 자신에게 있네."

혜명이 말한다. "저는 황매에서 대중과 함께 수행하고 있지만, 아직 자신의 본래면목에 눈뜨지 못했습니다. 지금 선의 진수를 교시(敎示)받고, 물을 마셔 차고 따뜻함을 알듯, 직접 제 몸으로 알게 되었습니다. 이제 행자는 저의 스승이십니다."

육조가 말한다. "그렇다면 나와 그대는 함께 황매의 오조(五祖)를 스승으로 모시게 되었네. 얻은 경지를 소중히 잘 지니게."

 __ 제창

본칙은 선종사(禪宗史)에 위대한 업적을 남긴 6조 혜능(慧能, 638-713)의 전기 중, 5조 홍인의 의발(衣鉢)을 전해받는 과정에서 일어난 한 사건을 공안으로 삼은 것이다. 후대에 5가 7종(五家七宗)으로 발전하는 중국 선은 물론, 한국·일본의 선은 거의 대부분 혜능의 법손에 의해 꽃피었다.

본칙의 내용이 있기까지의 대략적 전말은 다음과 같다. 홍인은 문하의 제자 중에 혜능의 경지가 가장 뛰어나다고 인정하지만, 혜능은 아직 행자에 불과했다. 홍인은 야밤에 몰래 혜능을 불러 법을 전하고 그 징표로 자신의 의발(衣鉢)을 건네주면서, 여기 황매현 빙무산을 속히 떠나 시기가 성숙될 때까지 몸을 숨기라고 일러준다.

혜능이 황매를 떠나자, 대중은 일개 행자가 전등(傳燈)의 상징인 의발을 받아간 것을 안다. 많은 대중이 의발을 뺏기 위해 혜능을 뒤쫓는데, 이 중 한 명이 무장(武將) 출신의 혜명 상좌이다.

육조는 혜명(慧明)이 대유령까지 뒤쫓아오자, 홍인의 의발을 바위 위에 던지며 말한다. "정법의 신표인 이 가사는 탐욕의 대상이 아니네. 단지 외형적인 증거물에 불과해서 태우면 재가 되네. 그대가 힘으로 빼앗으려면 가지고 가게. 정법은 태워도 타지 않고, 뺏으려 해도 뺏을 수 없네."

혜명이 의발을 들어올리려 하나 정법의 무게만큼 무거워 산처럼 꼼짝도 하지 않는다. 의발 외에 다른 생각이라고는 없었던 혜명의 경계를 잘 보여주고 있다.

혜명은 머뭇거리며 두려움에 떨며, 육조의 발아래 몸도 마음도 모두 던져 간청한다. "저는 소중한 정법을 구하러 온 것이지 외형에 불과한 가사 때문에 온 것이 아닙니다. 부디 저를 위해 정법을 설해 주십시오."

육조는 혜명의 아픈 곳에 정확히 침을 놓는다. "선도 생각하지 말고 악도 생각하지 말라. 바로 그럴 때, 어떤 것이 혜명 상좌의 본래면목(本來面目)인가?" 뚫어야 할 공안이다.

옳다 그르다, 선이다 악이다 하는 모든 규정이 씻은 듯이 사라져 어떤 생각도 일어나지 않는 일념불기(一念不起)의 세계. 거기에 발을 디뎌라. 어디에 육조가 있고, 어디에 혜명이 있는가? 말하는 육조에는 육조가 없고, 듣는 혜명에게 혜명은 없다. 물이 물에 흘러드는 것과 같고, 하늘이 하늘에 합쳐지는 것과 같다. 오직 본래면목만이 생생하게 드러나(露當當) 있을 뿐이다.

공안 속의 등장인물을 나와 관계없는 먼 옛날 사람으로 보아서는 안 된다. 바로 이 순간의 내가 공안 속 상황의 그가 되어 공안 속의 말과 행동을 해야 한다. 그렇지 않으면 공안은 생명 없는 옛날 이야기나 문학작품으로 끝나 버린다. 공안과 지금의 나 사이에 간격이 생기는 순간, 공안은 이미 대상화되어 그 자체가 되는 것에서 벗어나고 만다. 일념불기(一念不起)의 상태로, 의발을 빼앗으러 온 혜명 그 자체가 되라.

혜명은 곧바로 대오한다. 전신이 땀으로 뒤범벅되어 단지 감격하여 흐느낄 뿐이다. 육조에게 예를 갖추면서 묻는다. "방금 말한 밀어(密語)와 밀의(密意) 외에 아직 다른 뜻이 있습니까?" 방금 말한 것 이외에 특별히 전수할 가르침이 남아 있는지 물은 것이다. 혜명은 대오했다고는 하지만 아직 그에게는 '지금 말한 밀어와 밀의 외에'라고 물을 만큼의 얼룩이 남아 있었던 것이다.

육조는 말한다. "내가 지금 그대에게 말한 것은 비밀이 아니네. 그대 스스로 본래면목에 눈뜨면, 비밀은 오히려 그대 자신에게 있네." 뚫어야 할 공안이다.

감출 것이 무엇이 있겠는가. 한없이 광활한 법계는 아무것도 감추지 않는다. 여래의 교법에는, 손아귀에 움켜쥔 채로 보여주지 않는 스승의 주먹은 없다고 하지 않는가. 진짜로 자기의 본래면목에 눈을 뜨면 밀어(密語)·밀의(密意)라는 것은 무한한 옛날부터 자기의 발밑(脚下)에 '있는 그대로 나타나 있다(脫體現成)'는 것을 알 것이다. 키 큰 사람은 '키 큰 법신', 키 작은 사람은 '키 작은 법신'. 그래서 육조는 "비밀은 오히려 그대 자신에게 있네."라고 한 것이다.

'밀(密)'은 비밀의 밀이 아니라 친밀(親密)의 밀이다. 설사 '비밀'이 있다 해도 그것은 타인에게서 배우는 것이 아니다. 시절 인연이 도래하여 스스로 거기에 눈떠야만 알 수 있는 것이다. 본래면목에 스스로 눈을 뜨는 것이다. 따라서 깨달음은 가르쳐줄 수도, 남이 대신 깨달아줄 수도 없다. 스스로의 힘으로 깨달아야 한다.

혜명은 비로소 구하는 마음을 멈춘다. 무거운 짐이 내려진 것이다. 그는 곧바로 육조에게 말한다. "저는 황매에서 대중과 함께 수행하고 있지만, 아직 자신의 본래면목에 눈뜨지 못했습니다. 지금 선의 진수를 교시(敎示)받고, 물을 마셔 차고 따뜻함을 알듯, 직접 제 몸으로 알게 되었습니다. 이제 행자는 저의 스승이십니다."

혜명은 일체의 모든 것에서 벗어나, 아무것도 없다는 것조차 없음을 안다. 육조의 은덕으로 진리의 세계에 들어선 것이다. 털끝만큼도 의심할 바가 없다. 이에 혜명은 "이제 행자는 저의 스승이십니다."라고 육조에게 충심으로 감사와 기쁨의 뜻을 표한다.

육조는 겸손하게 말한다. "그렇다면 나와 그대는 함께 황매의 오조(五祖)를 스승으로 모시게 되었네. 얻은 경지를 소중히 잘 지니게." 본래면목에 눈뜬 것은 어디까지나 5조 홍인 덕택이다. 앞으로 5조 문하의 형제 제자로서 함께 홍인을 스승으로 모시자. 그리고 체득한 진리는 소중히 잘 지녀라. 육조는 진심으로 그를 축복하고 격려한다. 이처럼 한없이 넓은 도량에서 훗날의 대선장(大禪匠) 육조 혜능의 풍격이 엿보인다.

 __ 평어

무문이 말한다. 육조가 급박한 상황에 몰려 가당찮게 친절을 베푼 것이다. 신선한 리찌(荔支)의 껍질을 벗기고 씨를 발라내어 입에 넣어준 꼴이니, 너는 한입에 삼키면 된다.

無門曰, 六祖可謂, 是事出急家, 老婆心切. 譬如新荔支, 剝了殼去了核, 送在爾口裏, 只要爾嚥一嚥.

 __ 제창

잡념이 일어날 틈도 없이 절박하면 뜻밖에 일이 잘 풀린다. 육조는 혜명에게 쫓긴 극한 상황에서 "선(善)도 생각하지 말고 악(惡)도 생각하지 말라. 바로 그럴 때, 어떤 것이 혜명 상좌의 본래면목(本來

面目)인가?"하고, 그 순간에 즉해서 묻는다. 두 사람 사이에 분별이 끼어들 틈은 없다.

이것을 무문은 "급박한 상황에 몰려 가당찮게 친절을 베푼 것." 이라고 비꼬는 어조로 말한다. 그러나 궁지에 몰려 뜻밖에 나온 대답이라도 그의 체험에서 나온 참으로 훌륭한 것이었다고 육조의 역량을 칭찬하고 있다.

이어서 무문은 말한다. 그건 그렇지만 육조도 노파심이 지나쳤다고. "신선한 리찌(荔支)의 껍질을 벗기고 씨를 발라내어 입에 넣어 준 꼴이다. 너는 손 하나 까딱 않고 한입에 삼키기만 하면 된다." 여느 때와 마찬가지로 비난과 야유를 포함한 어조다.

이것은 극한 상황에서 혜능의 즉답은 매우 적절했고, 게다가 혜명의 대오(大悟)라는 좋은 결과까지 가져왔다는 것을, 선사 특유의 어법으로 찬양하고 있는 것이다. 폄하하는 듯하지만 사실은 찬탄하는 '억하(抑下)의 탁상(托上)' 어법이다.

자, 어떤 것이 혜명 상좌의 본래면목인가? 반쯤 죽은 귀신은 천하의 무용지물이다. 좌복 위에 앉아 철저히 죽어 보라.

 — 송

頌曰.
描不成兮畫不就,
贊不及兮休生受.
本來面目沒處藏,
世界壞時渠不朽.

베낄 수도, 그릴 수도 없고,
찬탄도 미칠 수 없으니 부질없는 수고는 그만두게.
본래면목은 어디에도 감출 수 없고,
세계가 붕괴해도 '그것'은 썩지 않네.

__ 제창

"베낄 수도, 그릴 수도 없고." 바람도 그릴 수 있고 소리도 그릴 수 있다. 그러나 본래면목은 베낄 수도, 그릴 수도 없다. 어디에나 그려져 있기 때문이다.

"찬탄도 미칠 수 없으니 부질없는 수고(生受)는 그만두게." 말이나 시(詩)로 읊는 것도 불가능한, 필설(筆舌)을 끊은 소식이다. 본래면목에 대한 말과 글은 자칫하면 생명 없는 그림자가 된다. 그래서 무문은 부질없는 수고는 그만두라고 말한다.

■ '수고'의 원문 '생수(生受)'는 '고생하다'는 뜻이다.

본래면목 아닌 것이 없다. 따라서 면목이 어떻게 면목을 그리거나 말할 수 있겠는가. 칼은 칼 자신을 베지 못하고, 물은 물 자신을 적시지 못한다. 일체의 분별을 멈추고 집착에서 벗어나 있는 그대로, 자기가 그것이 되는 수밖에 없다.

"본래면목은 어디에도 감출 수 없고." 볼 때는 보이는 그대로가 진리(這箇), 들을 때는 들리는 그대로가 진리이다. 감추려 하면 감추는 그 자체가 바로 진리 아닌가?

그러므로 "세계가 붕괴해도 '그것(渠)'은 썩지 않네." 한 생각도 일어나지 않는 일념불기(一念不起)의 '본래면목'에 괴(壞)·불괴(不壞)는 없다. 없애려 해도 없앨 수 없다. 그래서 영취산의 대법회는 엄연히 계속되고, 세계가 붕괴해도 본래면목은 썩지도 이지러지지도 않는 것이다. 심안을 가진 자는 세계가 붕괴되어 초토화되어도 초토화된 세계를 한입에 삼킨다.

■ '그것'에 해당하는 원문 '거(渠)'는 3인칭 대명사로 '참된 자기', '주인공'을 나타내는 말인데, 여기서는 '본래면목', '무시무종(無始無終)의 면목'을 가리킨다.

__ 입실

　방장 스님 앞에서 본칙 전문을 외우고 "선도 생각하지 말고 악도 생각하지 말라. 바로 그럴 때, 어떤 것이 혜명 상좌의 본래면목인가?" 공안에 대해,

　김　: (좌선 자세로 미동도 하지 않고 똑바로 앉는다.)
　방장: 머리로 생각하니까 그렇게 되어버린다.
　　　　 이 공안에 딱 들어맞는 혜명 상좌의 본래면목을 보여라.

중심 인물

　육조 혜능(六祖慧能, 638-713)은 속성이 노(盧)씨로, 중국 남쪽 광동성 신주(新州) 출신이다. 그는 일찍 아버지를 여의고, 시장에서 땔나무를 팔아 홀어머니를 봉양하며 생계를 이어갔다.
　어느 날, 나무 판 돈을 받고 되돌아 나오는데 『금강경』 독송 소리가 들렸다. 자신도 모르게 마음이 끌려 듣고 있는 사이에 '응무소주, 이생기심(應無所住, 而生其心)', 즉 '집착함이 없이 마음을 내라' 라는 구절을 듣는 순간 문득 깨닫는 바가 있었다. 혜능이 독송자를 찾아가 경전의 입수저를 불으니, 호북성(湖北省) 기주(蘄州) 황매현의 빙무산(憑茂山)에서 달마의 법을 이은 5조 홍인(弘忍)에게 받았다고 했다.
　혜능은 숙세의 인연을 느끼고 홍인을 만나고 싶은 열망에 불탔다. 마침 뜻하지 않게 독지가로부터 얼마간의 돈을 보시 받게 된 혜능은 그 돈을 어머니의 생계비로 드리고, 홍인이 있는 북방으로 길을 떠났다. 2, 30대 초반의 초라한 청년 혜능이 빙무산에 도착하여 홍인을 처음 참문(參問)했을 때의 문답이다.

　　홍인: 어디서 왔느냐?

혜능: 영남 신주 사람입니다.
홍인: 무엇을 구하고 있느냐?
혜능: 오직 부처가 되고자 합니다.
홍인: 너는 영남 사람이 아니냐. 짐승같은 오랑캐가 어찌 부처가 될 수 있겠느냐?
혜능: 사람에게는 남북이 있을망정 불성(佛性)에는 남북이 없습니다.

홍인은 그의 종교적 천재성을 알아보고 방아 찧는 일을 하면서 수행할 것을 허락했다. 혜능은 오로지 방아만 찧으면서 어떤 것도 구하지 않았다.
8개월 후, 어느 날 홍인이 문하의 승들을 모아놓고 말했다. "나고 죽는 일을 해결하는 것은 매우 중대하다. 돌아가서 자신을 잘 살펴 보아라. 그래서 지혜 있는 자는 게송을 지어 제시하라. 불법의 대의를 깨달은 자가 있으면 그에게 가사와 법을 전하여 6조로 삼겠노라."
7백여 명의 제자 가운데 최고 상수이고, 대중들의 깊은 존경을 받던 신수(神秀)가 가장 먼저 게송을 지어 홍인의 처소 앞 복도 벽에 게시한다.

몸은 깨달음의 나무(身是菩提樹),
마음은 맑은 거울의 받침대(心如明鏡臺).
순간순간 부지런히 털고 닦아서(時時勤拂拭),
먼지가 묻지 않도록 해야 하리(勿使惹塵埃).

한 동자가 이 게송을 외우면서 방앗간을 지나갔다. 이것을 듣는 순간 혜능은 아직 미흡하다는 생각이 들었다. 그는 자신의 경지를 담은 게송을 지어 똑같이 벽에 붙인다. 일설에는, 혜능은 문자를 모르기 때문에 다른 사람에게 부탁해서 자신이 읊는 게송을 쓰게 했다고 한다.

깨달음에는 본래 나무가 없고(菩提本無樹),
맑은 거울에는 받침대가 없네(明鏡亦非臺).
본래 일물(一物)도 없는데(本來無一物),
어디에 먼지가 묻겠는가(何處惹塵埃).

신수의 게송은 중생의 입장에서 깨달음의 경지를 읊은 것이고, 혜능의 게송은 깨달음의 경지 그 자체를 읊은 것이다. 두 게송의 우열에 대해 후대에 여러 가지로 평하지만, 홍인은 두 사람의 선적 역량을 보고 혜능을 인가했다.

홍인은 혜능의 경지를 인정했지만 혜능은 아직 행자에 불과했다. 홍인은 야밤에 몰래 혜능을 불러 자신의 가사와 발우(衣鉢)를 건네주면서 빙무산을 속히 떠나, 시기가 성숙될 때까지 몸을 숨기라고 일러주었다. 혜능에 대한 홍인의 깊은 자애에서 나온 말이었다.

혜능이 빙무산을 떠나자 대중은 일개 행자가 전등(傳燈)의 상징인 의발을 받아 간 것을 알았다. 많은 대중이 의발을 뺏기 위해 혜능을 뒤쫓았는데, 이 중 한 명이 혜명 상좌였다. 그는 무장(武將) 출신으로, 젊어서 출가하여 도를 간절히 사모해왔으나 성격이 격한 수행승이었다. 혜명은 대유령 고개에서 혜능을 따라잡아, 홍인에게 받은 의발을 내놓으라고 재촉했다. 이때의 일을 공안으로 제시한 것이 본칙이다.

육조는 대유령의 일이 있고 난 뒤, 약 15여 년간(혹은 7년 또는 5년간) 세간에서 모습을 감추었다. 그러다 홀연히 광동성 광주(廣州)의 법성사(法性寺)에 나타났는데, 이때가 의봉 원년(676) 그의 나이 39세 때의 일이다. 법성사 일화는 『무문관』 제29칙 「비풍비번」의 공안으로 나온다.

몽산 혜명(蒙山慧明, ?-?)은 강서성 파양(鄱陽) 출신이다. 육조와 헤어진 뒤, 육조와 헤어진 뒤, 3년 동안 여산의 포수대에서 홀로 머물다가 원주(袁州)의 몽산(蒙山)으로 옮겨 그곳에서 선을 크게 선양했다. 혜능을 경모하여 법명도 혜능의 앞글자를 피해 도명(道明)으로 고치고, 제자들을 남쪽으로 보내 육조를 참례하게 했다고 전한다.

제24칙

이각어언 (離却語言)

풍혈의 「말에도 침묵에도 걸리지 않는 한마디」

 __ 본칙

한 승이 풍혈(風穴) 화상에게 묻는다. "말(語)도 침묵(默)도 이·미(離微)의 상대(相對)에 떨어집니다. 어떻게 해야 어느 쪽에도 떨어지지 않고 자유로울 수 있습니까?" 풍혈은 말한다. "아득히 추억한다, 강남의 삼월. 자고새 우는 곳에 백화 향기롭다."

離却語言.
風穴和尙, 因僧問, 語默涉離微, 如何通不犯. 穴云, 長憶江南三月裏, 鷓鴣啼處百花香.

 __ 제창

"말(語)도 침묵(默)도 이·미(離微)의 상대(相對)에 떨어집니다. 어떻게 해야 어느 쪽에도 떨어지지 않고 자유로울 수 있습니까?" '이·미(離微)'는 『보장론(寶藏論)』 제2 「이미체정품(離微體淨品)」에 나오는 말이다. 『보장론』의 저자는 전통적으로는 동진(東晋)시대 승조(僧肇)

로 알려져 있으나, 학계의 정설에 의하면 이 책은 당나라 때의 위작(僞作)이다.

승조는 구마라집 문하의 이름난 네 명의 제자 중 한 명이었지만, 414년에 31세로 사형 당했다. 일설에 따르면, 재능과 용모가 걸출한 그를 국왕이 환속시켜 신하로 삼고자 했으나 승조가 끝내 거부한 것이 사형의 원인이다. 그는 사형선고를 받고 7일간의 유예를 얻어 그 사이에 『보장론』을 저술했다고 한다. 사형에 임하여 그는 아래와 같은 유명한 게송을 남겼다.

> 사대에는 원래 주인이 없고(四大元無主),
> 오음도 본래 공하네(五陰本來空).
> 흰 칼날이 내 머리를 자르더라도(將頭臨白刃),
> 마치 춘풍을 자르는 것과 같으리(猶似斬春風).

'이·미(離微)'의 '이(離)'는 일체의 형상과 차별을 '떠난(離)' 평등 세계를 말한다. 반면에 '미(微)'는 '이(離)'가 인연 따라 천차만별로 나타나는 차별 세계를 가리키는데, 천차만별로 나타나는 그 작용이 미묘(微妙)하고 불가사의하므로 '미(微)'라 한다. 한 생각도 일어나지 않는 것을 '이(離)'라 한다면, 먹지 않으면 배고프고, 힘들게 일하면 피곤한 것이 '미(微)'이다. 침묵이 '이'라면 말은 '미'이다.

파도(微)가 곧 물(離)이요, 물이 곧 파도이듯, 원래 '이'와 '미'는 둘이 아니다. '평등즉차별', '차별즉평등'이다. 그래서 『보장론』에서도 '이'가 곧 '미'요, '미'가 곧 '이'라 한다(微卽離也, 離卽微也). 진리는 '평등즉차별, 차별즉평등', '이즉미(離卽微), 미즉이(微卽離)'의 세계다. 말이 곧 침묵이요, 침묵이 곧 말인 세계다. 그래서 이와 같은 경지에서 만사를 보고 말할 때 일체를 진리대로 보고 말한다고 한다.

　그런데 현실에서는 어떤 것을 '말(語)'로 표현하면, '이즉미'가 아니라 '미(微)', 곧 차별의 측면만 나타내어 결국 미에 떨어지게 된다. 그렇다고 '침묵(默)'하면 '이(離)', 곧 평등의 측면만 드러내어 평등에 떨어진다. 말을 해도, 침묵해도 걸리는 것이다. 이것이 승이 말하는 "말(語)도 침묵(默)도 이·미(離微)의 상대(相對)에 떨어집니다."라는 문장의 뜻이다.

　승은 묻는다. "어떻게 해야 어느 쪽에도 떨어지지 않고 자유로울 수 있습니까?" 뚫어야 할 공안이다. 어떻게 해야 차별에도 평등에도 저촉되지 않고 참다운 자유를 얻을 수 있는가?

　승은 논리적·지적 설명이 아니라 풍혈의 살아 있는 체험적인 답을 요구하고 있다. 어떻게 하면 말에도 침묵에도 걸리지 않을 수 있을까? 말을 해도 30방, 침묵해도 30방이면 어떻게 할 것인가? 이에 대해 한마디 할 수 있어야 승의 물음에 답할 수 있다.

　역시 풍혈은 선의 거장이다. 승의 물음이 끝나자마자 곧바로 아름다운 시 한 수를 읊는다.

　　아득히 추억한다, 강남의 삼월(長憶江南三月裏).
　　자고새 우는 곳에 백화 향기롭다(鷓鴣啼處百花香).

　이 시는 두보(杜甫)의 작품으로, 중국에서 가장 풍광이 아름답다는 양자강 남쪽 기슭의 봄 경치를 노래한 것이다. 강남은 꽃의 명소다. 아름다운 꽃들은 말없이 흐드러지게 피어 있고, 온갖 새들은 낭랑한 목소리로 무심히 울고 있다. 보이는 것도 꽃, 보고 있는 자도 꽃. '이것(這箇)'이 무엇이냐 물으면, 단지 "이것, 이것!" 감탄사만 연발할 뿐이다. 어찌 여기에 이·미(離微)의 상대에 떨어지고 말고가 있겠는가?

춘색의 아름다움에 도취되어 한 생각도 일어나지 않으면, 어·묵(語默), 이·미(離微)의 구속이 있겠는가? 춘색의 아름다움은 그대로 풍혈 그 자신이다. 거기에는 오직 춘색의 아름다움뿐, 털끝만큼의 분별도 없다. 풍혈이 읊은 시는 말도 침묵도 아니다.

이렇게 말로 설명하면 풍혈의 살아 있는 선적 작용이 망가져 버린다. 다만 "아득히 추억한다, 강남의 삼월. 자고새 우는 곳에 백화 향기롭다."를 온몸으로 느낄 때 풍혈의 경계를 알 수 있다.

 ― 평어

無門曰. 風穴機如掣電, 得路便行. 爭奈坐前人舌頭不斷. 若向者裏見得親切, 自有出身之路. 且離却語言三昧, 道將一句來.

무문이 말한다. 풍혈은 기량이 번개같아 순식간에 길을 찾아 거침없이 나아간다. 그런데 옛사람의 혀에 눌러앉아 헤어나지 못함은 어찌된 일인가? 만일 이에 대해 확실히 꿰뚫어 볼 수 있으면 저절로 해탈의 길이 열린다. 자, 어언삼매(語言三昧)를 떠나 한마디(一句) 말해 보라.

 ― 제창

무문은 먼저 풍혈의 기량을 평한다. "풍혈은 기량이 번개같아 순식간에 길을 찾아 거침없이 나아간다." 풍혈은 역시 선의 거장답게 보고 듣는 순간 곧바로 알아채고 거침없이 정곡을 찌른다. 질문한 승에게 주저 없이 곧바로 진리의 세계를 통째로 드러내 보인다.

"그런데 옛사람의 혀에 눌러앉아 헤어나지 못함은 어찌된 일인가?" 두보가 지은 시에 기대는 것은 좀 서투른 짓이 아닌가. 여느 때와 마찬가지로 폄하하는 어조지만, 무문의 진의는 문자 위에 있지 않음을 알라.

풍혈뿐만 아니라, 선의 거장들은 종종 옛사람의 시구(詩句)를 빌어서 자신의 경지를 드러내 보인다. 선에서는 이것을 남의 문장 표절이나 도용으로 보지 않는다. 오히려 그 시구를 택한 그의 선적 안목과 그 시구를 통해 드러나는 그의 선적 체험을 중시 여긴다. 무문도 두보의 시를 읊은 풍혈의 탁월한 선적 기량을 잘 알고 있지만, 언제나 그렇듯 비꼬는 말투로 찬탄을 표현하고 있는 것이다.

"만일 이에 대해 확실히(親切) 꿰뚫어 볼 수 있으면 저절로 해탈의 길이 열린다." 이 시를 통해 풍혈의 선의 경지에 이를 수 있으면, 저절로 심안(心眼)이 열려 자유자재하게 창조적인 삶을 살 수 있다.

■ '확실히'라고 번역한 친절(親切)은, '딱 들어맞음', '마음에 깊이 와 닿음'이라는 뜻이다.

이어 무문은 날카롭게 추궁한다. "자, 어언삼매(語言三昧)를 떠나(離却) 한마디 말해 보라." 지금 이 자리에서 어언삼매를 떠나 한 구절 읊어 보라. 입을 열지 않고 한마디 해 보라는 것이다.

'어언삼매(語言三昧)'는 말 그 자체가 되어 어·묵(語默)의 분별이 흔적도 없이 사라지는 것, '떠난다(離却)'는 철저히 그 자체가 되어 그 자체가 된 줄도 모르는 것을 뜻한다. 말 그 자체가 되어 그 자체가 된 줄도 모르는 경지가 '어언삼매를 떠난' 경지이다. 언제나 중요한 것은 머리로 하는 이해가 아니라 몸으로 하는 체험이다. 체험하면 즉석에서 한마디가 튀어나온다.

 — 송

허풍 떠는 말을 하지 않아도,

頌曰.
不露風骨句,

未語先分付.
進步口喃喃,
知君大罔措.

■ 이 송은 원래 운문이 상당법어 중에 읊은 것이다(『오등회원』 권15). 무문은 어묵(語默)·이미(離微)의 핵심을 드러내는 데 이 송을 그대로 제시한다.

■ '풍골구(風骨句)'는 '풍채와 골격이 있는 당당한 언구'라는 뜻으로, 깨달음을 과시하는 듯한 말을 가리킨다. 그래서 '허풍 떠는 말'이라 번역했다.

입을 열기 전에 진리는 명명백백.
이러니저러니 말만 계속하면,
점점 미궁으로 빠져든다는 것을 알라.

 __ 제창

무문은 먼저 첫 두 구절에서 풍혈의 대답을 평한다. "그가 허풍 떠는 말(風骨句)을 하지 않아도, 입을 열기 전에 진리는 명명백백."

승의 질문에 풍혈은 무심히 "아득히 추억한다, 강남의 삼월. 자고새 우는 곳에 백화 향기롭다."라는 시를 읊는다. '이(離)'와 '미(微)' 어느 쪽에도 떨어지지 않는 자유로움을 보인 것이다. 진실로 그리워할 때, 그리워하는 '나'는 없다. '나'가 없는데 그리움을 과시하거나 그럴 듯하게 꾸밀 의도가 어디서 생기겠는가? 오직 그리움뿐이다. 온 천지는 "아득히 추억한다, 강남의 삼월. 자고새 우는 곳에 백화 향기롭다." 뿐이다.

"입을 열기 전에 진리는 명명백백." 이·미(離微)에 구애받지 않는 진리는 천지가 나누어지기 이전에도, 또한 지금도, 눈앞에 그대로 드러나 있다. 노당당(露當當)이다. 그러므로 입을 열기 전에, 이미 너무나 명료하게 일체는 눈앞에 있다. 깨달음이란 지금부터 깨닫는 것이 아니라, 이미 깨달아 있음을 자각하는 것이다. 옛사람이 좌선을 깨달은 뒤의 수행이라 한 것도 그 때문이다.

승조가 사형에 임하여, "사대에는 원래 주인이 없고, 오음도 본래 공하네. 흰 칼날이 내 머리를 자르더라도, 마치 춘풍을 자르는 것과 같으리."하고 읊었지만, 말하지 않아도 그것은 그것이다.

후반부 두 구절은 제자들에게 하는 경책이다. "이러니저러니 말만 계속하면, 점점 미궁으로 빠져든다는 것을 알라." 지금 바로 이 자리에서 더 이상 나아갈 것도, 물러날 것도 없다. 말할 것도 없고 말하지 않을 것도 없다.

알음알이가 미치지 않는 세계에 대해 알음알이로 이러니저러니 논의를 거듭하면, 결국 올바른 방향을 잃고 진리와는 영원히 멀어진다는 것을 알라. 하늘이 아무 말 하지 않아도 사계절은 오고, 땅이 말 한마디 하지 않아도 만물은 큰다.

 __ **입실**

방장 스님 앞에서 본칙 전문을 외우자마자 갑자기

방장: 본칙의 시는 두보 작품이지?
김 : 예, 그렇습니다.

간발의 틈도 없이 방장 스님의 죽비가 날아든다. '아차, 또 거리를 두고 보았구나.' 후회해도 이미 늦었다.

중심 인물

풍혈 연소(風穴延沼, 896-973). 임제(臨濟)의 4세 법손이다. 어릴 적부터 유학에 입문해 진사 시험에 응했으나, 낙방하자 속세를 떠나 출가했다. 처음에는 천태종의 지관(止觀)에 심취했으나 선(禪)으로 전향하여, 25세 때 경청(鏡淸) 문하에서 수행했다. 그 후 남원 혜옹(南院慧顒) 문하로 들어가 오랜 수행 끝에 드디어 그 법을 이었다. 하남성 여주(汝州) 풍혈산(風穴山)에 머문 인연으로 풍혈이라 불린다.

『임제록』「행록」의 '임제가 소나무를 심은 인연' 부분에, "대풍(大風)을 만나 임제의 종풍이 크게 떨칠 것이다(遇大風卽止)."라는 앙산의 예언이 나온다. 여기서 대풍(大風)은 바로 풍혈(風穴)을 가리킨다. 이 기록대로 임제의 종풍은 풍월 시대에 이르러 제방에서 크게 선양되었다.

제25칙

삼좌설법 (三座說法)

앙산의 「대승의 법은
사구를 여의고 백비를 끊는다」

 __ 본칙

앙산(仰山)이 꿈에 미륵의 처소로 가 세 번째 자리에 앉는다. 한 존자가 나무망치로 받침대를 치고(白槌) 말한다. "오늘은 세 번째 자리에 앉은 분이 설법할 차례입니다." 앙산이 일어나 나무망치로 받침대를 치고 말한다. "대승(摩訶衍)의 법은 사구(四句)를 여의고, 백비(百非)를 끊었습니다. 잘 들으시오, 잘 들으시오."

三座說法.
仰山和尚, 夢見往彌勒所, 安第三座. 有一尊者, 白槌云, 今日當第三座說法. 山乃起白槌云, 摩訶衍法, 離四句, 絕百非, 諦聽諦聽.

 __ 제창

본칙은 앙산이 꿈에 미륵의 처소로 가서 설법한 이야기를 공안으로 삼은 것이다. 이에 대해 선에서 꿈 이야기가 웬 말이냐는 비판도 있고, 미륵의 하생(下生)과 연관지으려는 저술도 있다. 그러나 선 수행은 그런 것과는 상관없다. 또한 이 공안의 목적도 거기에 있는 것이 아니다.

진짜 꿈을 꾸고 있을 때는 꿈 외에 다른 것은 없다. 꿈이라는 생각도, 현실이라는 생각도 없다. 꿈인 줄도 모른다. 오직 꿈꿀 뿐이다. 마찬가지로 살아갈 때는 오직 살아갈 뿐, 죽을 때는 오직 죽을 뿐이다. 생(生)이 어디에 있고 사(死)가 어디에 있는가?

"앙산이 꿈에 미륵의 처소로 가 세 번째 자리에 앉는다." 앙산의 경지는 『수능엄경』에서 말하는 '오매항일(寤寐恒一)', '자나깨나 언제나 하나'이다. 잠잘 때도 깨어 있을 때도 천지 그 자체가 되어 있다. 따라서 꿈에서나 생시나 미륵의 처소인 도솔천으로 가서 설법할 수 있다. 도솔천은 앙산의 발밑에 있기 때문이다.

『화엄경』에서도 "부처님은 위신력으로 그 자리에서 일어나지 않고, 수미산 꼭대기에 올라 제석천왕의 궁전으로 향한다."고 한다. 우주 그 자체가 된 부처는 수미산을 굽어본다.

앙산이 일어나 나무망치로 받침대를 치고(白槌) 말한다. "대승(摩訶衍)의 법은 사구(四句)를 여의고, 백비(百非)를 끊었습니다. 잘 들으시오, 잘 들으시오." 뚫어야 할 공안이다.

'사구(四句)를 여의고 백비(百非)를 끊었다.'는 것은 어떠한 경우(四句)에도 해당되지 않고 백비의 부정도 초월해 있음을 뜻한다. 한마디로 '일체의 언설이나 생각이 미치지 못한다.'는 것이다. 따라서 앙산이 나무망치를 치고 한 말은 결국 "대승의 진리는 일체의 언설이나 생각이 미치지 못하는 것이니 잘 듣고, 잘 들으라."는 뜻이다.

'언설과 생각을 초월한 진리', 이것을 무슨 수로 들으라는 말인가? 그런데도 앙산은 나무망치를 치며, "대승의 법은 사구를 여의고, 백비를 끊었다. 잘 들으라, 잘 들으라."고 한다. 과연 그는 설

■ '백추(白槌)'는 선원에서 상당설법 시 청법(請法) 때나 대중에게 어떤 일을 알릴 때 나무망치로 나무받침대(木臺)를 치는 것이다.

■ '마하연(摩訶衍)'은 범어 '마하야나(mahāyāna)'를 음사한 말로 대승(大乘)을 뜻한다.

■사구(四句): 인도 철학에서는 어떤 것을 부정할 때, 그것이 성립할 수 있는 모든 가능성을 설정한 다음 그 하나하나를 부정함으로써 목적을 달성한다. 성립할 수 있는 가능성을 네 가지로 설정하는 것이 '사구(四句)'이다. 구체적으로는, 'A이다', 'A가 아니다', 'A이면서 A가 아니다', 'A도 아니고, A가 아닌 것도 아니다'의 네 가지로 분류한다. '사구 부정'의 한 예

법한 것일까? 무엇을 잘 들으라는 말인가?

　사구를 여의고 백비를 끊어 모든 분별이 없어졌으니 단지 '그것이 그것이다'. 일체가 있는 그대로 드러났으니 더 이상 말할 것이 없다. 그러니 머리 굴려 생각하지 말고, 있는 그대로 분명히 듣고 확실히 들으라. 수행자는 여기를 철저히 뚫어야 한다.

를 들면, 세계에 대한 고정관념을 부정할 때 '상(常)', '무상(無常)', '상(常)이면서 무상(無常)', '상(常)도 무상(無常)도 아니다'의 네 가지로 나누어 각각 부정한다.

■ '백비(百非)'란 모든 개념 하나하나에 '비(非)'자를 붙여서 그것을 부정하는 것이다.

 ― 평어

　무문이 말한다. 자, 말해 보라. 앙산은 법을 설했는가? 설하지 않았는가? 입을 열면 곧바로 놓치고, 입을 다물어도 또한 잃는다. 열지 않거나 다물지 않아도, 십만 팔천 리.

無門曰, 且道, 是說法不說法. 開口卽失, 閉口又喪. 不開不閉, 十萬八千.

 ― 제창

　"자, 말해 보라. 앙산은 법을 설했는가? 설하지 않았는가?" 앙산이 일어나 나무망치로 받침대를 치며 "대승의 법은 사구를 여의고, 백비를 끊었다. 잘 들으라, 잘 들으라."한 것을 법을 설했다 할 것인지, 설하지 않았다고 할 것인지 묻고 있다. 만일 둘 다 아니라면 어떻게 보아야 할까?

　"사구를 여의고 백비를 끊었다."는 '대승의 법'의 성격을 말한 것이다. 그러면 '대승의 법' 그 자체는 어떻게 설해져 있는가? 무문은 문하의 승들에게 살아 있는 대답을 촉구한다.

　"입을 열면 곧바로 진리를 놓치고, 입을 다물어도 또한 잃는다. 입을 열지 않거나 다물지 않아도, 십만 팔천 리." 이것은 '사구를 여의고 백비를 끊었다'는 말을 다르게 표현한 것이다. 대승의 법은 입을 열어 말로 표현하는 순간 놓쳐 버린다. 그렇다고 입을 다물고 가만히 있어도 잃어 버린다. 어떻게 하더라도 모두 다 틀린다.

설법은 스스로 설법이라 하지 않는다. 입을 열 때 연다 하지 않고, 다물 때 다문다고 하지 않는다. 무엇인가를 의도하면 그만큼 멀어진다. 눈이 있는 자는 보고, 귀가 있는 자는 들을 것이다. 대승의 법을, 앙산의 설법을.

 ― 송

頌曰.
白日靑天,
夢中說夢.
捏怪捏怪,
誑諕一衆.

백일청천(白日靑天),
꿈에서 꿈 이야기하네.
괴이하구나, 괴이하구나,
대중을 깡그리 속이네.

 ― 제창

"백일청천." 맑은 날의 대낮이다. 구름 한 점 없이 활짝 개어 숨겨진 것이 하나도 없다. 대승의 법은 눈앞에 그대로 드러나 있다. 노당당(露當當)이다. 설하든 설하지 않든 상관이 없다. 무문은 이 첫 구절에서 공안의 요처(要處)를 완전히 드러내 보인다.

"꿈에서 꿈 이야기하네." 대승의 법은 이렇게 명료·확실한데 앙산은 나무망치를 두드리며 "대승의 법은 사구를 여의고 백비를 끊었다. 잘 들으라, 잘 들으라."하고 구질구질하게 말한다. 백주

대낮에 이 무슨 잠꼬대 같은 소리인가.

'장주지몽(莊周之夢)'이란 말이 있다. 장주(莊周)는 장자(莊子)의 본이름이다. 장주는 꿈에 나비가 되어 날아다녔는데, 꿈을 깬 뒤 자기가 나비가 됐는지 나비가 자기가 됐는지 알 수 없게 되었다는 고사(故事)다. 꿈이 현실인가, 현실이 꿈인가. '오매항일(寤寐恒一)', '잠잘 때도 깨어 있을 때도 천지 그 자체'이다. 이것을 분명히 꿰뚫어야 선의 묘취(妙趣)를 안다.

"괴이하구나, 괴이하구나. 대중을 깡그리 속이네." 괴이하다, 실로 괴이하다. 미륵의 처소에 보인 수많은 대중을 속이는 데도 정도가 있지, 하며 무문은 일체를 빼앗아 버린다. 그는 앙산을 충심으로 존경하는 마음에서 이런 역설적인 표현을 쓰고 있다.

자, 어디 물어 보자. 앙산은 '대승의 법'을 어떻게 사구를 여의고 백비를 끊어 설했는가? 앙산의 '불설의 설(不說의 說)'을 진실로 들을 때, 그가 '대중을 속였다'고 말하는 무문의 진의도 알 수 있다.

만일 '대승의 법은 사구를 여의고 백비를 끊었다.'는 말을 머리로 이해하여 그것을 다른 사람에게 설명하고, 다른 사람은 또 그것을 그렇게 받아들인다면, 양자는 모두 선에서 십만 팔천 리 멀어져 버린다. 각자 스스로 온몸으로 깨달을 수밖에 도리가 없다.

 ― 입실

방장 스님 앞에서 본칙 전문을 외우고 "앙산이 일어나 나무망치로 받침대를 치고 말한다. 대승(摩訶衍)의 법은 사구(四句)를 여의고, 백비(百非)를 끊었습니다. 잘 들으시오, 잘 들으시오." 공안에 대해 견처를 보였다.

방장: 그렇다.

여기서는 나무망치로 두드린 부분이 핵심이다.

이것을 알면 '사구를 여의고, 백비를 끊었다.'는 뜻도 안다.

그것이 대승법이다.

선에서는 백 퍼센트 정확한 답이 아니면 답이 아니다.

중심 인물

앙산 혜적(仰山慧寂, 807-883)은 '작은 석가(小釋迦)'라 불릴 정도로 당나라 말에 크게 활약한 선의 거장이다. 선어록에 예언의 명인으로도 자주 등장한다. 광동성 소주(韶州) 출신으로 15세에 출가하고자 했지만 부모님이 허락하지 않았다. 17세에 다시 출가하고자 새끼손가락과 무명지를 잘라 부모님 앞에 놓고 양육의 은혜에 감사 드렸다. 부모님도 더 이상 만류하지 못했다.

출가하여 초기에는 남양 혜충(南陽慧忠, ?-775)의 제자인 탐원(耽源)에게 사사했으나, 위산 영우(潙山靈祐, 771-853) 문하에서 십 수년간을 수행하여 마침내 그 법을 이었다. 스승인 위산과 함께 부자창화(父子唱和)의 위앙종(潙仰宗)을 열었다.

'부자창화'란 스승의 선창과 제자의 화답이 마치 아버지와 아들처럼 호흡이 일치함을 나타내는 말로, 스승과 제자의 경지가 한 치의 오차도 없이 맞아떨어지는 친밀한 종지를 표현한 것이다. 위산과 앙산이란 이름은 두 선사가 주석한 호남성의 위산과 강서성의 앙산에서 비롯되었는데, 각각의 첫 글자를 딴 것이 종명(宗名)이 되었다.

앙산의 가풍은 원상(圓相)을 응용하여 법을 드러내는 것에 특색이 있다. 이 가풍은 제자인 신라의 순지(順支)에게도 이어지고 있다. 『무문관』 제44칙 「파초주장」을 제시한 신라 출신 파초 혜청(芭蕉慧淸)은 앙산의 3세 법손이고, 제9칙 「대통지승」의 흥양 청양(興陽淸讓)은 파초의 제자이다.

제26칙

이승권렴 (二僧卷簾)

법안의 「일득일실」

 __ 본칙

청량(清涼) 대법안(大法眼)은 승들이 점심 공양(齋) 전의 제창을 듣기 위해 법당에 모이자, 늘어뜨려져 있는 발을 손으로 가리킨다. 그때 두 승이 그쪽으로 가서 똑같이 발을 말아 올린다. 법안은 말한다. "일득, 일실(一得一失)."

二僧卷簾.
清涼大法眼, 因僧齋前上參, 眼以手指簾. 時有二僧, 同去卷簾. 眼曰, 一得一失.

 __ 제창

어느 날, 점심 공양 전의 제창을 듣기 위해 승들이 법당에 모인다. 법안은 이 기회를 놓치지 않는다. 곧바로 손을 들어 내려져 있던 발을 가리킨다. 두 승이 일어나 그쪽으로 가서 똑같이 발을 말아 올린다. 이것을 본 법안은 "일득, 일실(一得一失)."이라 말한다. 법안은 동시에 똑같이 발을 말아 올린 두 승에 대해 어째서 "일득, 일실."이라 할까? 뚫어야 할 공안이다.

　두 승 가운데 누가 득(得)이고 누가 실(失)인가? 단지 둘 다 발을 말아 올렸을 뿐이다. 이 측면에서는 이쪽이 득(得)이고 저쪽이 실(失)이요, 저 측면에서는 저쪽이 득이고 이쪽이 실이다. 이쪽이 득이면 저쪽이 실, 이쪽이 실이면 저쪽이 득. 이것이 바로 '일득일실(一得一失)'의 뜻이다. 동일물의 앞이 득이요, 뒤가 실이다. 앞과 뒤는 고정되어 있지 않다.

　'일득일실'에 대해 어느 선사는 말한다. "같은 것(평등) 속에 다름(차별)이 있고, 다른 것(차별) 속에 같음(평등)이 있다. 은 쟁반에 눈을 쌓아 올리면 완전히 흰색 일색으로 아무런 차별도 없는 듯하다. 그러나 은 쟁반은 은 쟁반, 눈은 눈으로 분명히 구별이 있다. 은연 중에 법안이 차별에 치우쳐 양자를 평한 것이라 여기면 발을 말아 올린 승의 진짜 솜씨조차도 알 수 없다."

　또 어느 선사는 말한다. "두 승이 똑같이 서서 발을 말아 올린 것은 동(同)이고 일(一)이다. 따라서 근원적 이법(理法)인 '이(理)'를 상징한다. 법안이 '일득일실'이라 한 것은 부동(不同)이고 이(二)다. 따라서 차별적 사상(事象)인 '사(事)'를 상징한다. '이(理)'는 '사(事)'를 포함하고, '사'는 그 속에 '이'를 갖추고 있다. 이 '이사불이(理事不二)'의 묘(妙)를 보라고 법안은 말하고 있다."

　어느 쪽이든 '평등즉차별(平等卽差別)', '이즉사(理卽事)'의 진리를 들어 득·실의 갈등을 초월하라는 점에서 동일하다. 법안이 이 공안을 던진 진의도 수행자로 하여금 득과 실, 시(是)와 비(非)의 갈등을 단박에 끊게 하려는 데 있다.

　득·실의 문제를 지적·논리적으로 이해하려 하는 것은 선이 아니다. 선은 '이(理)'와 '사(事)'가 둘이 아니라는 '이사불이(理事不二)'

의 진리를 말로써 설하는 것이 아니다. 수행자는 한 순간 한 순간, 일거수일투족 '이사불이' 그 자체로 살아야 한다.

 ― 평어

　무문이 말한다. 자, 말해 보라. 누가 '득(得)'이고 누가 '실(失)'인가? 이에 대해 심안(一隻眼)을 열면 곧바로 청량 국사가 실패한 곳(敗闕處)을 안다. 그긴 그렇지만, 절대로 득·실에 대해 이러쿵저러쿵 머리 굴리지 말라.

無門曰. 且道, 是誰得誰失. 若向者裏著得一隻眼, 便知淸涼國師敗闕處. 然雖如是, 切忌向得失裏商量.

 ― 제창

　법안이 "일득일실."이라 말한 것에 대해 무문은 먼저 "자, 말해 보라. 누가 '득(得)'이고 누가 '실(失)'인가?"하고 묻는다. 만물은 만물일 뿐, 득이라고도 실이라고도 하지 않는다. 사람들이 편의에 따라 '득'이니 '실'이니 할 뿐이다.
　이어 무문이 말한다. "이에 대해 심안(一隻眼)을 열면 곧바로 청량 국사가 실패한 곳(敗闕處)을 안다." 득·실의 진실을 알아 득·실을 자유롭게 사용할 수 있는 역량(一隻眼)을 가진 자는, 곧바로 청량 국사가 실패한 곳, 다시 말해 법안이 "일득일실."이라 말한 것의 진의를 안다. 무문은 여기서 다시 법안이 "일득일실."이라 말한 진의를 묻고 있다.
　'청량 국사가 실패한 곳'이란, 법안이 "일득일실."이라 말한 것을 가리킨다. "일득일실."이라 말한 것 자체가 아직 득·실의 흔적이 남아 있기 때문에 실패한 곳, 곧 실언이라는 것이다. 표현은 그렇지만 무문도 청량이 득·실의 흔적조차 없는 무애자재한 경지에서 "일득일실."이라 말한 것을 안다.

그럼에도 불구하고 실패했다 하는 것은 수행자들의 참구심을 고양시켜 "일득일실."의 '진의(眞意)' 또는 '묘지(妙旨)'를 간파하도록 하기 위해서다. 알고 보면 '실패한 곳(敗闕處)'은 도리어 법안의 '뛰어난 곳'이요 '진의'이다. '뛰어난 곳'에 대한 선적인 최고 찬탄어가 '실패한 곳'이다.

무문은 마지막으로 강조한다. "그건 그렇지만, 절대로 득·실에 대해 이러쿵저러쿵 머리 굴리지(商量) 말라." 그는 득·실에 대해 이러쿵저러쿵 분별하는 어리석음만큼은 피해야 한다고 경고한다. 법안은 무심히 "일득일실."이라 말한다. 어떻게 '득·실'을 초월할 수 있을까? 발을 말아 올린 일진실(一眞實, 진실 그 자체)을 보라. 득이니 실이니 하는 차원을 초월하여 살아 있는 선의 세계에 살라.

'일득일실'의 공안에는 굉지 정각(宏智正覺, 1091-1157)의 유명한 송이 있다(『굉지선사광록』권2). 그 첫 부분만 소개한다.

■ '이러쿵저러쿵 머리 굴리다'로 번역한 '상량(商量)'은 원래 '상인들이 물건을 매매할 때 서로 그 가격을 흥정하여 정하다'는 뜻이다. 선에서는 상량을 '문답하다'는 의미로 많이 사용하지만, 문답할 상대가 없이 혼자일 경우에는 '여러 가지로 머리 굴려 헤아리다'를 뜻한다.

송직극곡(松直棘曲)

학장부단(鶴長鳧短)

의황세인(義皇世人)

구망치란(俱忘治亂)

소나무는 곧고 가시나무는 굽었다.
학은 길고 물오리는 짧다.
천하 명군 시절, 사람들은
태평성대도 난세도 모두 잊는다.

소나무는 곧게 자라고, 가시나무는 굽게 자란다. 학의 목과 다리는 길고, 물오리의 그것은 짧다. 여기에 득·실이 있다고 해야 할까? 없다고 해야 할까? 자신의 선적 체험에서 나온 살아 있는 진실을 보여라.

 — 송

말아 올리면 훤하고 명료한 허공,
허공도 아직 우리 종(宗)에는 부합하지 않네.
어찌 허공마저 방하하는 것에 미치랴,
빈틈이 없어 바람조차 통하지 않는다.

頌曰.
卷起明明徹太空,
太空猶未合吾宗.
爭似從空都放下,
綿綿密密不通風.

 — 제창

무문은 이 공안의 궁극적 묘지(妙旨)를 네 구로 축약하여 보인다. 먼저 두 승이 똑같이 발을 말아 올린 것을 "말아 올리면 훤하고 명료한 허공."이라 한다. 발은 안과 밖을 구별하고 차별한다. 지금 이 차별을 걷어 버리면, 눈을 가로막는 것은 한 물건도 없다. 천지는 오직 평등 일색, 끝없는 허공뿐이다.

철저히 말아 올릴 때 자기는 없다. 자기가 없을 때 천지 그 자체뿐이다. 허공뿐이다. 그러나 허공도 흔적이 남는다면 몽둥이를 맞아야 한다. 이 평등의 경지에 이르렀어도 정체하면 진리와는 거리가 멀다. 그래서 무문은 "허공도 아직 우리 종(宗)에는 부합하지 않네."라 한다. 훤하고 명료한 허공, 이 평등 일색의 경지도 아직 우리

'이사불이(理事不二)'의 진경(眞境)에는 계합하지 않는다는 것이다.

그리하여 마지막 두 구절에서 무문은 말한다. "어찌 허공마저 방하하는 것에 미치랴. 빈틈이 없어 바람조차 통하지 않는다." 평등의 허공까지도 방하하여 아무것도 남는 구석이 없다. 흔적 없는 바람조차 끼어들 틈이 없다. 차별도 평등도, 시(是)도 비(非)도, 득도 실도 없는, '이사불이(理事不二)'의 참다운 경지.

무문은 이 비할 바 없는 천진(天眞)의 묘경(妙境)에 사는 것이야말로 진짜 선 생활이라 말하고 있다. 참새 한 마리, 버드나무에 앉아 천연덕스럽게 짹 짹 짹.

중심 인물

청량 대법안은 당말 오대(五代)에 활약했던 법안종(法眼宗)의 개조 법안 문익(法眼文益, 885-958)이다. 그가 선법을 크게 펼친 곳은 강소성 금릉의 청량원이고, 그의 시호는 '대법안(大法眼)'이다. 그래서 그를 청량 대법안 또는 청량 문익이라고도 부른다.

그는 절강성 여항(餘杭) 출신으로, 7세에 머리를 깎고 20세에 구족계를 받았다. 출가 후 불교뿐 아니라 유서(儒書)에도 심취했으나, 어느 날 문득 깨달은 바 있어 모든 것을 버리고 선(禪)에 입문했다.

그 뒤 제방의 행각에 나섰다가 우연히 지장원(地藏院)에 머물렀다. 떠나는 날 그곳의 나한 계침(羅漢桂琛)이 물었다. 나한은 현사 사비(玄沙師備, 835-908)의 제자이다.

나한: 모든 것은 마음이 나타난 것이라 한다. 저기 뜰아래 돌은 마음 안에 있는가, 마음 밖에 있는가?
법안: 마음 안에 있습니다.
나한: 행각하는 이가 무슨 이유로 돌덩이를 마음에 모셔놓고 다니는고?

법안은 아무 말도 하지 못했다. 그는 이 일을 계기로 나한의 제자가 되어 법을 이었다.

법안 문하에는 천태 덕소(天台德韶) 등 뛰어난 제자 60여 인이 있다. 천태 덕소의 두 제자 영명 연수(永明延壽, 904-975)와 영안 도원(永安道原)은 각각 『종경록』과 『전등록』의 저자로 유명하다. 고려 때 혜거(慧炬)와 지종(智宗) 등 우리나라 승들도 중국으로 가서 법안종의 선을 배워왔다.

법안종의 종풍을 '순인범야(巡人犯夜)'라 평한다. 야경꾼이 한밤에 도둑을 지키기는커녕 오히려 도둑질을 한다는 뜻이다. 그만큼 법안의 선기(禪機)는 상대에게 방심할 틈을 주지 않는 예리함으로 능수능란하게 상대의 일체를 빼앗아 버린 것으로 유명하다.

제27칙

불시심불 (不是心佛)

남전의 「아직 사람들에게 설하지 않은 법」

不是心佛.
南泉和尚, 因僧問云, 還有不與人說底法麽. 泉云, 有. 僧云, 如何是不與人說底法. 泉云, 不是心, 不是佛, 不是物.

 __ 본칙

한 승이 남전(南泉) 화상에게 묻는다. "아직 사람들에게 설하지 않은 법이 있습니까?" 남전이 말한다. "있다." 승이 묻는다. "어떤 것이 사람들에게 설하지 않은 법입니까?" 남전이 말한다. "마음(心)도 아니고 부처(佛)도 아니고 물건(物)도 아니다."

 __ 제창

본칙은 『벽암록』 제28칙에도 수록되어 있다. 『벽암록』에는 승의 "아직 사람들에게 설하지 않은 법이 있습니까?"라는 물음 첫머리에 '종상제성(從上諸聖)', 곧 '지금까지의 모든 성인들'이 첨가되어 있다. 이것을 참조해서 이 물음의 의미를 새기면 다음과 같다.

"삼세제불(三世諸佛)과 역대의 조사(祖師)들은 중생을 위해 오늘날까지 불교의 진수를 온전히 다 설했다고 생각합니다. 그럼에도 불구하고 아직 사람들에게 설하지 않은 특별한 법이 있습니까?"

초기경전에서 설하듯, 여래의 교법에는 손아귀에 쥔 채로 보여주지 않는 스승의 주먹은 없다. 감추어두고 설하지 않는 특별한 법이 있을 리 없다. 한없이 광활한 법계는 아무것도 감추지 않는다. 키 큰 사람은 '키 큰 법신', 키 작은 사람은 '키 작은 법신'이다.

질문한 승이 이것을 모르고 물었을 리 없다. 질문의 내용을 보면, 승은 상당한 수준에 올라 있다. '사람들에게 설하지 않은 법'이란 '사람들에게 설하려 해도 설할 수 없는 법'이란 뜻이다. 그러므로 승이 묻고자 하는 것은, "말로 설하려 해도 설할 수 없는 법이 있습니까?"이다. 남전은 역시 탁월한 선의 거장이다. 그는 이미 승의 의도를 간파하고 별것도 아닌 듯 "있다."라고 대답한다.

그러나 승도 만만찮다. "어떤 것이 사람들에게 설하지 않은 법입니까?" 말로 설하려 해도 설할 수 없는 법이 있다면 어디 한 번 보여 달라고 받아친 것이다. 표면상의 문답 너머로 서로의 의표를 예리하게 간취하고 있다. 참으로 '남산타고, 북산무(南山打鼓北山舞)', 남산에서 북을 치니, 북산에서 춤을 춘다고 할 수밖에.

"어떤 것이 사람들에게 설하지 않은 법일까?" 다시 말해, "설하려 해도 설할 수 없는 법이란 어떤 것일까?" 뚫어야 할 공안이다. 설하려 해도 설할 수 없는 법을 보여라.

진정으로 깨달은 자는 언제나 설(說)·불설(不說)을 초월한 경지에서 '설하려 해도 설할 수 없는 법' 그 자체를 산다. 그래서『능가경』에서는 '불설일자(不說一字)', 석가모니가 성도해서 열반에 들 때까지 한마디도 설한 바 없다고 한다.

선에서 말하는 '불립문자(不立文字)', '교외별전(敎外別傳)'은 '설하려 해도 설할 수 없는 법'이 진정한 법임을 주장하는 문구이다. 결국 질문한 승의 요구는 '설하려 해도 설할 수 없는 법' 그 자체로 사는 모습을 보이라는 일격이다.

남전은 곧바로 "마음(心)도 아니고 부처(佛)도 아니고 물건(物)도 아니다."라고 거침없이 외친다. 질문한 승의 면전에 설(說)·불설(不說)을 초월한 진리의 세계를, 온 존재를 다해 단적으로 제시한 것이다.

남전의 대답에 대해, 『화엄경』의 '심불급중생, 시삼무차별(心佛及衆生, 是三無差別)', '마음(心)과 부처(佛)와 중생(衆生), 이 셋은 차별이 없다'는 문구로 실마리를 찾거나, 남전의 대답은 원래 스승 마조의 말이라는 것 등에 매달린다면 곧바로 지옥행이다. '설할 수 없는 법'으로부터 십만 팔천 리 멀어지는 것이다.

어떻게 하면 '설하려 해도 설할 수 없는 법' 그 자체로 살 수 있을까? 어려울 것 없다. "마음도 아니고 부처도 아니고 물건도 아니다."라고 외친 그 순간의 남전이 되라. 그러면 남전의 진의는 물론, 이 공안의 견처도 저절로 제시할 수 있다.

 — 평어

無門曰. 南泉被者一問, 直得揣盡家私, 郞當不少.

무문은 말한다. 남전은 질문을 받자, 곧바로 자기의 재산을 깡그리 탕진한다. 빈털터리 그 모습이 실로 꼴불견이다.

 — 제창

남전이 승의 질문에 "마음도 아니고 부처도 아니고 물건도 아니다."라 외친 것을 평해서 무문은 "자기의 재산을 깡그리 탕진한다. 빈털터리 그 모습이 실로 꼴불견이다."라고 한다. 남전이 '자기의 재산을 깡그리 탕진한다'는데, 그 탕진한 '재산'이란 무엇을 말할까? 원래 무일물(無一物)인데 재산을 숨긴들 무슨 소용이 있겠는가? 무일물의 세계에서는 아무리 재산을 탕진해도 파산이란 없다.

　이렇게 재산을 모두 탕진하여 한 푼도 남지 않은 남전을 향해 무문은 "빈털터리 그 모습이 실로 꼴불견."이라고 욕을 퍼붓는다. 그러나 실은 '설하려 해도 설할 수 없는 법' 그 자체를 사는 무일물(無一物)의 남전에게 최대의 찬사를 보내고 있다. 빈털터리 그 모습, 정말 멋있소!

 ― 송

지나친 친절은 그대의 덕(德)을 상하게 하고,
무언(無言)이야말로 진짜 공덕이네.
설령 푸른 바다가 육지로 변한다 해도,
끝내 그대에게는 설할 수 없으리.

頌曰.
叮嚀損君德,
無言眞有功,
任從滄海變,
終不爲君通.

■ 이 송은 무문의 창작이 아니다. 양기 방회(楊岐方會, 992-1049) 선사의 동기인 도오 오진(道吾悟眞, ?-?) 선사의 어록(『古尊宿語錄』 권19) 등에도 나오는 송이다.

 ― 제창

　첫 두 구절은 남전의 대답에 대한 평이다. "지나친 친절은 그대의 덕(德)을 상하게 하고." 덕(德)은 불성(佛性)을 말한다. 불성은 남전뿐 아니라 누구나 본래 갖추고 있다.

　남전은 "마음도 아니고 부처도 아니고 물건도 아니다."라고, 스승 마조의 비전(秘傳)의 금과옥조(金科玉條)까지 가져와 보였다. 『장자』 「응제왕」편을 보면, 눈·코·입·귀가 없는 혼돈왕에게 과잉 친절로 눈·코·입·귀를 뚫어 주자 그가 죽어 버렸다는 이야기가 나온다. 지나친 친절은 오히려 남전의 불성(佛性)뿐 아니라 서로의 불성을 오염시킨다. '과유불급(過猶不及)', 지나침은 미치지 못함과 같다.

"무언(無言)이야말로 진짜 공덕이다." 설(說)·불설(不說)을 초월한 '무언' 이야말로 저절로 빛이 난다. 일부러 말하지 않는 것이 아니다. 구질구질 말하는 순간 모두의 불성에 흠을 내고 만다. 어찌 말할 수 있겠는가?

무문은 남전의 지나친 친절을 흠잡는다. 여느 때와 같이 억하(抑下)의 탁상(托上), 매도함으로써 오히려 높이 평가하는 방법이다.

후반부 두 구절에서 무문은 진리의 절대성을 강조한다. "설령 푸른 바다가 육지로 변한다 해도, 끝내 그대에게는 설할 수 없으리." 아무리 세월이 흐르고 흘러 바닷물이 말라서 뽕나무밭이 되는 날이 온다 해도, '사람들에게 설하지 않은 법', 곧 '설하려 해도 설할 수 없는 법'은 어떤 이론이나 방법을 써도 설할 수 없다.

소식은 이미 알고 있다. 배고프면 밥 먹고 피곤하면 잔다. 무엇을 설한다는 말인가? '자지냉난(自知冷暖)', 차고 따뜻함은 각자가 직접 온몸으로 알아야 한다.

 — 입실

방장 스님 앞에서 본칙 전문을 외우고 "어떤 것이 사람들에게 설하지 않은 법입니까?" 공안에 대해,

김   : 아침에 일어나 세수하고, 밥 먹고…….
방장: '설하지 않은 법'을 묻는데,
　　　너는 지금 설하고 있지 않느냐?

제28칙

구향용담 (久響龍潭)

용담이 등불을 '훅' 불어 끄니 덕산이 깨닫는다

 — 본칙

久響龍潭.
龍潭, 因德山請益抵夜.
潭云, 夜深, 子何不下去.
山遂珍重, 揭簾而出. 見
外面黑, 却回云, 外面黑.
潭乃點紙燭度與. 山擬
接. 潭便吹滅. 山於此忽
然有省, 便作禮. 潭云,
子見箇甚麼道理. 山云,
某甲從今日去, 不疑天下
老和尙舌頭也.

至明日龍潭陞堂云, 可中
有箇漢, 牙如劍樹, 口似
血盆, 一棒打不回頭, 他
時異日, 向孤峰頂上, 立
吾道在.

덕산이 용담에게 찾아와 가르침을 청하는데 어느새 밤이다. 용담이 말한다. "밤이 깊었으니 이제 돌아가게." 덕산이 인사하고 발을 걷고 나오니 밖이 칠흑 같다. 덕산은 뒤돌아서서 말한다. "밖이 캄캄합니다." 용담이 종이 등불을 건네준다. 덕산이 받으려 하자 용담이 '훅' 불어 꺼 버린다. 그 순간, 덕산은 홀연히 깨달은 바가 있어 곧바로 절을 올린다. 용담이 묻는다. "자네는 도대체 무엇을 깨달았는가?" 덕산은 말한다. "저는 오늘부터 천하의 노화상(老和尙) 말씀을 의심하지 않겠습니다."

다음 날 용담이 상당(上堂)하여 말한다. "만약에 한 녀석이 있어, 양날 선 칼 같은 이빨에다, 피 머금은 듯 새빨간 입을 쩍 벌리고, 한 방 때려도 꿈쩍 않을 놈이면, 언젠가 독보적인 깨달음의 경지(孤峰頂上)에서 도(道)를 크게 펼칠 것이다."

이에 덕산은 『금강경』 주석서를 들고 나와 법당 앞에 쌓아놓고, 횃불을 치켜들고 말한다. "불교의 온갖 깊은 교리를 다 밝힌다 해도 허공에 터럭 하나 날리는 것과 같고, 세간의 도리를 다 알아낸다 해도 깊은 계곡에 물 한 방울 떨어뜨리는 것과 같다." 주석서를 다 태운 덕산은 절을 올리고 용담을 떠난다.

山遂取疏抄, 於法堂前, 將一炬火提起云, 窮諸玄辨, 若一毫致於太虛, 竭世樞機, 似一滴投於巨壑. 將疏抄便燒, 於是禮辭.

 ― 제창

본칙은 제13칙 「덕산탁발(德山托鉢)」과 마찬가지로 덕산 선감(德山宣鑑, 780-865)이 주인공이다. 제13칙은 그의 만년의 일을 다룬 것에 반해, 본칙은 그가 혈기왕성한 청년이었을 때의 일이다. 학승으로서 『금강경』의 대가였던 덕산이 용담을 만나 대오(大悟)하고, 선의 거장으로 발돋움하는 경위를 공안으로 제시한 것이다.

젊은 학승 덕산은 명성이 자자한 선승 용담을 찾아가 가르침을 청한다. 두 사람이 문답하고 있는 사이 어느새 밤이 되었다. 문답이 얼마나 진지했으면 밤이 된 것도 몰랐을까. 덕산의 필사적인 몸부림이 느껴진다. 그러나 선은 이론이나 문답으로 도달할 수 있는 것이 아니다. 무문이 제1칙 평어에서 "깨달음(妙悟)을 얻기 위해서는 분별심(心路)을 완전히 끊어야 한다."라고 말했듯.

용담이 "밤이 깊었으니 이제 돌아가게."하고 말한다. 덕산이 인사하고 문 앞의 발을 걷고 나오니 밖이 칠흑 같다. 그는 되돌아서서 말한다. "밖이 캄캄합니다." 이 말에는 바깥뿐 아니라 자신의 심중도 암흑의 심연이라는 고백이 묻어 나온다. 그는 심리적으로 일촉즉발의 극한 상태에 있었던 것이다.

용담이 종이 등불을 건네준다. 덕산이 등불을 받으려는 순간, 용담은 단숨에 '훅' 하고 불어 꺼 버린다. 일순(一瞬)에 천지를 감싸는 암흑이 엄습한다. 그 순간, 덕산은 홀연히 깨달은 바가 있었다.

"용담이 '훅' 불어 꺼 버린다." 뚫어야 할 공안이다. 도오가 제자 용담에게 한 말이 있다. "견즉직하변견, 의사즉차(見則直下便見擬思卽差), 보려면 당장 보아야지, 머리로 헤아리는 순간 어긋난다."

덕산은 '훅' 불어 천지가 암흑이 된 순간, '허공소운, 철산최(虛空消殞鐵山摧)', '허공이 소진하고, 철산이 산산조각 나는' 내면적인 일대 전환을 맞이한다. 일체가 죄다 산산이 부서져, 아무것도 없는 경계이다.

덕산은 비로소 모든 분별을 방하(放下)한다. 이에 자신도 모르게 용담의 발아래 온몸을 던져 절을 한다. 대오(大悟)를 알아차린 용담이 묻는다. "자네는 도대체 무엇을 깨달았는가?"

덕산은 이론이나 이유를 붙이지 않고 말한다. 그만큼 달라진 것이다. "저는 오늘부터 천하의 노화상(老和尙) 말씀을 의심하지 않겠습니다." 드디어 천하의 선사들이 한 말을 체득한 것이다.

지금까지 학승으로 유명했던 덕산은 선에서 '불립문자, 교외별전'을 내세우고 '즉심즉불(卽心卽佛)'을 주장하는 것에 의심을 일으켜 선승들을 마구니처럼 생각했다. 그러나 이제는 실제 체험을 통해 그 생각이 잘못되었음을 안다. 드디어 '교외별전(敎外別傳)'의 '진리(這箇)'를 안 것이다. 여기서 용담은 기회를 놓치지 않고 한 수 더 예리한 수법으로 덕산을 몰아쳐야 하는데, 너무 빨리 기뻐해 버린다.

다음 날, 용담은 상당(上堂)하여 대중을 둘러보며 말한다. "만약에(可中) 한 녀석이 있어, 양날 선 칼 같은 이빨에다, 피 머금은 듯 새빨간 입을 쩍 벌리고, 한 방 때려도 꿈쩍 않을 놈이면, 언젠가 독

■ '가중(可中)'은 '만약에'라는 뜻이다.

보적인 깨달음의 경지(孤峰頂上)에서 도(道)를 크게 펼칠 것이다." 기세가 하늘을 찌를 듯하고 한 방 맞아도 꿈쩍 않을 놈은 바로 덕산이다. 용담은 장래에 덕산이 선의 거장으로서 일세를 풍미할 것을 미리 예견한 것이다.

덕산은 용담이 예견한 대로 선의 역사상 큰 획을 긋는 대선사가 된다. '한마디 해도 30방, 못해도 30방'이라는 유명한 '덕산의 방(棒)' 외에도 패기 넘치는 교묘한 수단으로 제자들을 지도한다.

깨달음을 얻은 덕산은 감사와 기쁨을 억누를 수 없어, 지금까지 공들여 저술한 『금강경』 주석서(靑龍疏鈔)를 들고 나와 법낭 앞에 쌓아놓고, 횃불을 치켜들고 말한다. "불교의 온갖 깊은 교리를 다 밝힌다 해도 허공에 터럭 하나 날리는 것과 같고, 세간의 도리를 다 알아낸다 해도 깊은 계곡에 물 한 방울 떨어뜨리는 것과 같다."

현묘한 불교 교리를 이치로 밝히고 밝혀도, 그것은 밝힌 만큼의 분량에 지나지 않는다. '내 마음이 곧 부처'라는 '즉심즉불'의 무한대에 비하면 그것은 거대한 허공에 털끝 하나를 날리는 것과 같다. 세간의 도리를 아무리 철저히 다 배운다 해도 그것은 백년도 못 가는 허망한 일이다. 어찌 '교외별전'의 한량없는 소식에 사는 대인(大人)에 비할 수 있겠는가? 굳이 견준다면, 마치 한 방울의 물을 대해(大海)에 던지는 것과 같다. 이러할진대 이 주석서가 무슨 가치가 있는가, 하고 덕산은 모두 태워버린다.

덕산이 『금강경』 주석서를 태워버린 것은 참으로 통쾌한 일이다. 그러나 그는 너무 성급했다. 다함이 없는 것이 참다운 수행이고, 선 생활이다. 한량없는 중생을 다 구제하는 수행은 무한히 계속된다. 그러니 『금강경』 주석서를 꼭 태울 필요는 없었을 것이다.

선은 불심(佛心)이고, 계(戒)는 불행(佛行)이며, 경은 불언(佛言)이다. 싫어할 법은 아무것도 없다. 선자(禪者)는 중생 구제를 위해 경전을 포함한 어떤 것이라도 자유롭게 사용할 수 있어야 한다.

걸림 없는 경계의 선승으로 새로 태어난 덕산은 깊은 감사의 마음으로 절을 하고 용담을 떠난다. 덕산은 용담의 기대를 저버리지 않고 다시 성태장양(聖胎長養)의 오랜 기간을 거쳐, 마침내 호남성(湖南省) 덕산에서 종풍을 드날리며 당대(唐代) 선계(禪界)의 거장으로 군림한다.

 ― 평어

無門曰. 德山未出關時, 心憤憤口悱悱, 得得來南方, 要滅却教外別傳之旨.

무문이 말한다. 덕산이 아직 고향을 나서기 전, 마음이 분노로 가득 차 말로 표현할 수 없을 정도였다. 그는 남방으로 가 '교외별전(教外別傳)'을 주장하는 선의 종지(宗旨)를 완전히 없애려고 결심한다.

及到澧州路上, 問婆子買點心. 婆云, 大德, 車子內是甚麼文字. 山云, 金剛經抄疏. 婆云, 只如經中道, 過去心不可得, 現在心不可得, 未來心不可得, 大德要點那箇心. 德山被者一問, 直得口似匾擔. 然雖如是, 未肯向婆子句下死却. 遂問婆子, 近處有甚麼宗師. 婆云, 五里外有龍潭和尙. 及到龍潭, 納盡敗闕. 可謂是前言不應後語.

예주(澧州)에 이르러 길가 노파에게 점심(點心)을 사먹으려고 말을 건넨다. 노파가 묻는다. "대덕이여, 걸망 속에 무슨 책이 들어있습니까?" 덕산이 대답한다. "『금강경』 주석서요." 노파가 묻는다. "그 경에는 '과거심불가득(過去心不可得), 현재심불가득(現在心不可得), 미래심불가득(未來心不可得)'이라 되어 있지요. 대덕은 어느 마음(心)에 점(點)을 찍으시렵니까?" 덕산은 이 물음에 입도 벙긋할 수 없다. 그러나 그는 노파의 이 말에 크게 죽지 못한다. 노파에게 묻는다. "이 부근에 활안(活眼)의 조사가 계십니까?" 노파가 말한다. "5리쯤 떨어진 곳에 용담 화상이 계십니다." 용담에 이르러 덕산은 완전히 패한다. 그의 앞말과 뒷말이 맞지 않는다고 할 수밖에.

龍潭大似憐兒不覺醜, 見

용담은 부모가 자식을 귀여워한 나머지 자신의 추한 행동을 눈치채지 못하는 어리석음을 저지른다. 덕산에게서 작은 불씨를 발견하고, 정신없이 서둘러 흙탕물을 끼얹어 버린다. 냉정히 생각해 보면 한바탕 웃음거리다.

他有些子火種, 郞忙將惡水驀頭一澆澆殺. 冷地看來, 一場好笑.

 __ 제창

본칙에서는 덕산이 용담을 만나 대오(大悟)한 경위를 밝혔다. 평어에서는 원래 학승이던 그가 용담과 해후하여 선에 입문하게 되는 과정에 대해 언급한다.

덕산은 중국 사천성 검남(劍南)의 주(周)씨 집안 출신이다. 어린 시절 출가하여 많은 경론을 공부했는데, 특히 『금강경』에 조예가 깊어 사람들은 그를 '주금강(周金剛)'이라 불렀다. 그의 속성 주(周)를 붙인 호칭이었다.

당시 중국의 남쪽 강서(江西)와 호남(湖南)지방에서는 선(禪)이 융성했다. 선승들은 '불립문자(不立文字)', '교외별전(敎外別傳)'을 주장하고 '즉심즉불(卽心卽佛)', '마음이 곧 부처'라 하며 마치 경론을 무시하는 듯한 불교를 선양하고 있었다.

이에 덕산은 크게 분개하여 선승들을 마구니라 보고, 그들을 근절시키는 것이 불은(佛恩)에 보답하는 길이라고 생각한다. 이런 사정을 무문은 "덕산이 아직 고향을 나서기 전, 마음이 분노로 가득 차 말로 표현할 수 없을 정도였다. 그는 남방으로 가 '교외별전(敎外別傳)'을 주장하는 선의 종지(宗旨)를 완전히 없애려고 결심한다."고 표현한다.

덕산은 『금강경』 주석서를 짊어지고 의기양양하게 고향을 떠난다. 양자강을 따라 멀리 내려와 선이 번창하고 있는 동정호(洞庭湖)

부근 예주(澧州) 땅에 발을 들여놓는다. 마침 길가에서 떡 파는 노파를 만나 떡을 사 점심(點心)하려 한다. 등에 큰 걸망을 진 당당한 젊은 승려를 보고 노파는 묻는다. "대덕이여, 걸망 속에 무슨 책이 들어 있습니까?" 덕산은 의기양양하게 대답한다. "『금강경』주석서요."

노파는 갑자기 태도를 바꾸어 엄한 표정으로 말한다. "저의 질문에 답하시면 점심은 공양물로 올리겠습니다. 그러나 답하지 못하시면 다른 데로 가보십시오." 그러고는 묻는다. "『금강경』에는 '과거심불가득(過去心不可得)', 과거의 마음도 얻을 수 없고, '현재심불가득(現在心不可得)', 현재의 마음도 얻을 수 없고, '미래심불가득(未來心不可得)', 미래의 마음도 얻을 수 없다 했습니다. 스님은 대체 어느 마음(心)에 점(點)을 찍으시렵니까?" 천하의 '주금강(周金剛)'도 일개 노파의 살아 있는 질문 앞에는 일언반구도 할 수 없었다.

'불가득(不可得)', 곧 '얻을 수 없다'란 '자기(自己)가 없다'는 말이다. '불가득심(不可得心)'이란 '자기가 없는 마음'이다. 떡 그 자체가 되었는데 떡을 먹을 자가 어디 있는가? '단지 떡을 먹을 뿐'이다. '천지일병, 만물일산(天地一餠, 萬物一山)', 천지가 하나의 떡이요, 만물이 하나의 산이다.

노파의 물음에 대해 무문은 다음과 같이 평한다. "덕산은 이 물음에 입도 벙긋할 수 없다. 그러나 그는 노파의 이 말에 크게 죽지 못한다." 덕산 정도의 인물이면 노파의 한마디에 천지가 무너져 내렸을 법한데, 그는 유감스럽게도 크게 죽지(大死一番) 못해 심안을 열지 못한다. 옛사람도 이를 평해서 "아아, 안타깝다. 주금강은 여기서 눈을 떴어야 하는데."라 말한다. 아직 깨달음의 기연(機緣)이 성숙되지 않았던 것이다.

덕산이 노파에게 머리를 숙이고 묻는다. "이 부근에 활안(活眼)의 조사가 계십니까?" 떡 파는 노파가 이 정도면 부근에 분명 이렇게 지도할 수 있는 대단한 선승이 있을 것이다. 천하의 '주금강'이라는 아만은 어디에도 없다. 그저 간절히 물을 뿐이다. 학승으로서 하늘 높은 줄 모르던 덕산이 이 정도까지 자신을 굽힌다는 것은 이미 대원(大願)을 성취한 것이나 마찬가지다. 노파는 말한다. "5리쯤 떨어진 곳에 용담 화상이 계십니다."

덕산은 곧바로 용담을 찾아간다. 덕산은 말한다. "용담(龍潭)의 소문을 들은 지 오래인데, 와서 보니 용(龍)도 없고 못(潭)도 보이지 않네."『금강경』의 반야(般若) 공(空)사상에 입각한 수금강 덕산의 예리한 일격이다.

용담이 말한다. "자네는 바로 용담에 와 있네(子親到龍潭)." '바로(親)'라는 이 말에 용담의 탁월한 선적 경지가 드러난다. '용'도 없고 '담(못)'도 없다. 없는 곳이라야 진짜 용담이 현성(現成)한다. 안타깝게도 덕산은 이 친절한 용담의 일구(一句)에도 아직 눈뜰 경지가 못된다. 본칙은 이 최초의 만남이 있은 뒤에 일어난 일이다.

용담의 거처에서 덕산이 대오(大悟)하기까지의 경과는 이미 본칙에서 언급한 대로이다. 이를 평해서 무문은 말한다. "용담에 이르러 덕산은 완전히 패한다. 그의 앞말과 뒷말이 맞지 않는다고 할 수밖에."

고향을 출발할 때 "남방으로 가서 '교외별전(敎外別傳)'을 주장하는 선의 종지(宗旨)를 완전히 없애버리겠다."던 덕산이, 용담의 교시 아래 대오(大悟)한 뒤 "저는 오늘부터 천하의 노화상 말씀을 의심하지 않겠습니다." 하고 일대 전환을 했으니 얼마나 처참한 패배인가. 무문은 덕산의 처음 말과 나중 말이 다르다고 코웃음치면서 내심으로는 덕산의 개안(開眼)에 찬사를 보낸다.

용담에 대한 평도 여전히 격하고 역설적이다. "용담은 부모가 자식을 귀여워한 나머지 자신의 추한 행동을 눈치채지 못하는 어리석음을 저지른다. 덕산에게서 작은 불씨를 발견하고, 정신없이 서둘러 흙탕물을 끼얹어 버린다. 냉정히 생각해 보면, 한바탕 웃음거리다."

용담은 노파심이 지나쳤다. 그는 덕산을 귀여워한 나머지 자신의 쓸데없는 참견이 추하다는 것도 눈치채지 못한다. 용담은 "저는 오늘부터 천하의 노화상 말씀을 의심하지 않겠습니다."라는 덕산의 말이야말로 깨달음의 불씨라고 생각한다. 게다가 용담은 "언젠가 그는 독보적인 깨달음의 경지(孤峰頂上)에서 도(道)를 크게 펼칠 것."이라 서둘러 말함으로써 불씨를 더 키우기는커녕 정신없이 흙탕물만 끼얹어 버린다. 참으로 종문(宗門)의 수치다.

마지막으로 무문은 이와 같은 일련의 과정을 평해서 "냉정히 생각해 보면, 한바탕 웃음거리."라고 여전히 역설을 농한다. 어리석음도 깨달음도 함께 초월한 절대적 경지에서의 평어이다. 무문은 촉구한다. '한바탕 웃음거리'의 경지에 노닐기 위해서는 스승은 제자의 마음에 원한이 맺힐 정도로 엄하게 지도해야 하고, 제자는 스승의 호된 경책에도 기 하나 죽지 않는 용맹심으로 수행해야 한다고 말이다.

 — 송

頌曰.
聞名不如見面,
見面不如聞名.
雖然救得鼻孔,
爭奈瞎却眼睛.

이름 듣는 것보다 얼굴 보는 것이 낫고,
얼굴 보는 것보다 이름 듣는 것이 낫다.
콧구멍은 찾았는데,
어찌할꼬, 눈동자는 잃어 버렸으니.

 __ 제창

　무문은 첫 두 구절에서 덕산이 대오한 심경을 평한다. "이름 듣는 것보다 얼굴 보는 것이 낫고, 얼굴 보는 것보다 이름 듣는 것이 낫다." 덕산의 기세로는 '교외별전'이라든가 '즉심즉불'의 이름을 듣는 것만으로는 만족할 수 없었다. 이름 듣는 것보다 얼굴을 직접 보아야 했던 것이다.

　그러나 대오(大悟)해서 직접 얼굴을 보니, '교외별전'도 '즉심즉불'도 지금 내 눈앞의 일에 지나지 않는다. '본래면목', '본래 갖추고 있는 불성'에 눈뜬 것에 지나지 않는다. 아무것도 변한 것이 없다. 대단하다는 명승지도 가서 보니 별것 아니다. 이름만 들었을 때가 오히려 좋았다. 무문은 이렇게 평함으로써 덕산의 대오를 별 것 아닌 것으로 빼앗아 버린다.

　"콧구멍은 찾았는데." 무문은 덕산이 대오한 것을 '콧구멍을 찾았다'고 표현한다. 용담이 등불을 '훅'하고 불어 끈 순간, 덕산은 코로 숨쉬는 것을 알았다. 사실 이것은 의식은 하지 않았지만 이미 알고 있던 것이다. 무한한 과거, 비바시불 이전부터 귀로 숨쉬는 일은 없었다. 진리는 원래 어리석음도 깨달음도, 범부도 성인도 초월해 있다는 평등일여(平等一如)를 깨달은 것이다.

　"어찌할꼬, 눈동자는 잃어 버렸으니." 덕산이 법당 앞에서 『금강경』 주석서를 불태워 버렸을 때의 언행을 평한 말이다. 덕산은 대오해서 평등일여의 경지에서 숨쉴 수 있는 콧구멍은 찾았지만, 차별 세계에서 자유자재하게 활동할 수 있는 눈동자는 잃어 버렸다는 말이다. 무문은 심안을 가진 자는 평등즉차별, 이사불이(理事不二)의 자유로움에 산다는 것을 강조한다.

— 입실

본칙에 대한 선문답이 끝나자마자 방장 스님이 불쑥 묻는다.

방장: 『금강경』에 '과거심불가득, 현재심불가득, 미래심불가득'
이라 했다.
어느 마음으로 점심(點心)하겠느냐?

이렇게 불쑥 물으면 정말 당황할 수밖에 없다. 조금만 주저하면 머리 굴린다고 호통치고, 이론적으로 답하면 학문하는 버릇을 못 버린다고 야단맞고……. 입실 때에는 언제 어떤 물음이 날아와서 자존심을 짓밟을지 모른다. '아(我)'가 남아 있으면 더 이상 입실할 수가 없다.

중심 인물

용담 숭신(龍潭崇信, ?-?)은 덕산의 스승으로 석두 희천(石頭希遷)의 제자 천황 도오(天皇道悟, 748-807)의 법을 이었다. 출가 진 용담은 도오가 거처하던 천황사 아랫마을 떡집 아들이었다.
용담은 매일 떡 열 개를 도오에게 공양으로 올렸다. 떡을 받은 도오는 언제나 한 개를 남겨 용담에게 주었다. 용담이 그 까닭을 묻자, "네가 가져온 것을 되돌려주는데 무엇이 이상한가?"하고 대답했다. 용담은 이 말에 깨달은 바가 있어 출가했다. 후에 그는 호남성 예양(澧陽)의 용담사에 주석했다.

제29칙

비풍비번 (非風非幡)

육조의 「바람도 깃발도 아니고 마음이 움직인다」

 __ 본칙

사찰의 깃발이 바람에 휘날리고 있다. 이를 두고 두 승이 논쟁을 벌인다. 한쪽은 "깃발이 움직인다."고 하고, 다른 한쪽은 "바람이 움직인다."고 한다. 서로의 주장만 오고갈 뿐 결론이 나지 않는다. 이를 본 육조가 말한다. "바람이 움직이는 것도 아니고, 깃발이 움직이는 것도 아니오. 그대들의 마음이 움직이는 것이오." 두 승은 경외심에 소름이 돋는다.

非風非幡.
六祖, 因風颺刹幡, 有二僧對論, 一云, 幡動, 一云, 風動, 往復曾未契理. 祖云, 不是風動, 不是幡動, 仁者心動. 二僧悚然.

■『전등록』 권5 「혜능 대사」조에는 본칙에 이어 다음과 같은 내용이 나온다. 인종 법사는 혜능 행자가 두 승에게 한 말을 몰래 들었는데 놀랍고 신묘했다. 그가 다음 날 행자를 방으로 불러 다시 바람과 깃발(風幡)의 문답을 물어 보니, 행자는 흠 잡을 데 없이 명확히 대답한

 __ 제창

이 공안은 제23칙 「불사선악(不思善惡)」과 마찬가지로 육조 혜능(六祖慧能, 638-713)이 주인공이다. 제23칙은 아직 행자(行者) 신분이

다. 인종은 자신도 모르게 일어나 "행자는 정녕 보통 분이 아닙니다. 도대체 스승이 누구십니까?"하고 묻는다. 혜능은 오조 홍인에게서 법을 이어받은 경위를 숨김없이 말한다. 이에 인종은 제자의 예를 갖추면서 선의 요체를 가르쳐 주길 청한다. 그리고는 대중들에게, "나는 가사를 입은 범부에 지나지 않지만, 지금 비로소 살아있는 육신(肉身)의 보살을 만났다."고 말한다.

이 일이 있은 뒤 혜능은 비로소 머리를 깎고, 법성사 지광(智光) 율사에게 구족계를 받아 정식으로 출가한다. 마침내 대선사로서의 육조 혜능의 교화가 시작된 것이다.

던 혜능이 오조 홍인의 의발(衣鉢)을 전해 받고 황매를 떠나 남방으로 몸을 숨기는 때의 일을 소재로 한 공안이다. 제23칙에 나온 대유령 고개 사건 후 혜능은 광동성 광주(廣州)에서 대략 15여 년간(일설에는 7년 또는 5년간) 자취를 감추고 은둔 생활을 한다. 그러다가 홀연히 광주의 법성사(法性寺)에 모습을 나타내는데, 이때가 의봉 원년 (676), 그의 나이 39세 때의 일이다.

여전히 행자 모습 그대로 인종(印宗) 법사의 『열반경』 강의를 듣기 위해 법성사에 나타난 혜능. 그는 지금이야말로 세상에 나가 사람들을 지도할 시기임을 안 것이다. 이때의 일을 공안으로 제시한 것이 본칙이다.

법성사에 머물던 어느 날 밤, 육조는 두 승이 바람에 휘날리는 사찰의 깃발을 두고 논쟁하는 것을 듣는다. 한쪽은 깃발이 움직인다 하고, 다른 한쪽은 바람이 움직인다 한다.

통상 우리는 깃발이 움직이기 때문에 깃발이 휘날린다고 생각한다. 그러나 바람이 불지 않으면 깃발은 움직이지 않는다. 어느 화가에게 바람을 그려달라 부탁하니 바람에 흔들리는 버드나무 가지를 그려주었다는 이야기가 있다. 따라서 깃발이 움직이는 것이 아니라 바람이 움직인다는 것도 일리가 있다. 그렇다면 깃발이 움직인다 할 것인가, 바람이 움직인다 할 것인가?

언제 끝날지 모르는 논쟁을 듣던 육조는 불쑥 한마디 던진다. "바람이 움직이는 것도 아니고, 깃발이 움직이는 것도 아니오. 그대들의 마음이 움직이는 것이오." 뚫어야 할 공안이다.

육조의 말에 두 승은 깊은 외경을 느낀다. 체험에서 우러나온 말은 불가사의하게 사람 마음을 움직인다. 그들이 '만법유심(萬法唯心)'이나 '심외무법(心外無法)'이라는 불교 교리를 모를 리 없다. 그러나 '마음이 움직인다'는 육조의 한마디를 듣는 순간, 두 승은 이것이야말로 선적 체험에서 솟구쳐 나온 살아 있는 말이라는 것을 직감적으로 알아차린다. 그들이 깊이 감동하여 외경심까지 가진 이유도 여기 있다.

이 공안을 복잡하고 번잡스럽게 생각하지 말라. 복잡하고 번잡스러운 것은 그대의 머릿속이다. 깃발이 움직인다고도, 바람이 움직인다고도 할 수 없다. 사람이 마음대로 이름 붙여 옥신각신할 뿐이다. 육조는 단지 그대들의 마음이 움직일 뿐이라며 각성을 촉구한다.

깃발은 무엇이고, 바람은 무엇이며, 마음은 무엇인가? 자타(自他)가 원래 둘이 아님(不二)을 알면 아무 문제도 없는 것을. 모르는 것만큼 안타까운 일도 없다. 육조가 말한 '마음'이 어떤 것인가를 알면 부질없는 다툼에서 자유롭다. 자, 견처를 보여 보라.

옛 선사는 이 공안에 대해 다음과 같이 읊는다.

　　서풍일진래(西風一陣來)
　　낙엽양삼편(落葉兩三片)

　　서풍이 온 천지를 뒤덮으니,
　　여기저기 낙엽이 나뒹군다.

서풍이 움직이는가, 낙엽이 움직이는가, 마음이 움직이는가? "서풍이 온 천지를 뒤덮으니, 여기저기 낙엽이 나뒹군다."

無門曰. 不是風動, 不是幡動, 不是心動. 甚處見祖師. 若向者裏見得親切, 方知二僧買鐵得金. 祖師忍俊不禁, 一場漏逗.

■ '인준불금(忍俊不禁)'은 '마음에서 솟구쳐 나오는 것을 좀이 쑤셔 참을 수 없다'는 의미이다.

 ― 평어

무문이 말한다. 바람이 움직이는 것도 아니고, 깃발이 움직이는 것도 아니고, 마음이 움직이는 것도 아니다. 어디서 육조를 볼 것인가? 만일 이것을 분명히 꿰뚫으면, 두 승은 철 나부랭이를 사려다가 황금을 얻었음을 안다. 육조는 한 소리 하는 것을 참을 수 없어(忍俊不禁) 한바탕 볼썽사나운 웃음거리를 연출한다.

 ― 제창

무문은 먼저 "바람이 움직이는 것도 아니고, 깃발이 움직이는 것도 아니고, 마음이 움직이는 것도 아니다. 어디서 육조를 볼 것인가?"하며 단도직입적으로 이 공안의 핵심을 찌른다.

움직이지만 움직임이 없고, 멈추지만 멈춤이 없다. 단지 그것일 뿐이다. 움직이고 멈추는 그것 외에 따로 '마음'이란 놈이 있는 것도 아니다. 따라서 무문은 "마음이 움직이는 것도 아니다."라는 말로 "그대들의 마음이 움직인다."는 육조의 대답을 사정없이 빼앗아 버린다.

"어디서 육조를 볼 것인가?" '마음이 움직인다'고 말함으로써 육조다운 면목은 어디에서도 찾아볼 수 없게 되었다고 비꼬고 있다. 그러나 이 말의 깊은 뜻은 오히려 마음이 움직인다고 말한 육조의 진짜 면목에 눈뜨라는 데 있다. 움직이지만 움직임이 없고 멈추지만 멈춤이 없다. 움직인다 해도 옳고, 멈춘다 해도 옳다. 이 자유자재함이야말로 동·정(動靜)을 초월한 선의 묘지(妙旨)이다.

무문은 이어서 "만일 이것을, 다시 말해 어느 것도 움직이지 않는다는 것을 분명히 꿰뚫으면 두 승은 철 나부랭이를 사려다가 황금을 얻었음을 안다."고 한다. "바람이 움직이는 것도, 깃발이 움직이는 것도, 마음이 움직이는 것도 아니다."를 철저히 꿰뚫어라. 그러면 두 승은 물론 누구라도 예상치 못한 진귀한 보물을 손에 넣을 것이다.

마지막으로 무문은 "한 소리 하는 것을 참을 수 없어(忍俊不禁) 한 바탕 볼썽사나운 웃음거리를 연출한다."며 육조를 힐난한다.

육조가 두 승의 어리석은 논쟁을 듣고 "그대들의 마음이 움직인다."고 말한 것은 참으로 한바탕 볼썽사나운 웃음거리에 불과하다는 섯이다. 무문은 두 승을 더욱 세차게 몰아칠 활(活)수단이 육조에게 없음을 아쉬워한다. 무문은 할 수 있는 데까지 매몰차게 육조를 폄하함으로써 수행자들을 각성시키려 애태우고 있는 것이다.

 __ 송

"바람이 움직인다.", "깃발이 움직인다.", "마음이 움직인다."
모두 같은 죄로 쇠고랑을 찰 감이네.
입을 열 줄은 알지만,
말에 떨어졌다는 것은 눈치채지 못하네.

頌曰.
風幡心動,
一狀領過.
只知開口,
不覺話墮.

 __ 제창

이 공안에 대한 무문의 송은 매우 간결하다. 첫 구절에서 두 승의 주장과 이에 대한 육조의 답변을 그대로 나열하고, 둘째 구절에서

■ '일장령과(一狀領過)'란, '같은 죄이기 때문에 한 통의 영장으로 모두 구속하다'는 뜻이다.

는 "모두 같은 죄로 쇠고랑을 찰 감이네(一狀領過)."하며 셋을 모두 다 빼앗아 버린다. 두 승의 주장이나 육조의 답변 내용이나 모두 불법에 어긋나기 때문에 같은 죄를 저질렀다는 것이다.

마지막 두 구절에서는 "육조는 입을 열 줄은 알지만, 말에 떨어졌다는 것은 눈치채지 못한다."고 한다. 무문은 이 두 구절로 육조의 숨통을 끊어 버린다.

말은 끝없는 분별, 이론적인 알음알이의 세계이다. 선에서는 말이 필요 없다. 오직 자각(自覺)할 뿐이다. 말은 하면 할수록 그만큼 오염이다. 그것이 "입을 열 줄만 알았지 진리에서 멀어진다는 것은 눈치채지 못한다."고 무문이 말한 까닭이다. 여기에 이르면 "그대들의 마음이 움직인다."고 한마디 한 육조의 죄도 하늘에 가득 찬다. 이것은 "입을 열면 진실은 이미 그곳에 없다. 깊이 명심하라."는 무문의 경고이다.

그러나 참다운 수행자는 어·묵(語默)을 자유롭게 사용할 수 있는 역량이 있어야 한다. 이 자유로움으로 "바람이 움직인다.", "깃발이 움직인다.", "마음이 움직인다."고 말할 때 그 말은 진실이 된다.

제30칙

즉심즉불 (卽心卽佛)

마조의 「즉심즉불」

 __ 본칙

마조에게 대매(大梅)가 묻는다. "어떤 것이 부처입니까?" 마조가 말한다. "즉심시불(卽心是佛), 마음이 곧 부처다."

卽心卽佛.
馬祖, 因大梅問, 如何是佛. 祖云, 卽心是佛.

 __ 제창

이 공안은 대매 법상(大梅法常, 752-839)이 마조 도일(馬祖道一, 709?-788)을 처음 찾아갔을 때 주고받은 문답이다. '즉심즉불(卽心卽佛)', 곧 '즉심시불(卽心是佛)'은 마조 선의 핵심이라고 할 수 있다. 대매는 '즉심시불'을 듣는 순간 그 자리에서 깨달았다.

마조에게 대매가 묻는다. "어떤 것이 부처입니까?" 마조는 말한다. "즉심시불(卽心是佛), 마음이 곧 부처다." 뚫어야 할 공안이다. 이것은 선의 진수를 나타내는 중요한 말로, 예로부터 선 수행자들 사이에 널리 회자되어 왔다. 선 수행이란 '마음이 곧 부처'라는 것을 온몸으로 체득하는 것이다.

"어떤 것이 부처입니까?" 대매가 묻는 것은 경전에 기록되어 있는 부처가 아니라 마조 자신이 온몸으로 체험한 부처라는 것은 말할 필요도 없다. 많은 선의 거장들이 이 물음에 대해 각자 독특한 체험을 제시하고 있는데, 마조의 '즉심시불'도 예외는 아니다.

만일 '즉심시불'을 머리로 이해하여 '사사물물 어느 것 하나에도 집착하지 않는 마음이 곧 부처'라거나, 『심왕명(心王銘)』에 나오는 말이라는 등, 지적 유희에 빠지면 공안으로서의 생명력은 죽어버린다.

"즉심시불, 마음이 곧 부처다.", 여기에 곧장 뛰어들라. 한 치의 틈도 없이 온몸으로 '마음이 곧 부처다'를 붙잡으라. 마조 그 자체가 되어 참구하라. '마음이 곧 부처란 무엇을 말하는 것인가' 하고 생각하거나 분석하지 말라. 그렇게 되면 '즉심시불'에서 십만 팔천 리 멀어진다.

"즉심시불." 마조의 이 한마디에 대매는 곧바로 대오한다. 단지 '그것이 그것일 뿐', 대답하는 마조는 말하는 입이 없다. 듣는 대매도 단지 '그것이 그것일 뿐', 듣는 귀가 없다. '자기'는 어디에도 없다. 자, 말해 보라. '즉심시불', 무엇이라고 견처를 보이겠는가?

이후 대매는 명리(名利)를 피하여 대매산으로 들어가 산천과 금수를 친구 삼고 오랫동안 은둔하면서 선경(禪境)을 닦는다. 대매산에서 은거한다는 소식을 들은 마조는 한 승을 보내어 이렇게 묻게 한다.

승 : 화상께서는 마조 스님을 뵙고 무엇을 얻었기에 이 산에

사십니까?

대매: 마조 스님께서 나에게 '마음이 곧 부처(卽心是佛)'라 하셨기에 여기에 와서 산다.

승 : 요즘 마조 스님의 가르침은 다릅니다.

대매: 어떻게 다른가?

승 : 요즘은 '마음도 아니고 부처도 아니다(非心非佛)'라고 하십니다.

대매: 그 늙은이가 사람들을 끝없이 속이고 있구나. 설령 '마음도 아니고 부처도 아니다(非心非佛)'라 해도 나는 오식 '마음이 곧 부처다(卽心卽佛)'라고 할 것이다.

승이 돌아가 전말을 전하니, 마조는 "매실이 잘 익었구나." 했다. 대매의 선적 역량이 충분히 성숙되었음을 칭찬한 말이다. 공안은 한 칙만으로도 충분하다. 깨달음에 둘이 있을 리 없으니까. 다만 철저하고 분명하게 꿰뚫을 것을 요할 뿐이다.

 ― 평어

무문이 말한다. 만일 '그것'을 곧바로 깨달으면 부처의 옷을 입고, 부처의 밥을 먹고, 부처의 말을 하고, 부처의 행동을 하리니, 그대로 부처이다. 그건 그렇지만 대매는 많은 사람을 현혹시켜 저울 눈금의 시작점(定盤星)만 보게 만들었다. '불(佛)'자를 말하기만 해도 3일 동안 양치질해야 함을 어찌 알겠는가? 참다운 선 수행자는 '즉심시불(卽心是佛)'이라 듣자마자 귀를 막고 달아난다.

無門曰. 若能直下領略得去, 著佛衣, 喫佛飯, 說佛話, 行佛行, 卽是佛也. 然雖如是, 大梅引多少人, 錯認定盤星. 爭知道說箇佛字三日漱口. 若是箇漢, 見說卽心是佛, 掩耳便走.

__ 제창

　무문은 먼저 '즉심시불, 마음이 곧 부처다'를 평해서 "만일 '그 것'을 곧바로 깨달으면 부처의 옷을 입고, 부처의 밥을 먹고, 부처의 말을 하고, 부처의 행동을 하리니, 그대로 부처이다."라 한다.
　"'그것'을 곧바로 깨달으면." '즉심시불'을 참구할 때는 '즉심시불' 그 자체가 되는 것은 물론, 언제 어디서나 하는 일과 하나가 되어야, '그것' 곧 '진리(這箇)'를 깨닫는다. 다시 말하면 우리 마음이 좋고 싫음 등으로 조각조각 나기 이전의 청정무애한 본심(本心)에 눈을 뜬다.
　이 본심에 눈뜨면 '부처의 옷을 입고', 옷을 입을 때 몸이 없고, '부처의 밥을 먹고', 먹을 때 입이 없다. '부처의 말을 하고', 말할 때 혀가 없고, '부처의 행동을 한다', 걸을 때 발이 없다. 순간순간 무아를 실천하면서 산다. 참다운 선 수행자의 삶은 무심·무아의 자기를 실제로 증명해 보이는 것이다. 그의 일거수일투족은 창조의 한 순간 한 순간이다.
　"그대로 부처이다." 생활 전체가 그대로 부처의 움직임이다. 내가 없을 때 나 아닌 것이 없다. 지금까지 남의 집에 산다고 생각했지만, 실은 처음부터 내 집에 살고 있었던 것이다. '수처작주, 입처개진(隨處作主, 立處皆眞)', 이르는 곳마다 주인이고, 가는 곳마다 진실이다. 선 수행자에게는 호적이 없다.
　이어 무문은 "그건 그렇지만 대매는 많은 사람을 현혹시켜 저울 눈금의 시작점(定盤星)만 보게 만들었다."고 평한다. 무게를 잴 때는 가리키는 눈금에 눈이 가야지 정반성에 눈이 고정되면 안 된다. 그런데도 눈이 정반성에서 떨어지지 않는 것은 쓸데없는 것에 집착한다는 뜻이다. 따라서 '저울 눈금의 시작점, 곧 정반성만 보게 만들

■ 정반성(定盤星)은 천칭(天秤)의 눈금판 시작점에 있는 별 표시를 말한다.

었다'는 말은 버려야 할 것을 집착하게 만들었다는 뜻이다.

'즉심시불'이라는 깨달음이 아무리 소중하다 해도 생명 없는 죽은 물건이 되어서는 소용이 없다. 깨달음에 집착하면 자유를 잃는다. 깨달은 것도 버려야 한다. 무문은 대매를 향해 "'즉심시불'에 집착하게 하여 많은 사람들을 형해(形骸)에 매달리는 봉사로 만들어버렸다."고 매도한다. 이것은 '즉심시불'이라는 말만 중얼거릴 뿐, '즉심시불'의 묘지(妙旨)를 체득하지 못하는 제자들과 오늘의 우리에 대한 경고다.

무문은 이어서 다시 격하게 평한다. "'불(佛)'자를 말하기만 해도 3일 동안 양치질해야 함을 어찌 알겠는가? 참다운 선 수행자는 '즉심시불(卽心是佛)'이라 듣자마자 귀를 막고 달아난다."

'불(佛)'이라는 말을 해서 입이 더러워졌다고 3일 동안 양치질을 한 옛사람의 일을 알지 못하는가? '불'의 'ㅂ'자만 입에 올려도 마음이 오염되는데 하물며 '즉심시불'이라니. 참다운 수행자는 그 말을 듣는 순간 귀를 막고 도망간다.

눈은 옆으로 코는 아래인 얼굴을 하고서 밖으로 찾아 헤매는 승냥이 같은 화상. 무문은 대매를 신랄하게 깎아내리지만, 이것은 말에 집착하고, '즉심시불'의 말뜻에만 맴도는 자들에 대한 자비심 넘치는 경고임을 알아야 한다.

 ― 송

청천백일.
어리석게 여기저기 찾아다니지 말라.
그런데도 또다시 부처를 물으면,
훔친 물건을 껴안고 무죄를 외치는 것과 같다.

頌曰.
靑天白日,
切忌尋覓.
更問如何,
抱臟叫屈.

__ 제창

"청천백일." 무문은 '즉심시불'을 단적으로 제시한다. '즉심시불'을 진짜로 알면 구름 한 점 없는 밝은 대낮처럼 감춰진 것은 아무것도 없다. 서면 선 그곳, 앉으면 앉은 그곳, '즉심시불'이 당당히 드러나 있다(露當當). 일거수일투족 '진리(這箇)' 아닌 것이 없다.

"어리석게 여기저기 찾아다니지 말라." 새삼스레 이리저리 찾아다닐 일이 없다. 괴로울 때는 철저히 괴로워라. 극락(極樂)은 극고(極苦)에 안주하는 것이다. '안주'란 상대 그 자체가 되어 자기가 없는 경지다.

아침에 일어나면 세수한다. 단지 세수할 뿐이다. 때가 되면 밥 먹고, 일하고, 잠잔다. 물 흐르듯 무심·무아의 삶을 산다. 아무도 방해할 자가 없다. '즉심시불'의 체험적 소식은 바로 여기 있다.

무문은 이어서 "그런데도 또다시 부처를 물으면, 훔친 물건을 껴안고 무죄를 외치는 것과 같다."고 평한다. 무엇이 부족해서 또다시 부처를 묻고, '즉심시불'이라 대답하는가? 그것이야말로 훔친 물건을 껴안고 죄인이 아니라고 외치며 발뺌하는 것과 같은 어리석음이다.

묻는 자, 대답하는 자, 어느 쪽도 죄인임은 피할 수가 없다. 처처(處處)가 부처인데 부처를 훔쳐서 어쩌겠다는 것인가? 그것은 부처를 묻고 대답하여 자기 소유로 만들려고 하는 어리석음이다. 진짜 깨달음은 그 자리 그 자리에 안주하여 마음이 움직이지 않는 것이다.

『증도가(證道歌)』에서는 '불리당처상담연, 멱즉지군불가견(不離當處常湛然, 覓則知君不可見), 당처를 벗어나지 않고 언제나 고요하나니, 찾으려 하면 도리어 볼 수 없음을 곧바로 알 것이다.'라 한다. 언제 어디서든 지금 여기가 깨달음의 한복판이다. 이 순간의 자기를 떠나 바깥에서 찾으면 '즉심시불'은 영원히 보이지 않는다.

중심 인물

마조 도일(馬祖道一, 709?-788). 그는 일상을 영위해 나가는 평상의 마음이 바로 진리임을 확립하여 중국 선의 방향을 결정지었다. 문하에는 800 내지 1000명이 넘는 수행자들이 운집했고, 백장 회해, 남전 보원, 서당 지장, 방거사 등 개성 있고 이름난 제자만 130여 명에 달했다. 그는 근기가 낮은 사람도 문전박대하지 않고 여러 방편으로 이끌었다. 그러면서도 이러한 방편의 위험성을 염두에 두고 "나의 말을 기억하여 금과옥조로 삼아서는 안 된다."고 경고하기를 잊지 않았다. 새겨들어야 할 말이다.

마조 도일의 속성은 마(馬)씨였기에 마조(馬祖)라 불린다. 그는 사천성 한주(漢州) 습방현(什方縣) 출신으로 키를 만들어 파는 하찮은 집안의 아들이었으나, 용모가 특이했고, 소처럼 걸었으며, 호랑이처럼 눈빛이 형형했다고 한다. 그는 육조 혜능의 제자인 남악 회양(南嶽懷讓)의 법을 이었다.

신라 말과 고려 초에 걸쳐 형성된 우리나라 9산 선문(禪門) 가운데 수미산의 이엄(利嚴)과 희양산의 도헌(道憲)을 제외한 7산의 조사는 모두 서낭 지상, 남전 보원, 염관 제안 등 마조의 직제자에게 법을 받고 귀국한 선사들이다. 희양산의 도헌도 비문에 따라서는 마조의 직제자 신감(神鑑)의 법손으로도 본다. 따라서 우리나라의 초창기 선은 거의 대부분 마조의 법손들에 의해 형성되었다고 할 수 있다.

대매 법상(大梅法常, 752-839)은 호북성 양양(襄陽) 출신이다. 출가한 후 여러 경전에 통달하여 대소승 경론을 강의했으나, 많이 아는 것이 깨닫는 데 도움이 되지 않음을 절감했다. 그는 제방을 다니면서 도를 묻던 중 마조를 찾아가 본칙에 나오는 문답 끝에 활연 대오했다.

그 후 그는 곧바로 행각을 떠나 절강성 명주(明州) 대매산(大梅山)에 들어가 30여 년간 세월을 잊고 혼자서 살았다. 제3칙 「구지수지(俱胝竪指)」에 나오는 구지는 대매의 3세 법손이다.

제31칙

조주감파 (趙州勘婆)

조주의 「오대산의 노파를 완전히 간파했다」

趙州勘婆.
趙州, 因僧問婆子, 臺山路向甚處去. 婆云, 驀直去. 僧纔行三五步. 婆云, 好箇師僧, 又恁麽去. 後有僧擧似州. 州云, 待我去與爾勘過這婆子. 明日便去, 亦如是問. 婆亦如是答. 州歸謂衆曰, 臺山婆子, 我與爾勘破了也.

■ '대아거(待我去)~'에서 '대(待)'는 '어디~해 보겠다'는 뜻이다.

 ─ 본칙

한 승이 노파에게 묻는다. "오대산으로 가는 길은 어느 쪽입니까?" 노파는 말한다. "맥직거(驀直去), 곧장 가십시오." 승이 서너 걸음쯤 걸어가자 노파가 말한다. "상당한 스님 같은데 또 저렇게 가시네." 나중에 어느 승이 조주에게 이것을 고한다. 조주가 말한다. "어디, 내가 가서 너희들을 위해 그 노파를 알아보마." 다음 날 조주가 가서 매한가지로 그와 같이(如是) 묻고, 노파 또한 그와 같이(如是) 대답한다. 조주가 돌아와서 대중에게 말한다. "오대산의 노파는 내가 너희들을 위해 완전히 감파했다(勘破了)."

 ─ 제창

불교 관련 기록을 보면, 수행자의 깨달음을 돕기 위해 관세음보살의 화신인 듯한 노파가 자주 등장한다. 본칙에 나오는 노파도 그와 같은 경우에 속한다. '대산(臺山)'은 중국 산서성 동북쪽에 있는 오대산을 말한다. 지혜의 화신 문수보살이 거주한다는 영산(靈山)으로, 예부터 많은 승들이 이 산에 살거나 순례했던 명산이다.

이 오대산으로 가는 갈림길에 한 노파가 살고 있다. 행각 중인 한 승이 노파에게 "오대산으로 가는 길은 어느 쪽입니까?" 하고 묻는다. 진정한 수행자에게 오대산으로 가는 길은 어떤 길인가? 그것은 선(禪)으로의 길이고, 진리로의 길이다.

지금, 여기, 나를 떠나서 무엇을 얻을 수 있겠는가? 동도 서도 아니고, 좌도 우도 아니고, 시간도 공간도 초월한 한 길(一路)이다. 물어서 될 것이 아니다. 이것 이대로다.

노파가 말한다. "맥직거(驀直去), 곧장 가십시오." 물어볼 필요 없이 곧장 가라. '맥직거'라는 말 외에 대답할 길이 없는 절대의 한 길(一路)이다. 이 길 말고 딴 길은 없다. 승이 서너 걸음 걸어가자 노파는 "상당한 스님 같은데 또 저렇게 가시네." 하고 노골적으로 비아냥거린다. 노파는 이것이 바로 그것인 줄 모르고 밖으로만 찾아 헤매는 자를 보며, 오늘도 서글픈 냉소를 금치 못한다.

나중에 한 승이 조주에게 이것을 일러준다. 그러자 조주는 말한다. "어디, 내가 가서 너희들을 위해 그 노파를 알아보마." 노련한 거장의 법력이 노파를 제압할 수 있을까? "다음 날 조주가 가서 매한가지로 그와 같이(如是) 묻고, 노파 또한 그와 같이(如是) 대답한다." 두 사람 사이에 예의 똑같은 문답이 오고간다. "오대산으로 가는 길은 어느 쪽입니까?" "맥직거, 곧장 가십시오." 단지 그것이 그것일 뿐이다. 눈이 있는 자는 보고, 귀가 있는 자는 듣는다.

조주가 돌아와서 대중에게 말한다. "오대산의 노파는 내가 너희들을 위해 완전히 감파했다." 조주는 다른 승들과 똑같이 행동했

■ '맥직거(驀直去)'는 '한눈팔지 말고 쏜살같이 곧장 가라'는 뜻이다.

다. 노파 역시 지금까지와 똑같이 응했다. 다른 점, 특별한 것은 하나도 없다. 그런데도 조주는 "오대산의 노파를 완전히 감파했다(勘破了)."고 큰소리친다.

'감파(勘破)'란 간파(看破), 곧 꿰뚫어 보는 것을 말한다. 조주가 노파를 '감파했다'고 하는데, 어떻게 감파했는가? 뚫어야 할 공안이다. 핵심은 조주가 옳다고도 그르다고도 하지 않고 '감파했다'고 하는 데 있다. 노파를 감파한 조주 그 자신이 되어 보라. 천지를 뒤덮는 '감파료(堪破了), 완전히 간파했다'에는 조주의 그림자도 있을 리 없다. 천지도 조주도 '감파료'다.

'매경한고, 발청향(梅經寒苦發淸香)', 매화는 혹한의 고통을 거쳐 맑은 향기를 발한다. 지금까지의 승들은 자기 밖에서 구하기 바빠, 문제가 자기 안에 있는 것을 눈치채지 못했다. 노파는 진리를 알아보는 사람을 기다리며 눈물을 흘린 지 오래다. 이제야 조주를 만나 그 고통을 끝내고 진리의 향기를 만천하에 내뿜는다.

 ― 평어

無門曰, 婆子只解坐籌帷幄, 要且著賊不知. 趙州老人, 善用偸營劫塞之機, 又且無大人相. 撿點將來, 二俱有過. 且道, 那裏是趙州勘破婆子處.

무문이 말한다. 노파는 진영에 앉아서 전략을 세울 줄만 알았지, 진영에 적이 숨어든 것은 눈치채지 못한다. 조주 노인은 적진에 잠입하여 요새를 빼앗는 기략은 훌륭하나, 대인(大人)다운 풍모는 없다. 잘 점검해 보면 두 사람 모두 잘못이 있다. 자, 말해 보라. 조주가 노파를 감파한 곳은 어디인가?

제창

"노파는 진영에 앉아서 전략을 세울 줄만 알았지, 진영에 적이 숨어든 것은 눈치채지 못한다." 무문은 먼저 "진영(帷幄)에서 계략을 짜내어 천리 밖에서 승리를 결정짓는다."는 『사기』의 구절을 이용해서 노파를 평한다.

명장과 같은 훌륭한 역량을 가진 노파가 계략을 꾸며 많은 승들을 포로로 만든 것은 잘한 일이다. 그러나 조주라는 큰 도적이 자신의 바로 옆에 숨어든 것은 모른다. 의중(意中)이 간파되면 반 푼의 가치도 없다.

노파는 "맥직거(驀直去), 곧장 가십시오.", "상당한 스님 같은데 또 저렇게 가시네." 등 빈틈을 보이지 않는 말을 하지만, 속셈은 완전히 간파되어 버렸다. 무문은 노파의 어디를 보고 이렇게 평하는 것일까? 노파의 어디가 간파 당할 점인가?

무문은 이번에는 조주를 평하기를, "조주 노인은 적진에 잠입하여 요새를 빼앗는 기량은 훌륭하나, 대인(大人)다운 풍모는 없다."고 한다. 노련한 조주가 노파를 간파한 신기(神機)의 묘용은 참으로 대단하다. 그러나 그것은 '할계, 하용우도(割雞何用牛刀)', 닭을 잡는 데 소 잡는 칼을 쓴 격이다. 참으로 어른답지 못한 행동이다. 무문은 이렇게 조주를 폄하하면서 이 공안의 진의를 꿰뚫으라고 촉구하고 있다.

그리고는 노파와 조주를 일괄해서 "잘 점검해 보면 두 사람 모두 잘못이 있다."고 평한다. 두 사람 모두에게 있는 '잘못'이란 무엇일까? 참다운 수행자에게 '잘못'은 무엇이고 '잘함'은 무엇인가? 노파와 조주는 둘이면서 하나, 같은 죄를 지었다.

마지막으로 무문은 제자들을 향해 묻는다. "자, 말해 보라. 조주가 노파를 감파한 곳이 어디인가?" 조주는 어떻게 노파를 간파했는가? 이것을 알면 노파가 어떻게 조주를 간파했는가도 안다. 이 공안의 묘처는 실로 여기에 있다.

 ― 송

頌曰.
問旣一般,
答亦相似.
飯裏有砂,
泥中有刺.

물음이 같으니
대답 또한 그러하네.
밥 속에 모래가 있고,
진흙 속에 가시가 있네.

 ― 제창

"물음이 같으니, 대답 또한 그러하네." 승의 물음이나 조주의 물음이나 모두 같다. 노파의 대답도 다르지 않다. 그것 그대로다. 그렇다면 조주는 무엇을 간파했다는 말인가? 세상에 간파해야 할 것이 있을까? 물이 물을 적실 수 있는가?

"밥 속에 모래가 있고, 진흙 속에 가시가 있네." 이것은 노파와 조주의 태도를 평해서 읊은 것이다. 여기에 노파의 "맥직거(驀直去), 곧장 가라.", 조주의 "감파료(堪破了), 완전히 간파했다."의 진의가 숨겨져 있다.

밥 속의 모래, 진흙 속의 가시, 둘 다 부드러운 것 속에 숨겨진 무서운 것을 가리킨다. 깜박하면 뜻하지 않은 변을 당한다. 속 안에 또 속이 있고, 바닥 밑에 또 바닥이 있다. 이것은 조주가 노파뿐 아니라 전 우주를 간파하고 있음을 알라는 무문의 경고이다.

노파의 '맥직거', 조주의 '감파료'를 온몸으로 체득하지 못한 자에게 오대산으로 가는 길은 멀고 험하다.

 — **입실**

방장 스님 앞에서 본칙 전문 외우는 것을 끝내자마자,

방장: 조주는 노파를 간파했다고 한다.
　　　그 전에 노파는 어떻게 조주를 간파했는가?
김　: '맥직거'로 간파했습니다.
방장: (말없이 요령을 흔든다.)

방장 스님의 요령은 그만 물러가라는 신호, 따라서 모든 것을 그만 두고 방장실을 나와야 한다. 지금 여기서 요령을 흔든 것은 다시 한 번 더 공안을 참구하라는 뜻이다.

제32칙

외도문불 (外道問佛)

세존의 거좌와 외도의 깨달음

 __ 본칙

外道問佛.
世尊, 因外道問, 不問有言, 不問無言. 世尊據座.
外道讚歎云, 世尊大慈大悲, 開我迷雲, 令我得入.
乃具禮而去. 阿難尋問佛, 外道有何所證, 讚歎而去. 世尊云, 如世良馬, 見鞭影而行.

한 외도가 세존에게 묻는다. "유언(有言)을 묻는 것도 아닙니다. 무언(無言)을 묻는 것도 아닙니다." 세존은 '거좌(據座)', 묵묵히 앉아 있다. 외도가 찬탄하며 말한다. "세존의 대자대비가 저의 어리석음의 구름을 걷어내어 깨달음에 들게 해주었습니다." 그리고는 예를 갖추어 절을 하고 돌아간다. 아난이 세존에게 묻는다. "외도는 무엇을 깨달았기에 저렇게 찬탄하며 돌아갑니까?" 세존은 말한다. "명마는 채찍의 그림자만 보고도 달리는 것과 같으니라."

 __ 제창

본칙에 나오는 '외도'는 불교 이외의 종교나 사상을 따르는 사람을 말한다. 석가모니 당시에는 정통 바라문과 이에 반기를 든 새로운 사상가로 대별되는 수많은 외도가 있었다. 당시의 외도 사상을 같은 성격끼리 묶으면 상견(常見)과 단견(斷見), 회의론(懷疑論), 이 세 가지로 압축할 수 있다.

상견(常見)은 영원불멸을 주장하는 견해로, 예를 들면 영혼은 태어나기 전에도 사후에도 항상 변함 없이 존속한다고 주장한다. 단견(斷見)은 상견과 정반대로 영원한 것은 없으며 일정 시간이 지나면 완전히 없어져 버린다는 견해이다. 유물론이 대표적인 단견이다. 그에 따르면, 영혼은 출생 시 돌연히 생겼다가 육체가 멸하면 영혼도 완전히 멸한다고 주장한다. 회의론(懷疑論)은 상견과 단견 어느 것을 긍정·부정도 하지 않는 불결정설이며 일종의 궤변론이다.

한 외도가 세존에게 묻는다. "유언(有言)을 묻는 것도 아닙니다. 무언(無言)을 묻는 것도 아닙니다." 유언(有言)·무언(無言)이란 상견(常見)과 단견(斷見) 두 견해를 말한다. 외도는 유(有)의 견해인 상견에도 떨어지지 않고, 무(無)의 견해인 단견에도 떨어지지 않는 한마디란 어떤 것이냐고 날카롭게 묻는 것이다.

'유·무의 어느 쪽에도 자유로운 한마디를 해보십시오'라는 것이다. 상견과 단견에서 자유로우면, 이에 대해 애매모호한 말만 반복하는 회의론으로부터도 자유롭다.

"세존은 '거좌(據座)', 묵묵히 앉아 있다." 외도의 물음에 세존은 오직 '거좌' 한다. 묵묵히 앉아 있을 뿐이다. 뚫어야 할 공안이다.

세존의 '거좌', 이것은 도저히 근접하기 어려운 은산철벽(銀山鐵壁)이다. 일초직입여래지(一超直入如來地)의 경지, 수행 단계를 단번에 뛰어넘은 깨달음의 경계다. 자기를 방하하는 것만큼 큰 것은 없다. 세존의 거좌가 회피나 침묵의 묵좌(默座)가 아니라는 것은 말할 필요도 없다. 옛 선사는 세존의 거좌에 대해 이렇게 읊는다.

　　양두구절단(兩頭俱截斷)
　　일검의천한(一劒倚天寒)

　　머리 둘을 단번에 벤
　　칼날 시퍼렇게 창공에 번쩍인다.

　일체의 대립을 완전히 끊고, 끊은 흔적조차 없는 경계. 한 칼 우주를 관통하는 절대의 '거좌'. 세존은 이렇게 묵묵히 앉아 계신다. 이 '거좌'에서 만천하에 드러나 있는(露當當) 진리를 보라.
　외도는 찬탄하며 말한다. "세존의 대자대비가 저의 어리석음의 구름을 걷어내어 깨달음에 들게 해주었습니다." 그리고는 예를 갖추어 절을 하고 돌아간다. 외도는 세존의 거좌를 보는 순간, 홀연히 깨닫는다. 세존과 외도의 불이(不二)의 묘경(妙境). 유(有)도 무(無)도, 상(常)도 단(斷)도 초월한 살아 있는 진실 그 자체가 된 것이다.
　유·무를 초월한 묘지(妙旨)에 눈을 뜬 외도는 자기도 모르게 찬탄의 말을 올린다. 그는 진심으로 세존께 예를 올리며 감복한다. 본래의 자기에 눈을 뜬 것이다. 변한 것은 아무것도 없다. '거두잔조재(擧頭殘照在)', 머리를 드니 불타는 저녁놀, '원시주거서(元是住居西)', 원래부터 집은 서향이었다. 그대로가 무심의 경계다.
　평소처럼 세존 곁에서 시중을 들고 있던 아난은 세존과 외도의 심상찮은 모습을 보고 세존께 묻는다. "외도는 무엇을 깨달았기에 저렇게 찬탄하며 돌아갑니까?" 다문 제일(多聞第一)이라 불리는 아난은 너무 많이 알아 오히려 진실을 놓쳐 버린다.
　세존은 말한다. "명마는 채찍의 그림자만 보고도 달리는 것과 같으니라." 『잡아함경』 권33에 사람의 근기를 네 종류의 좋은 말(良馬)에 비유해서 설명하는 구절이 나온다. 제일의 명마는 채찍의 그림자만 보아도 달리는 말이다. 두 번째 좋은 말은 채찍이 털끝을 스치기만 해도 달리고, 세 번째는 채찍으로 몸을 살짝 치면 달린다. 네 번째는 송곳에 몸을 찔려 뼈를 다쳐야 달리는 말이다.

네 종류의 말처럼 사람에게도 근기의 차이가 있다. 본칙에 등장하는 외도는 매우 총명해서 채찍의 그림자만 보아도 달리는 명마처럼 세존의 '거좌'를 보고 곧바로 깨닫는다. 세존은 그의 수승함을 칭찬한다.

명마의 비유까지 들면서 세존이 채찍을 들지만, 애석하게도 아난은 알아채지 못한다. 채찍의 그림자조차 필요 없다는 것을, 한 걸음 떼기도 전에 시방세계에 전신(全身)을 나타내는 것을. 이것을 깨달은 자에게는 유(有)도 무(無)도 들어갈 틈이 없다.

선 수행은 영리함만으로 되는 것이 아니다. 맨발로 칼산을 오르는, 뼈를 깎는 고수(苦修)를 견뎌낼 수 있어야 한다.

 __ 평어

무문이 말한다. 아난은 불제자인데 외도의 견해에도 미치지 못하는 듯하다. 자, 말해 보라. 외도와 불제자는 어느 정도 차이가 있는가?

無門曰. 阿難乃佛弟子, 宛不如外道見解. 且道, 外道與佛弟子, 相去多少.

─ 제창

무문의 평어는 간결하지만 핵심을 찌른다. 먼저 "아난은 불제자인데 외도의 견해에도 미치지 못하는 듯하다."라 한다. 아난은 불제자인데도 세존의 '거좌'에 눈뜨지 못하니 외도에도 미치지 못하는 것 아닌가?

외도가 찬탄한 영문을 알지 못해 외도의 뒤꽁무니만 빙빙 돌고 있는 아난. 봄빛은 우리 집 버들잎에만 반짝이는 것이 아니라 강 건너 복사꽃에도 반짝인다. 진리는 너와 나의 차별을 두지 않는다. 외도를 포함해서 눈을 뜬 자는 누구라도 볼 수 있다.

무문이 문하의 승들을 둘러보며 묻는다. "자, 말해 보라. 외도와 불제자는 어느 정도 차이가 있는가?" '거좌'의 진실을 아는데 종교의 구별이 있겠는가? 누구나 눈은 옆으로 코는 아래로다. 유·무를 초월한 진리 그 자체가 되었을 때, 유(有)라 하겠느냐 무(無)라 하겠느냐?

책상과 의자는 어느 정도 차이가 있는가? 거좌한 세존과 너는 어떤 차이가 있는가? 빨리 말하라. 머뭇거리면 30방이다.

 ─ 송

頌曰.
劍刃上行,
氷稜上走.
不涉階梯,
懸崖撒手.

칼날 위를 걷고,
고드름(氷稜) 위를 달리네.
계단을 밟지 말고,
벼랑에서 손을 놓으라.

__ 제창

"칼날 위를 걷고, 고드름(氷稜) 위를 달리네." 아차 하면 한순간에 목숨을 잃는 절체절명의 경우를 비유한 말로, 외도의 훌륭한 역량을 읊은 것이다. 목숨 건 용맹심이 없으면 절대로 용의 여의주를 얻을 수 없다.

"계단을 밟지 말고, 벼랑에서 손을 놓으라." '일초직입여래지(一超直入如來地)'에는 목표를 정해놓고 한 계단씩 올라가는 계단이 필요 없다. 전후·좌우도 돌아보지 말고, 부처도 조사도 돌아보지 말고, 천길 낭떠러지 아래로 곤두박질치듯 모든 소유와 집착을 놓으라. 죽는 마음으로 크게 한 번 놓으면 그 몸은 깨달음의 한가운데에 있다.

자기를 방하하면 칼날도 자기이고, 고드름도 자기이다. 무문은 천길 낭떠러지에서 손을 놓는 용맹심을 가질 것을 제자들에게 촉구한다.

제33칙

비심비불(非心非佛)

마조의 「비심비불」

非心非佛.
馬祖, 因僧問, 如何是佛.
祖曰, 非心非佛.

 __ 본칙

한 승이 마조에게 묻는다. "어떤 것이 부처입니까?" 마조가 말한다. "비심비불(非心非佛), 마음도 아니고 부처도 아니다."

 __ 제창

제30칙에서 마조는 "어떤 것이 부처입니까?"라는 대매의 물음에 "즉심시불, 마음이 곧 부처다."라고 대답한다. 대매는 마조의 체험에서 나온 답을 요구했고, 마조 역시 그의 체험으로서 '즉심시불'을 보여주었다.

본칙에서는 "어떤 것이 부처입니까?"라는 승의 질문에 마조는 "비심비불(非心非佛), 마음도 아니고 부처도 아니다."라고 말한다.

여기서도 당연히 마조는 자신이 온몸으로 체험한 부처 '비심비불'을 보인다. '비심비불', 뚫어야 할 공안이다.

　마조는 똑같은 물음에 대해 다른 표현의 답을 하고 있다. 표면상으로는 '즉심시불'과 '비심비불'은 완전히 반대이다. 마조는 어째서 이렇게 모순되는 대답을 할까? '즉심시불'과 '비심비불'은 과연 다른 것일까?

　대매는 부처를 밖에서 찾기 때문에 마조는 '즉심시불'이라 대답한다. 그런데 '즉심시불'에 집착하여 헤어나지 못하는 자들이 시대를 불문하고 있다. 이에 마조는 이 집착을 떨치고 신실을 보노록 하기 위해 '비심비불'이라 대답한다.

　병이 없는데도 병났다고 약을 찾는 사람에게는 '즉심시불', 병이 다 나았는데 아직도 약에 집착하여 벗어날 줄 모르는 사람에게는 '비심비불'이라 한다. 순간순간 제자들을 위해 대자비로 살아가는 마조를 볼 수 있다.

　그런데 '즉심시불'과 '비심비불'은 같은가, 다른가? '파초엽상, 무수우(芭蕉葉上無愁雨)', 파초 잎에 내리는 비는 근심이 없는데, '지시시인, 청단장(只是時人聽斷腸)', 단지 사람이 그것을 듣고 애간장을 태운다. 초목은 원래 무심하다. 애간장을 태우는 것은 듣는 사람의 마음 때문이다.

　옛 선사는 "계권(契券)은 누구 수중에 있는가?"라 하였다. 계권은 계약서를 말한다. 계약서를 확실히 쥐고 있지 않으면 속을 우려가 있다. 온몸으로 수행하여 확실히 심안을 열지 않으면 '비심비불'에 속아 버린다. 이것 이대로이다.

　"비심비불, 마음도 아니고 부처도 아니다." 어떻게 참구할 것인가? 일체의 알음알이를 끊고 자신의 온몸으로 '비심비불'의 한가운데로 뛰어들라. 지금 이 자리, 자기의 살아 있는 사실을 외면하면 '가석, 노이무공(可惜勞而無功)'이다. 아아, 안타깝구나, 애만 쓰고 공은 없네.

 ― 평어

無門曰. 若向者裏見得,
參學事畢.

무문이 말한다. '이것'을 진짜로 알면 참선 수행은 완전히 끝났다.

 ― 제창

무문의 평은 매우 간단하다. "'이것'을 진짜로 알면 참선 수행은 완전히 끝났다." '이것'이란 '비심비불'을 가리킨다. 하지만 어느 것 하나 '이것' 아닌 것이 없다. 마음도 아니고 부처도 아님을 진정으로 알면, 심(心)이니 불(佛)이니 하는 모든 이름에서 자유로운 삶을 산다. 그때 선 수행은 더 이상 필요 없다.

어떻게 하면 '비심비불'을 뚫을 수 있을까? '즉심시불'에서 '비심비불'로 말을 바꾼 이유를 캐내는 데 매여서는 안 된다. 펄쩍 뛰어서 그것에서 뛰쳐나와라. "마음도 아니고 부처도 아니다."를 이것도 아니고 저것도 아니라는 식으로 분석하면 안 된다. 오직 '비심비불' 그 자체가 되어 보라. 행주좌와(行住坐臥), 진리 아닌 것이 어디 있는가?

그러면 '비심비불'을 사는 참다운 자유인이 되어 맨발로 칼산을 유유히 거니는 풍류를 살 수 있다. 마음에는 구름 한 점 없고 한 걸음 뗄 때마다 청풍이 일어난다. 참선 수행은 더 이상 할 필요가 없다. 선에서 말하는 '일 하나 마쳤다. 차나 한 잔 마실까'의 경지다.

여기서 무문이 '비심비불'이라 한 마조의 경지를 얼마나 높이 평가하고 있는가를 잘 볼 수있다.

 ― 송

길에서 검객과 마주치면 검(劍)을 보여주지만,
시인을 만나지 않으면 시를 읊지 말라.
사람을 만나면 조금(三分)만 설할 것이시,
전부를 내보여서는 안 된다.

頌曰.
路逢劍客須呈,
不遇詩人莫獻
逢人且說三分,
未可全施一片.

 ― 제창

첫 두 구절은 『임제록』의 「행록」에도 나오는 옛 시구다. "길에서 검객과 마주치면 검(劍)을 보여주지만, 시인을 만나지 않으면 시를 읊지 말라." 검(劍)의 달인이 아니면 검을 보여주어도 소용이 없다. 시인이 아니면 시를 읊어보아야 알 리가 없다.

'즉심시불'이든 '비심비불'이든 이 공안을 꿰뚫을 역량이 있는 사람이 아니면 돼지에게 진주를 던져주는 격이다. 개울이 얕으면 옷자락을 종아리까지 걷어올리고, 깊어지면 무릎 위로 걷어올려야 한다. 마조는 상대에 따라 '즉심시불'과 '비심비불'을 자유자재로 말한다. 마치 검객에게는 검을 보여주고 시인이 아니면 시를 읊지 않는 것과 같다. 무문은 검과 시에 비유해서 마조의 역량을 찬탄한다.

"사람을 만나면 조금(三分)만 설할 것이지, 전부를 내보여서는 안 된다." 마조가 처음에는 '즉심시불'을 말하더니 그것도 모자라

■ "사람을 만나면 조금(三分)만 설할 것이지, 전부를 내보여서는 안 된다." 이것은 진공장(陳孔章)이 위나라 문제(文帝)에게 말한 병법(兵法)에 나오는 말이다. 원문의 '삼분(三分)'에 대해서는 '4분의 3' 또는 '3할'로 보는 견해도 있지만, '조금', '약간'이라는 뜻도 있다(諸橋 『大漢和辭典』). 여기서는 '조금'이라고 보는 편이 타당할 것 같다.
비밀이 생명인 군사전략을 4분의 3이나 3할을 밝힌다는 것은 너무 과하지 않은가? 선에서 스승이 제자에게 진리를 드러내 보일 때는 더욱 그렇다. 이런 이유에서 '삼분'을 '조금'이라 번역했다.

'비심비불' 까지 말한 것은 친절이 지나친 것 아닌가. 말을 아껴 제자 본인이 고심참구(苦心參究)하여 스스로 눈을 뜨도록 해야 좋은 스승인 것을. 마조의 제자에 대한 지나친 노파심을 질타하는 것처럼 보이지만, 무문은 사실 마조의 제자에 대한 한없는 자비심을 칭송하고 있다.

그때는 "즉심시불.", 지금은 "비심비불."이라 말하는 마조의 무애자재와 자비로움. 그건 그렇지만 중요한 것은 '즉심시불' 이라 해도 '비심비불' 이라 해도 흔들리지 않는 자기 자신의 진리 체험의 투철함이다.

중심 인물

마조 도일(馬祖道一, 709?-788)의 행장에 대해서는 제30칙 「즉심즉불」에서 언급했다. 마조가 스승 남악 회양(南嶽懷讓, 677-744)을 처음 만났을 때의 일이다.
부처가 되고자 열심히 좌선하고 있던 마조 앞에서 남악은 기와를 숫돌에 갈기 시작한다. 마조가 그 까닭을 묻자 남악은 거울을 만들려 한다고 대답한다. 기와를 아무리 갈아도 거울이 되지 않는 것처럼 좌선만 해서는 결코 부처가 될 수 없음을 보인 것이다. 할 말을 잊은 마조에게 남악은 다음과 같이 말한다.
"선(禪)은 앉아있는 데 있지 않다. 부처는 정해진 모습이 없다. 집착할 바 없는 법에 대해 취하고 버림이 있어서는 안 된다. 좌선하여 부처가 되려고 한다면 그것은 부처를 죽이는 것이다. 앉는 상(相)에 집착해서는 결코 깨닫지 못한다."
이 말을 듣고 마조는 남악을 10년간 시봉하면서 뼈를 깎는 수행을 한 끝에 그 법을 잇는다.

제34칙

지불시도 (智不是道)

남전의 「마음은 부처가 아니고 지혜는 도가 아니다」

 __ 본칙

남전이 말한다. "마음(心)은 부처(佛)가 아니고, 지혜(智)는 도(道)가 아니다."

智不是道.
南泉云, 心不是佛, 智不是道.

 __ 제창

남전이 남긴 공안은 『무문관』에 네 번이나 나온다. 제14칙 「남전참묘」, 제19칙 「평상시도」, 제27칙 「불시심불」, 그리고 본칙의 공안이다.

남전이 말한다. "마음(心)은 부처(佛)가 아니고, 지혜(智)는 도(道)가 아니다." 뚫어야 할 공안이다. '마음·부처·지혜·도'는 어느 것이나 선의 묘지(妙旨)를 나타내는 중요한 말이다. 남전은 무엇을 노리고 이 공안을 제시한 것일까?

> 내가 그의 이름을 불러 주기 전에는
> 그는 다만
> 하나의 몸짓에 지나지 않았다.
>
> 내가 그의 이름을 불러 주었을 때
> 그는 나에게로 와서
> 꽃이 되었다.
>
> (김춘수의 '꽃' 중에서)

언어는 본래부터 있던 것을 그대로 나타내는 것이 아니다. 원래 있지도 않던 것을 단지 그렇게 보이게 할 뿐이다. '언어는 존재의 집'이라는 말이 있듯, 모든 사물은 언어를 통하지 않고서는 존재에 이르지 못한다. '꽃'이라 이름 불림으로써 비로소 꽃이 되고 꽃으로 보이기 시작한다.

그것은 우리가 언어로 질서화된 세상에서 살고 있기 때문이다. 육지와 바다, 기쁨과 슬픔 등 어떤 것이라도 그 단어로 표시되기 전에는 그렇게 인식되지 않는다.

마음·부처·지혜·도, 어디까지나 임시로 붙여진 가명(假名)에 불과하다. 역겁무명(歷劫無名), 처음부터 이름이 있는 것은 아무것도 없다. 그런데도 우리는 이러한 가명에 집착한다.

처음 '꽃'이라 이름 붙인 사람은 자신의 체험을 '꽃'이라는 말로 표현했다. 그런데 일단 '꽃'이라는 말이 생기면 사람들은 그 말에만 매달린다. 원래 이름이 없던, 있는 그대로의 '그것'을 보는 것이 아니라 그 말이 갖는 불변의 의미만 확인한다. '그것'을 '꽃'이라는 말이 갖는 의미로만 본다. 우리의 이런 끈질긴 습성에 대해 선에서는 "손가락으로 달을 가리키면 달을 보아야지 손가락만 본다."고 질타한다.

'마음이 부처다(心是佛).', '지혜는 도이다(智是道).', 이것은 조사들의 체험에서 나온 말이다. 사람들은 그 표현이 가리키는 '그것'을 보지 않고 그 말만 읊조리며 말 주위만 맴돈다.

이 공안은 가명에 대한 이런 우리의 집착을 '아니 불(不)' 한 자로 빼앗는다. 남전은 "마음은 부처가 아니고, 지혜는 도가 아니다(心不是佛, 智不是道)."라는 대살일성으로 가명에 대한 끈질긴 집착을 쳐부순다.

'마음이 부처다.' 하고 외우는 무리를 향해 마조의 제자 동사 여회(東寺如會, 744-823)는 이렇게 꾸짖는다. "부처가 어디에 머무르기에 마음이 부처라고 하느냐? 마음이란 환쟁이와 같거늘, 부처를 심하게도 비방하는구나!" 가명에 대한 집착에서 벗어나라. 그러면 거기 있는 그대로 전개되는(露當當) 진리대로 살아간다. "행복하다, 불행하다, 부자다, 가난하다."는 말에서 해방되어 무심히 산다.

가명에서 벗어나 무집착의 참다운 자기로 살아가는 자에게는 마음은 부처가 아니고, 지혜는 도가 아니다. 매일매일 해는 동쪽에서 떠서 서쪽으로 진다. 너무나 명명백백하다. 참으로 부처의 'ㅂ' 자도 입에 올리기 부끄러운 일이다. 진리는 역겁무명(歷劫無名), 원래부터 이름이 없다. 자, '마음'은 무엇이고 '지혜'는 무엇인가? 견처를 보여 보라.

참고로, 『조당집』 권15, 『전등록』 권7의 「동사 여회」 조에 따르면 여회도 이 공안과 똑같은 말을 한다. 여회와 남전은 마조 문하에서 동문수학한 형제 제자이다. 이 공안을 처음으로 말한 이가 누구인가는 선 수행에서 중요하지 않다. 그러나 이 공안의 선적 경지를 스스로 체득하는 것에는 목숨을 걸어야 한다.

 — 평어

無門曰, 南泉可謂, 老不識羞. 纔開臭口, 家醜外揚. 然雖如是, 知恩者少.

　무문이 말한다. 남전은 나이가 들어 수치를 모르는 것 같다. 냄새나는 입을 여는가 했더니 집안의 추함을 밖으로 다 드러내 보인다. 그건 그렇지만, 그 은혜를 아는 이가 몇이나 될까.

 — 제창

　"남전은 나이가 들어 수치를 모르는 것 같다. 냄새나는 입을 여는가 했더니 집안의 추함을 밖으로 다 드러내 보인다." 남전도 나이가 들어 수치심을 모르는 늙은이다. 그가 "마음은 부처가 아니고, 지혜는 도가 아니다."라는, 강론하는 듯한 공안을 제시하여 집안의 소중한 비밀을 속속들이 드러내 버린 것은 종문(宗門)의 수치다.

　이와 같이 무문은 여전히 격한 험구(險口)로 남전을 통렬히 비난한다. 그러나 그 이면에서는 남전의 투철한 경지와 제자들에 대한 지극한 마음을 한없이 높이고 있음을 알아야 한다. 집안의 추함, '가추(家醜)'의 표면적인 뜻은 '타인에게 감추어야 할 집안의 부끄러움'이다. 하지만 여기서는 '우리 집안의 가장 소중한 비밀스러운 일', 곧 '선의 보배와 같은 비전(秘傳)'이라는 뜻으로 사용되었다.

　무문은 다시 "그건 그렇지만 그 은혜를 아는 이가 몇이나 될까."라고 한다. 남전이 이 공안을 제시한 절절한 뜻을 헤아릴 자가 몇이나 될까? 그 은혜를 아는 자는 목숨 걸고 뛰어들어 이 공안을 꿰뚫을 것이다. 아아, 큰소리로 부르고 있지만 돌아오는 건 메아리뿐이네.

 ― 송

하늘이 개니 해가 나오고
비가 내리면 대지는 촉촉하다.
온 정성을 다해 모두 설했지만
믿어주지 않을까 그것이 걱정이다.

頌曰.
天晴日頭出,
雨下地上濕.
盡情都說了,
只恐信不及.

 ― 제창

"하늘이 개니 해가 나오고, 비가 내리면 대지는 촉촉하다." 이는 남전이 "마음은 부처가 아니고, 지혜는 도가 아니다."라고 한 말의 참뜻을 구체적인 사실을 들어 제시한 것이다.

하늘이 개면 해가 나오고 비가 내리면 대지가 촉촉하다. 이것이야말로 고금에 걸쳐 변하지 않는 살아 있는 진리이며, 참으로 '은혜를 아는 자'의 말이다. 이것 외에 '부처(佛)'니 '도(道)'니 하고 따질 필요가 있는가? 이것을 아는 자는 지금 바로 이 자리가 항상 모자라지도 넘치지도 않는다. 무문은 이 두 구절로 남전의 높은 선의 경지를 유감 없이 보여준다.

"온 정성을 다해 모두 설했지만, 믿어주지 않을까 그것이 걱정이다." 무문은 평어에서 말했던 통탄, "은혜를 아는 이가 몇이나 될까."를 반복한다. 남전이 이렇게 온 정성을 다해 남김없이 설하지만 진정으로 눈뜨는 자는 참으로 드물다. 자, 누군가 남전의 말을 온 몸으로 알아듣고 진짜로 감사할 사람 없는가? 무문은 문하의 승들을 둘러보며 깊은 반성을 촉구한다.

제35칙

천녀리혼(倩女離魂)

오조의 「천녀의 육체와 영혼, 어느 것이 진짜인가」

 __ 본칙

오조(五祖)가 한 승에게 묻는다. "천녀는 영혼과 육체가 분리되었다. 어느 것이 진짜인가?"

倩女離魂.
五祖問僧云, 倩女離魂,
那箇是眞底.

 __ 제창

본칙은 영혼과 육체가 분리되어 두 사람이 되어 버린 천녀(倩女) 이야기를 오조 법연(五祖法演, ?-1104)이 제자들의 심안을 열게 하기 위해 공안으로 제시한 것이다.

'천녀리혼(倩女離魂)'은 당나라 때의 전기소설(傳奇小說)『이혼기(離魂記)』에 근거하고 있다. 대강의 줄거리는 다음과 같다.

당나라 때, 형주(衡州)에 장감(張鑑)이라는 사람이 살았다. 그는 딸이 둘 있었는데, 큰딸이 일찍 죽자 작은딸인 천녀를 한층 더 귀여워하며 키웠다. 그녀는 드문 미인이었으므로 구혼하는 젊은이가 많았다. 아버지 장감은 그중에서 빈료(賓僚)라는 청년의 구혼을 받아들이기로 했다.

그런데 천녀에게는 왕주(王宙)라는 연인이 있었다. 왕주는 장감의 외조카였는데, 그가 어렸을 때 장감이 농담 삼아 "왕주와 천녀는 어울리는 부부가 될 것이다. 어른이 되면 결혼하면 좋겠다."고 말한 적이 있었다. 이 말을 들은 두 사람은 결혼을 허락하는 관계라 생각하고 서로 좋아하게 되었다.

갑자기 빈료와 결혼하라는 부친의 말을 들은 천녀는 의기소침하여 우울해졌다. 이 말을 들은 왕주도 괴로워한 나머지 천녀를 떠나기로 결심했다. 어느 날 밤, 그는 몰래 작은 배를 타고 고향을 떠났다. 그런데 그는 마치 배를 따라오는 듯 한밤의 강기슭 위를 달려오는 사람의 희미한 그림자를 보았다.

배를 멈춰 보니 놀랍게도 사랑하는 천녀였다. 왕주는 그녀의 진심에 감격하여 그녀를 껴안고 목메어 울었다. 이제 와서 다시 돌아갈 수도 없었기에, 그대로 두 사람은 멀리 촉(蜀)나라로 건너가 부부가 되었다.

고향을 떠난 지 5년. 천녀는 두 아이의 어머니가 되었지만 고향을 잊을 수 없었다. 부모를 사모하고 집을 그리워하는 마음은 날로 더해갔다. 어느 날 그녀는 눈물을 흘리며 남편에게 괴로운 심정을 이야기했다.

"당신을 연모하여 뒤를 쫓아 이렇게 먼 나라까지 왔습니다만, 양친은 어떻게 살고 계실까요? 부모의 은혜를 배반하고 가출한 저와 같은 불효자는 다시 고향으로 돌아갈 수 없는 것입니까?"

왕주도 고향을 그리워하는 마음은 변함이 없었다.

"큰마음 먹고 형주로 돌아가 양친에게 사죄합시다."

두 사람은 곧바로 배를 타고 고향 형주로 돌아왔다.

왕주는 선착장에 천녀를 남겨두고, 장감의 집을 찾아가 불효를 사죄하고 전말을 이야기했다. 장감은 놀라며 물었다. "도대체 누구를 말하는 것인가?" 왕주는 대답했다. "숙부님의 딸, 천녀입니다." "내 딸 천녀라고? 그애는 네가 형주를 떠난 뒤부터 말 한마디 못하고 줄곧 병으로 몸져누워 있다." 눈이 휘둥그레진 장감이 대답했다. 왕주도 놀라서 자초지종을 이야기했다. "아닙니다. 천녀는 틀림없이 저를 따라 와서 촉나라에서 함께 살았습니다. 두 아이까지 낳았고, 매우 건강합니다. 거짓이라 생각하시면 선착장에 가 보십시오. 지금 배에서 저를 기다리고 있습니다."

장감이 하인을 선착장으로 보내어 알아보니 천녀가 분명했다. 이에 집안의 병실로 가 보니 거기에도 딸 천녀가 누워 있었다. 놀란 장감이 누워 있는 천녀에게 이 이야기를 하자, 그녀는 너무나 기쁜 듯 벌떡 일어섰지만 한마디도 하지 못했다. 그 사이 배에서 올라온 천녀가 수레를 타고 집 마당으로 들어왔다. 그녀가 수레에서 내리는 순간, 마중 나간 병실의 천녀와 합해져서 한 몸이 되었다.

이에 아버지 장감은 천녀에게 "왕주가 마을을 떠났을 때부터 너는 언제나 취한 듯이 꾸벅거리고 있었는데, 그것은 혼이 빠져나가 왕주가 있는 곳으로 가버렸기 때문이구나."라고 말했다. 천녀는 "제가 집에서 병으로 누워 있었다는 것은 전혀 몰랐습니다. 왕주가 괴로움에 마을을 떠난 것을 알고 그날 밤 꿈같은 기분으로 그의 배를 쫓아갔습니다. 왕주의 아내가 되어 그와 함께 살아온 것이 진짜 저인지, 아버지 곁에서 병으로 앓고 있던 것이 진짜 저인지, 저 자신도 모르겠습니다."라고 대답했다.

법연이 한 승에게 묻는다. "천녀는 영혼과 육체가 분리되었다. 어느 것이 진짜인가?" 몸져누워 있던 육체만의 천녀가 진짜인가, 왕주의 아내가 된 영혼의 천녀가 진짜인가? 뚫어야 할 공안이다.

소설 속의 천녀에 대해 묻고 있지만, 가공의 천녀에 대해 이러쿵저러쿵 생각하는 것 자체가 분별이다. 지금 이 자리의 나를 떠난 진리는 없다. 이것이 선의 기본이다. 따라서 이 공안은 결국 우리의 영혼, 곧 마음이 진짜인지 육체가 진짜인지를 묻고 있는 것이다. 다시 말해 실제로 있는 것은 마음인가, 육체인가 하는 물음이다.

마음뿐인 사람도 없고, 육체뿐인 사람도 없다. 그런데도 '어느 쪽이 진짜냐'를 따지면 끝없는 수렁으로 빠져들 뿐이다. 실제로 있는 눈앞의 인간은 마음과 육체를 분리할 수 없는 불이(不二)의 당체(當體)다. 어느 것이 진짜, 어느 것이 가짜라 하겠는가?

일이 있으면 그냥 훌쩍 손을 움직인다. 이것 말고 또 무엇이 있는가? 진짜·가짜가 어디 있으며, 그 둘을 구분할 필요는 어디 있는가? 진망(眞妄)의 덫에서 벗어나 어떤 분별도 끼어들 틈이 없는 경지에 이르면 마음만의 천녀도 육체만의 천녀도, 진짜도 가짜도 흔적이 없다. 다만 그것 그대로일 뿐이다. 괴이한 것을 보고 괴이하게 여기지 않으면 그 괴이함은 저절로 사라진다. 유령의 정체를 자세히 알고 보니 마른 억새풀이더라.

"어느 것이 진짜인가?" 이것은 법연이니 무문이 제자들의 투철한 선적 경지를 촉구하기 위해 제시한 것이지만, 아울러 오늘 우리에게도 살아 있는 수행을 재촉하는 질문이다. 자, 진짜·가짜를 떠나 있음을 살아 있는 사실로 보여 보라!

__ 평어

무문이 말한다. 여기서 진짜(眞底)를 깨달으면, 이 껍질 저 껍질로 들고나는 것이 여관에 묵는 것과 같다는 것을 곧바로 알 것이다. 아직 그렇지 못하면, 무턱대고 함부로 배회하지 말라. 돌연 지·수·화·풍이 흩어지면 열탕에 떨어진 게가 수족을 퍼덕이듯 괴로워할지니(七手八脚). 그때 내가 말해주지 않았다고 말하지 말라.

無門曰. 若向者裏悟得眞底, 便知出殼入殼, 如宿旅舍. 其或未然, 切莫亂走. 驀然地水火風一散, 如落湯螃蟹, 七手八脚. 那時莫言不道.

■ '칠수팔각(七手八脚)'은 '궁지에 몰려 수족을 발버둥치다'라는 뜻이다.

 __ 제창

무문은 먼저 이 공안의 근본적인 뜻을 나타내어 "여기서 진짜(眞底)를 깨달으면, 이 껍질 저 껍질로 들고나는 것이 여관에 묵는 것과 같다는 것을 곧바로 알 것이다."라고 한다.

이 공안으로 참된 진리를 깨달으면, 삶의 껍질과 죽음의 껍질을 들고나는 것이 나그네가 오늘은 이 주막 내일은 저 주막에 묵는 것과 같다. 진짜 나그네는 구름에 달 가듯 어느 주막에도 집착하지 않고 자유자재로 묵는다.

아직도 밖에서 찾고 있는가? 진짜·가짜를 초월한 진짜(眞底) 그 자체가 되면 어떤 모습을 하더라도 진실한 자기에게는 아무 변화가 없다. 다만 그때그때의 모습만 있을 뿐이다. 생(生)도 진짜 자기의 한때 모습이고, 사(死)도 진짜 자기의 한때 모습이다. 살아 있을 때는 온 천지가 삶이고, 죽을 때는 온 천지가 죽음이다. '생사불염, 거주자유(生死不染, 去住自由)', 나고 죽음에 물들지 않고 가고 머무는 것이 자유자재다.

"아직 그렇지 못하면, 무턱대고 함부로 배회하지 말라." 그래도 아직 진짜를 깨닫지 못하면, 그대들에게 간절히 바란다. 여기 기웃, 저기 기웃, 갈팡질팡 돌아다니지 말라. 밖으로 찾아 헤매지 말고 오로지 공안 "어느 것이 진짜인가?"의 한가운데로 몸을 던져라.

"돌연 지·수·화·풍이 흩어지면 열탕에 떨어진 게가 수족을 퍼덕이듯 괴로워할지니(七手八脚)." '지·수·화·풍이 흩어진다'는 것은 죽음을 가리킨다. '진짜'에 눈뜨지 못한 자는 갑작스런 죽음이 찾아오면, 끓는 물에 떨어진 게가 수족을 퍼덕이며 발버둥치는 것처럼, 단말마의 고통에 괴로워할 것이라고 무문은 엄하게 경고한다.

마지막으로 무문은 "그때 내가 말해주지 않았다고 말하지 말라."고 하며 평어를 끝낸다. 임종에 이르러 '진짜'를 깨닫지 못했다고 후회하면 이미 늦다. 머리 굴려 헤아리지 말고, 단도직입으로 공안에 뛰어들라는 친절한 훈계의 말이다.

 ― 송

頌曰.
雲月是同,
溪山各異.
萬福萬福,
是一是二.

구름 사이 달은 똑같은데,
달빛 어린 계곡과 산은 각각 다르네.
만복만복,
하나인가 둘인가.

 ― 제창

"구름 사이 달은 똑같은데, 달빛 어린 계곡과 산은 각각 다르네."

달은 옛날 그대로의 달이다. 어디를 가더라도 언제나 같다. 하지만 달빛을 받은 계곡과 산은 각각 다르다. 계곡 모양을 한 달빛, 산 모습을 한 달빛, 이렇게 모양은 상이해도 달, 곧 진짜(眞底)는 조금도 달라진 바가 없다. 산이나 계곡이나 일체 모두가 언제나 한결같은 진짜를 떠나 있지 않다.

"만복만복, 하나인가 둘인가." 이 어찌 경사롭지 않는가. 좋을시고 좋을시고. 달빛 어린 계곡과 산, 어느 것이 진짜이고 어느 것이 가짜인가? 이 분별을 떠나면 진정한 '진짜'를 만난다. 눈 밝은 자는 병실의 천녀나 촉나라의 천녀만을 고집하지 않는다. 둘 다 진짜의 한때 모습이다. 보는 그대로 듣는 그대로가 만복만복, 영원한 경사이다. 더 이상 무엇을 바라겠는가? 기뻐하고 슬퍼하고 활동하는 그대로가 경사스러운 일이다.

달빛에 감싸인 계곡과 산은 하나인가, 둘인가? 같은가, 다른가? 각각 다른 모습을 하고 있지만 똑같은 달빛이다. 하나라고도 둘이라고도 할 수 없다. 누가 두 천녀가 합쳐져서 하나가 되었다고 하는가? 원래 하나도 아니고 둘도 아니다. 온 천하는 각각 다른 모습의 천녀인 것을. 모두가 진짜의 한때의 모습이라면 진짜라는 것도 삿갓 위에 삿갓을 쓴 격이다. '진짜'라고 굳이 말할 필요조차 없다.

심안을 가진 자에게는 모든 것이 그대로 진실이다. 서면 선 자리가 진리의 한복판이고, 앉으면 앉은 자리가 그대로 우주의 중심이다.

 ― 입실

"천녀는 영혼과 육체가 분리되었다. 어느 것이 진짜인가?"에 대한 선문답이 끝나자 방장 스님께서 불쑥 말씀하신다.

방장: 본칙의 공안을 확실히 하기 위한 관련 공안이 있다.
　　　'백은(白隱)은 말한다. 지렁이를 절단하여 두 동강 났다.'
　　　어느 것이 진짜인가? 견처를 보여라.
　　　무엇을 머뭇거리냐?

중심 인물

오조 법연(五祖法演, ?-1104). 본칙의 오조(五祖)를 수·당대의 오조 홍인(601-674)으로 오인하면 안 된다. 오조 법연은 만년에 호북성 기주 황매현 오조산(五祖山)에 주석했기 때문에 '오조'라 불린다. 오조산의 원래 이름은 빙무산(憑茂山)이었으나, 오조 홍인이 이 산에 머물며 불법을 폈던 인연으로 나중에 오조산으로 이름이 바뀌었다.

법연은 사천성 면주(綿州) 파서(巴西) 출신이다. 35세에 출가하여 불교 교리, 특히 유식(唯識)을 공부했으나 풀리지 않는 의문이 있었다. 인식주체와 인식대상이 나누어지기 이전의 경지에 이르면, 곧 보는 것도 없고 보이는 것도 없으면 그 사실 자체는 어떻게 알 수 있는가? 이 물음에 대한 답으로 제시된 것이 "여인음수, 냉난자지(如人飮水, 冷暖自知), 물을 마셔 차고 따뜻함을 스스로 아는 것과 같다."이다.

법연은 '스스로 안다(自知)'는 것이 어떤 것인지 알 수가 없었다. 그래서 이 의문을 풀고 선(禪)에 입문했다. 그는 제방의 선지식을 찾아 수행하던 중, 백운 수단(白雲守端)을 만나 대오하여 그 법을 이었다. 마침내 그의 문하에서 많은 뛰어난 제자들이 나와 송대의 선종을 부흥시켰다. 『벽암록』의 저자로 유명한 원오 극근(圜悟克勤, 1063-1135)은 법연의 직제자이며, 무문은 그 6세 법손이다.

제36칙

노봉달도 (路逢達道)

오조의「말과 침묵을 초월한 자를 어떻게 대하겠는가」

 ― 본칙

오조가 말한다. "길에서 도(道)를 깨달은 사람을 만나면 어·묵(語默)으로 대하지 말라. 자, 말해 보라. 어떻게 대하겠느냐?"

路逢達道.
五祖曰, 路逢達道人, 不將語默對. 且道, 將甚麽對.

 ― 제창

법연은 문하의 승들에게 묻는다. "길에서 도를 깨달은 사람을 만나면 어·묵(語默)으로 대하지 말라. 자, 말해 보라. 어떻게 대하겠느냐?" '도를 깨달은 사람'이란 진리를 체득한 사람이다. 따라서 당연히 어·묵(語默), 곧 말도 침묵도 초월한 사람이다. "어·묵을 초월한 사람을 만났을 때 어·묵으로 대하는 것은 쓸데없는 짓이다. 어떻게 대하겠는가?" 뚫어야 할 공안이다.

어떤 것을 '말(語)'로 표현하면 차별의 측면만을 나타내게 되고, '침묵(默)'하면 평등의 측면만을 드러내게 된다. 말을 하면 차별에 떨어지고 침묵하면 평등에 떨어진다. 도(道)는 길이다. 도를 깨달으면 길 아닌 곳이 없다. 온 천지가 길이다. 진정한 선 수행자는 말의 차별에도 침묵의 평등에도 저촉되지 않고, 자유롭게 어·묵을 사용할 수 있어야 한다. 그에게는 평등·차별의 흔적조차 없다. 그러므로 말할 때 혀가 없다.

『유마경』에서 불이(不二)의 경지를 묻는 사리불에게 유마 거사는 침묵한 채 말 한마디도 하지 않는다. 그러나 유마 거사는 한 번도 침묵한 적이 없다. 사람들이 침묵이라 이름 붙였을 뿐이다. 그렇다고 유마의 침묵을 대사자후(大獅子吼)의 설법이라 하면, 그 침묵에 이미 상처를 입힌 것이다. '침묵'을 입에 올리는 순간 그것은 이미 '말'이다.

천지 그 자체가 된 어·묵, 대하고 대하지 않고의 흔적조차 없는 어·묵, 도를 깨달았니 깨닫지 못했니 하는 상대가 없는 어·묵은 이미 어·묵이 아니다. 도를 깨달은 사람, 어·묵을 초월한 사람을 만나면 어·묵으로 대하지 말라 했다. 어떻게 대하겠는가? 자, 견처를 보여 보라!

"길에서 도를 깨달은 사람을 만나면 어·묵으로 대하지 말라(路逢達道人, 莫將語默對)."는 구절은 원래 향엄 지한의 게송 '담도(譚道)'에 나온다. 향엄 지한(香嚴智閑, ?-898)은 제5칙 「향엄상수(香嚴上樹)」의 주인공이다. 이 구절을 공안으로 삼아 역대의 선사들이 각자의 선적 경지를 보여 왔다.

설봉은 이에 대해 "끽다거(喫茶去), 차라도 한 잔 하시지요."라 했다. "끽다거", 이것이 어떻게 어·묵을 초월한 말인가? 살아 있는 사실로 자신의 견처를 제시할 수 없으면, 여전히 어·묵에 부침(浮

沈)하는 사람이다.

    법연도 본칙에서 이 게송을 제자들에게 하나의 공안으로 제시하고 있다. 앞뒤가 꽉 막힌 극한에서 참다운 해탈자로 태어나기를 염원하는, 그의 혈적적(血滴滴)한 심정이 느껴진다.

 ─ 평어

    무문이 말한다. 이것에 딱 맞게(親切) 답할 수 있다면 참으로 경쾌하지 않은가! 그렇지 못하면 모름지기 일체처(一切處)에 눈을 뜨고 있어야 한다.

無門曰. 若向者裏對得親切, 不妨慶快. 其或未然, 也須一切處著眼.

 ─ 제창

    "이것에 딱 맞게(親切) 답할 수 있다면 참으로 경쾌하지 않은가!" '이것' 이란 어·묵을 초월한 경계를 묻는 본칙의 공안을 말한다. 온갖 알음알이의 총집합체인 자기를 방하(放下)할 때 '딱 맞게(親切)' 답할 수 있다. 자기를 방하하여 무시겁래(無始劫來)의 무거운 짐이 내려진 자, 그는 어·묵에도 자유자재하다. 무문은 이런 심안을 가진 자라면 참으로 경하(慶賀)할 일이라고, 제자들을 넌지시 독려하고 있다.

    그리고는 다시 "그렇지 못하면 모름지기 일체처(一切處)에 눈을 뜨고 있어야 한다."고 말한다. '일체처(一切處)'란 '일상생활 언제, 어디서, 무엇을 하든'이라는 뜻이다. 법연의 물음에 명확히 답할 수 없으면, 용맹정진하여 일상생활 하나하나에서 어·묵을 초월하는 심안을 열라는 것이다. 이 얼마나 친절한 교시(敎示)인가.

시계를 볼 때는 온전히 시계만 본다. 새소리를 들을 때는 잡념 없이 새소리만 듣는다. 일을 할 때는 싫다 좋다 생각 없이 온 존재로 현재의 일에만 몰두한다. 이와 같이 보는 자도, 듣는 자도, 생각하는 자도 없어질 때까지 철저히 현 순간 그 자체가 되어 보라. 그래서 보고 듣는 것에 대한 일체의 조작이 종식을 고할 때, 온몸으로 보고 들으며 어·묵도 초월한다. 옛 선사는 "눈으로 샘물 소리(泉聲)를 듣고, 귀로 산의 경치(山色)를 본다."고 했다. 참다운 선 수행자는 눈과 귀를 초월하여 온몸으로 보고 듣는다. 이때 어(語)와 묵(默)에 어떤 걸림도 없다. 참으로 일체처(一切處)에 눈을 뜨고 있어야 한다.

頌曰.
路逢達道人,
不將語默對.
攔腮劈面拳,
直下會便會.

■ '난시(攔腮)'는 '턱(腮)을 거머잡다'는 뜻이고, '벽면(劈面)'은 '정면에서'라는 의미다.

 __ 송

길에서 도를 깨달은 사람을 만나거든
어·묵으로 대하지 말라.
턱을 거머잡고(攔腮) 정면에서(劈面) 후려갈기면
곧바로 아는 이는 안다.

 __ 제창

"길에서 도를 깨달은 사람을 만나거든 어·묵으로 대하지 말라." 무문은 본칙을 그대로 반복한다. 단지 그것이 그것일 뿐이다. '무(無)'자는 '무' 자다. '즉심즉불(卽心卽佛)'은 '즉심즉불'이다. 조금이라도 생각이 끼면 '자구불료(自求不了)', 자기 자신도 구할 수 없다. 무문은 이 두 구절로 법연의 선이 어·묵을 초월하여 지금 여기서 자유롭게 작용하고 있음을 절묘하게 보여준다.

"턱을 거머잡고(攔腮) 정면에서 후려갈기면(劈面), 곧바로 아는 이는 안다." 여기서 또다시 누군가 "길에서 도를 깨달은 사람을 만나거든 어·묵으로 대하지 말라."고 한다면, 턱을 거머잡고 그대로 후려갈겨라. 온 천지는 "아야!" 뿐. 도가 어디 있고 깨달은 자가 어디 있으며, 어(語)와 묵(默)은 또 어디 있는가? 눈을 떠 보라. 진실은 바로 거기에 있다. 아는 이는 곧바로 안다.

천지 그 자체가 된 어·묵. 대하고 대하지 않고의 흔적조차 없는 어·묵. 진정한 수행자는 도를 깨달았느니, 깨닫지 못했느니 하는 상대가 없는 소식에 산다. 그에게는 말의 그림자도 침묵의 그림자도 없다. 자, 뭐라고 대하겠는가? 지금 당장 그것을 듣고 싶다.

제37칙

정전백수 (庭前柏樹)

조주의 「뜰 앞의 잣나무」

庭前柏樹.
趙州, 因僧問,
如何是祖師西來意.
州云, 庭前柏樹子.

 — 본칙

한 승이 조주에게 묻는다.
"어떤 것이 조사서래의(祖師西來意), 달마가 서쪽에서 온 뜻입니까?"
조주가 말한다.
"정전백수자(庭前柏樹子), 뜰 앞의 잣나무."

 — 제창

이 공안은 조주의 공안 중에서 '무' 자와 함께 우리에게 가장 널리 알려져 있다.
한 승이 조주에게 묻는다. "어떤 것이 조사서래의(祖師西來意), 달마가 서쪽에서 온 뜻입니까?" 조주가 말한다. "정전백수자(庭前柏樹子), 뜰 앞의 잣나무." 뚫어야 할 공안이다.

여기서 말하는 '조사(祖師)'는 중국 선종의 초조(初祖) 달마 대사(達磨大師)를 가리킨다. '조사서래의(祖師西來意)', '조사가 서쪽에서 온 뜻'이란 무엇을 말할까? 일차적으로는 달마가 인도에서 중국에 건너온 진의(眞意), 그 의도를 뜻한다. 그러나 후대로 내려오면서 이 말은 '불법이나 선의 요체(要諦)'를 뜻하는 선문답의 정형구로 사용된다.

'여하시, 조사서래의(如何是祖師西來意)', 어떤 것이 조사서래의입니까? 선의 오랜 역사에서 수많은 승들이 이 물음을 던졌다. 불법과 선의 핵심을 단적으로 보여달라는 열망에 눈 밝은 선지식들은 각양각색으로 자신들의 선적 경지를 보여왔다.

선 관련 문헌이나 조사들의 어록 도처에서 이 물음에 대한 다양한 답변들을 찾아볼 수 있지만, 문외한의 눈에는 일관성도 없고 뜬구름 잡는 동문서답으로만 보일지도 모른다. 그러나 선적인 눈이 깊어지면 그 속에서 빛나는 살아 있는 진리에 자신도 모르게 탄성을 지르는 때가 온다.

'조사서래의', 달마가 서쪽에서 온 것에 뜻이 있을까? 있다면 달마도 소인배의 무리를 면할 수가 없다. 임제는 그 뜻이 있다면 "자기 자신조차도 구할 수 없다(自救不了)."고 했다. 그렇다면 뜻이 없을까? 없다면 그것이야말로 앞뒤가 캄캄한 어리석음의 소치다. 그것 또한 방망이로 두들겨 맞아야만 할 망상의 견해이다.

본칙의 문답에서 보면, 질문한 승은 '조사서래의'에 심원하고 숭고한 무엇인가가 있을 것이라 생각하고 있는 듯하다. 그런데 달마는 그저 9년간 면벽(面壁)했을 뿐이다. 달마는 9년간 태산처럼 앉아 좌선하고도 말 한마디 하지 않는다. 아니, 말하지 않은 것이 아니라, 말을 하고 말고도 없다.

'조사서래의'를 묻는 승에게 조주는 단지 "뜰 앞의 백수자(柏樹子)."라 말한다. '백수자(柏樹子)'의 '자(子)'는 의미 없는 접미사다. '백수(柏樹)' 또는 '백(柏)'은 측백(側柏)나무나 편백(扁柏)나무를 뜻한다. 우리나라에서는 이 외에 '잣나무'라는 뜻으로도 사용해 왔다. 조주가 만년에 머물던 하북성의 조주(趙州)에는 백수(柏樹)가 많았다고 한다. 그래서 그가 주석한 관음원(觀音院)을 백림사(柏林寺)라고도 부른다.

주의할 것은 '백수자'가 측백나무든 잣나무든 공안을 참구하는 데는 아무 상관없다는 점이다. 측백나무냐, 잣나무냐를 따지고 있으면 선에서 이미 십만 팔천 리 멀어져 있다. 이 공안에 나오는 백수자를 우리나라에서는 전통적으로 잣나무로 새겨왔으므로 여기서도 '잣나무'로 번역한다.

당시 조주가 있던 절 경내에도 잣나무가 있었던 모양이다. 승의 질문에 조주는 아무 주저 없이 "정전백수자, 뜰 앞의 잣나무라." 했다. 도대체 뜰 앞의 잣나무가 어째서 불법의 진수가 된다는 말인가? 잣나무는 '나'와는 상관없이 마당 저쪽에 있는 나무에 불과하지 않은가? 이것이 분별심으로 제약된 인생을 살아가는 우리의 현주소이다.

"뜰 앞의 잣나무." 참으로 은산철벽(銀山鐵壁)이다. 머리 굴림이 비집고 들어갈 조금의 틈도 없다. 전 우주가 자기라면 일체는 자기 아닌 것이 없다. 전 우주가 잣나무라면 일체는 잣나무 아닌 것이 없다. 어디에 잣나무와 자기의 구별이 있을까? 어디에 잣나무라 붙여야 할 이름이 있을까?

옛 선사는 "조주의 백수자는 철로 된 쐐기와 같아서, 어떤 해석이나 이해로도 근접할 수 없다. 언설로 알 수 있는 것도 아니다. 다만 자신의 마음속에 대의(大疑)를 일으켜서 오로지 참구하라."고 권한다.

불성(佛性)은 우주에 충만하니 잣나무도 불성 그 자체다. 그래서 "뜰 앞의 잣나무."라 했다면 조주를 비방해도 심하게 비방하는 것이다. 9년 동안 태산처럼 앉아 면벽한 초조 달마. '뜰 앞의 잣나무'에 철저하여 미동도 않는 오늘의 달마가 되어 보라!

 __ 평어

무문이 말한다. 조주의 대답을 정통으로 꿰뚫어 볼 수 있으면 이전의 석가도 없고 이후의 미륵도 없다.

無門曰. 若向趙州答處見得親切, 前無釋迦, 後無彌勒.

 __ 제창

"조주의 대답을 정통으로 꿰뚫어 볼 수 있으면 이전의 석가도 없고 이후의 미륵도 없다." 정통으로(親切) 꿰뚫어 보려면 '백수자' 그 자체가 되어 자기를 방하(放下)하라. 자기를 방하할 때 자기 아닌 것이 없다. 사물 하나 하나가 모두 자기다. 어찌 백수자 뿐이겠는가?

일체가 참다운 자기의 그때 그곳에서의 모습이다. 이것 외에 선은 없다. 앞의 석가도 뒤의 미륵도 참다운 자기의 한때 모습이고 '백수자'이다. 노래하는 것도 춤추는 것도 백수자, 이 외에 무엇이 있겠는가? 참으로 이전의 석가도 없고, 이후의 미륵도 없다.

무문의 평어는 간명하면서도 확신에 차 있어 힘이 솟아난다. 알지도 못한 채 통채로 삼키지 말고 찬찬히 음미해 보라.

頌曰.
言無展事,
語不投機.
承言者喪,
滯句者迷.

■ 이 송은 동산 수초(洞山守初, 910-990)의 상당법어(『오등회원』 권15)에 나오는 것을 무문이 그대로 공안의 송으로 사용하였다. 선사가 타인의 게송이나 말을 빌려 자신의 선적 경지를 표현하는 것은 전혀 흠이 되지 않는다. 이에 대해서는 누차 밝혔다.

■ '전사(展事)'는 '사물 그 자체를 표현하여 밝히는 것'을 뜻한다.

■ '투기(投機)'는 '스승과 제자의 마음이 서로 투합하여 일치하는 것' 또는 '대오철저하여 진리와 계합(契合)하는 것'을 의미한다.

■ 진리와 언어의 관계에 대해서는 제34칙 「지불시도(智不是道)」의 본칙 제창 부분(279쪽)을 참고 바란다.

 — 송

말(言)은 사물을 있는 그대로 드러낼 수 없고,
어구(語)는 진리 그 자체가 되게 하지 않는다.
말을 그대로 받아들이는 자는 진실을 잃고,
어구에서 벗어나지 못하는 자는 깨달을 수 없다.

 — 제창

"말(言)은 사물을 있는 그대로 드러낼(展事) 수 없고." 말은 사물 그 자체를 드러내지 못한다. 차 한 잔의 맛을 아무리 말로 설명해도 그 맛 자체를 온전히 드러낼 수는 없다. 불에 대해 아무리 장황하게 묘사해도 뜨거움을 체험하지 못한 사람은 불을 알 수 없다.

진리는 언어 표현을 만들어내는 힘을 가지고 있으나, 한 번 만들어진 언어 표현은 진리 그 자체를 나타내지 못한다. 그래서 달마는 면벽(面壁) 9년으로 단지 있는 그대로를 말없이 보였을 뿐이다.

"어구(語)는 진리 그 자체가 되게(投機) 하지 않는다." 아무리 교묘한 표현도 학인(學人)을 진리 그 자체가 되게 할 수는 없다. 스스로 아는 것(自知) 외에는 방법이 없다. 스승의 한마디가 대오(大悟)의 계기가 되는 것은 학인이 수행을 통해 이미 깨달음의 직전에 이르러 있었기 때문이다

"말을 그대로 받아들이는 자는 진실을 잃고, 어구에서 벗어나지 못하는 자는 깨달을 수 없다." 말의 의미에만 매달려 그 제약을 뛰어넘을 수 없는 사람은 미혹 속에 헤매면서 살아갈 수밖에 없다. 안 것에 대한 집착에서 벗어나라. 말에 주저앉으면 자유가 묶인다.

"정전백수자." 그저 그런 말이 아니다. 지금, 여기, 나와 늘 얼굴을 맞대고 있는 조주의 살아 있는 모습이다. 온 천지에 가득한 이 진실에 눈을 뜨라! 무문은 애타게 재촉한다.

 __ 입실

'정전백수자'에 대한 문답이 끝나자 방장 스님이 느닷없이 물으셨다.

방장: 백수자의 뿌리는 어디까지 닿아 있느냐?

한순간이라도 머뭇거리면 방장 스님은 "이 죽은 시체야!" 하고 고함을 치면서 쥐고 있는 죽비로 내려치려 한다. 사정없이 욕을 먹고 방장실을 쫓겨날 수밖에 도리가 없다. 그런데 이상하게도 이렇게 한바탕 야단을 맞고 방장실을 쫓겨나면 곧바로 견처가 튀어나온다. 참으로 안타까움을 금할 수가 없다.

다음 입실,

방장: '정전백수자' 공안에 대해 나눈 유명한 문답이 있다.
　　　조주의 제자 중에 각철취(覺鐵嘴)라는 선승이 있다.
　　　조주 입적 후, 법안(法眼)은 각철취에게 묻는다.
　　　"스승 조주에게 '백수자' 공안이 있다고 들었는데 맞습니까?"
　　　각철취는 "스승에게는 그런 공안이 없습니다. 화상께서는 우리 스승을 비방하지 마십시오(先師無此語, 莫謗先師好)."하고 대답한다.

각철취는 조주 곁에서 오랫동안 가르침을 받은 뛰어난 제자다. 스승의 유명한 '백수자' 공안을 모를 리 없다.

그런데도 "스승에게는 그런 공안이 없습니다. 화상께서는 우리 스승을 비방하지 마십시오."하며 말을 끊어버린다.

조주에게 백수자 공안이 있다고 하면 어째서 그를 비방하는 것이 될까?

각철취의 대답은 조주의 '백수자'에 못지 않은 중요한 공안이다.

자, 각철취의 경지, 각철취의 백수자는 어떤 것인가?

견처를 보여라.

옛 선사들은 각철취의 대답이 그의 스승 조주에 못지 않게 뛰어나다며 그의 역량에 찬사를 보낸다. 왜 그럴까? 조주의 백수자는 조주의 백수자고, 각철취의 백수자는 각철취의 백수자다. 결코 조주의 백수자를 흉내 내어서는 안 된다. 무심이 되어라. 무심의 작용, 이것만이 길이다.

제38칙

우과창령 (牛過窓櫺)

오조의 「머리도 몸도 통과했는데
어째서 꼬리만 통과 못하는가」

 __ 본칙

오조가 말한다. "비유하면 물소가 격자창을 통과하는 격이다. 머리와 뿔, 네 다리 모두 통과했는데 어째서 꼬리만 통과하지 못하는가?"

牛過窓櫺.
五祖曰, 譬如水牯牛過窓櫺, 頭角四蹄都過了, 因甚麽尾巴過不得.

 __ 제창

이 공안의 원문 번역은 다양하다. 위와 같이 번역한 것은 전통적인 해석이기도 하지만, 그 출처가 되는 『불설급고장자여득도인연경(佛說給孤長者女得度因緣經)』의 내용(『大正藏』 2, pp.852下-3中)에 근거했기 때문이다.

이 경에서 애민왕(哀愍王)은 어느 날 밤 열 가지 꿈을 꾼다. 그 첫 번째 꿈이 큰 코끼리 한 마리가 격자창에서 나오는데 몸은 빠져나오지만, 꼬리는 창에 걸려 있는 꿈이었다(一者夢見, 有一大象, 從窓牖出, 身雖得出, 尾爲窓櫺). 왕은 당시의 부처였던 가섭불에게 이 꿈에 대해 묻는다.

가섭불이 말한다. "이 꿈은 미래에 석가모니불이 출현하여 중생을 교화하고 열반에 든 뒤, 그 제자들에게 일어날 일을 미리 보여준 것입니다. 첫 번째 꿈은 석가모니 열반 후, 어떤 바라문·장자·거사·남녀들이 있어 권속을 버리고 출가하여 도를 배우지만, 마음은 여전히 명리와 세속 일을 탐하고 집착하여 해탈할 수 없는 것을 보인 것입니다."

본칙과 첫 번째 꿈은 코끼리(大象)를 물소(水牯牛)로 바꾼 것 외에는 내용상 거의 동일하다. 따라서 위와 같이 번역한 것이다.

오조가 말한다. "비유하면 물소가 격자창을 통과하는 격이다. 머리와 뿔, 네 다리 모두 통과했는데 어째서 꼬리만 통과하지 못하는가?" 뚫어야 할 공안이다. 원래 무명·무상(無名無相), 이름도 없고 모양도 없다. 물소는 무엇에 붙인 가명인가?

거대한 물소가 머리도 다리도 모두 유연하게 격자창을 통과하는데 꼬리만은 아무리 해도 통과하지 못한다. 산처럼 큰 것은 자유롭게 지나가는데 눈곱만큼 작은 것은 지나가지 못한다는 것이다. 그 작은 꼬리가 어째서 통과할 수 없는가? 법연은 이 공안을 제시하여 승들의 머리 굴림을 일시에 단절시켜 버린다.

'어째서'는 예로부터 법연 선의 암호라고 찬탄되어 온 말이다. 질문을 던져 질문을 초월하게 하려는 법연의 무한한 자비심에서 나온 한마디다. "어째서 꼬리만 통과하지 못하는가?" 격자창에 꼬리가 걸린 채 빠져나가려고 애쓰는 소 그 자체가 되어 보라.

꼬리(尾巴)가 무엇인가? 무상의 상(無相의 相), 모습 없는 모습이다. 그렇다고 꼬리를 역겁무명(歷劫無名)의 진리를 상징한다고 말하면 이 또한 앵무새 흉내에 지나지 않는다.

꼬리가 없는 곳이 어디 있는가? 온 천지를 뒤덮는 꼬리, 통과하고 못하고도 없다. 가려고 하면 어디든 가고, 앉으려 하면 곧바로 앉는다. 침을 뱉고 팔을 펴는데 어찌 다른 사람의 힘을 빌릴까.

옛 선사는 다음과 같은 시를 인용하여 이 공안의 핵심을 드러낸다.

황사백진천금갑(黃沙百戰穿金甲)
불파루란종불환(不破樓蘭終不還)

황사 백전, 견고한 갑옷을 입고
누란을 쳐부수지 않으면 결코 돌아가지 않는다.

황사(黃沙), 곧 서역 타클라마칸사막, 그곳에서의 백전(百戰), 그 수많은 전쟁에서 단단히 무장하여 적국 누란(樓蘭)을 쳐부수지 않으면 귀국하지 않겠다는 당나라 때의 시이다. 서기 400년경 이 지역을 지나 인도로 구법을 떠났던 법현(法顯)의 여행기에 따르면, 돈황을 떠나 하루 평균 40킬로미터 이상 사막 길을 걸어 17일만에 누란에 도착했다고 한다. '황사백전(黃沙百戰)'이 실감남과 동시에 옛사람의 치열한 구도 정신에 절로 머리가 숙여진다.

이 시는 '어떻게 해서든, 어떻게 해서든' 무언가에 철저하고자 함을 단적으로 말해주고 있다. 그런 경지까지 이르면 이미 말이 미치지 않는다. '어떻게 해서든'의 경지는 말이 미치지 않는 세계, 다만 '이것'의 세계이다. 좋고 싫음(順逆)에 흔들림 없이 눈앞의 일에 철저하다. 생과 사에 흔들릴 틈이 없으니 그것이 곧 해탈이다.

■ 누란(樓蘭)은 지금의 신상웨이우얼자치구(新疆維吾爾自治區)의 뤄부포(롭놀) 호수 부근에 있었던 고대 서역 36국 가운데 한 나라이다. 일명 선선(鄯善)이라고도 부르던 이곳은 실크로드 중의 하나인 서역 남도(南道)의 동쪽 끝에 있다.

공안 속의 꼬리 또한 이 시의 내용 그대로이다.

 — 평어

無門曰. 若向者裏顚倒著得一隻眼, 下得一轉語, 可以上報四恩, 下資三有. 其或未然, 更須照顧尾巴始得.

무문이 말한다. 여기서 휘말리지 않고 도리어 꿰뚫고 나가(顚倒) 심안(一隻眼)을 얻어, 한마디(一轉語) 할 수 있으면, 위로는 사은(四恩)에 보답하고 아래로는 삼유(三有)를 구제할 것이다. 그것이 불가능하다면 더욱 철저히 꼬리를 참구해야 한다.

 — 제창

■ '전도(顚倒)'는 '거꾸로 되다', '넘어뜨리다'가 원뜻으로 보통은 『반야심경』의 '전도몽상'에서와 같이 '도리에 위배되어 그릇됨'을 뜻한다. 하지만 여기서는 '휘말리지 않고 도리어 밀쳐 넘어뜨리다'로 보아야 한다. 이것은 법연에게 한 치의 양보도 없이 이 공안을 흔들림 없이 꿰뚫는 것을 말한다.

"여기서 휘말리지 않고 도리어 꿰뚫고 나가(顚倒) 심안(一隻眼)을 얻어, 한마디(一轉語) 할 수 있으면, 위로는 사은(四恩)에 보답하고 아래로는 삼유(三有)를 구제할 것이다." 공안을 꿰뚫어 심안(一隻眼)을 얻어, 인격의 일대 전환을 가져올 수 있는 한마디를 말하라고 무문은 재촉한다.

보라, 눈을 뜨면 천지가 안중(眼中)에 들어온다. 천지는 내 눈의 영상에 지나지 않는다. 누구나 이 큰 눈, 일체를 넘어뜨릴 수 있는 눈, 일체를 꿰뚫을 수 있는 눈(一隻眼)만 있으면 자유롭게 한마디를 던질 수 있다. 그 눈으로 처하는 곳마다 안주(安住)하니 그도 저도 모두 한때의 진실한 모습 그대로다.

안주(安住)는 무아(無我)의 경지이다. 그것 그 자체가 되어서 다른 것을 부러워하지 않는 것이다. 떨어져도 상심하지 않고, 올라가도 좋아하지 않는다. 집착하지 않으면 무엇이 되어도 번민이 없다. 그저 일상사 한순간 한순간에 몰입할 뿐이다. 밥 먹을 때는 밥만 먹고, 일할 때는 잡념 없이 일에만 몰두한다. 이것의 위대함을 체득할 때가 눈을 뜨는 순간이다.

이 경지가 되면, "꼬리는 어째서 통과하지 못하는가?"라는 질문도 집착이고 망상이다. 이 질문을 던진 오조도 망상이고, 석가니 달마니 하는 것도 모두 망상이다. 아니, 망상이라 하는 것도 이미 늦다. 이때, 일상사 그 자체가 되는 것이 진정한 보은(報恩)임을 알 것이다.

"위로는 사은(四恩)에 보답하고, 아래로는 삼유(三有)를 구제할 것이다." 무문은 심안을 얻어 한마디 할 수 있을 때 이상적인 삶을 산다고 단언한다. '사은(四恩)'이란 모든 사람이 똑같이 입고 있는 네 가지 은혜, 곧 부모, 중생, 국왕, 삼보(三寶, 佛法僧)의 은혜를 말한다. 캄캄한 밤에 결말을 낸 소가 사은·삼유 모두를 등에 태우고 간다.

마지막으로 무문은 모든 수행자들에게 엄하게 경책한다. "그것이 불가능하다면 더욱 철저히 이 꼬리를 참구해야 한다." 이렇게까지 말해도 모른다면, '꼬리'가 참으로 자기 것이 될 때까지 꼬리만을 참구하라. 꼬리, 이것은 옛 법연의 말이 아니다. 지금 바로 우리 자신의 문제이다. 걸어 보라, 앉아 보라, 뭐가 부자유스러운가? 아하, 자신도 모르게 손뼉 치며 크게 웃을 때가 있을 것이다.

■ '삼유(三有)'는 중생이 자신의 업에 따라 윤회하는 세계, 곧 욕계(欲界)·색계(色界)·무색계(無色界)의 삼계(三界)를 말하기도 하고, 삼계 각각의 중생들을 가리키기도 한다. 따라서 '삼유'는 온 세상 또는 모든 중생을 말한다.

 ― 송

지나가면 구덩이에 떨어지고,
되돌아오면 부서져 버리네.

頌曰.
過去墮坑塹,
回來却被壞.

者些尾巴子,
直是甚奇怪.

이 꼬리,
참으로 기괴하구나.

 — 제창

"지나가면 구덩이에 떨어지고, 되돌아오면 부서져 버리네." 꼬리는 하늘을 뒤덮고 땅을 뒤덮는다. 한계가 없어서 지나가는 것도, 되돌아오는 것도 없다. 지나가고 되돌아온다는 생각 자체가 천 길 함정이고, 부서져야 할 망상이다. 꼬리는 통과하고 말고가 없다. 그러면서 언제나 움직이며 활동하고 있다.

"이 꼬리, 참으로 기괴하구나." 대·소를 초월한 꼬리. 더럽지도 깨끗하지도, 증가하지도 감소하지도 않는, 이름도 모습도 없는, 참으로 기괴한 한 물건(一物)이다. 소를 타고 소를 찾는 바보들, 아직도 보이지 않는가?

 — 입실 1

방장 스님 앞에서 본칙 전문을 외우고 "어째서 꼬리만 통과하지 못하는가?" 공안에 대해 견처를 보이려 하자,

　방장: 먼저 '머리와 뿔, 네 다리 모두 통과한다.'를 어떻게 보겠
　　　　느냐?
　　　　견처를 보여라.
　김 　: 사사무애(事事無礙), 어떠한 장애도 없습니다.

방장: 의미를 미리 머리로 읽기 때문에 그런 말을 한다.
　　　이런 데 머리를 굴리면 어떻게 하나?
　　　사실을 가지고 보여라.
　　　물소가 격자창을 통과하는 격이라 했다.

 __ **입실 2**

　방장 스님 앞에서 본칙 전문을 외우고 "어째서 꼬리만 통과하지 못하는가?" 공안에 대해

김　: 통과했다, 하지 못했다, 흔적도 없는 꼬리입니다.
방장: 이치는 알고 있어도 살아 있는 작용으로 나오지 않으면 모르는 것이다.
　　　이치를 찾아가기 때문에 살아 있는 작용이 나오지 않는다.
　　　이치가 앞서면 이치에 맞도록 행동하려 한다.
　　　진짜는 반대다.
　　　자신이 체험으로 확실히 알게 되면 얼마든지 설명할 수 있고 내보일 수 있다.
　　　선에서는 본인의 체험이 없으면 아무것도 할 수 없다.
　　　자기의 온 생명력을 다해서 결사적으로 부딪쳐라.
　　　이 공안은 '결사적으로', '어떻게 해서든'이라는 말이 딱 들어맞는 공안이다.

다음 입실 시간.

방장: 어떻게 되었느냐?

김 : (꼬리가 창에 걸린 소가 빠져 나오려고 안간힘을 쓰는 모양을 하며)
　　　음메~ 음메~

방장: 아직도 소에 끄달리다니. 꼬리에 철저하지 못하니까 그런 견처가 나온다.

철저히 꼬리 그 자체가 되어 보라.

공안 참구의 요(要)는, 오직 자기를 방하하여 무애자재한 경지를 사는 데 있다.

처음 공안을 들 때 확실히 참구하지 않으면 언제까지나 '반생반사(半生半死)', 산 것도 아니고 죽은 것도 아니다.

진짜로 살고 진짜로 죽을 수 있어야 한다.

철저히 참구하라.

제39칙

운문화타 (雲門話墮)

운문의 「말에 떨어져 버렸군」

 __ 본칙

한 승이 운문에게 묻는다. "광명적조변하사(光明寂照遍河沙), 광명은 고요히 전 우주를 두루 비추고……." 한 구절이 채 끝나기도 전에 운문이 느닷없이 말한다. "그것은 장졸 수재(張拙秀才)의 게송이 아닌가?" 승이 대답한다. "그렇습니다." 운문이 말한다. "화타(話墮), 말에 떨어져 버렸군." 후대에 사심(死心)이 이 일화를 들어 말한다. "자, 말해 보라. 어디가 이 승이 말에 떨어진 곳인가?"

雲門話墮.
雲門, 因僧問, 光明寂照遍河沙. 一句未絕, 門遽曰, 豈不是張拙秀才語. 僧云, 是. 門云, 話墮也. 後來死心拈云, 且道, 那裏是者僧話墮處.

 __ 제창

『무문관』과 『벽암록』에서 운문의 공안은 조주의 공안과 첫째를 다툴 정도로 가장 많이 나온다. 『무문관』에서만 그와 관련된 공안이 다섯 칙이나 실려 있다.

한 승이 운문에게 무언가 질문하려 한다. "광명적조변하사(光明寂照遍河沙), 광명은 고요히 전 우주를 두루 비추고……."하며 장졸 수재가 지은 게송 첫 구절을 읊는다. 운문은 그 첫 구절이 채 끝나기도 전에 느닷없이 "그것은 장졸 수재의 게송이 아닌가?"하고 되묻는다.

"한 구절이 채 끝나기도 전에." 이 기막힌 타이밍을 보라. 운문은 순간을 놓치지 않고 승의 역량을 시험한다. 그의 생생히 살아 있는 수단(活手段)에 경탄을 금하지 않을 수 없다.

"그것은 장졸 수재의 게송이 아닌가?" 운문은 불현듯 그것은 장졸 수재의 말을 빌린 것이 아닌가 하고 파고든다. 이 물음에 어떻게 견처를 보이겠는가? 뚫어야 할 공안이다.

질문한 승은 무심코 "그렇습니다."하고 대답한다. "광명은 고요히 전 우주를 두루 비추고." 승은 자신이 광명 속에 있으면서 광명을 밖에서 찾는 어리석음을 범하고 있다. 자기 집에 살면서 남의 집에 산다고 생각하여 집세를 내는 어리석음. 이것을 '무승자박(無繩自縛)', 묶는 것도 없는데 스스로 속박한다고 한다.

운문과 법거량을 할 정도라면 패기 있는 선적 대응을 했어야 하거늘, 가련하리만큼 정직하게 대답하면 어떻게 하는가. 옛사람의 언구(言句)에 사로잡혀 빙빙 돌고 있는 어리석음이여!

아니나 다를까, 운문은 곧바로 "화타(話墮), 말에 떨어져 버렸군." 하고 통렬히 질타한다. '광명은 고요히 전 우주를 두루 비추고'는 장졸 수재 이전, 석가 출세 이전, 아니, 이전도 이후도 없는 본지풍광(本地風光), 본래의 모습이다. 이것에 대해 한마디라도 입에 올리면 이미 '화타(話墮)', 말에 떨어져 버린다. 그것 그대로일 뿐, 뭐라고 하더라도 맞지 않다. 불을 불이라 말한다고 입이 타는 것은 아니다. 참다운 선 수행자에게는 물음도 '화타', 대답도 '화타'이다.

예리한 급소를 찌르는 운문의 대자대비를 아는 자가 몇이나 될까?

옛사람은 『논어』의 한 구절을 인용하여 이 공안에 대해 다음과 같이 읊는다.

조이불강(釣而不綱)
익불사숙(弋不射宿)

낚시는 하지만 그물질은 하지 않으며
주살로 새는 잡지만 짐자는 새는 쏘지 않는다.

군자는 낚시로 고기를 한 마리씩 잡기는 해도 그물로 수많은 고기를 일시에 잡는 일은 없다. 또한 주살, 곧 실을 매어놓은 화살로 나는 새를 잡기는 하지만 자고 있는 새를 쏘는 법은 없다. 군자는 졸렬한 수단(非道)으로 욕망을 쫓는 일은 하지 않는다. 법답지 않은 행동은 하지 않는다는 것이다.

'광명은 고요히 전 우주를 두루 비추고(光明寂照遍河沙)', 이것이 장졸의 말을 이용한 것이라면 졸렬한 정도를 넘어서 선에서 아득히 멀어진다. 옛 선사는 『논어』의 한 구절로 '광명적조변하사'는 그러한 세계가 아니라는 것을 보이고 있다.

운문이 입적한 뒤 약 100년이 지나 태어난 황룡 사심(黃龍死心, 1043-1114)은 이 「운문화타」 공안을 문하의 승들에게 제시하며 말한다. "자, 말해 보라. 어디가 이 승이 말에 떨어진 곳인가?"

'광명은 고요히 전 우주를 두루 비추고'. 이것은 명백하고 분명해서 이 이상도 이하도 없다. 옛날도 지금도, 화타니 화타가 아니니, 그런 시시한 말이 들어갈 틈이 없다. '광명은 고요히 전 우주를 두루 비추고'에 진정으로 철저하지 못하면 화타가 된다. 다시 경고

■『논어』「술이편」에 나오는 말이다. '조이불강(釣而不綱)'에서 '강(綱)'을 '망(網)'으로 읽는 경우도 있다.

한다. 철저하지 못하고 어설프게 그냥 받아들이거나 흉내 내기에 그치면 영원히 화타에서 벗어나지 못한다.

 — 평어

無門曰. 若向者裏見得雲門用處孤危, 者僧因甚話墮, 堪與人天爲師. 若也未明, 自救不了.

무문이 말한다. 만일 여기서 범접하기 어려운 운문 선기(禪機)의 예리함과 승이 어째서 말에 떨어졌는가를 꿰뚫어 볼 수 있다면, 인간과 천상 세계의 스승이 될 만하다. 아직 그 점이 분명하지 않다면, 자기 자신도 구제하기 어렵다.

 — 제창

"만일 여기서 범접하기 어려운 운문 선기(禪機)의 예리함과 승이 어째서 말에 떨어졌는가를 꿰뚫어 볼 수 있다면, 인간과 천상 세계의 스승이 될 만하다." 운문은 한 구절이 채 끝나기도 전에 "장졸 수재의 게송이 아닌가?" 하고 허를 찌르고, "그렇습니다."라는 대답에 "화타(話墮), 말에 떨어져 버렸군."하며 더 이상 머리 굴릴 여유조차 주지 않는다.

운문의 이 소름끼칠 정도로 멋진 선적 작용을 확실히 꿰뚫어 볼 수 있어야 한다. 자타불이(自他不二)의 진정한 체험 없이는 뭐라고 말하더라도 화타이다. 석가모니의 '석' 자만 말해도 화타이고 달마 대사의 '달' 자만 말해도 화타이다. 운문에게만 맡겨둘 것이 아니다. 각자가 기개와 도량을 왕처럼 펼쳐야 한다.

"그렇습니다."라고 대답한 승의 어디가 '화타' 인가? 이것들을 꿰뚫어 보면 인간과 천상 세계의 스승이 된다. 불교에서는 살아 있는 모든 것들은 지옥·아귀·축생·수라·인간·천상의 여섯 세계(六道) 어딘가에 속해 있다고 한다. 이 공안을 뚫은 자야말로 인간과 천상, 이 두 상위 세계의 스승이 되어 중생을 육도윤회로부터 해탈시킬 수 있는 역량을 갖춘 사람이다. 이것은 탁월한 역량을 가진 자에 대한 찬사이기도 하지만, 동시에 언구(言句)의 주위만 맴돌며 벗어나지 못하는 사람들에 대한 훈계이기도 하다.

"아직 그 점이 분명하지 않다면, 자기 자신도 구제하기 어렵다." 운문의 선기(禪機)와 질문한 승의 화타저(話墮處)를 온몸으로 깨닫지 못하면, 타인은 물론 자기 자신마저도 구제할 수 없다. 이렇게 무문은 문하의 승들에게 비수를 꽂는 말을 던져 경고한다. 법의 바다가 바닥도 없이 깊다 하더라도 세월을 잊고 다 퍼올리겠다는 마음을 가져라. 퍼올림의 흔적마저 남지 않을 때까지 퍼올려라.

 ─ 송

급류에 낚싯줄을 드리우니
먹이를 탐하는 놈 금방 달려든다.
입을 벌리는 순간
목숨은 날아간다.

頌曰.
急流垂釣,
貪餌者著.
口縫纔開,
性命喪却.

 ─ 제창

"급류에 낚싯줄을 드리우니." 승의 말이 채 끝나기도 전에 운문이 "그것은 장졸 수재의 게송이 아닌가?"하고 예리하게 되물은 것은 이 승의 역량을 알아보기 위한 낚싯줄이다.

"먹이를 탐하는 놈 금방 달려든다." 그러나 워낙 예상 밖의 급류여서 바늘도 줄도 보이지 않으므로, 멍청히 "그렇습니다."하고 대답하여 낚시에 물린 것은 참으로 애석하다. 자기도 세계도 "광명은 고요히 전 우주를 두루 비추고." 바로 이 한가운데에 있음을 알지 못하고, "그렇습니다."고 대답하여 '화타'에 떨어져버린 어리석은 승을 비유한 것이다.

"입을 벌리는 순간, 목숨은 날아간다." 조금이라도 입을 벌리면 낚여 버릴 것이 틀림없다. 한마디 하면 이미 화타이다. 침묵만 해도 화타이다. 참다운 수행자는 이 화타에서 벗어난 소식으로 운문을 무색하게 해야 한다. 자, 화타에서 벗어난 살아 있는 소식을 보여라.

 __ 입실

방장 스님 앞에서 본칙 전문을 외우고 공안에 대해 견처를 보이자,

방장: '그것은 장졸 수재의 말이 아닌가?' 하고 물으면 어떻게 '화타'를 면하겠는가?
장졸의 흉내 내기, 대사 외우기가 되면 '화타'를 면할 수 없다.
머리로 생각하여 이렇게 하면 좋겠지, 하면 벌써 어긋나 버린다.
자기의 철저한 견처를 보여라.

중심 인물

장졸(張拙, ?-?)은 재가의 거사였는데, 정확한 생몰 연대는 알려져 있지 않다. 장졸(張拙) 수재(秀才)에서 '수재(秀才)'는 일반적으로 '재능이 뛰어난 사람'을 말하지만, 장졸이 살았던 당나라 시대에는 과거 시험 중의 하나였으며, 그 시험의 합격자를 가리키기도 했다. 장졸이 석상 경제(石霜慶諸, 807-888)를 처음 찾아갔을 때이다.

    석상: 수재, 그대 이름은 어떻게 됩니까?
    장졸: 성은 장(張)이요, 이름은 졸(拙)입니다.
    석상: 능숙함(巧)은 어디서도 얻을 수 없거늘, 서투름(拙)은 또 어디서 왔는가?

장졸은 이 말에 크게 깨달은 바 있어 게송을 지어 석상에게 보였다. 그 게송의 첫 구절이 '광명적조변하사(光明寂照遍河沙)'이다.

황룡 사심(黃龍死心, 1043-1114)은 임제종 황룡파의 시조인 황룡 혜남(黃龍慧南, 1002-1069)의 3세 법손이다. 회당 조심(晦堂祖心)의 법을 이었으며, 사심 오신(死心悟新)이라고도 부른다.

사심이 처음 회당을 참알(參謁)했을 때, 회당은 주먹을 내밀며 "이것을 주먹이라 하면 이름에 걸린다. 주먹이 아니라고 하면 사실에 위배된다. 자, 뭐라고 할 것이냐?"하고 물었다. 사심은 꽉 막혀서 어찌할 바를 몰랐다. 그 뒤 2년간 그는 이 주먹 공안으로 피나는 참구를 하여 마침내 대오했다.

제40칙

적도정병(趯倒淨瓶)

백장의 주지 선발 시험에
위산이 정병을 차 버리다

 __ 본칙

趯倒淨瓶.
潙山和尙, 始在百丈會中
充典座. 百丈將選大潙主
人. 乃請同首座對衆下
語, 出格者可往. 百丈遂
拈淨瓶, 置地上設問云,
不得喚作淨瓶, 汝喚作甚
麼. 首座乃云, 不可喚作
木㮽也. 百丈却問於山.
山乃趯倒淨瓶而去. 百丈
笑云, 第一座輸却山子
也. 因命之爲開山.

위산이 백장 문하에서 공양주(典座) 직책을 맡고 있다. 백장은 새로 개창할 대위산 도량의 주인을 뽑으려 한다. 이에 위산과 수좌(首座)로 하여금 대중 앞에서 한마디씩 하게 하여 둘 중 발군의 사람을 주인으로 보내기로 한다. 백장은 정병(淨瓶)을 집어 땅에 놓으며 묻는다. "이것을 정병이라 불러서는 안 된다. 뭐라고 부르겠느냐?" 수좌가 대답한다. "나무토막이라 부를 수도 없습니다." 백장은 이번에 위산에게 묻는다. 위산은 정병을 걷어차 버리고는 휑하니 가 버린다. 백장이 웃으며 말한다. "수좌는 위산에게 졌다." 이에 위산을 개산(開山)으로 임명한다.

__ 제창

"위산이 백장 문하에서 공양주(典座) 직책을 맡고 있다." 공양주가 공양주 역할에 철저한 것 말고 따로 불법은 없다. '안주부동, 여수미산(安住不動如須彌山)', 지금 이 순간에 안주하여 흔들림이 없는 것이 수미산과 같다. 자기를 방하(放下)하고 잡념 없이 밥하는 일에 전력하는 것, 여기에 모든 것이 다 들어 있다.

"백장은 새로 개창할 대위산 도량의 주인을 뽑으려 한다." 본칙의 내용은 『전등록』 권9와 『오등회원』 권9 등의 「위산 영우」조에 상세히 나온다.

이에 따르면 백장은 호남성에 1500인의 선지식이 거처할 수 있는 위산, 곧 대위산이라는 명산이 있다는 이야기를 듣는다. 백장은 전좌를 맡고 있던 위산을 보내어 선원을 개창하려 한다. 그러나 수좌(首座)였던 화림 선각(華林善覺)이 이의를 제기한다. 수좌를 제쳐놓고 전좌를 보내는 것은 납득이 가지 않는다는 것이다.

"이에 위산과 수좌(首座)로 하여금 대중 앞에서 한마디씩 하게 하여 둘 중 발군의 사람을 주인으로 보내기로 한다." 백장은 위산과 수좌 두 사람 중 대중 앞에서 더 출중한 경지를 말하는 자를 대위산의 주인, 곧 주지로 보내기로 한 것이다. 『전등록』과 『오등회원』 「위산 영우」조의 내용을 감안하면, 원문의 '청동수좌(請同首座)'에서 '청'과 '동수좌' 사이에 '위산(潙山)'이 생략되어 있다고 보아야 한다. 다시 말해 '위산과 수좌에게 한마디 할 것을 요청했다(請潙山同首座下語)'로 보아야 한다는 것이다.

"백장은 정병(淨瓶)을 집어 땅에 놓으며 묻는다. '이것을 정병이라 불러서는 안 된다. 뭐라고 부르겠느냐?' " "수좌가 대답한다. '나무토막이라 부를 수도 없습니다.'" 주지를 일문일답으로 뽑다

■ '공양주' 곧 '전좌(典座)'는 선 도량의 식사를 총책임지는 중요한 직책이다. 보통 고참 승이 맡는다. 설봉이나 동산 수초도 전좌 출신이다. 위앙종의 개조(開祖) 위산도 공양주를 했던 것이다.

■ '수좌(首座)'는 '제일좌(第一座)'라고도 하며, 수행 기간이 길고 덕이 높아 대중 가운데 최고 상수스님이다.

■ '정병(淨瓶)'은 깨끗한 물(淨水)을 담아 두는 병으로, 출가 승려가 항상 휴대하고 다니며 손을 씻

는 데 사용한다.

니, 멋지지 않는가? 학문이나 변설이 아무리 훌륭해도 선에서는 소용이 없다. 오직 일체의 망상을 떨쳐버린 무애자재한 전신(全身)이 필요할 뿐. 마음이 구름 한 점 없이 청명할 때 무애자재한 작용은 저절로 솟구쳐 나온다. 의식적인 별난 행동, 기이한 행동과는 차원이 다르다.

원래 이름 없던 것(歷劫無名)을 정병이라 부르면 이름에 걸린다. 그렇다고 정병이 아니라고 하면 사실에 어긋난다. 선각(善覺) 수좌는 이것을 알고 있다. 그래서 나무토막이라 부를 수도 없다고 대답한다. 정병이라는 이름에 걸리지 않으면서, 정병을 떠나지도 않은 대단한 대답이다.

그러나 선의 묘지(妙旨)는 말과 문자로는 표현할 수 없는 언전불급(言詮不及)의 소식이다. 옛사람은 선각 수좌의 답변에 대해 '애석하게도 끈에 묶인 맹조(猛鳥)다.' 라고 평한다. 이치가 앞서 나오는, 다시 말해 이치의 끈을 완전히 떨쳐 버리지 못해 어쩐지 자유자재함을 결하고 있다는 유감이 남는다는 것이다.

"백장은 이번에 위산에게 묻는다. 위산은 정병을 걷어차 버리고는 휑하니 가 버린다." 뚫어야 할 공안이다. 백장은 이번에는 위산에게 똑같은 질문을 했다. 위산은 말없이 단숨에 정병을 발로 차 버리고는 뒤도 돌아보지 않고 가 버린다. 위산에게는 정병이라 부를까 말까 하는 쓸데없는 생각이 끼어들 틈이 없다.

있는 그대로 드러난(露當當) 참다운 자기에는 분별이라고는 티끌만큼도 없다. 무심(無心)이 저절로 살아 있는 작용으로 나타난 멋진 순간이다. 어느 선사는 '아아, 속이 시원하다. 흔적도 없이 모두 차 버렸다. 자기가 없으니까 명리(名利)에 걸림도 없어 일 솜씨가 매끄럽다. 수좌도 승복했을 것이다.' 하고 찬탄한다. 만일 위산이 차 버린 것이 '정병'이라고 본다면 눈이 참으로 캄캄한 것이다. 문제의 핵심은 바로 여기에 있으니 잘 참구하라.

"백장이 웃으며 말한다. '수좌는 위산에게 졌다.' 이에 위산을 개산(開山)으로 임명한다." 백장은 웃으면서 수좌는 위산에게 완전히 졌다고 결정하고, 드디어 위산을 대위산의 개산으로 임명한다. 상벌(賞罰)이 분명하다. 스승이 있는 곳에는 언제나 도(道)가 살아 움직인다.

이리하여 위산은 백장산을 내려와 대위산으로 들어갔으며, 그로부터 수년간 그의 소식은 알 수 없었다. 산속에서 홀로 도토리와 밤으로 끼니를 때우며 성태장양(聖胎長養)하고 있었던 것이다. 그 사이 그의 도(道)의 향기는 사방에 퍼졌다. 마침내 사람들의 도움으로 대위산에 동경사(同慶寺)라는 선원을 개창했는데, 당시의 정승 배휴를 비롯한 천하의 선객들이 모여들었다.

 __ 평어

무문이 말한다. 위산은 일생일대의 용맹을 떨쳤지만 별수 없이 백장의 우리에서 뛰쳐나가지 못한다. 잘 살펴보면, 그는 무거운 쪽을 택하고 가벼운 쪽을 버린다. 어째서일까? 바로 여기다, 보라! 가벼운 머리띠를 벗고, 무거운 철칼을 목에 건다.

無門曰. 潙山一期之勇, 爭奈跳百丈圈圚不出. 檢點將來, 便重不便輕. 何故. 聻. 脫得盤頭. 擔起鐵枷.

■ '편중불편경(便重不便輕)'에서 '편(便)'은 '자신에게 맞다고 판단하여 택하다'는 뜻이다.

 __ 제창

"위산은 일생일대의 용맹을 떨쳤지만 별수 없이 백장의 우리에서 뛰쳐나가지 못한다." 위산이 정병을 차 버린 것은 일생일대의 용맹을 떨친 것이다. 통쾌하기 그지없다. 그러나 무문은 위산이 백장의 손아귀를 벗어나지 못하고 그의 임명을 받아 대위산의 개산(開山)이 된 것은 유감스러운 일이라고 평한다. 왜 유감스러운지 그 이유가 다음 구절에 나온다.

"잘 살펴보면, 그는 무거운 쪽을 택하고 가벼운 쪽을 버린다." 위산이 선발 시험에서 탁월한 역량을 보인 것은 결국 대위산의 개산이라는 무거운 직책을 택하고, 현재의 가벼운 직책, 곧 전좌를 버린 것이다. 무문은 이것이 애석하다는 것인데, 그 뜻하는 바는 다음 구절에서 밝혀진다.

"어째서일까? 바로 여기다, 보라(聻)! 가벼운 머리띠를 벗고, 무거운 철칼을 목에 건다." 무문은 "어째서일까? 바로 여기다, 보라!" 하며 다시 한 번 주의를 환기시킨다. 전좌의 직책에서 그것보다 훨씬 무거운 대위산의 주인이 된 것은 일생 동안 벗을 수 없는 형틀을 목에 찬 것과 같다. 그럼에도 불구하고 대위산으로 간 위산의 어리석음에 대하여 무문은 애석해하고 있지만, 실은 고난을 벗 삼으며 중생을 구제하는 그의 위대한 역량과 인격을 상찬하고 있다.

 — 송

頌曰.
颺下笊籬幷木杓,
當陽一突絕周遮.
百丈重關攔不住,
脚尖趯出佛如麻.

조리와 주걱을 내던지고
정면에서 차 버려 너절한 지껄임을 종식시킨다.
백장의 첩첩 관문도 그를 막지 못하매
발끝으로 부처를 차내니 온 천지 부처로 가득하네.

__ 제창

"조리와 주걱을 내던지고." 위산이 전좌의 직책을 던져 버리고 백장의 선발에 급제한 훌륭한 역량을 비유적으로 읊는다.

"정면에서 차 버려 너절한 지껄임을 종식시킨다." 둘러가는 먼 길을 취하지 않고 느닷없이 정병을 차 버린 것은 일체의 분별을 끊어버린 자유자재한 진인(眞人)의 면목이다. 첫 두 구절은 위산의 탁월한 역량을 칭찬한 것이다.

"백징의 칩칩 관문도 그를 막지 못하매." 백징은 '니는 뭐라고 부르겠느냐?'고 어렵고 힘든 관문을 내세워 차단하지만, 정면에서 당당히 차 버리고 간 위산의 선적 역량 앞에서는 겹겹의 관문도 무용지물이다.

"발끝으로 부처를 차내니 온 천지 부처로 가득하네." 정병을 걷어차 버리는 소름끼칠 정도의 탁월함을 보라. 심안을 열면 걷는 걸음걸음마다 청풍(淸風)이 일어 무수한 부처가 온 천지에 가득하다. '사물 하나하나가 그대로 부처 아닌 것이 없다'는 말이 바로 이런 것이다. 위산의 일거수일투족에 선의 묘지(妙旨)가 빛나고 있음을 노래한 것이다.

위산의 참신하고 멋진 선적 활동, 부럽지 않은가? 그러나 거기에만 눈을 빼앗기면 선과는 영원히 멀어진다. 어떻게 해서든 위산의 깊고 투철한 선적 경지를 온몸으로 체득해야 한다. 선에는 별다른 지름길이 없다. 시간을 잊고 세월을 잊고 끊임없이 참구하는 길뿐이다. 끊어지는 순간 없이 공안을 참구하는 정념상속(正念相續)에는 당할 자가 없다.

__ 입실

방장 스님 앞에서 본칙 전문을 외우고 "위산은 정병을 걷어차 버리고는 휑하니 가 버린다." 공안에 대해,

김 : (정병을 차는 모습을 하면서)
  무심으로 정병을 찼습니다.
방장: 무심도 흠집이다. 정병을 찼다고 생각하면 까마득히 멀다.
  '나'와 '정병'이 의식 속에 자리 잡고 있어, 그것으로 생각하기 때문에 그런 말과 모습을 한다.
  법리(法理)를 먼저 머리로 따져서 찾으면 공안 참구가 되지 못한다.
  그건 선도 아니고 수행도 아니다.
  아직도 학문하는 버릇이 남아 있으면 어떡하는가.
  그 버릇을 고치지 않으면 아무리 시간이 흘러도 진정한 눈은 떠지지 않는다.
  선 수행이란 살아 있는 세계의 이야기다.
  자신이 그 한복판으로 뛰어들어 그 자체가 되라.
  위산이 되어 차 보란 말이다.

중심 인물

위산 영우(潙山靈祐, 771-853)는 복건성 장계(長溪) 사람으로 15세에 출가했다. 본칙에 나오듯 스승 백장의 명을 받아 험준하고 인적 드문 호남성 대위산(大潙山)에 들어갔다. 처음에는 원숭이와 벗 삼고 도토리와 밤으로 끼니를 때우

며 혼자 살았다.

수년 뒤 산 아래 사람들이 점차 이 사실을 알고 찾아왔다. 위산은 그들과 함께 대위산에 동경사(同慶寺)를 지었다. 가르침을 편 지 40여 년 동안 눈을 뜬 자가 헤아릴 수 없이 많았다. 그중 앙산 혜적(仰山慧寂)·향엄 지한(香嚴智閑)·영운 지근(靈雲志勤) 등이 유명하다.

위산은 문하의 앙산과 함께 위앙종의 시조로 추앙 받는다. 위앙종의 종풍은 근엄하고 면밀한 문답을 해나가는 가운데 스승과 제자의 마음이 저절로 통하는 것이 특색이다. 스승과 제자의 성격 내지 경지가 마치 아버지와 아들처럼 맞아떨어지기에 사람들은 위앙종의 종지를 '부자창화(父子唱和)'라 평한다.

화림 선각(華林善覺, ?-?)은 이 공안에서 보는 한 위산보다 한 수 아래로 보이지만, 후에 당대의 대선사가 된다. 배휴가 관찰사 시절에 선각을 찾아가서 "스님에게도 시자가 있습니까?"하고 물었다. "한 쌍이 있소."라고 대답한 선각은 "대공(大空)아, 소공(小空)아!"하고 불렀다. 그러자 암자 뒤쪽에서 호랑이 두 마리가 튀어나왔다. 배휴가 이를 보고 두려워하자, 선각은 "손님이 계시니 그만 물러가 있거라."했다. 두 호랑이는 포효하면서 사라졌다. 『전등록』 권8 등의 「선각 화상」조에 전해지는 일화이다.

제41칙

달마안심 (達磨安心)

달마의 「이미 너의 마음을 편안하게 했느니라」

達磨安心.
達磨面壁. 二祖立雪斷臂
云, 弟子心未安, 乞師安
心. 磨云, 將心來, 與汝
安. 祖云, 覓心了不可得.
磨云, 爲汝安心竟.

 — 본칙

달마가 면벽(面壁)하고 있다. 이조(二祖)가 눈 위에 서서 팔을 자르고 말한다. "제 마음이 편하지 못합니다. 부디 편하게 해 주십시오." 달마가 말한다. "마음을 가지고 오너라. 편하게 해 주마." 이조가 말한다. "마음을 찾아보았으나 끝내 찾을 수가 없습니다." 달마가 말한다. "이미 너의 마음을 편안하게 했느니라."

 — 제창

본칙은 혜가가 목숨을 건 간절함으로 달마에게 제자로 받아주길 간청한 뒤, 그 승낙을 받고 나눈 문답이다. 그 감동적인 정경을 『전등록』 권3은 다음과 같이 기록하고 있다.

신광(神光)은 소림사로 가서 달마 대사에게 아침저녁으로 간절히 묻는다. 그러나 대사는 늘 벽을 향해 앉아 있을 뿐, 아무런 가르침도 듣지 못한다. (중략)

12월 9일 밤, 하늘에서 큰 눈이 내린다. 신광은 똑바로 선 채 꼼짝도 하지 않는다. 어스름한 새벽녘에는 눈이 무릎 너머까지 쌓인다. 달마는 가엾게 생각하여 묻는다. "그대는 오랫동안 눈 속에 서서, 무엇을 구하려 하는가?" 신광은 눈물을 흘리며 말한다. "부디 화상께서 자비를 베푸시어 법의 문을 열어 모든 중생을 제도해 주십시오."

대사가 대답한다. "제불(諸佛)의 위없는 묘한 도는 오랜 세월 부지런히 정진하면서 행하기 어려운 일을 행하고 참기 어려운 일을 참아야 한다. 어찌 작은 공덕과 작은 지혜와 경솔한 마음과 교만한 마음으로 참다운 가르침을 얻기 바라는가? 헛수고만 할 뿐이네."

신광은 대사의 훈계를 듣자, 몰래 칼을 꺼내어 자신의 왼쪽 팔을 잘라 대사 앞에 내놓는다. 달마는 그가 법기(法器)임을 간파하고 말한다. "제불께서 처음 도를 구할 때 법을 위해 몸을 돌보지 않았다. 그대가 지금 내 앞에서 팔을 잘랐으니, 법을 구할 만하구나." 마침내 대사는 그에게 혜가(慧可)라는 법명을 주었다.

신광이 묻는다. "제불의 정법을 들을 수 있습니까?" 대사가 대답한다. "제불의 정법은 남에게 얻는 것이 아니다." 신광이 말한다. "제 마음이 편하지 못합니다. 부디 편하게 해 주십시오." …(하략)…

위 내용은 허구일지도 모른다. 그러나 목숨 걸고 고난의 수행을 해본 자에게는 이 구도의 열정이 결코 허구의 이야기로 끝나지만은 않을 것이다.

이조(二祖)가 눈 위에 서서 팔을 자르고 말한다. "제 마음이 편하지 못합니다. 부디 편하게 해 주십시오." 이것은 천오백 년 전의 혜가 혼자만의 원(願)이 아니다. 고금을 통해 목숨을 건 수행자 모두의 절규이다.

달마가 말한다. "마음을 가지고 오너라. 편하게 해 주마." 역시 달마다. 마음이 어디에 있는가? 구하는 자는 누구인가? 있다면 여기에 꺼내어 보라. 있다고도 없다고도 할 수 없는, 그것 외에 무엇을 찾고 있는가. 이 얼마나 예리한 힐문인가. '탈적창살적(奪賊鎗煞賊)', 적의 창을 빼앗아 적을 죽인다는 것이 바로 이런 것이다.

"마음을 가지고 오너라. 편하게 해 주마." 달마의 이 한마디는 혜가의 마음을 예리하게 관통한다. 혜가는 깊이를 모르는 절망의 심연에 밀려 떨어졌다. 이치와 말이 끊어진 세계, 자신이 살았는지 죽었는지도 모르는 절체절명(絶體絶命)의 상태로 내몰려 신음소리조차 내지 못한다. 온몸 전체가 한 개의 의심덩어리(疑團)가 되었다. 자기의 모든 것을 건 대의(大疑). 일체의 잡생각이 끼어들 틈이 없다.

이후 시간이 얼마나 경과되었는지 문맥상으로는 알 수 없지만, 혜가가 처절하게 부르짖는다. "마음을 찾아보았으나 끝내 찾을 수가 없습니다." 뚫어야 할 공안이다.

우주가 붕괴하고, 철산(鐵山)이 부수어지는 체험에서 나온 절규이다. 어디를 찾아도 있을 리 없다. '끝내(了)' 한 자에서 혜가의 피눈물을 볼 수 있는 자가 몇이나 될까? 이 공안은 '끝내' 한 자를 자신의 생생한 체험으로 삼는 것에 일체가 걸려 있다.

달마가 말한다. "이미 너의 마음을 편안하게 했느니라." 중국의 선종 제2조가 탄생하는 순간이다. 달마가 혜가의 깨달음을 인가한 것이다. 찾아도 찾을 수 없다는 것을 알면 찾기를 그만둔다. 찾는 마음이 멈추면 무거운 짐은 저절로 내려진다. 불안의 요소가 모두 없어졌다. 발버둥쳐도 헛일이라는 사실을 명확히 자각하는 것이야말로 참다운 안심(安心)이다. 혜가는 비로소 안심한다.

'불안하다'거나 '안심을 구한다'거나 그런 미혹한 마음이 완전히 없어져 버렸다. 죄다 없어져 진정 편안한 경지, 이것이 진정한 안심의 세계다.

'안심(安心)'은 본래의 편안함이다. 마음을 안심시키는 것이 아니다. 본래의 편안함은 잃어버린 적이 없어 새삼스레 찾을 필요도 없는 진실한 자기 모습이다. 지옥에서도 극락에서도, 손해를 보아도 큰 병에 걸려도 편안하다. 일체를 방하했는데 무엇을 상대로 안·불안(安不安)이 있겠는가. 오직 편안할 뿐이다.

혜가가 달마에게 구한 것은 단순히 마음을 진정시키는 방법이나 원리가 아니었다. 가장 본래적인, 있는 그대로의 마음에 눈뜨는 것이었다. 불안한 마음을 일시적으로 안정시키는 응병여약(應病與藥)의 방법 탐구가 아니라, 약이 필요 없는 본래의 자기를 발견하는 것이었다.

 __ 평어

무문이 말한다. 이빨 빠진 달마(老胡)는 십만 리를 항해해서 일부러 건너온다. 이것은 바람도 없는데 파도를 일으킨 것과 같다. 만년에 한 사람의 제자를 얻어 법을 전하는데, 그마저도 한쪽 팔이 없는 불구자다. 저런(咦)! 진짜 바보(謝三郞)는 불법의 'ㅂ'자(四字)도 모르는군.

無門曰. 缺齒老胡, 十萬里航海, 特特而來. 可謂是無風起浪. 末後接得一箇門人, 又却六根不具. 咦, 謝三郞不識四字.

 __ 제창

"이빨 빠진 달마(老胡)는 십만 리를 항해해서 일부러(特特) 건너온

■ '특특(特特)'은 '득득

(得得)'과 같은 뜻으로, '일부러', '의기양양하게', '터벅터벅' 등 여러 가지 의미로 사용된다.

다." 달마가 중국에 건너왔을 당시, 중국 불교계는 교학 중심이었다. 달마는 교리적 분석에서 벗어나 간명직절하게 있는 그대로의 모습을 보게 하였으므로 보리류지 등 당대를 주름잡던 교학승들의 미움을 사 여러 번 독살 당할 뻔했다고 한다. 그 독으로 인해 이를 잃었기 때문에 '이빨 빠진 달마'라 한다.

온갖 어려움을 무릅쓰고 중국에 선법을 전한 달마의 쾌거, 그러나 "이것은 바람도 없는데 파도를 일으킨 것과 같다." 원래 법이 없는 곳이 있을까? 옛날에도 지금도 '청산유수(靑山流水)'다. 이름은 변해도 그것은 언제나 그것이다. 다시 무엇을 구하겠다는 말인가? 참으로 고생 천만, 소득 없는 일을 한 것이다.

"만년에 한 사람의 제자를 얻어 법을 전하는데, 그마저도 한쪽 팔이 없는 불구자다." 게다가 그 쓸데없는 일 끝에 겨우 한 사람의 제자를 얻어 법을 전하지만, 그마저 한쪽 팔이 없는 불구자 아닌가? 도대체 무엇을 이루었다는 것일까? 이렇게 무문은 달마가 이룬 공적을 사정없이 빼앗아 버림으로써 실은 그의 진짜 공적을 한없이 찬탄한다.

■ '이(咦)'는 호통치거나 주의를 재촉할 때 또는 냉소할 때 지르는 소리이다.

"저런(咦)! 진짜 바보(謝三郞)는 불법의 'ㅂ'자(四字)도 모르는군." 무문은 평어 전체를 통해서 실은 이 마지막 구절을 말하고 싶었을 것이다. 그는 이 구절을 통해 달마의 경지를 보라고 말한다. 그 경지는 하되 함을 모르고, 알되 앎을 모르며, 깨달았으되 깨달은 줄 모르는 진짜 바보의 경지이다.

원문의 '사삼랑, 불식사자(謝三郞不識四字)'의 해석에 대해서는 실로 의견이 분분하다. 먼저 '사삼랑'은 여러 선어록을 참조할 때, 현사 사비(玄沙師備, 835-908)와 같은 경지의 사람으로 보는 편이 타당하다.

『벽암록』제22칙의 본칙 착어(著語)에서는 현사를 '조어선상, 사삼랑(釣魚船上謝三郞)', 낚싯배 위의 사삼랑이라 부르고 있다. 이 구절은 선어록에 많이 나오는 말로, 낚싯줄을 드리우고 천지 그 자체가 된 무심(無心)의 경지(一絲獨釣寒江雨)를 나타낸다.

현사는 사(謝)씨 집안 출신이기 때문에 '사삼랑'이라 불렸으며, 출가하기 전 낚시를 즐겼다. '사삼랑'에 이상과 같은 뜻이 있으므로, '사삼랑, 불식사자'에서 '사삼랑'은 현사와 같은 무심의 경지의 사람으로 보는 것이 자연스럽다.

다음, '불식사자(不識四字)'에서 '사자(四字)'에 대한 해석은 갖가지다. 옛날 중국 동전에 새겨져 있던 네 글자, 자신의 이름 석자 외의 다른 글자, 불립문자(不立文字)라는 네 글자 등으로 해석된다. 그런데 『고봉원묘선사선요(高峰原妙禪師禪要)』에 다음과 같은 말이 나온다.

> 선(禪)을 참구하되 선 또한 알지 못한다(不知).
> 도(道)를 배우되 도 또한 알지 못한다(不識).
> 단지 이 '부지불식' 네 글자(不知不識四字),
> 이것이 바로 삼세제불의 골수이고, 모든 가르침의 근원이다.

여기서 '사자(四字)'는 '부지불식(不知不識)'의 네 글자를 가리키며, '부지불식'은 그것 자체가 되어, 하되 함을 모르는 경지를 나타낸다.

이상의 여러 가지 점을 감안할 때 '사삼랑, 불식사자(謝三郞不識四字)'는 알되 앎을 모르고, 깨달았으되 깨달은 줄 모르는 '치둔인(癡鈍人)'의 경지를 나타내 보이는 문구다. 이런 연유로 "진짜 바보는 불법의 'ㅂ'자도 모르는군."으로 번역했다.

■ '사삼랑(謝三郞)'의 '랑'을 '사내 랑(郞)'이 아닌 '계집 랑(娘)'으로 표기한 '사삼랑, 불식사자(謝三娘不識四字)'가 '사내 랑'의 그것보다 선어록에 더 많이 나온다. 따라서 여기에서의 '사삼랑'은 현사 화상 특정인을 지칭한다기보다는, '조어선상, 사삼랑'에서의 현사의 이미지를 닮은 '치둔인(癡鈍人)' 일반으로 보는 편이 타당할 것이다. 곧 '깨달았으되 깨달은 줄도 모르는 진짜 바보'로 보아야 한다는 것이다.

參禪, 禪又不知. 學道, 道亦不識.
只者不知不識四字, 正是三世諸佛骨髓, 一大藏教根源.

頌曰.
西來直指,
事因囑起.
撓聒叢林,
元來是爾.

 ― 송

서쪽에서 와 본래마음을 바로 가리켰다.
일대사(一大事)는 법을 부촉함으로써 일어났네.
천하의 총림에 소동을 일으킨 장본인은
달마 바로 당신이오.

 ― 제창

"서쪽에서 와 본래마음을 바로 가리켰다." 무문은 이 첫 구절에서, 서쪽(인도)에서 건너와 직지인심(直指人心)의 선법을 전한 달마의 종풍을 간명하게 나타낸다.

이어 "일대사(一大事)는 법을 부촉함으로써 일어났네."라 한다. 바람도 없는데 파도를 일으킨 듯한 이 일대사는 달마가 "이미 너의 마음을 편안하게 했느니라."고 혜가의 깨달음을 인가함으로써 일어났다. 초조(初祖) 달마가 이조(二祖) 혜가에게 법을 전한, 이 사자상승(師資相承)은 오로지 이심전심(以心傳心)의 '전한 바 없는 전함(不傳의 傳)'으로만 전해질 수 있음은 말할 필요도 없다.

그리고는 마지막 두 구절에서 무문은 "천하의 총림에 소동을 일으킨 장본인은 달마 바로 당신이오."하고 매도한다. 달마가 서쪽에서 오기 전에도 꽃은 피고 새는 울었다. 온 뒤에도 여전하지 않는가? 현사(玄沙)의 아래 게송도 바로 이것을 말한다.

　　　달마불래동토(達磨不來東土)
　　　이조불왕서천(二祖不往西天)

달마는 중국에 온 적이 없고,
혜가도 인도에 간 적이 없다.

원래 말할 수도 내보일 수도 없는데, '직지인심'이니 '교외별전'이니 하여 지금까지 온 천하의 총림을 뒤흔들어 놓고 그 화근을 자손에게까지 미치게 하다니, 이 무슨 소란인가? 아무 일 없었던 세상에 풍파를 일으킨 장본인은 본시 달마 당신이오. 무문은 이렇게 쓴소리를 하고 있지만, 실은 달마의 초조(初祖)로서의 위대한 공적을 예찬하고 있다.

 ─ **입실**

방장 스님 앞에서 본칙 전문을 외우고 "마음을 찾아보았으나 끝내 찾을 수가 없습니다." 공안에 대해,

김 : 아무리 구해도 구할 수 없습니다.
　　 불안도 기쁨도 어떤 것도 없습니다.
방장: 그것으로 안심했느냐?
　　 허어, 혜가의 이야기가 아니지 않느냐.
　　 너의 이야기다. 너가 안심했는가 묻고 있다.
　　 혜가는 '마음을 찾아보았으나 끝내 찾을 수가 없습니다'
　　 여기에 눈을 뜨지 않았느냐?
　　 자, 여기에 눈을 뜨면 어떻게 되느냐?
　　 너 자신의 확실한 견처를 보여라.

중심 인물

보리 달마(菩提達磨). 중국 선종의 초조(初祖)이다. 전승에 따르면, 그는 남인도 향지국 왕의 셋째 아들로 태어나 출가 후 반야다라 존자의 법을 이었다. 인도에서 선의 제28조인 그는 중국에 선을 전하기 위해 해로로 중국 남쪽에 도착했다.

그 당시 불심천자(佛心天子)라 불리던 양나라 무제와 문답을 나눴지만, 시절 인연이 아직 익지 않은 것을 알고 양자강을 건너 낙양 근처의 숭산으로 들어갔다. 이곳의 소림사에서 9년간 오로지 면벽(面壁)하면서 중국 선을 열었다.

근래에는 그를 『낙양가람기』에 의거하여 페르시아 태생의 호승(胡僧)으로 보기도 한다. 『낙양가람기』와 돈황 출토 자료 등에 나오는 달마는 당시의 불교 형태와는 사뭇 다른 신선한 모습이다. 5-6세기 당시 북방 중국의 불교는 경전을 강의하고 절을 짓고 불상을 조성하는 데 주력했다. 인도와 서역에서 온 삼장들은 왕실이나 귀족, 부호들과 밀접한 관계를 가지며 여기에 일조했다. 달마는 권력이나 부와는 무관한 일개 호승이었지만 누구나 다 아는 평범한 말로 불교의 핵심을 정곡으로 찌르며 약이 필요 없는 본래의 자신에 눈뜨게 했다.

'여하시, 조사서래의(如何是祖師西來意)', '어떤 것이 달마가 서쪽에서 온 뜻입니까?' 선의 오랜 역사를 통해 수많은 수행승들이 이 물음을 던진다. 이는 불법과 선의 핵심을 가장 단적으로 보여달라는 뜻이다. 달마의 전기에는 아직도 많은 수수께끼가 남아 있다. 그러나 '여하시, 조사서래의'에서 나타나 있듯이, 그가 서쪽에서 옴으로써 비로소 중국에 진실한 불법이 일어났다고 하는 인식은 시간을 뛰어넘어 면면히 이어질 것이다.

혜가 대조(慧可大祖, 487-593). 하남성 낙양 인근 출신이다. 달마에게 '혜가'라는 법명을 받기 전까지는 신광(神光)이라 불렸다. 어릴 적부터 의지와 기상이 특출하고 유교와 노장 등 현묘한 이치에 밝았다. 나중에 불서를 보다가 깨달은 바가 있어 출가했다. 본칙은 그의 나이 40살 때의 일이다.

제42칙

여자출정(女子出定)

문수와 망명의 여인 깨우기

 __ 본칙

옛날, 문수가 제불(諸佛)이 모여 있는 곳에 도착하니, 마침 제불은 각자가 있어야 할 장소, 본처(本處)로 돌아가 버린 터이다. 그런데 오직 한 여인이 부처님 자리 가까이에서 삼매에 들어 있다. 이에 문수가 부처님께 사뢴다. "여인은 부처님 자리에 가까이할 수 있는데 저는 어째서 그렇게 할 수 없습니까?" 부처님이 문수에게 말한다. "그대가 이 여인을 삼매에서 깨어나게 하여 그대 스스로 그(之)에게 물어 보라." 문수가 여인의 주변을 세 번 돌고 나서, 손가락을 탁 한 번 퉁기고 그녀를 범천(梵天)까지 들어올리며 신통력을 다했지만 깨어나게 하지 못한다.

세존이 말한다. "설령 백천 명의 문수가 와도 이 여인을 선정에서 깨어나게 할 수 없다. 여기서 아래쪽으로 12억 항하사 모래만큼 많은 국토를 지난 곳에 망명(罔明)이라는 보살이 있다. 그는 이

女子出定.
世尊, 昔因文殊至諸佛集處, 值諸佛各還本處. 惟有一女人, 近彼佛坐, 入於三昧. 文殊乃白佛, 云何女人得近佛坐, 而我不得. 佛告文殊, 汝但覺此女, 令從三昧起, 汝自問之. 文殊遶女人三匝, 鳴指一下, 乃托至梵天, 盡其神力而不能出.

世尊云, 假使百千文殊, 亦出此女人定不得. 下方過一十二億河沙國土, 有罔明菩薩, 能出此女人定.

須臾罔明大士從地湧出,
禮拜世尊. 世尊勅罔明.
却至女人前, 鳴指一下,
女人於是從定而出.

여인을 선정에서 깨어나게 할 수 있을 것이다."

그러자 눈 깜박할 사이에 망명 보살이 땅에서 솟아올라 세존께 예배한다. 세존이 망명에게 명한다. 이에 망명이 여인 앞으로 가서 손가락을 탁 한 번 퉁기니, 여인은 곧바로 선정에서 깨어난다.

 ― 제창

본칙은 『제불요집경(諸佛要集經)』에 나오는 내용을 소재로 한 것인데, 양자 사이에는 내용상 다소 차이가 있다. 본칙 첫머리 부분의 이해를 돕기 위해 『제불요집경』에서 필요한 부분만 소개한다.

제불 국토의 모든 중생들이 번뇌는 치성(熾盛)한데 부처님을 찾지도 않을 뿐더러 깨우침도 받아들이지 않고, 기왕에 들었던 설법도 수긍하지 않는다. 이에 수많은 세계의 제불(諸佛)들이 삼매의 힘으로 천왕여래(天王如來)의 동방 보광국(普光國)에 한데 모여 중생들을 위해 '제불요집(諸佛要集)', 곧 '제불들이 긴요하게 모은 법'을 설하고자 한다.

석가 세존과 문수사리도 각각 보광국으로 간다. 하지만 천왕여래는 문수사리에게 자기 몸과 부처와 법에 대한 집착이 남아 있음을 알고, 신통력으로 이 세계의 가장 바깥쪽인 철위산으로 그를 보내 버린다. 제불이 법을 설하고 각자의 본처(本處)로 돌아가고 난 뒤, 천왕여래는 문수사리를 철위산에서 자신의 처소로 불러들인다. 여기서부터 본칙과 유사한 내용이 시작된다.

본칙을 공안으로 들 때는 당연히 『제불요집경』의 내용과 연관시키지 말아야 한다. 그 집착에서 벗어나지 못하면 공안 참구는커녕 철위산 꼭대기로 쫓겨나 버린다.

"옛날, 문수가 제불(諸佛)이 모여 있는 곳에 도착하니, 마침 제불은 각자가 있어야 할 장소, 본처(本處)로 돌아가 버린 터이다." 어디가 제불의 본처인가? 뚫어야 할 공안이다.

"그런데 오직 한 여인이 부처님 자리 가까이에서 삼매에 들어 있다. 이에 문수가 부처님께 사뢴다. '여인은 부처님 자리에 가까이 할 수 있는데 저는 어째서 그렇게 할 수 없습니까?'" 옛 인도에서 여성은 다섯 가지 장애가 있다는 등 남성보다 못하다는 통념이 지배적이었다. 그런 여자의 몸으로 줄곧 부처님 가까이에서 삼매에 들어 있으니, 문수의 물음이 이유가 없는 것도 아니다. 그러나 일체법이 공(空)함을 안다면 남녀의 상(相)이 어디 있는가?

부처님이 문수에게 말한다. "그대가 이 여인을 삼매에서 깨어나게 하여 그대 스스로 그(之)에게 물어 보라." '그(之)'는 누구인가? 문수가 여인인가, 여인이 문수인가. '여시비거, 거정시녀(汝是非渠, 渠正是汝)', 당신은 그가 아니고, 그는 바로 당신이다.

"문수가 여인의 주변을 세 번 돌고 나서, 손가락을 탁 한 번 퉁기고(鳴指一下) 그녀를 범천(梵天)까지 들어올리며 신통력을 다했지만 깨어나게 하지 못한다." 이에 무문은 평어에서 "문수는 과거 칠불(七佛)의 스승인데 어째서 여인을 선정에서 깨어나게 하지 못하는가?"라고 한다. 뚫어야 할 공안이다.

"세존이 말한다. '설령 백천 명의 문수가 와도 이 여인을 선정에서 깨어나게 할 수 없다.'" 깨어 있는 사람이 깨어 있는 사람을 깨어나게 하지 못하는 것은 당연하다. 바로 앞에 앉아 있는 여인이 문수 자신의 반사(反射)라는 것을 아는 사람은 안다.

앞에서 세존이 문수에게 "그대가 이 여인을 삼매에서 깨어나게 하여 그대 스스로 그(之)에게 물어 보라."고 한 것이 바로 이것을 말한다. 우리는 언제나 이 여인과 함께 입정(入定)·출정(出定)을 자유

■ '명지일하(鳴指一下)', 즉 '손가락을 탁 한 번 퉁기는 것'에는 경각(警覺)을 불러일으킨다는 뜻이 있다.

■ 지혜의 상징인 문수보살, 곧 문수를 『방발경(放鉢經)』 등에서는 과거 무수한 부처의 스승이라 한다. 선에서도 문수를 '과거 칠불의 스승(七佛師)'이라 부른다.

자재로 한다. 그러나 이러한 경지는 깨달음의 체험이 없으면 알 수 없다.

세존은 이어서 말한다. "'여기서 아래쪽으로 12억 항하사 모래만큼 많은 국토를 지난 곳에 망명(罔明)이라는 보살이 있다. 그는 이 여인을 선정에서 깨어나게 할 수 있을 것이다.' 그러자 눈 깜박할 사이에 망명 보살이 땅에서 솟아올라 세존께 예배한다." '눈 깜박할 사이', 즉 '수유(須臾)'란 일념을 말한다. '일념보관무량겁(一念普觀無量劫)', 한 생각에 무량겁을 두루 관한다는 말이 있다. 때가 아닌 때가 없다. 솟아오름을 기다릴 필요도 없다. 여기서 땅(地)은 심지(心地), 곧 마음이다. 부처든 마귀든 무엇이든 나온다.

"세존이 망명에게 명한다. 이에 망명이 여인 앞으로 가서 손가락을 탁 한 번 퉁기니, 여인은 곧바로 선정에서 깨어난다." 이에 대해 무문은 평어에서 "망명은 초지(初地) 보살에 불과한데 어째서 외려 깨어나게 할 수 있는가?"라고 한다. 뚫어야 할 공안이다. 이는 평어에서 보기로 한다.

 — 평어

無門曰. 釋迦老子做者一場雜劇, 不通小小. 且道, 文殊是七佛之師, 因甚出女人定不得. 罔明初地菩薩, 爲甚却出得. 若向者裏見得親切, 業識忙忙, 那伽大定.

무문이 말한다. 석가 노인이 한바탕 연극(雜劇)을 연출하는데, 소인배(小小)는 알 수가 없다. 자, 말해 보라. 문수는 과거 칠불(七佛)의 스승인데 어째서 여인을 선정에서 깨어나게 하지 못하는가? 망명(罔明)은 초지(初地) 보살에 불과한데 어째서 외려 깨어나게 할 수 있는가? 이것을 정통으로 꿰뚫어 볼 수 있으면, 끝없는 무명(無明)의 현실 생활이 그대로 깨달음의 대선정(大禪定)이 된다.

 __ 제창

　무문은 먼저 본칙을 평해서 "석가 노인이 한바탕 연극(雜劇)을 연출하는데, 소인배(小小)는 알 수가 없다."고 한다. 석가모니는 문수와 여인, 망명 등 여러 사람을 등장시켜 대 연극을 벌였지만, 깨닫지 못한 사람들은 알 리가 없다는 것이다. 사람들은 모든 것을 자기 눈높이만큼만 본다.

　일수사견(一水四見)의 비유가 있다. 인간에게는 물로 보이는 것(一水)이 천인(天人)에게는 금은보화로 보이고, 아귀에게는 피고름으로, 물고기에게는 자기가 사는 집으로 보인다. 동일한 대상(一水)이 각각 다른 네 가지로 보이는 것이다(四見). 눈을 크게 활짝 뜨지 않으면 뜻하지 않은 변을 당한다.

　"자, 말해 보라. 문수는 과거 칠불(七佛)의 스승인데 어째서 여인을 선정에서 깨어나게 하지 못하는가? 망명(罔明)은 초지(初地) 보살에 불과한데 어째서 외려 깨어나게 할 수 있는가?" 무문은 어조를 바꾸어, 이 연극의 요처(要處)를 두 개의 공안으로 제시하고 있다.

　먼저, 과거 칠불(七佛)의 스승이라 일컬어지는 문수가 어째서 일개 여인조차 선정에서 깨어나게 하지 못하는가? '어째서'는 질문을 던져 질문을 초월하게 하는 무문의 무한한 자비심에서 나온 한마디다. 오직 있는 그대로 보라는 것이다.

　불교학에서 문수는 근본지(根本智)의 세계, 곧 근원적인 절대지(絶對智)의 세계를 상징한다. 이 근본지야말로 무분별지(無分別智)로, 그 세계는 일체의 분별이 없는 평등일여(平等一如)의 세계이다. 행주좌와 늘 선정에 들어 있어 입정·출정(入定出定)의 구분이 없다. 여인을 선정에서 깨울 수 없는 것이야말로 우주를 꿰뚫는 살아 있는 문수의 진면목이다.

■ '잡극(雜劇)'은 송대에서 원대에 걸쳐 유행한 연극을 말한다.

■ '소소(小小)'에 대해서는 여러 해석이 있으나, 그 기본적인 뜻은 '연륜이 얕다', '젊다'이다. 여기서는 소인배를 의미하는 것으로 보았다.

"망명(罔明)은 초지(初地) 보살에 불과한데 어째서 외려 깨어나게 할 수 있는가?" 망명은 보살 수행의 52단계 중 41에서 50단계에 속하는 십지(十地) 가운데 가장 낮은 초지에 이른 보살이다. 이 보살은 차별의 교법(敎法)에 따라 단계적으로 경지를 밟아간다는 차별 세계의 보살이다.

마지막으로 무문은 결론적인 한마디를 던진다. "이것을 정통으로 꿰뚫어 볼 수 있으면, 끝없는 무명(無明)의 현실 생활(業識忙忙)이 그대로 깨달음의 대선정(那伽大定)이 된다." 이 공안을 꿰뚫을 때, 한 치 앞을 모르는 불안한 우리의 일상생활이 그대로 선심(禪心)의 생활 그 자체라는 것을 깨닫는다. 시비와 생사(生死)의 한가운데에서 그것에 아무런 방해를 받지 않고 자유롭다.

다시 말해 '그것 그 자체'가 된다. 이길 때는 확실히 이겨서 이기고 지고의 흔적이 없고, 질 때는 확실히 져서 이기고 지고의 흔적이 없다. 그 자체가 되어 다른 것과 비교할 틈조차 없을 때 자기(自己)는 없다. 번뇌가 그대로 보리이다(煩惱卽菩提).

평등에 치우치면 진짜 평등은 없어져 버린다. 차별에 치우치면 진짜 차별이 없어져 버린다. 평등과 차별이 동전의 양면이 되어 작용할 때, 평등과 차별 모두 다 참다운 생명을 가진다. 이 경지에 이르면 새삼스레 평등·차별, 근본지·차별지로 구분하는 것 자체가 의미 없다.

이것은 문수, 이것은 망명, 언제까지 구분만 하고 있어서는 눈을 뜨지 못한다. 평등인 문수와 차별인 망명이 한데 어우러진 세계에 이르러야 비로소 공안 원성(公案圓成)이다. 일체가 된 경지, 참된 세계를 알게 된다는 것이다. 이러한 경지에 살아갈 때, 비로소 "끝없는 무명의 현실 생활이 그대로 깨달음의 대선정(大禪定)이다."라고 온몸으로 말할 수 있다.

■ '업식망망(業識忙忙)'에서 '업식(業識)'은 과거의 업에 의해 초래된 망심(妄心)을 말하고, '망망(忙忙)'은 바쁘게 헐떡이는 모양이다. '업식망망(業識忙忙)'이란 중생심으로 울고 웃고 병들고 죽는 일들이 교차하는 숨가쁜 우리의 현실 생활을 말한다.

■ '나가(那伽)'는 범어 nāga의 음사(音寫)로서 용(龍)을 뜻한다. 『중아함경』 권29 「용상경(龍象經)」에 따르면, 여래는 몸(身)과 말(口)과 생각(意)으로 상대를 해(害)하는 일이 없기 때문에 용이라 이름하고, 이 용은 행주좌와 일체시에 선정에 들어 있다고 한다. 이 경설에 따라 여래의 선정을 '나가대정(那伽大定)'이라 한다. 곧 단절이 없는 선정이 '나가대정'이다.

 __ 송

깨우든 못 깨우든
그(渠儂)는 무애자재(自由).
신의 얼굴에 도깨비 얼굴
실패도 참으로 풍류다.

頌曰.
出得出不得,
渠儂得自由.
神頭幷鬼面,
敗闕當風流.

■ '거농(渠儂)'을 '그(渠)와 나(儂)'로 보는 견해도 있으나, 선 문헌에서 '거농'은 보통 3인칭 단수 대명사로 사용된다. 송에서 '거농', 곧 '그'는 망명도 되고 문수도 된다.

■ '자유(自由)'라는 말은 중국 선종의 독특한 술어이다. '진실한 자기(自)에 의한다(由)'가 기본적인 뜻이다. 따라서 일반적 의미의 자유(freedom)와는 다소 차이가 있다. 선, 그리고 불교에서 '자유'란 '수처작주(隨處作主)하여 무애자재한 것'이다. '지금 여기'에 철저하여 아무런 걸림도 없는 것이다.

 __ 제창

"깨우든 못 깨우든 그(渠儂)는 무애자재(自由)." 망명은 깨울 수 있고 문수는 깨울 수 없다고 생각하면 틀려도 크게 틀린다. 나가대정(那伽大定), 곧 끊어짐이 없는 깨달음의 선정에서는 무엇을 하든 선정 중이다. 언제나 선정 중에 있으므로, 깨울 때는 철저히 깨우고 깨우지 못할 때는 철저히 깨우지 못해서, 깨우고 깨우지 못함을 다 초월해 있다. 어느 것이나 한때의 진실한 모습이다. 불성의 눈으로 보면 버릴 것은 하나도 없다.

망명은 깨우는 것에 철저하여 무애자재, 문수는 깨우지 못하는 것에 철저하여 무애자재다. 망명은 망명이고 문수는 문수다. 이것과 비교하지도 저것에 마음이 흔들리지도 않는다. 투철한 선의 경지와 확실한 역량만 있으면 사물 하나하나는 진리로 빛나고, 일체의 현상은 불변의 진리를 나타낸다. 여기에 무슨 모자람이 있겠는가? 무문의 기개는 하늘을 찌른다.

"신의 얼굴에 도깨비 얼굴, 실패도 참으로 풍류다." 천하는 인과(因果)의 박람회이다. 세상은 새옹지마, 행복과 불행은 마치 꼬아 놓은 새끼처럼 번갈아 온다. 참다운 수행자는 순경(順境)·역경(逆境)

어떠한 환경에서도 그때 그 장소에 안주하여 마음이 흔들리지 않는다. 이것이 선(禪)이다.

일체가 그대로 법계(法界)의 한때의 장엄이다. 신의 얼굴도 재미있고, 도깨비 얼굴도 재미있다. 망명은 여인을 선정에서 깨어나게 한다. 참으로 풍류이다. 문수는 깨어나게 하지 못한다. 이것 또한 풍류이며, 각각이 그대로 한때의 풍류이다. 무엇을 싫어하고, 무엇을 고집하겠는가?

배우는 무대 위에서 여러 가지 주어진 역을 공연한다. 역할이 아무리 변하더라도 배우는 언제나 같은 사람, 갑돌이나 갑순이다. 동가(東家)에서 말이 되고 서가(西家)에서 당나귀가 되는데 누가 방해하겠는가? 이 자유로움을 옛 선사는 이렇게 읊는다.

자휴병거, 고촌주(自携甁去沽村酒)
각착삼래, 작주인(却著衫來作主人)

술병 들고 나가 농주(村酒)를 사더니,
저고리 입고 와서는 주인이 되네.

술병을 허리에 차고 막걸리를 사러 나가는가 했더니, 어느새 상의를 여법하게 입고 손님을 맞는 주인이 된다. 인연에 따라 이 일저 일 하지만 본래의 모습을 잃지 않는 자재함을 노래하고 있다.

 __ 입실 1

방장 스님 앞에서 본칙 전문을 외우고 " '제불(諸佛)은 각각 본처

(本處)로 돌아간다'에서 어디가 본처인가?" 공안에 대해,

김 : 선생님은 학교에서 학생을 가르치고, 농부는 밭에서 야채를 기르고, 수행자는 선방에서 좌선합니다.
방장: 참선 좀 했다고…. 무슨 망상을 피우고 있어!
'제불이 본처로 돌아간다'고 하지 않느냐?
본처가 어디냐?

 __ **입실 2**

"망명(罔明)은 초지(初地) 보살에 불과한데 어째서 외려 깨어나게 할 수 있는가?" 공안에 대해,

김 : 문수는 근본지의 세계라 깨어나고 말고의 흔적이 없지만, 망명은 차별의 세계이므로 깨어나고 말고의 구분이 있습니다.
방장: 그런 당치도 않은 소리!
그런 말로 선정을 깨우리라고 생각하는가?
자유자재로 깨울 수 있다. 견처를 보여라.

 __ **입실 3**

방장: 문수와 망명이 하나가 된 일상은 어떠한가?
김 : 성공해도 좋고 실패해도 좋고, 부자가 되어도 가난뱅이가

되어도 안주(安住)합니다.

방장: 일상의 생활에서 보이라 하지 않았느냐?

묘오(妙悟)의 세계는 문수의 작용과 망명의 작용, 곧 평등 세계와 차별 세계가 구별되어 있는 것이 아니라 혼연일체가 되어 있다.

자, 이것을 매일의 생활에서 보여라.

제43칙

수산죽비 (首山竹篦)

수산의 「죽비를 뭐라고 부르겠는가」

 __ 본칙

수산(首山) 화상이 죽비를 들어 대중에게 보이며 말한다. "너희들, 이것을 죽비라 부르면 이름에 걸린다. 죽비라 부르지 않으면 사실에 어긋난다. 자, 말해 보라. 뭐라고 부르겠느냐?"

首山竹篦.
首山和尙, 拈竹篦示衆云, 汝等諸人, 若喚作竹篦則觸, 不喚作竹篦則背. 汝諸人, 且道, 喚作甚麽.

 __ 제창

본칙은 수산이 대중에게 제창한 것을 무문이 공안으로 제시한 것이다. 이 공안으로 제자들을 배·촉(背觸)의 모순을 초월한 무애자재한 주인공으로 살게 하려는 무문의 혈적적(血滴滴)한 마음을 볼 수 있다.

■ '약환작죽비즉촉, 불환작죽비즉배(若喚作竹篦則觸, 不喚作竹篦則背)' 직역하면 '죽비라 부르면 촉(觸)하고, 죽비라 부르지 않으면 배(背)한다'가 된다. '촉(觸)'의 기본적인 뜻은 '접촉하다, 범하다, 저촉되다', '배(背)'는 '등지다, 위배되다, 어긋나다'이다. 이 구절에서는 둘 다 '진리에서 벗어나다', '틀렸다'를 의미한다.
그러나 촉(觸)은 죽비라 부를 때, 배(背)는 부르지 않을 경우에 해당한다. 이 점을 감안해서 '촉'은 '이름에 걸리다', '배'는 '사실에 어긋나다'로 번역했다.

어느 날, 수산은 법좌에 올라 대중에게 갑자기 죽비를 들어 보인다. 그 순간 아는 사람은 안다. 그러나 수산은 아직 뭐가 뭔지 모르는 사람들에게 말한다. "너희들, 이것을 죽비라 부르면 이름에 걸린다(若喚作竹篦則觸). 죽비라 부르지 않으면 사실에 어긋난다(不喚作竹篦則背). 자, 말해 보라. 뭐라고 부르겠느냐?" 뚫어야 할 공안이다. 수산은 "이것을 죽비라 불러도 30방, 부르지 않아도 30방. 자, 말해 보라. 뭐라고 부르겠느냐?"하고 다그친 것이다.

"죽비라 부르면 이름에 걸린다. 죽비라 부르지 않으면 사실에 어긋난다." 모든 것은 역겁무명(歷劫無名)이어서 원래 이름이 없다. 원래 이름 없던 것을 죽비라 부르면, '죽비'라는 이름에 걸려든다. 그렇다고 죽비라 하지 않으면, 엄연히 눈앞에 있는 죽비라는 사실에 어긋난다. 죽비라 할 수도 없고 하지 않을 수도 없다. 수산은 이 딜레마를 뛰어넘어 '이것(這箇)'을 보라고 한다. 참된 자유는 여기에 있다.

말할 때, "나, 지금 말하고 있다."고 하는 놈이 있는가? 말할 때는 그런 놈에 대한 생각 없이 말만 한다. 그런 놈을 생각한다면, 생각하는 것이지 말하는 것이 아니다. 천지에 오직 그것밖에 없어 일념의 분별도 끼어들 틈이 없는데 죽비는 무엇이고, 이름에 걸리고 사실에 어긋남은 또 무엇인가? 걸림도 어긋남도 훌쩍 던지고 뛰쳐나오라. 무슨 방해가 있는가? 스승에게도 양보하지 않는 기개가 있어야 한다. 본래 '독탈무의(獨脫無依)', 어디에도 걸림 없는 이대로다.

여기서 만약 제40칙 「적도정병(趯倒淨瓶)」에서 위산이 물병을 차버린 것을 떠올린다면 견처를 얻기는 참으로 요원하다. 엽현 귀성(葉縣歸省)은 스승 수산이 죽비를 내밀며 본칙과 똑같이 묻자, 즉각 죽비를 빼앗아 땅바닥에 내던지면서 "이것이 무엇입니까?"라고 역습한다. 잘한 듯하지만 기세가 너무 지나치다. 마음이 허둥대고 있다. 수산이 "눈먼 놈!"하고 고함지르자, 귀성은 그 자리에서 대오한다. 자신의 체험에 의한 살아 있는 경지만이 빛을 발한다.

 __ 평어

무문이 말한다. 죽비라 부르면 이름에 걸린다. 죽비라 부르지 않으면 사실에 어긋난다. 말을 해도(有語) 안 되고, 침묵해도(無語) 안 된다. 빨리 말하라, 빨리 말하라.

 __ 제창

"죽비라 부르면 이름에 걸린다. 죽비라 부르지 않으면 사실에 어긋난다." 무문은 수산의 말을 그대로 반복한다. 그리고는 "말을 해도(有語) 안 되고, 침묵해도(無語) 안 된다. 빨리 말하라, 빨리 말하라."하고 대답을 재촉한다. 이름에 걸림(觸)도 사실에 어긋남(背)도, 말(有語)도 침묵(無語)도 초월한 한마디를 해보라는 것이다.

자, 말해 보라, 잡아서도 안 되고 놓아서도 안 된다. 주저하면 30방이다. 어서 말해 보라. 이쯤 되면 춤추고 나와야 할 때다. 심안으로 보면 수산은 내 눈 속에 들어 있는데. 애석한 일이다.

옛 선사는 말한다. "위배(背)되지도 않고 저촉(觸)되지도 않는다. 쓸데없는 큰 소동만 벌여 의심만 불러일으킬 뿐이다. 입을 열어 논의를 시작하면 아득히 멀어진다." 더 이상 무슨 할 말이 있겠는가.

無門曰. 喚作竹篦則觸, 不喚作竹篦則背. 不得有語, 不得無語. 速道速道.

■이 평어는 대혜 종고(大慧宗杲)가 제자들에게 죽비를 들고 물은 말(『오등회원』 권19)을 무문이 그대로 제시한 것이다. 그런데 이 평어는 수산의 말을 그대로 반복하고 있는 수준이다. 무문도 이 공안은 그 자체로 충분하므로 더 이상 평어할 필요가 없다고 판단했기에 대혜의 말을 그대로 옮긴 것으로 보인다.

頌曰.
拈起竹篦,
行殺活令.
背觸交馳,
佛祖乞命.

 — 송

죽비를 들어
살리고 죽이는 명령을 내린다.
'어긋남(背)'과 '걸림(觸)'으로 번갈아 몰아치면
불조(佛祖)도 목숨을 구걸해야 한다.

 — 제창

"죽비를 들어 살리고 죽이는 명령을 내린다." 수산은 죽비를 손에 들고, 소름 끼치는 살활(殺活)의 영을 내린다. 이 죽비는 죽일 때는 부처든 조사든 철저히 죽이고, 살릴 때는 화장실의 구더기까지도 살려서 새 생명으로 빛나게 한다. 참으로 묘한 죽비이다.

"어긋남(背)과 걸림(觸)으로 번갈아 몰아치면, 불조(佛祖)도 목숨을 구걸해야 한다." 뭐라고 말해도 말에 걸린다(觸). 침묵하면 사실에 어긋난다(背). 수산이 보이고 있는 그것은 어긋남과 걸림을 모두 초월해 있다. 손안의 죽비 하나가 '배(背)'와 '촉(觸)'의 칼로 죽이기도 하고 살리기도 하면서 숨통이 끊어질 때까지 밀어붙일 때, 불조도 예외가 아니다. 목숨을 구걸할 수밖에. 자, 어떻게 하겠는가?

 — 입실

본칙에 대한 선문답이 끝나자,

방장: 배(背)・촉(觸)의 두 글자를 정리해 보라!

김 : (엎드려 죽비 그 자체가 된 모습을 보였다.)

방장: 죽비를 사용하거나 나타내 보이면 정리한 것이 아니다.
　　　정리했다고 버린 것도 아니고 없어진 것도 아니다.
　　　정리하면 어긋나고(背) 걸리는(觸) 걱정은 없어진다.
　　　자, 견처를 보여라.

중심 인물

수산 성념(首山省念, 926-993). 산동성 내주(萊州) 사람이다. 임제의 5세 법손으로, 풍혈 연소(風穴延沼, 896-973)의 법을 이었다. 풍혈은 앞의 제24칙「이각어언(離却語言)」공안을 제시한 선사이다. 송나라가 세워진 960년 당시 임제의 선풍은 쇠퇴하는 추세였다. 이를 만회하여 임제선의 참생명을 되살려낸 사람이 수산이다.

수산이라는 이름은 하남성 여주(汝州)의 수산(首山)에 주석하여 그 개산조가 되었기에 붙여진 것이다. "어떤 것이 부처입니까?"라는 질문에 수산은 "신부기려, 아가견(新婦騎驢阿家牽), 며느리가 나귀에 타고 시어머니가 끈다."고 대답했다. 며느리는 시집을 잊고 시어머니는 남의 자식이라는 것을 잊는다. 누가 며느리고, 누가 시어머니인가. 그 사이에는 간격이 없다. 부처는 바로 여기에 있다.

제44칙

파초주장 (芭蕉拄杖)

파초의 「주장자가 있으면 주고 없으면 뺏을 테다」

芭蕉拄杖.
芭蕉和尚, 示衆云, 爾有拄杖子, 我與爾拄杖子. 爾無拄杖子, 我奪爾拄杖子.

 __ 본칙

파초(芭蕉) 화상이 대중에게 말한다. "너에게 주장자가 있으면 네게 주장자를 주겠다. 너에게 주장자가 없으면 네게서 주장자를 뺏을 테다."

 __ 제창

선(禪)은 일체의 집착에서 벗어나 무애자재한 삶을 살고자 하는 것이다. 그러나 '이것이다.' 하는 순간 벌써 집착이 생긴다. 그래서 선의 거장들은 한없는 자비의 통봉(痛棒)을 휘두른다.

파초는 법좌에 올라 손에 쥐고 있던 주장자를 대중에게 들어 보이며 말한다. "너에게 주장자가 있으면 네게 주장자를 주겠다. 너

■주장자는 길이 약 2미터 정도의 나무 지팡이이

에게 주장자가 없으면 네게서 주장자를 뺏을 테다." 파초는 '있으면 주고 없으면 뺏는다' 며 학인들의 상식에 어긋나는 말을 한다. 상식적으로는 '있으면 빼앗고 없으면 준다' 여야 하는데 상식의 암굴을 깨는 것이다. 뚫어야 할 공안이다.

사물은 어리석다고도 깨달았다고도, 유(有)라고도 무(無)라고도 하지 않는다. 사람이 그렇게 이름 붙여서 괴로워할 뿐이다. 자기를 방하(放下)하여 사물 그 자체가 될 때, 천하는 그것이 그것이다.

선의 거장들은 제자를 향한 눈물나도록 간절한 마음을 매서운 몽둥이에 담아 휘두른다. 깨달음에 집착하는 자는 두들겨 패서 깨달음을 빼앗고, 어리석은 자는 두들겨 패서 어리석음을 빼앗는다. 깨달음도 어리석음도 철저히 빼앗는다. 깨달음의 '깨' 조차 없다고 말하면 말한 만큼 흔적이 남는다. 참다운 것을 주기 위해 빼앗고 또 빼앗는다. 뭐라고 말해도 빼앗고 빼앗아 완전히 빼앗는다. 그래서 진정한 것을 깨닫게 한다.

옛 선사는 이 공안을 평해서 다음과 같이 읊는다.

침두삭철(針頭削鐵)
노고할육(鷺股割肉)

바늘귀의 철을 깎아내고
백로의 넓적다리 살을 베어낸다.

바늘 위쪽에 뚫린 실 꿰는 구멍, 곧 바늘귀에는 철이 거의 없다. 이 공안은 그 바늘귀의 철마저도 깎아낸다. 백로의 넓적다리에는 살을 찾아보기 힘들다. 그 살까지도 베어낸다. 없는 것을 더더욱 깎아내어 진정한 것을 얻게 하는 것이다.

다. 처음에는 선승들이 행각 때 사용했으나, 언제부터인가 선승의 일상용구로 자리 잡아 의식(儀式)용으로도 쓰이게 되었다. 선문답이나 제창 등 학인을 지도할 때도 사용되고, 경우에 따라서는 '진리(這箇)', '불성', '본래면목' 등을 상징하기도 한다.

선에서의 스승은 이렇게 엄하고 예리하다. 그렇게 하지 않으면 진짜를 모르기 때문이다. 수행이란 모름지기 그런 것이다. 파초의 주장자는 집착을 사정없이 빼앗아 버리는 자비의 통봉(痛棒)이다.

선에는 '불심행(佛心行)'이라는 오랜 전통이 있다. 신참 수행자가 방금 입실하여 방장 스님 앞에서 공안에 대해 쥐어짜고 짠 한마디를 겨우 말했으나 간단히 퇴짜 맞고 선방으로 되돌아온다. 그를 기다리고 있던 고참 수행자가 추상같은 명령을 내린다. "당장 방장실로 가서 다시 한 번 더 독참하라!"

다시 가 보아야 내보일 견처는 없고 방장 스님에게 호된 꾸지람만 들을 것이 뻔하다. 가지 않겠다고 사양하는 신참을 고참들이 발로 차고 옷을 잡아끌어서 강제로 방장실로 들여보내는 것이 '불심행'이다. 곧 부처님의 자비로운 마음에서 나온 행동이라는 것이다. 일견 잔혹하게 보일지도 모르나, 이렇게까지 몰아넣지 않으면 어느 천년에 잠에서 깨겠는가.

『오등회원』 권9 「파초 화상」조를 보면, 위의 공안을 던진 파초는 주장자를 법좌에 기대어 놓은 채 자리에서 내려온다(靠拄杖下座). 이것을 어떻게 보아야 할까?

 __ 평어

無門曰. 扶過斷橋水, 伴歸無月村. 若喚作拄杖, 入地獄如箭.

■ 평어의 첫 두 구절은 『오등회원』 권15 「운지자각(雲知慈覺)」조 등에

무문이 말한다. 그것은 다리 끊긴 강을 건너게 도와주고, 달 없는 밤 마을로 돌아가는 데 안내자가 된다. 그러나 이것을 주장자라 부른다면 쏜살처럼 지옥에 떨어질 것이다.

도 보이는 말이다.

 ― 제창

"그것은 다리 끊긴 강을 건너게 도와주고, 달 없는 밤 마을로 돌아가는 데 안내자가 된다." 다리가 없어도 어떤 강이든 건널 수 있으니, 그것은 천지를 떠받칠 정도로 크다. 어두운 곳도 자유자재로 왕래하니, 그 빛은 만물을 삼킨다. 온갖 장애를 뛰어넘는 이 절묘한 작용을 보라.

그러나 이 일봉(一棒)에 이름을 붙이면 속박이 되고 장애가 되어 곧바로 참다운 자유를 잃어버린다. 그래서 무문은 "이것을 주장자라 부른다면 쏜살처럼 지옥에 떨어질 것이다."라고 한다. 그 무애자재한 움직임은 언제나 칠전팔도(七轉八倒), 한곳에 엉덩이를 붙이지 않는다. 세상 없이 바쁜 속에서도 바쁨을 모른다.

 ― 송

제방(諸方)의 깊고 얕음,
모두 내 손안에 있다.
하늘을 괴고 땅을 떠받쳐,
이르는 곳마다 종풍(宗風)을 떨친다.

頌曰.
諸方深與淺,
都在掌握中.
撑天幷拄地,
隨處振宗風.

 ― 제창

"제방(諸方)의 깊고 얕음, 모두 내 손안에 있다." 무문은 먼저 조사들의 자비의 통봉을 칭송한다. 지팡이로 물의 깊고 얕음을 가늠

하는 것처럼 진리(這箇)의 주장자로 제방 선 수행자들의 경지의 심천을 간파한다. 그래서 주장자가 있는 자에게는 주기도 뺏기도 하면서 진짜를 얻게 하고, 주장자가 없는 자에게는 뺏기도 주기도 하면서 진짜를 얻게 한다. 그야말로 자유자재하다. 이 얼마나 통쾌한 일인가.

이렇게 무애자재하게 작용하는 한 개의 주장자야말로 "하늘을 괴고 땅을 떠받쳐, 이르는 곳마다 종풍(宗風)을 떨친다." 주장자의 절묘한 작용은 하늘을 괴고 땅을 떠받쳐, 어느 때 어느 곳에서도 정법을 두루 펴는 공덕을 발휘한다. 자기를 방하하여 주장자 그 자체가 되면 천하는 자기 아닌 것이 없다. 천하에 방해가 되는 것이 있을 리 없다. 누구나 항상 이 주장자를 짚고 다니지만, 스스로가 보지 못할 뿐이다.

중심 인물

파초 혜청(芭蕉慧淸, ?-?)은 신라 출신이다. 중국 대륙으로 건너가 앙산의 제자 남탑 광용(南塔光湧, 850-938)의 법을 이어 위앙종의 조사가 되었다. 제9칙 「대통지승(大通智勝)」 공안을 제시한 흥양 청양(興陽淸讓, ?-?)은 파초의 제자이다.

파초는 28세 때 강서성 앙산의 남탑을 찾아갔다. 남탑은 법상에 올라, "제대로 된 사람이라면 어머니 뱃속에서 나오자마자 사자후를 토한다. 어떠냐?" 하고 말했다. 이 말을 듣는 순간 파초는 온몸과 마음이 자유로워 졌다. 천지에는 "응애!" 소리뿐. 후에 파초는 호북성 영주(郢州) 파초산(芭蕉山)에 주석하며 선법을 펼쳤다. 생몰 연대를 비롯한 상세한 전기는 알려져 있지 않다.

제45칙

타시아수 (他是阿誰)

오조의 「석가와 미륵을 종으로 부리는 그는 누구인가」

 __ 본칙

동산 법연(東山法演)이 말한다. "석가와 미륵 역시 '그(他)'의 종이다. 자, 말해 보라. 타시아수(他是阿誰), '그(他)'는 누구인가?"

他是阿誰.
東山演師祖曰, 釋迦彌勒 猶是他奴. 且道, 他是阿誰.

 __ 제창

동산 법연은 제35칙 「천녀리혼(倩女離魂)」과 제36칙 「노봉달도(路逢達道)」에 나온 오조 법연(五祖法演, ?-1104)을 말한다. 법연이 만년에 주석했던 산이 호북성 기주 황매현의 오조산이므로 오조 법연이라 부른다. 또 이 산의 별칭이 동산(東山)이었으므로 동산 법연이라고도 한다.

이 공안은 매우 간단하지만 법연 선의 격조 높고 예리한 면목을 보여준다. 본래모습을 잃어버리고 비열하고 옹졸한 사람으로 전락하는 것은 참으로 애석한 일이니, 본래면목대로 '천상천하 유아독존'을 살라고 하는 법연의 자비심 넘치는 일칙이다.

동산 법연이 말한다. "석가와 미륵 역시 '그(他)'의 종이다. 자, 말해 보라. 타시아수(他是阿誰), '그(他)'는 누구인가?" 불교인들이 한없이 존경하는 석가모니 부처님이나 미래에 중생 구제를 위해 출현한다는 미륵불조차도 '그'의 앞에서는 비천한 종에 지나지 않는다. 자, 말해 보라, "'그'는 누구인가?" 뚫어야 할 공안이다.

이 세상에서 가장 수승하고, 가장 존경받는 성자(聖者)들조차 하인으로 삼는 그는 도대체 누구인가? 너희들은 알고 있는가? 법연은 누가 들어도 경악할 어처구니없는 물음을 던지고는 대답을 촉구한다.

여기서 '그'는 본래모습 그대로의 우리이다. '불여만법위려자(不與萬法爲侶者)', 즉 '어떤 것에도 걸리지 않는 우주의 오직 한 사람'이요, '천상천하 유아독존'이다. 이것을 '무위의 진인(無位眞人)', '주인공', '본래면목'이라고도 한다. 그러나 아무리 잘 설명하려 해도 온전히 표현할 수 없다. 스스로 '그'가 되어보는 길밖에 방법이 없다.

"타시아수(他是阿誰), '그(他)'는 누구인가?" 한 개의 의심덩어리가 되어 온몸으로 이 공안을 참구하고 참구하라. 물러남이 없이 참구를 계속하여 기연(機緣)이 성숙하면 석가와 미륵의 주인, 곧 '그'를 만날 수 있다. 크게 떨치고 나와서 부동심(不動心)을 길러 보라. 불가능은 없다.

어느 선사는 '그'를 '호장삼(胡張三), 흑이사(黑李四)'라 한다. 장(張)씨나 이(李)씨는 중국에 아주 흔한 성이다. '장삼이사(張三李四)'

■ '타시아수(他是阿誰)'에서 '타(他)'는 구어체의 3인칭 대명사로 쓰였고, '아수(阿誰)'의 '아(阿)'는 의문사 앞에 붙는 접두사이다.

는 장씨의 셋째 아들과 이씨의 넷째 아들이라는 뜻으로, 이름이나 신분이 특별하지 아니한 평범한 사람들을 이르는 말이다. 게다가 촌스럽고(胡) 용모도 꾀죄죄하다(黑). 그런 별 볼 일 없는 사람들이 '호장삼, 흑이사'이다.

'그'라 해도 특별하지 않다. '철이, 순이'라는 것이다. 석가와 미륵을 종으로 삼는, 우주에 오직 한 사람인 '그'를 특별한 존재로 생각하겠지만, 그렇지 않다. 어디에도 있는 흔하고 흔한 보통 사람들이다.

자신의 발아래에서 인제나 빛을 빌하는 대광명은 놓치고 다른 곳에서 광명을 찾는 어리석음에서 벗어나라. 이름에 매이지 말라. 심안이 분명한 자라면 단박에 '그'를 알아본다. '그'는 일체의 귀함도 천함도 초월하여 무심·무아의 경지가 되지 않으면 알 수 없는 소식이다.

 __ 평어

무문이 말한다. 만일 '그'를 확실히 알면 네거리에서 자기 부친을 만난 것과 같다. 또다시 다른 사람에게 자기 부친인지 아닌지 물어볼 필요가 없다.

無門曰. 若也見得他分曉, 譬如十字街頭, 撞見親爺相似. 更不須問別人, 道是與不是.

 __ 제창

'그' 그 자체가 되었을 때 온 천지 '그' 아닌 것이 없다. 오직 '그' 뿐이다. 이 '그'가 맞는지 아닌지 운운할 틈조차 없다. 이 이상 '그'에 대해 더 분명한 것은 없다. 마치 네거리에서 만난 자기 부친의 진위를 타인에게 물어볼 필요가 없는 것과 같다. 이때가 바로 '그'를 확실히 안 때이다.

언제 어디서 무엇을 하든 '그' 자체인데 무엇을 더 의심하겠는가? 자기 얼굴이 맞는지 타인에게 물어 보는 놈은 바보다.

 — 송

頌曰.
他弓莫挽,
他馬莫騎.
他非莫辨,
他事莫知.

남(他)의 화살은 당기지 말고,
남의 말은 타지 말라.
남의 잘못은 따지지 말고,
남의 일은 알려고 하지 말라.

 — 제창

첫 두 구절은 당나라 때의 격언이다. 네 구절 모두 같은 맥락이다. '어떤 것에도 걸리지 않는 우주의 오직 한 사람(不與萬法爲侶者)', 일체로부터 초탈한 자가 되라는 말이다. 석가와 미륵을 종으로 부리는 '그'는 어떤 것에도 끄달리지 않는다.

게송에서의 '타(他)'는 '나(自)'와 상대되는 '남(他)'이다. 일체의 '남'에서 초탈하면 '나'라는 흔적 또한 없다. '남'은 '나'의 그림자이기 때문이다. '나'와 '남', 어디에도 걸리지 않을 때 우주의 오직 한 사람, '그'가 드러난다.

"남의 화살은 당기지 말고, 남의 말은 타지 말라." 남에게서 구하지 않는 것만큼 강한 것은 없다. 다른 생각을 일체 섞지 말고 그것 그 자체가 되라. 천지에 '타시아수(他是阿誰)' 일념만 남을 때까지 사무쳐 보라.

"남의 잘못은 따지지 말고." 남의 옳고 그름에 마음이 쓰인다는 것은 그만큼 '지금 이것'에서 멀어졌다는 증거이다. 호평이든 악평이든 평은 남에게 맡겨라. 평에 아랑곳없이 복사꽃은 그대로 붉고 배꽃은 그대로 희다.

"남의 일은 알려고 하지 말라." 생사 문제 해결은 남의 일과 상관없다. '지금', '여기', '자기'를 떠나 무엇을 구하는가. 중국의 유마 거사라 불린 선의 거장 방(龐)거사(740?-808)는 이렇게 읊는다.

주자수위호(朱紫誰爲號)
구산절점애(丘山絕點埃)
신통병묘용(神通幷妙用)
운수여반시(運水與搬柴)

명성 높은 자가 누구인지 알 바 없고,
여기 산중에는 티끌 한 점 없네.
나의 신통과 묘용은
물 긷고 땔감 나르는 것이오.

무문이 게송에서 같은 맥락의 말을 네 번이나 되풀이하는 것은 수행자들이 불성(佛性)의 고고함을 자각하여 석가와 미륵에게서도 자유로운 '그' 그 자체로 살아가라는 무언의 압력이다.

 __ 입실

　방장 스님 앞에서 본칙 전문을 외우고 "석가와 미륵 역시 '그'의 종이다. 자, 말해 보라. '그'는 누구인가?" 공안에 대해,

　김　: (무릎을 치면서)
　　　바로 이 사람입니다.
　방장: 그 정도 안목으로 석가와 미륵을 하인으로 부리겠느냐?
　　　공안에 즉해서 보아야 한다.
　　　살아 있는 진짜 '그'를 보여라.

제46칙

간두진보 (竿頭進步)

석상의 「백척간두에서 어떻게 나아가겠는가」

 __ 본칙

　석상(石霜) 화상이 말한다. "백척간두(百尺竿頭), 백 척 장대 끝에서 어떻게 나아가겠는가?" 덕 높은 옛 스님(長沙景岑)이 말한다. "백척간두에 앉아만 있는 사람은 깨달음을 얻었다고 해도 아직 진짜 대오(大悟)한 것이 아니다. 백척간두에서 한 걸음 나아가 시방세계에 전신(全身)을 드러내야 한다."

竿頭進步.
石霜和尙云, 百尺竿頭, 如何進步. 又古德云, 百尺竿頭坐底人, 雖然得入未爲眞. 百尺竿頭須進步, 十方世界現全身.

 __ 제창

　석상(石霜)이 말한다. "백척간두(百尺竿頭), 백 척 장대 끝에서 어떻게 나아가겠는가?" 이 말은 석상 이전부터 이미 선승들 사이에 잘 알려져 있던 말이다.

백척간두(百尺竿頭), '백 척의 장대 끝'을 고봉정상(孤峰頂上)이라고도 한다. 향상(向上)의 수행, 곧 위로 위로 깨달음을 향해 가는 수행을 완성한 것을 의미한다. 그러나 여기에 자리 잡고 눌러 앉으면 그것도 집착이 된다.

여기서 뛰쳐나와 다시 복잡한 세상 속으로 들어가야 한다. 이른바 향하(向下)로의 반전이 일어나야 한다. 이것이 '백척간두에서 나아간다'는 것이다. 어떻게 하면 백척간두에서 또 한 걸음을 나아갈 수 있을까? 말로만이 아닌 진짜 답을 하기 위해서는 끝없는 실천적 수행이 있어야 한다.

덕 높은 옛 스님 장사 경잠(長沙景岑, ?-868?)이 말한다. "백척간두에 앉아만 있는 사람은 깨달음을 얻었다고 해도 아직 진짜 대오(大悟)한 것이 아니다. 백척간두에서 한 걸음 나아가 시방세계에 전신(全身)을 드러내야 한다." 무문은 다시 장사 경잠의 말을 인용하여 석상의 제시를 좀더 자세히 밝히고 있다.

향상(向上)의 수행으로, 삶도 죽음도, 어리석음도 깨달음도 없는 평등일여(平等一如)의 경지에 도달하여 거기에 도취해 버리면 정적(靜的)인 평등세계에 떨어져 버린다. 부처의 세계에 들어앉아 또 다른 마구니 세계로 빠져들어서는 안 된다고 하는 곳이 바로 여기이다. 깨달음에 매여 있어서는 아직 눈을 완전히 떴다고 할 수가 없다. 깨달았으면 버려라. 겸허와 자비가 거기서 나온다.

이제 백척간두에서 과감히 한 걸음 내디뎌 동적(動的)인 차별세상으로 나가야 한다. 고봉정상에서 영고성쇠의 현실세계로 내려가 한없는 빛을 비추는 향하(向下)의 수행을 하는 것이다. 그래서 시정 사람들의 고통이 자신의 고통이 되어 구제하는, 회두토면(灰頭土面)의 삶을 살아간다. 그러나 깨달았다는 흔적, 성자의 티는 어디에도 없다.

깨달았으되 깨달았다는 의식조차 없는 이 치둔인(癡鈍人)은 찰나 찰나 종횡무진으로 시방세계에 전신을 나타낸다. 밥할 때는 100퍼센트 밥하고 가르칠 때는 100퍼센트 가르친다. 시방세계가 곧 자신의 전신(全身)이다.

옛 선사는「간두진보」공안에 대해 다음과 같이 읊는다.

유불처주부득(有佛處住不得)
무불처급수주과(無佛處急須走過)

유불처(有佛處)에도 머물지 않고,
무불처(無佛處)도 속히 지나가야 하네.

유불처에 머무르지 않는다. 깨달음에 언제까지나 매여 있어서는 진짜로 눈을 떴다고 할 수 없다. 그렇다고 무불처, "깨달음도, 아무것도 없습니다." 하는 것도 병이다. 따라서 무불처도 속히 벗어나야 한다. 이렇게 해서 비로소 참(眞)의 세계에 살게 된다. 진짜로 시방세계에 전신을 드러낼 수 있는 자, 시방세계를 자기로 하는 자만이 알 수 있다.

 __ 평어

무문이 말한다. 백척간두에서 한 걸음 나아가 시방세계에 몸을 던질 수 있으면, 다시 어디를 싫어하여 존귀하다 하지 않겠는가? 그건 그렇지만, 말해 보라. 백척간두에서 어떻게 나아가겠는가? 사(嗄)!

無門曰. 進得步, 翻得身, 更嫌何處不稱尊. 然雖如是, 且道, 百尺竿頭, 如何進步. 嗄.

■ '갱혐하처, 불칭존(更嫌

何處不稱尊)'은 현재 여러 가지로 해석되고 있다. 선문헌에서 '갱험하처, 불○○(更嫌何處不○○)'는 자주 나오는 표현이다. 그 대표적인 예가 『굉지선사광록』 권7 등에 나오는 '갱험하처, 불풍류(更嫌何處不風流)'이다. 이 문장은 '다시 어디를 싫어하여 풍류라 하지 않겠는가?'로 번역된다. 이에 준하여 본문과 같이 옮겼다.

 ─ 제창

"백척간두에서 한 걸음 나아가 시방세계에 몸을 던질 수 있으면, 다시 어디를 싫어하여 존귀하다 하지 않겠는가?" 백척간두에서 한 걸음 나아가 천신만고 끝에 얻은 깨달음을 버리고, 시비와 생사로 숨가쁜 현실 생활 한가운데로 다시 뛰어든다. 그러나 시방세계는 이미 자기의 전신(全身)이 되어 버렸다. 산을 보면 산이 되고 물을 보면 물이 된다. 피해야 할 것도, 붙잡아야 할 것도 없다.

모두가 자기의 전신(全身)이니 싫은 것도 없다. 다 존귀하니 존귀하고 말고도 없다. 무엇을 하더라도 참(眞)을 행하고, 가는 곳마다 무애자재하게 청풍(淸風)을 일으키는 대장부가 된다. 선 곳이 바로 자기의 전신(全身)이요, 무엇을 하든 '천상천하 유아독존'이다.

그러나 이것은 '나(我)'가 완전히 죽어서 백척간두에 이르고 난 뒤에 하는 말이다. 아직 온몸으로 깨닫지 못한 자의 경솔한 사변에서 나온 말이 아님을 명심하라.

"그건 그렇지만, 말해 보라, 백척간두에서 어떻게 나아가겠는가? 샤(嗄)!" 무문은 그래도 안심할 수 없어 또다시 "백척간두에서 어떻게 나아가겠는가?"라고 묻는다. 깨달음에 집착하면 집착한 만큼 흔적이 남는다. 일체의 흔적도 없이 과감히 뛰어내려라.

■ '샤(嗄)'는 "샤(shà)!"라는 외침으로, 한 생각도 일어나지 않게 다그칠 때 주로 사용한다.

샤(嗄)! 천지를 뒤흔드는 "샤!", 이 일성(一聲)에 번뇌와 보리, 차안과 피안, 무엇이든 날려 버리고 주저 없이 뛰어내려라.

 ─ 송

頌曰.
瞎却頂門眼,

정수리에 있는 깨달음의 눈(頂門眼)을 멀게 하니

저울 눈금의 시작점을 잘못 읽는다.
몸을 던져 목숨을 버린
한 맹인이 많은 맹인을 인도한다.

錯認定盤星,
拌身能捨命,
一盲引衆盲.

 — 제창

"정수리에 있는 깨달음의 눈(頂門眼)을 멀게 하니." 깨달음의 눈은 매우 귀중하지만, 거기에 도취되어 집착하면 곧바로 어리석음의 눈으로 전락하고 만다. 그래서 일부러 깨달음의 눈을 멀게 한다. 이제 생도 없고 사도 없다는, 행도 불행도 없다는 자기만의 동굴이 사라졌다. 생과 사, 행과 불행이 소용돌이치는 바로 이 시방세계가 그대로 자기의 전신(全身)이다. 백척간두에서 한 걸음 나아간 것이다.

눈이 멀어 "저울 눈금의 시작점(定盤星)을 잘못 읽는다." 고정된 시작점을 잘못 읽었으니 이제 시작과 끝이 없어졌다. 백척간두가 끝이 아니다. 무시무종(無始無終), 시작도 없고 끝도 없이 시방세계에 전신을 드러낸다. 참 도인의 한량없이 이어지는 활발발한 작용을 칭송한 말이다.

"몸을 던져 목숨을 버린 한 맹인이 많은 맹인을 인도한다." 깨달음의 눈을 깨부순 맹인, 깨달았으되 깨달은 줄 모르는 진짜 바보는 사바의 소용돌이 속에서 헐떡이는 수많은 중생들을 구제한다. 이 것은 깨달음의 눈을 스스로 멀게 하고, 백척간두에서 몸을 던져 목숨을 버렸기에 가능하다.

■ '정수리에 있는 깨달음의 눈'이라 번역한 '정문안(頂門眼)'은 원래 마혜수라천, 곧 색계 맨 위 천상에 사는 대자재천의 제3의 눈을 가리킨다. 이 천신에게는 세 개의 눈이 있는데 그중 두 개는 보통 눈이다. 또 하나의 눈이 정수리에 세로로 서 있는 외눈 곧 '일척안(一隻眼)'이다. 이것을 정문안이라 한다. 이 일척안 또는 정문안은 좌우로 편향되지 않고 일체를 있는 그대로 보는 지혜의 눈, 깨달음의 눈이다. 선에서는 누구나 이 눈을 갖추고 있다고 한다. 정법안(正法眼)·정안(正眼)·명안(明眼)·활안(活眼)과 같은 뜻이다.

중심 인물

본칙에 나오는 석상(石霜)이 정확히 누구인지는 알 수 없다. 호남성 담주(潭州) 석상산(石霜山)에 주석한 역대의 조사들은 모두 석상이라 불렸기 때문이다. 학계에서는 여러 고증을 거쳐 이 공안의 석상을 석상 초원으로 보는 것이 일반적이다.

석상 초원(石霜楚圓, 986-1039)은 임제의 7세 법손으로, 양기파와 황룡파의 문을 연 양기 방회(楊岐方會, 992-1049)와 황룡 혜남(黃龍慧南, 1002-1069)의 스승이다. 운문종의 설두 중현(雪竇重顯, 980-1052)과는 동시대인이기도 하다. 그는 광서성 전주(全州)에서 태어나 22세 때 출가했다.

스승을 찾아서 두루 행각하다가 분양 선소(汾陽善昭)의 문하에서 10여 년간 수행한 끝에 그 법을 이었다. 산서성 분양의 겨울은 견디기 힘들 정도의 혹한이어서 분양과 초원이 주석하던 도량에서는 동안거 중에는 야참(夜參, 밤에 하는 제창)을 생략하곤 했다. 그런데 어느 겨울 밤, 기이한 스님이 나타나서 분양에게 "이 도량에는 엄동설한도 아랑곳 않고 정진하는 이가 있으니 야참하는 것을 아까워 마시오."하고는 사라지는 것이었다.

엄동도 개의치 않는 수행자는 바로 초원이었다. 그는 수마(睡魔)가 덮치면 송곳으로 허벅지를 찔러가며 밤새 좌선했던 것이다. 이것을 두고 '자명인추(慈明引錐)'라 한다. 자명(慈明)은 초원의 시호이다. 그는 54년의 짧은 생애를 통해 임제의 종풍을 고양하고 역사상 큰 족적을 남겼다. 무문은 계보상 그의 먼 손자뻘에 해당된다.

본칙에서 말하는 '덕 높은 옛 스님(古德)'은 **장사 경잠**(長沙景岑, ?-868?)을 가리킨다. 그는 남전 보원(南泉普願, 748-834)의 제자이자 조주 종심(趙州從諗, 778-897)과는 법형제 사이이다. 그가 호남성 동정호 남쪽 장사(長沙)를 중심으로 법을 펼쳤기에 장사라 부른다. 장사는 녹원사를 창건하고 그곳에 머물렀으나 격식을 싫어하여 일정한 거처 없이 인연 따라 살며 법을 펼쳤다. 기봉(機鋒)이 높고 예리하여 '잠대충(岑大蟲)', 곧 '호랑이 잠사'라는 별칭을 가졌고 뛰어난 선어(禪語)를 많이 남겼다.

제47칙

도솔삼관 (兜率三關)

도솔의 세 관문

 __ 본칙

　도솔 종열(兜率從悅) 화상이 세 개의 관문을 만들어 수행자들에게 묻는다. 제방(諸方)을 행각하며 눈 밝은 스승을 찾아 수행하는 것은 오직 견성(見性)하기 위해서다. 지금 이 순간, 그대의 자성(自性)은 어디 있는가? 자성(自性)에 눈뜨면 비로소 생사를 해탈한다. 죽음에 임하여 어떻게 생사를 해탈하겠는가? 생사를 해탈하면 곧바로 가야할 곳을 안다. 사대(四大)가 흩어지면 어디로 가는가?

兜率三關.
兜率悅和尙, 設三關問學者. 撥草參玄, 只圖見性. 卽今上人性在甚處. 識得自性, 方脫生死. 眼光落時, 作麽生脫. 脫得生死, 便知去處. 四大分離, 向甚處去.

 __ 제창

　도솔은 세 개의 관문을 만들어 수행자를 시험한다. 그러나 선사들이 '공안 하나를 온전히 꿰뚫으면 천 개의 공안, 만 개의 공안도 일시에 꿰뚫는다.'라고 말하듯, 어느 공안이든 하나만 철저히 꿰뚫으면 나머지 공안은 저절로 뚫린다.

도솔의 제1관. "제방(諸方)을 행각하며 눈 밝은 스승을 찾아 수행하는 것은 오직 견성(見性)하기 위해서다. 지금 이 순간, 그대의 자성(自性)은 어디 있는가?" 뚫어야 할 공안이다. 선 수행자는 견성이라는 일대사를 위해 행각하며 수행한다.

견성(見性)은 자성(自性)을 철견(徹見)하는 것이다. 자성(自性)은 '자기의 본성(本性)', 곧 '자기에게 본래부터 갖추어진 불성(佛性)'을 뜻한다. 따라서 견성이란 한 물건(一物), 곧 보고 듣고 말하는 이것이 본래부터 번뇌 없이 무애자재하며 불생불멸(不生不滅)이라는 것을 온 존재로 깨닫는 것이다. 깨달음이 바로 견성이다.

견성은 자기를 방하할 때, 곧 자기를 완전히 죽임으로써 이루어진다. '상신실명(喪身失命)', 목숨을 잃는 것도 마다하지 않는다. 공안을 들되, 생철(生鐵) 씹는 것처럼 들라. 철덩어리는 아무리 씹어도 이빨도 들어가지 않고 맛도 없다. 어떤 분별도 붙을 수 없는 경지이다. 이렇게 자기를 방하하고 방하하여, 방하하고 말고도 없을 때 홀연히 자각하는 바가 있다.

석가모니가 여명의 샛별을 보고 대오한 것도, 영운이 복사꽃을 보고 30년간의 의문이 풀린 것도 바로 여기다. 향엄이 내나무에 기와 조각 부딪치는 소리를 듣고 대오한 것도 여기요, 무문이 점심 공양을 알리는 북소리를 듣고 깨달은 것도 바로 여기다.

『무문관』 48칙도 오직 '여기'를 위해 있다. 견성의 체험, 곧 '깨달음'이야말로 각고의 수행이 피우는 꽃이다. 생사 해탈도, 현실에서의 무애자재한 활동도 모두 이 견성의 체험에 의해 저절로 나타난다.

"지금 이 순간, 그대의 자성(自性)은 어디 있는가?" 자기를 완전히 방하하여 무아(無我)가 될 때 불성(佛性)은 저절로 드러난다. 보면 보는 그대로, 들으면 듣는 그대로다. '지금 이 순간'이 곧 '너의 불성'이고, '너의 불성'이 곧 '지금 이 순간'이다. 털끝만큼도 분별이 끼어들 틈이 없다.

그런데 이것은 이론에 불과할 뿐, "지금 이 순간, 그대의 자성(自性)은 어디 있는가?" 도솔은 지금 바로 이 순간, 자기 눈앞에 당장 불성을 내보이라고 재촉하고 있다. 참으로 온몸으로 체득하지 않으면 보일 수 없는 경계이다. 오직 스스로 참구해서 심안을 여는 길 외에는 방법이 없다.

도솔의 제2관. "자성(自性)에 눈뜨면 비로소 생사를 해탈한다. 죽음에 임하여 어떻게 생사를 해탈하겠는가?" 뚫어야 할 공안이다. 제2관은 "너는 지금 여기서 어떻게 죽겠느냐?" 하는 준엄한 물음이다. 윤리적·논리적인 설명을 듣고자 하는 것이 아니다. 일체의 지적 분별을 떨쳐버려라.

견성하면, 자성에 눈을 뜨면, 삶도 죽음도, 옴도 감도 모두 불성의 나타남(現前)임을 안다. 그러므로 언제 어느 때 죽음이 닥쳐오더라도 아무런 집착이 없다. '생사를 해탈한다'는 어떤 것에도 무애자재하다는 뜻이다. 살 때는 100퍼센트 살아 삶에서 자유롭고, 죽을 때는 100퍼센트 죽어 죽음에서 자유롭다. '생사'라 해서 싫어할 것도 없고, '열반'이라 해서 좋아할 것도 없다. 생사는 곧 무생사(無生死)요, 열반에는 열반이라는 상(相)이 없다. 하지만 스스로 체험하지 않으면 아무런 의미가 없다.

어느 선사에게 한 노인이 찾아와서 묻는다.

노인: 저도 임종할 때가 다 된 것 같습니다. 어떻게 각오하면
　　　되겠습니까?

선사: 각오는 필요 없다.
노인: 어째서입니까?
선사: 죽을 때는 죽는 것이 좋다.

도솔의 제3관. "생사를 해탈하면 곧바로 가야할 곳을 안다. 사대(四大)가 흩어지면 어디로 가는가?" 뚫어야 할 공안이다. '사대'란 물질이나 인간의 육체를 구성하는 네 가지 요소인 지·수·화·풍(地水火風)을 말한다. 여기서 '사대'는 육체를 의미한다. "드디어 육체가 흩어져 신체의 모습이 없어지면 너는 어디로 가는가?" 우리의 마음에는 이런저런 감정의 뿌리가 단단히 박혀 있다. 이 끊기 어려운 감정에 대한 집착을 근절시키려는 것이 도솔의 제3관이다.

제1관을 통과하는 것은 천관 만관을 동시에 통과하는 것이다. 참으로 견성하여 삶도 죽음도, 옴도 감도 그냥 그대로라면 통과 못할 관문이 어디 있는가. 제3관을 통과하지 못하는 자는 제1관을 제대로 뚫지 못했다는 증거이다.

도솔의 혈적적(血滴滴)한 깨우침의 소리가 들리는가. 이것도 진여(眞如)의 한때 모습, 저것도 진여의 한때 모습이라는 것에 눈을 떠라. 방하하고 방하하여 자기(自己)가 없을 때 개개의 사물 어느 것 하나 자기(自己) 아닌 것이 없다. 한순간 한순간이 '참다운 나(眞我)'의 각기 다른 모습이다.

 __ **평어**

無門曰. 若能下得此三轉語, 便可以隨處作主, 遇

무문이 말한다. 삼관 각각에 대해 한마디 할 수 있으면 이르는 곳마다 주인이 되고, 만나는 인연마다 인연 그 자체가 된다. 그럴 수 없다면 허겁지겁 삼킨 음식은 금새 배부르고, 잘 씹은 음식은 좀처럼 배고프지 않다는 것을 알라. 緣卽宗. 其或未然, 鹿飡易飽, 細嚼難飢.

 __ 제창

"삼관 각각에 대해 한마디 할 수 있으면 이르는 곳마다 주인이 되고, 만나는 인연마다 인연 그 자체가 된다." 무문은 먼저 세 관문을 통과한 지에 대한 찬시를 아끼지 않는다. 도솔의 세 관문 각각에 정곡을 찌르는 견처(見處)를 보여 멋지게 이 관문들을 통과하라.

그러면 언제 어디서든 일거수일투족이 우주의 중심이 되고 참다운 주인공이 된다. 만나는 인연마다 인연 그 자체가 되어 무애자재하다. '우차끽차(遇茶喫茶)', 차를 만나면 오로지 차를 마시고, '우반끽반(遇飯喫飯)', 밥을 만나면 오로지 밥을 먹는다. 맛있다고 탐하지 않고 맛없다고 걸리지 않는다. 어디서든 무애자재한 주인공이다. 천지는 깨달음의 가람이고, 개개의 사물은 모두 '나' 이다.

"그럴 수 없다면 허겁지겁 삼킨 음식은 금새 배부르고, 잘 씹은 음식은 좀처럼 배고프지 않다는 것을 알라." 허겁지겁 삼킨 음식은 금새 배가 부르지만 곧 배가 꺼진다. 찬찬히 잘 씹어 먹은 음식은 몸에 유익하고 오랫동안 배도 든든하다.

지적 호기심만 있는 자는 체험은 하지 않고 무엇인가에 대해 속히 알려고만 한다. 조급히 묻고 책과 인터넷을 뒤진다. 머리로 이해했으면 그것으로 만족한다. 금방 배가 부르지만 얼마 되지 않아 공허함과 괴로움이 또 찾아온다. 이를 해결하고자 또 묻고 찾는다.

"무미(無味)의 철 만두를 씹고 씹어 가루가 될 때야말로 진짜 맛이 나온다."라는 말이 있다. 세월을 잊고 온몸으로 수행하여 견성하면 더 이상 부족함이 없다. 영원히 배고프지 않다.

頌曰.
一念普觀無量劫,
無量劫事卽如今.
如今覷破箇一念,
覷破如今覷底人.

 — 송

이 찰나의 일념이 두루 무량겁을 관하고,
무량겁의 일이 곧 지금 이 찰나.
지금 이 찰나의 일념을 간파하면,
간파하고 있는 이 찰나의 사람을 간파한다.

 — 제창

"이 찰나의 일념이 두루 무량겁을 관하고, 무량겁의 일이 곧 지금 이 찰나." 지금 이 찰나의 일념이 그대로 무량겁이고, 무량겁이 바로 이 순간의 일념이다. 무량겁은 헤아릴 수 없는 무한대의 시간이다. 헤아릴 수 없는 시간, 곧 시간을 초월한 것이다.

범부에게는 과거·현재·미래가 있다. 어제 자신에게 욕했던 사람에 대한 서운함이 지금까지 남아 있고 언젠가는 되갚고자 한다. 그 서운함을 기점으로 일련의 시간이 만들어지고 이 시간의 굴레에 갇혀 산다. 깨달은 자는 이 순간은 이 순간대로 100퍼센트 살고, 다음 순간은 다음 순간대로 100퍼센트 산다. 남아 있는 서운함이 없다. 따라서 그에게는 시간이 없다. 이 순간이 전부이다.

이 순간이 곧 영원이요, 영원이 곧 이 순간이다. '순간', '찰나', '영원'이라 했지만 사실은 그러한 것도 깨달은 자에게는 없다. 눈앞의 이것 이대로일뿐이다. 80권 『화엄경』「광명각품」에서 "이 찰나의 일념이 두루 무량겁을 관하고, 감도 없고 옴도 없고 머무름도 없다(一念普觀無量劫, 無去無來亦無住)."고 한 것과 일맥상통한다.

나눔이 있을 때, 곧 분별이 있을 때 오고 감이 있다. 어제가 가고 오늘이 온다. 타향에서 오고 고향으로 간다. 그러나 이 찰나의 일념에는 감도 없고 옴도 없다. 이 순간, 여기가 나누어지거나 쪼개지지 않는다. 이 순간, 여기가 전부이다. 머무름이 없기 때문에 이 순간, 여기에도 집착하지 않는다. 어느 순간 어디에도 매이지 않는다. '오상어차절(吾常於此切)', 항상 그 순간의 그것 그 자체가 되어 끊임없이 움직이되 한없이 자유롭다.

"지금 이 찰나의 일념을 간파하면, 간파하고 있는 이 찰나의 사람을 간파한다." 이 두 구절은 견성의 참모습을 읊은 것이다. 이 찰나의 일념을 진짜로 간파하면 일념이라 할 것도 없고 벗어야 할 생사도 없다. 그것 그 자체가 그대로 진(眞)이다. 지금 간파하고 있는 이 사람이 애타게 찾고 있던 바로 그 사람이다. 원래부터 있던 그 사람이다. 아아, 쓸데없이 헤매고 다녔구나. '귀가온좌(歸家穩坐)', 이제 오랜 여행을 끝내고 집으로 돌아가 편히 쉬리라.

 — **입실 1**

방장 스님 앞에서 본칙 전문을 외우고 "지금 이 순간, 그대의 자성(自性)은 어디 있는가?" 공안에 대해,

김　: (침묵한 채 좌선 자세로 앉아 있다.)
방장: 받아들일 수 없다.
김　: 고정된 자성은 없지만, "춥다!" 할 때 나타납니다.

방장: '이것이다' 라고 인정했기 때문에 그건 아니지.
　　　자, 거기다. 거기를 참구해야 한다.
　　　이 부분을 대충 넘어가면 아무리 시간이 흘러도
　　　아는 것 같기도 하고 모르는 것 같기도 한 상태에서 끝나
　　　버리고 만다.
　　　'지금 이 순간, 그대의 자성(自性)은 어디 있는가?' 철저히
　　　그 한가운데로 들어가 보라.

 __ 입실 2

제3관에 대한 선문답이 끝나자마자 방장 스님이 갑자기 물으셨다.

방장: 너는 죽어서 어디로 가느냐?
김　: 아침 예불하고, 선방에서 좌선하고, 밭에 나가 야채 키우
　　　고…….
방장: 그런 것을 주절주절 나열해서 뭘 어쩌겠다는 것이냐?
　　　아직도 애매하기 때문에 그런 말을 하는 것이다.
　　　분명하고도 산뜻하게 보여라.

중심 인물

도솔 종열(兜率從悅, 1044-1091)은 강서성 건주(虔州) 출신으로 15세에 출가했다. 임제종 황룡파를 개창한 황룡 혜남(黃龍慧南, 1002-1069)의 3세 법손으

로, 제방의 조사들에게 참문한 끝에 보봉 극문(寶峰克文)의 법을 이었다. 후에 강서성 융흥부(隆興府) 도솔사에 주석하며 법을 선양할 때, 본칙에 나오는 삼관(三關)을 만들어 학인들을 시험했다.

무진(無盡) 거사라 불린 당시의 정승 장상영(張商英)이 그의 제자이다. 무진 거사는 처음에 소동파(蘇東坡)의 스승 동림 상총(東林常聰, 1025-1091)에게 배웠으나 후에 도솔의 제자가 되었다. 강서성 여산(廬山)의 동림사에 주석한 동림은 황룡의 제자로 '마조의 재래(再來)'라 불릴 정도로 명성이 높았다.

도솔은 48세의 젊은 나이로 세상을 떠났다. 겨울 어느 날 목욕을 마친 다음 제자들을 불러 다음과 같은 게송을 설하고 문득 입적했다.

  사십팔유(四十有八)
  성범진살(聖凡盡殺).
  불시영웅(不是英雄)
  용안로활(龍安路滑).

  48년 동안,
  성(聖)과 범(凡) 모두 죽였다.
  영웅이 아니지만,
  용안(龍安)의 길은 막힘이 없네.

용안(龍安)은 산 이름인데, 도솔사가 있던 산인 듯하다. '도솔 종열' 대신에 '용안 종열'이라고도 한다. 용안으로 가는 길은 막힘이 없다. 영웅만 가는 길이 아니다. 막힘 없는 길을 그대는 아직도 가지 못하는가? 성(聖)과 범(凡)을 언제 모두 죽일꼬?

제48칙

건봉일로 (乾峯一路)

건봉의 「열반으로의 한 길」

乾峯一路.
乾峯和尙, 因僧問, 十方
薄伽梵, 一路涅槃門. 未
審, 路頭在甚麼處. 峯拈
起拄杖, 劃一劃云, 在者
裏. 後僧請益雲門. 門拈
起扇子云, 扇子𨁝跳上三
十三天, 築著帝釋鼻孔.
東海鯉魚, 打一棒雨似盆
傾.

 — 본칙

　　한 승이 건봉 화상에게 묻는다. "시방바가범(十方薄伽梵), 일로열반문(一路涅槃門), 시방의 모든 부처님은 오직 한 길로 열반에 이른다고 합니다. 도대체 그 '한 길'은 어디 있습니까?" 건봉이 주장자를 들어올려 허공에 선 하나를 긋고 "여기에 있다."라고 한다. 뒤에 승이 운문에게 이 문답에 대한 가르침을 청한다. 운문은 부채를 들어 보이며 말한다. "이 부채가 33천(天)까지 뛰어올라 제석천의 콧구멍을 쑤신다. 이 부채로 동해의 잉어를 한 방 치면 물동이가 뒤집힌 듯 억수같은 비가 쏟아진다."

 — 제창

　　한 승이 건봉에게 묻는다. "시방의 모든 부처님(薄伽梵)은 오직 한 길로 열반에 이른다고 합니다. 도대체 그 '한 길'은 어디 있습니까?" 시방의 모든 부처님은 오직 '한 길'로 열반에 이른다. '문중유답(問中有答)', 물음 속에 답이 있다. "시방바가범, 일로열반문."을 꿰뚫으면 나머지는 다 안다. 뚫어야 할 공안이다.

'시방의 모든 부처님', 부처가 없는 곳이 어디 있을까? 이르는 곳마다 불법(佛法) 천지다. 진정으로 자기를 방하(放下)하면 어느 때 어느 곳에서나 부처님 광명 속에 있다. 부처님 광명이 미치지 않는 곳은 어디에도 없다.

'한 길(一路)'이란 같은 길이다. 열반에 이르는 가까운 길도 없고 먼 길도 없다. 누구나 다 아는 길이다. 어디나 '한 길'이며, 입구도 출구도 없는 절대의 길이다. 그러나 눈이 있어도 보지 못하는 자는 못 본다. 이 승 또한 애석하게도 남대문 앞에서 남대문을 묻고 있으니 눈뜬 봉사와 다름없다.

건봉은 마침 손에 쥐고 있던 주장자를 들어올려 허공에 선 하나를 긋고 "여기에 있다."하고 대답한다. '여기', 이쪽도 저쪽도 아닌 바로 여기이다. 보고 듣는 순간, 서 있는 곳 앉아 있는 곳, 언제 어디서 무엇을 하든 '여기' 아닌 곳이 없다. 이렇게 눈앞에 보여주었는데도 보지 못하다니 참으로 유감이다. 눈을 떠라. 심안을 열어라.

건봉의 대답을 알아듣지 못한 승은 나중에 운문을 찾아간다. 앞의 문답을 말하고는 다시 "그 '한 길'은 도대체 어디 있습니까?" 하고 묻는다. 운문은 곧바로 '한 길'의 살아 있는 모습을 눈앞에 내보인다.

운문은 손에 쥐고 있던 부채를 들어 보이며 말한다. "이 부채가 33천(天)까지 뛰어올라 제석천의 콧구멍을 쑤신다. 이 부채로 동해의 잉어를 한 방 치면 물동이가 뒤집힌 듯 억수같은 비가 쏟아진다."

■ '시방바가범, 일로열반문(十方薄伽梵, 一路涅槃門)'은 『수능엄경』 권5 게송에 나오는 구절이다.

■ '박가범(薄伽梵)'은 범어 bhagavat의 주격 bhagavān의 음역으로, '세존(世尊)'을 뜻한다. '박가범'을 전통적으로는 '바가범'이라 읽는다.

■ '33천'은 수미산 정상에 있는 도리천(忉利天)으로서, 불법을 수호하는 제석천이 여기에 거주한다.

손에 쥔 부채가 뛰어올라 수미산 정상의 제석천의 콧구멍을 쑤신다. 이 얼마나 기괴한가! 더 불가사의한 것은 동해 바다의 잉어, 곧 대해에 사는 용만큼이나 큰 대어를 부채로 한 방 치면 물동이가 뒤집힌 것처럼 억수같은 비가 쏟아진다는 것이다. 상식적인 해석이 끼일 틈이라고는 없는 무시무시한 무심(無心)의 작용이다.

'시방바가범, 일로열반문'을 체득한 자에게는 대소(大小)가 없고, 자타(自他)가 없고, 원근(遠近)이 없다. 그런 상대적 잣대를 떠난 자에게 무슨 부자유가 있겠는가? 무심의 선심(禪心)이 활동하는 곳이지만, 무심이라 말하면 이미 흠이 된다. 이곳에서는 일체의 모든 사물이 새로운 생명으로 되살아난다. 전혀 다른 차원의 자유자재한 창조적인 삶이 전개되는 것이다. 그러나 이 모든 것은 자기를 방하할 때만 가능하다.

 __ 평어

無門曰. 一人向深深海底行, 簸土揚塵. 一人於高高山頂立, 白浪滔天. 把定放行, 各出一隻手, 扶竪宗乘. 大似兩箇馳子相撞著. 世上應無直底人. 正眼觀來, 二大老總未識路頭在.

무문이 말한다. 한 사람은 깊고 깊은 바다 밑바닥으로 들어가서 모래 먼지를 일으키고, 한 사람은 높고 높은 산 정상에 서서 흰 파도가 하늘까지 치솟아 넘치도록 한다. 한쪽은 단단히 다잡고(把定) 한쪽은 자유롭게 놓아주면서(放行), 각각 비범한 교화 수완(一隻手)을 발휘하여 선의 종지(宗旨)를 세운다. 그러나 이것은 마치 두 어린이가 양쪽에서 달려와 부딪치는 것과 같다. 세상에는 이 정도로 눈 밝은 사람도 없다. 하지만 정안(正眼)으로 보면, 이 두 거장도 아직 어디에 '한 길'이 있는지 알지 못한다.

 __ 제창

"깊고 깊은 바다 밑바닥으로 들어가서 모래 먼지를 일으키고." 건봉이 보인 허공의 선 하나를 평한 것이다. 건봉은 깊이를 모르는 깊고 깊은 바다, 햇볕 하나 들지 않는 흑만만지(黑漫漫地)의 세계, 일체의 사려분별이 발붙일 틈이 없는 '일여(一如)'의 경지를 보여주고 있다. '한 길'의 당체를 단적으로 보인 것이다.

"높고 높은 산 정상에 서서 흰 파도가 하늘까지 치솟아 넘치도록 한다." 운문이 부채를 들어 보이며 말한 경지를 평한 것이다. 만천하가 훤히 내다보이는 우주의 꼭대기에 서서 흰 파도가 하늘까지 치솟게 한다. 시방세계에 '한 길' 아닌 것이 없음을 보이고, 그 '한 길'의 무애자재하고 살아 있는 생생한 모습이 어떤가를 운문은 보여주고 있다.

"한쪽은 단단히 다잡고(把定) 한쪽은 자유롭게 놓아주면서(放行), 각각 비범한 교화 수완(一隻手)을 발휘하여 선의 종지(宗旨)를 세운다." '파정(把定)'과 '방행(放行)'은 보통 스승이 학인의 수행을 지도하는 방법을 말한다. '파정(把定)'은 스승이 학인을 다잡아 꼼짝 못하게 하는 것이고, '방행(放行)'은 풀어놓아 학인의 자유에 맡기는 것이다.

건봉은 언설이 끊긴 경지를 보여 학인을 꼼짝 못하게 다잡고(把定), 운문은 살아 있는 무애자재한 경지를 풀어 보여 학인이 자유롭게 움직일 수 있도록 한다(放行). 이렇게 두 선사는 각각 다른 교화 수단(一隻手)으로 선의 종지를 세운다.

"그러나 이것은 마치 두 어린이가 양쪽에서 달려와 부딪치는 것과 같다." 두 거장이 역량을 발휘하여 진력을 다하는 모습은 마치 두 어린이가 양쪽 끝에서 서로 마주보고 기세 좋게 달려와 부딪치

■ '일척수(一隻手)'는 문자 그대로는 한 손이라는 뜻이지만, 제자를 흐트러지지 않게 지도하거나 종풍을 거양(擧揚)하는 경우에 주로 사용하는 말이다. 여기서는 '비범한 교화 수완'으로 번역했다.

는 것과 같다. 건봉과 운문은 파정과 방행이라는 각각 다른 방향에서 '한 길'을 활기 있게 보이지만 결국 서로 부딪쳐 나가떨어지고 말았다.

　무문은 이렇게 건봉과 운문의 태도를 평하여, 파정이든 방행이든 어느 쪽도 모두 빼앗아 버린다. '파정'도 '방행'도 진리의 한때의 작용에 붙인 가명에 불과한 것이다.

　"세상에는 이 정도로 눈 밝은 사람도 없다. 하지만 정안(正眼)으로 보면, 이 두 거장도 아직 어디에 '한 길'이 있는지 알지 못한다." 무문은 두 거장에 대해, 거짓투성이 세상에 이만큼 정법에 투철한 사람도 없다고 찬사를 보낸 뒤, 그러나 자신의 선안(禪眼)으로 보면 두 거장도 아직 어디에 '한 길'이 있는지 알지 못한다고 말을 맺고 있다. 무문은 마지막에서 필생의 기량을 떨쳐 두 거장의 활동을 빼앗아 버린다.

　깨달음의 경지에서 보면, 건봉, 운문은 물론, 석가모니도 달마도 무문 자신도 '어디에 한 길이 있는지 모른다.' 깨달음의 세계는 안다(知)·알지 못한다(不知)에 속하는 소식이 아니기 때문이다.

 ― 송

頌曰.
未擧步時先已到,
未動舌時先說了.
直饒著著在機先,
更須知有向上竅.

한 걸음을 떼기도 전에 이미 도착해 있고,
혀를 움직이기도 전에 벌써 다 설했다.
설령 한 수 한 수 기선(機先)을 제압했다 하더라도
다시 향상의 일규(向上一竅)가 있음을 알라.

 __ 제창

"한 걸음을 떼기도 전에 이미 도착해 있고, 혀를 움직이기도 전에 벌써 다 설했다." '시방바가범, 일로열반문'을 체득한 자에게는 시방세계 이르는 곳마다 내 집 아닌 곳이 없다. 다시 어디를 향해 발을 떼어놓겠는가? 청산도 녹수도 어느 것 하나 '진리(這箇)' 아닌 것이 없다.

예나 지금이나 참새는 짹짹, 까마귀는 까악까악, 버들은 푸르고 꽃은 붉고, 배고프면 밥 먹고 피곤하면 잠잔다. 이외에 다시 또 무슨 법을 설하겠는가? 건봉의 파정(把定)도, 운문의 방행(放行)도 뒤늦게 쓸데없이 수선떠는 격이다.

"설령 한 수 한 수 기선(機先)을 제압했다 하더라도 다시 향상의 일규(向上一竅)가 있음을 알라." 무문은 제자들에게 말하기를, '한 길'이 바로 여기에 있다는 것을 알아서 일상생활 구석구석에서 두 거장의 기봉(機鋒)을 뛰어넘을 만한 역량을 발휘할 수 있다 하더라도, 그 위에 다시 향상의 일규(向上一竅)가 있음을 알라고 한다.

'향상의 일규', 곧 '지고(至高)의 눈'은『무문관』48칙도 그 앞에서는 모두 그 빛을 잃는 불가사의한 눈이다. 이것은 동서고금을 통해서 진가를 잃지 않는, 비교할 수 없는 눈이다. 천지 우주에 누가, 이 눈으로 상신실명(喪身失命)하지 않는 자 있을까? 천지 우주에 누가, 이 눈으로 참 생명을 얻지 않는 자 있을까? 지독하게 고마운 눈이다. "『무문관』48칙은 물론, 모든 공안의 소굴을 이 눈으로 타파하라."하고 훈계하는 무문의 억누를 수 없는 대비를 보라.

'향상의 일규', 곧 '지고(至高)의 눈'을 얻으면 여전히 산은 산이요, 물은 물이다. 각자 자신의 위치에서 순간순간 그 자체가 되어 온전히 산다. 열반으로 가는 '한 길'도 모르고 시방의 '부처'도 모

■ '향상의 일규(向上一竅)'란 문자 그대로는 '한 차원 위의 구멍'을 뜻한다. 신체에 있는 아홉 구멍 이외에 한 차원 위에서 작용하는 최상의 구멍, 곧 진리를 꿰뚫는 제3의 지고(至高)의 눈을 가리킨다.

■게송의 마지막 구절은 건봉의 상당법어에 나오는 말이다. 즉 "법신에 세 종류의 병(病), 두 종류의 광(光)이 있다. 이 하나하나를 꿰뚫어야 비로소 본래의 집으로 돌아와 편안히 쉴 수 있다. 그러나 다시 향상(向上)의 일규(一竅)가 있음을 알아야만 한다(法身有三

種病二種光. 須是一一透得, 始解歸家穩坐. 須知更有向上一竅在.『오등회원』권13)."에서 인용한 것이다.

른다. 우주만큼이나 큰 치둔인(癡鈍人)일 뿐이다.

 — **입실**

방장 스님 앞에서 본칙 전문을 외우고 견처를 보이려 하자,

방장: 이 공안은 앞부분, '시방바가범, 일로열반문(十方薄伽梵, 一
  路涅槃門)'을 명확히 알면
  후반의 건봉과 운문의 대답도 저절로 알 수 있다.
  먼저, '시방바가범(十方薄伽梵)'의 견처부터 보이고,
  '일로열반문(一路涅槃門)'의 견처를 보여라.

중심 인물

월주 건봉(越州乾峯, ?-?)은 조동종을 개창한 동산 양개(洞山良价, 807-869)의 제자로 당나라 말에 활약했다. 생몰 연대를 비롯한 자세한 전기는 알 수 없다. 운문 문언(雲門文偃, 864-949)은 제15칙「동산삼돈(洞山三頓)」을 비롯하여 수차례 등장했으므로 전기는 생략한다. 건봉과 운문은 동시대인으로 서로 많은 문답을 주고받았다.

황룡삼관 (黃龍三關)

황룡의 세 관문

 __ 본칙

내 손과 부처의 손, 무엇이 다른가?
손으로 뒤쪽의 베개를 더듬어 찾아내고는
저도 모르게 껄껄 크게 웃는다.
원래, 온몸(通身)이 손 아닌가!

黃龍三關.
我手何似佛手,
摸得枕頭背後.
不覺大笑呵呵,
元來通身是手.

내 다리와 당나귀 다리, 무엇이 다른가?
아직 발도 떼지 않았는데 벌써 걷고 있네.
마음대로 온 천지를 활보하나니,
양기(楊岐)의 세 발 당나귀에 거꾸로 타네.

我脚何似驢脚,
未擧步時踏著.
一任四海橫行,
倒跨楊岐三脚.

사람에게는 각각 태어나는 인연(生緣)이 있다.
각자 본래면목(機先)에 눈을 떠라.

人人有箇生緣,
各各透徹機先.

那吒折骨還父,
五祖豈藉爺緣.

나타(那吒) 태자는 뼈를 잘라내어 부친에게 되돌려 주고,
오조 홍인은 태어남에 부친의 연(緣)을 필요로 하지 않는다.

佛手驢脚生緣,
非佛非道非禪.
莫怪無門關險,
結盡衲子深冤.

부처님 손(佛手), 당나귀 다리(驢脚), 태어나는 인연(生緣),
불(佛)도 아니고, 도(道)도 아니고, 선(禪)도 아니다.
무문관의 험난함을 불평하지 말라.
납자들을 사무치도록 한(恨) 맺히게 할 것이니.

瑞巖近日有無門,
撥向繩床判古今.
凡聖路頭俱截斷,
幾多蟠蟄起雷音.

근자에 서암에 무문이 있어,
법상에서 고금의 공안을 제기하고 예리하게 평했다.
성인과 범부의 길을 모두 절단하니,
웅크리고 있던 얼마나 많은 용이 승천하며 우레 소리를 내겠는가.

請無門首座立僧, 山偈奉謝.

무문 수좌를 청하여 입승(立僧)으로 모신 것에 대해
이 변변찮은 송으로 감사를 표한다.

紹定庚寅季春. 無量 宗壽 書.

소정(紹定) 경인년(1230) 봄. 무량 종수(無量宗壽) 씀

 __ 제창

■ 황룡 혜남의 삼관(三關): 황룡은 30여 년간 제자들에게 다음 세 가지를 물었다. 첫째, "사람마다 모두 생연(生緣, 태어나는 인연)이 있다. 그대의 생연은 어디에 있는가

여기에 실린 「황룡삼관」이라는 제목의 일련의 게송은 무량 종수(無量宗壽, ?-?)가 황룡 혜남(黃龍慧南, 1002-1069)의 삼관을 그 순서를 바꾼 뒤 각각에 게송을 붙이고, 마지막에 초청에 응하여 48칙의 공안을 제창한 무문에게 감사의 뜻을 표한 것이다.

제1관. 황룡은 손을 내밀며 묻는다. "내 손과 부처의 손, 무엇이 다른가?" 뚫어야 할 공안이다. 자기를 온전히 방하할 때 온 천지는 자기 아닌 것이 없다. 보면 보이는 그대로, 들으면 들리는 그대로가 전자기(全自己)이다. 따라서 '본다'고도 '듣는다'고도 하지 않는다. 여기에 어찌 '내 손'과 '부처 손', '같다'와 '다르다'가 있겠는가? 그러나 이 묘지(妙旨)는 방외(方外)의 소식으로, 온몸으로 체험하지 않는 자는 알 리가 없다.

황룡의 이 말에 종수는 자신의 게송을 덧붙이고 있다. "손으로 뒤쪽의 베개를 더듬어 찾아내고는, 저도 모르게 껄껄 크게 웃는다. 원래, 온몸(通身)이 손 아닌가!" 한밤중 어둠 속에서 머리 위로 손을 더듬어 베개를 찾아내고는 저도 모르게 껄껄 웃으며, "아니, 원래 이 몸 그대로가 손 아닌가!" 하고 문득 깨닫는다.

불빛 하나 없는 캄캄한 한밤중, 손을 더듬으며 베개를 찾을 때 눈은 어디에 있는가? 온몸이 눈이고 손이지 않은가? 종수의 이 게송은 일상의 무애자재한 경지를 말한 것이다. 우리는 의도하지 않아도 아침이 되면 저절로 눈을 뜨고 세수하고, 밥 먹고, 일하고, 쉬고, 잠잔다. 이 얼마나 자유자재한가!

제2관. 황룡은 자기의 다리를 보이며 묻는다. "내 다리와 당나귀 다리, 무엇이 다른가?" 뚫어야 할 공안이다. 선안(禪眼)이 분명한 사람은 '내 다리', '당나귀 다리'라는 말에 매이는 어리석은 짓을 하지 않는다. 자기를 방하할 때, 온 천지에 내 다리 아닌 것이 어디 있고, 당나귀 다리 아닌 것이 어디 있는가?

"아직 발도 떼지 않았는데 벌써 걷고 있네. 마음대로 온 천지를 활보하나니, 양기(楊岐)의 세 발 당나귀에 거꾸로 타네." 종수가 첨가한 게송이다. 진짜로 자기를 방하한 자에게 다리는 없다. 아니,

(人人盡有生緣. 上座生緣在何處?)"이고, 둘째, 손을 내밀며, "내 손과 부처의 손, 무엇이 다른가(我手何似佛手)?"이며 셋째, 발을 내려놓으며, "내 다리와 당나귀 다리, 무엇이 다른가(我脚何似驢脚)?"이다. 사람들은 이 셋을 '황룡삼관(黃龍三關)'이라 불렀다.

온 천지가 다리이다. 그러므로 다리를 움직이는 일 없이 온 천지를 마음대로 돌아다닌다.

어느 날 한 승이 양기에게 묻는다. "어떤 것이 부처입니까?" 양기가 말한다. "세 발 당나귀가 발굽 소리 울리며 잘도 걷는다(三脚驢子弄蹄行)." '양기의 세 발 당나귀'란 다리가 있고 없고를 떠난 자의 별명이다. 종수는 세 발 당나귀를 거꾸로 탄다고 한다. 걷는다는 상(相)을 떠난 명안인(明眼人)의 자유자재한 작용을 보이고 있다.

제3관. 황룡은 묻는다. "사람에게는 각각 태어나는 인연(生緣)이 있다. 그대의 태어나는 인연은 어디에 있는가?" 뚫어야 할 공안이다. 모든 사물이 각각 지금의 모습과 현상을 드러내기 위해서는 그것에 맞는 인연이 있어야 한다. 자, 그러면 "그대의 태어나는 인연은 어디에 있는가?" 이론이나 지적인 설명이 아니라 살아 있는 견처를 보여라.

"각자 본래면목(機先)에 눈을 떠라. 나타(那吒) 태자는 뼈를 잘라내어 부친에게 되돌려 주고, 오조 홍인은 태어남에 부친의 연(緣)을 필요로 하지 않는다." 종수의 게송이다.

"나타(那吒) 태자는 뼈를 잘라내어 부친에게 되돌려 준다."라는 구절은 『오등회원』 권2에 나오는 다음의 내용에서 인용한 것이다. "나타 태자는 살을 베어내어 어머니께 되돌려 드리고, 뼈를 잘라내서 아버지께 되돌려 드린다. 그 뒤, 본신(本身)을 나투어 대신력(大神力)을 써서 부모를 위해 설법한다." 부모에게 받은 이 육신은 지·수·화·풍의 사대가 화합한 임시적인 것에 불과하다. 이 임시적인 육신을 초탈할 때 비로소 생사를 초월한 본신(本身)을 체득한다. 부모미생전의 본래면목에 눈뜨는 것이다.

"오조 홍인은 태어남에 부친의 연(緣)을 필요로 하지 않는다." 『임

■ '기선(機先)'이란 '일이 일어나기 전', '일념도 움직이지 않고 한마디도 말하기 전', 곧 '부모미생전(父母未生前)의 본래면목'을 말한다.

간록』 등에 전하는 이야기에 따르면, 오조 홍인은 전생에 파두산(破頭山)에 사는 노승이었다. 그는 오직 소나무만 심었으므로 사람들은 '재송도자(栽松道者)'라 불렀다. 사조 도신 화상에게 법을 청하였으나 이미 늙었다는 말을 듣고, 주(周)씨 집 딸의 배를 빌려 부친 없이 새로 태어났다. 환생 후 다시 도신 화상을 만나 그 법을 이었다.

부친의 연(緣)에 좌우되지 않는 본래면목에 눈을 떠서, '태어나는 인연(生緣)'의 묘지(妙旨)를 꿰뚫으라는 종수의 자비심에서 나온 말이다.

종수는 다시 앞의 세 게송을 총체적으로 읊는다. "부처님 손(佛手), 당나귀 다리(驢脚), 태어나는 인연(生緣), 불(佛)도 아니고, 도(道)도 아니고, 선(禪)도 아니다. 무문관의 험난함을 불평하지 말라. 납자들을 사무치도록 한(恨) 맺히게 할 것이니."

황룡삼관, 곧 '부처님 손, 당나귀 다리, 태어나는 인연', 이 삼관은 부처도 아니고, 도(道)도 아니고, 선도 아니다. 실로 무엇이라고 이름 붙일 수 없는 관문이다. 『무문관』 48칙이 험난해서 참구하고 참구해도 뚫을 수 있는 길이 보이지 않는다고 불평하지 말라. 이것이야말로 천하의 공부인들에게 깊은 원한을 품게 하여 어떻게 해서라도 이 관문을 뚫어 대자유를 얻게 할 것이다.

원망하고 또 원망해서 원망이 없어질 때, 온 천지는 청풍(淸風)으로 뒤덮일 것이다. 종수는 이 '사무치는 한(恨)'을 발판으로 대오하여 천하를 밝히라고 납자들을 질타 격려한다.

마지막으로 종수는 무문에 대한 깊은 감사와 납자들에 대한 큰 기대를 송으로 읊는다.

■ '철(掇)'은 '주워 들다', '뽑아 모으다'의 의미이다. 선문헌에서는 '제철(提掇)'이라는 용어가 자주 나온다. '제기하다', '손 위에 올려놓고 무게를 재다'는 뜻이다.

■ '반(蟠)'은 '아직 승천하지 못한 용'을 가리킨다.

■ '입승(立僧)'은 입승수좌(立僧首座), 곧 대중을 위해 설법하는, 도(道)가 깊고 덕이 높은 선승을 말한다. 같은 총림 내에서 청하는 경우도 있고, 거장의 존숙(尊宿)을 외부에서 초빙하는 경우도 있는데 그 소임은 막중하다. 종수는 본인이 주지로 있는 서암사에 무문을 입승수좌로 외부에서 초빙하여 공안 제창을 요청한 것이다. 여기서의 입승(立僧)을 선방의 규율과 질서를 담당하는 '입승(立繩)'과 혼동하지 말아야 한다.

근자에 서암에 무문이 있어,
법상에서 고금의 공안을 제기하고(掇) 예리하게 평했다.
성인과 범부의 길을 모두 절단하니,
웅크리고 있던 얼마나 많은 용(蟠)이 승천하며 우레 소리를 내겠는가.

무문 수좌를 청하여 입승(立僧)으로 모신 것에 대해
이 변변찮은 송으로 감사를 표한다.

소정(紹定) 경인년(1230) 봄. 무량 종수(無量宗壽) 씀

입승수좌로 초빙된 무문은 『무문관』을 제창하면서 고금의 공안을 예리하게 평한다. 성인·범부 할 것 없이 가는 길을 절단하여 도무지 손을 쓸 수 없게 만든다. 무문의 이 힘 있고 날카로운 기봉(機鋒)은 아직 승천하지 못해 웅크리고 있는 용, 곧 운수납자들로 하여금 대오하게 하여 만천하에 선풍을 진작시킬 것이다.

마지막으로 종수는 초청에 응해준 무문에게 "이 변변찮은 송으로 감사를 표한다."라는 겸손한 말로 송을 맺는다. "소정 경인년 봄"은 남송 이종(理宗) 3년(1230) 봄이다. 이것은 무문이 『무문관』을 저술한 2년 뒤로, 무문은 48세 되던 해에 종수의 초청을 받아 서암사에서 『무문관』을 제창한 셈이다.

중심 인물

황룡 혜남(黃龍慧南, 1002-1069)은 강서성 신주(信州) 출신으로 속성은 장(章)씨였다. 11세에 출가하여 법안종과 운문종의 조사에게도 가르침을 받았지만, 석상 초원(石霜楚圓, 986-1039) 아래서 「조주감파(趙州勘婆)」 공안으로 대오하여 그 법을 이었다.

그 뒤 강서성 융흥부(隆興府)의 황룡산에 들어가 법을 펴니 문도가 크게 모여 임제종 황룡파가 생겼다. 문하에 뛰어난 제자만 해도 60여 명을 배출했다. 그러나 남송 시대(1127-1279)에 이르러 양기 방회(楊岐方會, 992-1049)를 시조로 하는 임제종 양기파가 압도적으로 우세하여 황룡파는 서서히 쇠퇴했다. 현재 한국과 일본의 간화선은 대부분 양기파의 맥을 잇고 있다. 고려 말의 태고 보우(太古普愚, 1301-1382)와 나옹 혜근(懶翁惠勤, 1320-1376)이 중국에 건너가 받아온 것도 양기파의 법이다.

무량 종수(無量宗壽, ?-?)는 양기의 8세손이자 대혜 종고(大慧宗杲, 1089-1163)의 4세손이다. 절강성 명주(明州) 서암사(瑞巖寺)에 주석했으며, 1209년에 청규인 『입중일용(入衆日用)』을 찬술·간행했다. 상세한 전기는 전하지 않는다.

색인

주요 용어

ㄱ

가가(呵呵) 385
가문(家門) 148
가부소아교(家富小兒嬌) 165
가빈난변소식(家貧難辨素食) 191
가사 154
가사(袈裟) 194
가사(家私) 234
가석노이무공(可惜勞而無功) 276
가섭불(迦葉佛) 44, 46
가섭찰간(迦葉刹竿) 194
가중(可中) 240
가진(家珍) 27
가추(家醜) 198, 199, 282
각(覺) 102
각착삼래작주인(却著衫來作主人) 344
각첨적출(脚尖趯出) 324
간단(間斷) 33
간두진보(竿頭進步) 363
간화선(看話禪) 20, 21
감과(勘過) 262
감파(勘破) 115, 264
감파료(勘破了) 262
강남 211
강서(江西) 143, 146, 147, 149, 151, 243
개구즉실(開口卽失) 221
개득여허대구(開得如許大口) 147
개산(開山) 320, 323
개천개지(蓋天蓋地) 31, 38, 59
갱문여하(更問如何) 259
갱삼삼십년시득(更參三十年始得) 177

갱수지유향상규(更須知有向上竅) 382
갱참(坑塹) 309
갱혐하처불칭존(更嫌何處不稱尊) 365, 366
거(渠) 206, 207
거년빈유추무지(去年貧有錐無地) 109
거농(渠儂) 343
거농득자유(渠儂得自由) 343
거두잔조재(擧頭殘照在) 270
거령(巨靈) 63
거사(擧似) 125, 134, 262
거좌(據座) 268
거처(去處) 369
거학(巨擘) 239
거화(炬火) 239
건곤(乾坤) 28
건봉일로(乾峯一路) 378
건시궐(乾屎橛) 189, 190
걸명(乞命) 28, 139, 350
걸사안심(乞師安心) 328
걸사지시(乞師指示) 88
걸사진제(乞師賑濟) 108
검객(劍客) 277
검수(劍樹) 238
검인상항(劍刃上行) 272
검점(撿點) 129, 264, 323
겁(劫) 99
격석화(擊石火) 192
격죽(擊竹) 79
격화파양(隔靴爬痒) 27
견득(見得) 61, 214, 252, 276, 301, 316, 340, 359
견면불여문명(見面不如聞名) 246
견색명심(見色明心) 156
견성(見性) 196, 369, 370

견성성불(見性成佛) 105, 132
견즉직하변견(見則直下便見) 240
견처(見處) 13, 61, 68, 70, 77, 92, 104, 131, 182, 223, 234, 251, 256, 292, 294, 303, 304, 310, 312, 314, 318, 335, 345, 348, 351, 354, 373, 384
견편영이항(見鞭影而行) 268
결진납자심원(結盡衲子深冤) 386
결치노호(缺齒老胡) 331
경분금전촉(鏡分金殿燭) 163
경장도복(傾腸倒腹) 185
경천동지(驚天動地) 33
계산각리(溪山各異) 290
계제(階梯) 272
고금(古今) 386, 390
고덕(古德) 363, 368
고문와자(敲門瓦子) 27
고봉정상(孤峰頂上) 238, 241, 246, 364
고부(辜負) 161, 165
고빈(孤貧) 108
고위(孤危) 316
고인공안(古人公案) 27
공(空) 94
공안 12, 15, 17, 20, 34, 35, 48
공안원성(公案圓成) 342
공양주 321
과거심불가득(過去心不可得) 242
과거칠불(過去七佛) 46
과유불급(過猶不及) 236
곽연동활(廓然洞豁) 174
관(關) 32, 35
관문 36
관음원(觀音院) 43, 300
관장군(關將軍) 33
광명적조변하사(光明寂照遍河沙) 313
광어(誑語) 148
광호(誑謼) 85
광호일중(誑謼一衆) 222

괴(壞) 207
괴뢰(傀儡) 129
교외별전(敎外別傳) 80, 196
구견담(口見膽) 90
구구순숙(久久純熟) 33
구남남(口喃喃) 216
구담(瞿曇) 85
구망치란(俱忘治亂) 228
구봉재개(口縫纔開) 317
구비비(口㗨㗨) 242
구사변첨(口似匾檐) 242
구사혈분(口似血盆) 238
구산절점애(丘山絕點埃) 361
구삼학안(具參學眼) 115
구순피선(口脣皮禪) 43
구안(具眼) 110
구육(狗肉) 85
구자(狗子) 29
구자불성(狗子佛性) 40
구지수지(俱胝竪指) 56, 261
구향용담(久響龍潭) 132, 238
국사 168
국사삼환(國師三喚) 161, 166
국정재자귀(國淸才子貴) 165
군간차화지(君看此花枝) 82
군계일학(群鷄一鶴) 49
권두(拳頭) 113, 115
궤범사(軌範師) 109
귀가온좌(歸家穩坐) 375
귀안(鬼眼) 76
극고(極苦) 260
극락(極樂) 260
근리(近離) 143
근본지(根本智) 341
근전래(近前來) 45
금과옥조(金科玉條) 236
금년빈무추무지(今年貧無錐無地) 109
금란가사(金襴袈裟) 195

금파라화(金波羅華) 82
금편요지어가장(金鞭遙指御街長) 146
급류수조(急流垂釣) 317
기래끽반곤래면(飢來喫飯困來眠) 62
기륜(機輪) 96
기사(己事) 18, 152
기사구명(己事究明) 145
기선(機先) 382, 383, 385, 388
기여체전(機如掣電) 96, 214
기연(機緣) 146, 244, 358
기적마진적(騎賊馬趁賊) 100
기체전(機掣電) 117
기특(奇特) 85, 86
깨달음 32
끝내(遂) 136
끽(喫) 148
끽다거(喫茶去) 294
끽봉(喫棒) 148
끽불반(喫佛飯) 257
끽죽료(喫粥了) 88
끽통봉(喫痛棒) 185

ㄴ

나(我) 34
나가대정(那伽大定) 342, 343
나개(那箇) 201
나리(那裏) 110
나타(那吒) 28, 386, 388
나타설골환부(那吒折骨還父) 386
낙(諾) 44, 194
낙엽양삼편(落葉兩三片) 251
난시(攔腮) 296
난시벽면권(攔腮劈面拳) 296
날괴날괴(捏怪捏怪) 222
남전참묘(南泉斬猫) 134, 175
남지향난북지한(南枝向暖北枝寒) 114
납승(衲僧) 76, 77, 156, 157
납자 21, 27, 134, 386, 289

낭당불소(郎當不少) 234
내외(內外) 38
냉난자지(冷暖自知) 83, 202, 292
냉지간내(冷地看來) 243
노고할육(鷺股割肉) 353
노당당(露當當) 203, 216, 222
노두(路頭) 378
노봉검객수정(路逢劍客須呈) 277
노봉달도(路逢達道) 293, 357
노봉달도인(路逢達道人) 296
노자(老子) 121
노출심간(露出心肝) 90
노파심절(老婆心切) 205
노호(老胡) 101, 331
노호지(老胡知) 101
노호회(老胡會) 101
농주(村酒) 344
누란(樓蘭) 307
늑소(勒所) 219
능살능활(能殺能活) 113
능종능탈(能縱能奪) 113
니중유자(泥中有刺) 266

ㄷ

다문 제일(多聞第一) 195, 270
다소(多少) 86
단견(斷見) 269
단도직입(單刀直入) 27
단비(斷臂) 328
단제(單提) 62
달마 대사(達磨大師) 299, 329
달마 28, 45, 50, 66, 67, 68, 69, 70, 73, 74, 101, 140, 167, 178, 208, 298, 299, 301, 302, 309, 316, 328, 329, 330, 331, 332, 334, 335, 336, 382
달마불래동토(達磨不來東土) 334
달마안심(達磨安心) 328
담도(譚道) 294

당두착(當頭著) 151
당래(當來) 75
당저(撞著) 380
당체(當體) 32
대각(擡脚) 181, 187
대도(大道) 175
대도무문(大道無門) 28
대붕일거구만리(大鵬一擧九萬里) 99
대사일번(大死一番) 41, 59, 75
대사일번, 절후재소(大死一番, 絶後再蘇) 34
대사자후(大獅子吼) 294
대산(臺山) 263
대선정(大禪定) 342
대수행저인(大修行底人) 44, 46
대아거(待我去) 262
대역량인(大力量人) 181
대오(大悟) 40
대우탄금(對牛彈琴) 77
대웅산(大雄山) 53
대유령(大庾嶺) 201
대의(大疑) 330
대인상(大人相) 264
대자유(大自由) 34
대중(大衆) 45, 85
대중(大中) 54
대지흑만만(大地黑漫漫) 58
대참(大參) 45
대통지승(大通智勝) 98
대통지승불(大通智勝佛) 98
대해탈(大解脫) 34
대활현전(大活現前) 75
대휴헐(大休歇) 94
덕(德) 235
덕산탁발(德山托鉢) 125
도(道) 174, 175
도과양기삼각(倒跨楊岐三脚) 385
도득(道得) 134
도리(闍梨) 108

도봉타월(掉棒打月) 27
도산(刀山) 166
도솔삼관(兜率三關) 369
도장(道場) 98
도장일구내(道將一句來) 214
도재장악중(都在掌握中) 355
독보(獨步) 28
독참(獨參) 13, 14
독탈무의(獨脫無依) 348
돈(頓) 145
돈오(頓悟) 174
돌출(突出) 172
동가룡상(東嘉龍翔) 27
동갱무이토(同坑無異土) 50
동산삼근(洞山三斤) 169
동산삼돈(洞山三頓) 143
동일안견(同一眼見) 33
동일이문(同一耳聞) 33
동자(童子) 56, 60
동토이삼(東土二三) 28
두각사제(頭角四蹄) 305
두두(頭頭) 157
두두상명(頭頭上明) 156
두묵(杜默) 76
두찬(杜撰) 76
뒷간(隱所) 133
등시화(燈是火) 91
똥 덩어리 189, 190, 191, 192, 193

ㄹ

로(露) 190
료신(了身) 106
료심(了心) 106
리찌(荔支) 205

ㅁ

마가가섭(摩訶迦葉) 80
마기(馬騎) 28

마삼근(麻三斤) 169, 170, 171, 172, 173
마하연(摩訶衍) 220
막실장중주(莫失掌中珠) 49
막인자기청정법신(莫認自己淸淨法身) 94
만리일조철(萬里一條鐵) 36
만목청산(滿目靑山) 109
만법귀일(萬法歸一) 187
만법유심(萬法唯心) 250
만별천차(萬別千差) 159
만복만복(萬福萬福) 290
말후구(末後句) 125, 127
망각(妄覺) 174, 176
망망(忙忙) 342
망상 32
망승(亡僧) 45
망조(罔措) 87, 216
매경한고발청향(梅經寒苦發淸香) 264
맥연(驀然) 289
맥연타발(驀然打發) 33
맥직거(驀直去) 262, 263, 265, 266, 267
맹자불견(盲者不見) 41
멱심료불가득(覓心了不可得) 328
멱즉지군불가견(覓則知君不可見) 260
면면밀밀(綿綿密密) 229
면벽(面壁) 67, 299, 301, 302, 328, 336
명득(明得) 96, 148
명안(明眼) 184, 195, 367
명안인(明眼人) 184, 388
명지일하(鳴指一下) 337, 338, 339
모갑(某甲) 45, 88, 202, 238
모상하양교(暮上河陽橋) 183
목대(木臺) 220
목표(木杓) 324
몽견(夢見) 219
몽중설몽(夢中說夢) 222
묘(妙) 199, 200
묘경(妙境) 163, 186, 230, 270
묘아(猫兒) 134

묘오(妙悟) 32, 34, 39
묘용(妙用) 95, 110, 117, 138, 155, 157, 159, 164, 182, 184, 188, 265, 361
묘지(妙旨) 4047, 166, 167, 228, 229, 252, 259, 270, 279, 322, 325, 387, 389
묘처(妙處) 197, 266
무(無) 29, 31, 32, 33, 35, 37, 38, 41, 67, 138, 182, 269, 270, 271, 272, 353
무공(無孔) 166
무기(無記) 174, 176
무념(無念) 49
무다자(無多子) 62
무량겁내(無量劫來) 123
무량겁사즉여금(無量劫事卽如今) 374
무명(無明) 40, 340, 342
무문(無門) 27
무문관(無門關) 33
무미(無味) 373
무봉탑(無縫塔) 168
무분별지(無分別智) 341
무불처(無佛處) 365
무불처급수주과(無佛處急須走過) 365
무색계(無色界) 187
무승자박(無繩自縛) 314
무시무종(無始無終) 31, 130, 207, 367
무심(無心) 63, 89, 90, 95, 97, 99, 100, 132, 140, 155, 157, 159, 162, 163, 164, 170, 176, 183, 258, 260, 270, 304, 322, 326, 333, 359, 380
무아(無我) 32, 95, 97, 135, 170, 176, 258, 260, 308, 359, 371
무어(無語) 349
무언(無言) 235, 236, 268, 269
무영상(無影像) 37
무위진인(無位眞人) 358
무일물(無一物) 109, 110, 122, 163, 164, 209, 235
무자(無字) 31, 36

무자기(無自己) 32, 135
무쟁(無諍) 135
무정설법(無情說法) 158, 168
무진한(無盡限) 76
무풍기낭(無風起浪) 27, 331
묵좌(默座) 269
문명불여견면(聞名不如見面) 246
문성오도(聞聲悟道) 155, 156
문신(問訊) 143
문호(門戶) 166
물위오유거래야(勿謂吾有去來也) 142
미가전시일편(未可全施一片) 277
미거보시답저(未擧步時踏著) 385
미거보시선이도(未擧步時先已到) 382
미동설시선설료(未動舌時先說了) 382
미래심불가득(未來心不可得) 242
미륵(彌勒) 75, 76, 219, 220, 223, 301, 357, 358, 359, 360, 361, 362
미명(未明) 316
미모시결(眉毛廝結) 33, 36
미묘법문(微妙法門) 80
미식노두재(未識路頭在) 380
미심(未審) 378
미연(未然) 138, 197, 289, 295, 308, 373
미오(迷悟) 159
미즉이(微卽離) 212
미파(尾巴) 305
미파이로(尾巴已露) 87
미파자(尾巴子) 310
밀(密) 204
밀계(密啓) 125, 128
밀어(密語) 83, 201
밀의(密意) 201

ㅂ

박가범(薄伽梵) 379
박수(拍手) 45
반귀무월촌(伴歸無月村) 354

반대자(飯袋子) 143, 146
반리유사(飯裏有砂) 266
반숙(飯熟) 91
반숙이다시(飯熟已多時) 91
반시사군반한군(半是思君半恨君) 184
반청반황(半靑半黃) 75
반칩기뇌음(蟠蟄起雷音) 386
발초삼현(撥草參玄) 369
방(棒) 148
방약무인(傍若無人) 85
방여삼돈봉(放汝三頓棒) 145
방장(方丈) 125
방탈생사(方脫生死) 369
방하(放下) 31, 158, 229
방합(蚌蛤) 171
방행(放行) 380
배촉(背觸) 347
배촉교치(背觸交馳) 350
배휴(裴休) 55, 327
백가주(白家酒) 108, 109
백낭도천(白浪滔天) 380
백련천단(百鍊千鍛) 15, 198, 200
백림사(柏林寺) 300
백비(百非) 221
백수자(柏樹子) 300
백운만리(白雲萬里) 193
백일청천(白日靑天) 222
백장산 53
백장야호(百丈野狐) 16, 44, 47, 52
백척간두(百尺竿頭) 363
백추(白槌) 45, 49, 219, 220
번뇌즉보제(煩惱卽菩提) 342
번동(幡動) 249
번득신(翻得身) 365
번령소득지(翻令所得遲) 91
범부(凡夫) 101
범부약지즉시성인(凡夫若知卽是聖人) 106
범성(凡聖) 386

범천(梵天) 337
법거량(法擧揚) 23, 137, 314
법기(法器) 329
법맥(法脈) 14
법안종(法眼宗) 72, 230, 231, 391
법요(法要) 56
법촉(法燭) 33
법현(法顯) 307
벽면(劈面) 296
본래공(本來空) 94
본래구족(本來具足) 176
본래면목(本來面目) 119, 148, 166, 201, 202, 203, 204, 205, 206, 207, 208, 247, 353, 358, 385, 388, 389
본래인(本來人) 123
본분초료(本分草料) 148
본신(本身) 388
본지풍광(本地風光) 314
본처(本處) 337
봉불살불(逢佛殺佛) 33
봉인차설삼분(逢人且說三分) 277
봉조살조(逢祖殺祖) 33
봉후(封侯) 102
부과단교수(扶過斷橋水) 354
부기방도(扶起放倒) 115
부동심(不動心) 358
부설(不說) 86
부양양, 자증지(父攘羊, 子證之) 83
부자묵계(父子默契) 137
부자창화(父子唱和) 224, 327
부장홍분자풍류(不粧紅粉自風流) 100
부전(不傳) 81, 196, 199, 334
부증불감(不增不減) 158
부지(不知) 174, 176, 333
부지불식사자(不知不識四字) 333
부촉(付囑) 80
분명극(分明極) 91
분별(分別) 34

분별심 31, 32, 34, 35, 38, 48, 58, 74, 82, 170, 239, 300
불가득(不可得) 102, 244
불가득심(不可得心) 244
불각(不覺) 102
불고위망(不顧危亡) 27
불괴(不壞) 207
불나이하(不奈伊何) 125
불도(佛道) 175
불득성불도(不得成佛道) 98
불락 48
불락불매(不落不昧) 51
불락인과(不落因果) 44, 50
불리당처상담연(不離當處常湛然) 100, 260
불립문자(不立文字) 80, 84, 105, 196, 233, 240, 243, 333
불매 48
불매불락(不昧不落) 51
불매인과(不昧因果) 44, 50
불법불현전(佛法不現前) 98
불사선(不思善) 201
불사선악(不思善惡) 201
불사악(不思惡) 201
불설(不說) 223
불성(佛性) 29, 30, 40, 31, 32, 40, 41, 59, 86, 209, 235, 236, 247, 301, 343, 353, 361, 370, 371
불성불(不成佛) 98
불수(佛手) 385
불시물(不是物) 232
불시불(不是佛) 232
불시심(不是心) 232
불시심불(不是心佛) 232
불시영웅(不是英雄) 377
불식(不識) 333
불식사자(不識四字) 331, 332, 333
불심천자(佛心天子) 336
불심행(佛心行) 354

불어심(佛語心) 27
불여만법위려자(不與萬法爲侶者) 358, 360
불우시인막헌(不遇詩人莫獻) 277
불은(佛恩) 132
불이(不二) 106, 251, 270, 288, 294
불이법문(不二法門) 184
불제자(佛弟子) 271, 272
불조(佛祖) 166, 350
불조걸명(佛祖乞命) 350
불좌(佛座) 100
불통소소(不通小小) 340
불파루란종불한(不破樓蘭終不還) 307
불행(佛行) 100
불허노호회(不許老胡會) 104
비공(鼻孔) 246
비도(非道) 315
비바시불(毘婆尸佛) 197, 200, 247
비불비도비선(非佛非道非禪) 386
비심비불(非心非佛) 257, 274, 275, 276, 277, 278
비인(非人) 44
비직(鼻直) 52
비풍비번(非風非幡) 249
빈호소옥원무사(頻呼小玉元無事) 162
빙능(氷稜) 272
빙능상주(氷稜上走) 272
빙무산(憑茂山) 208, 210, 292

ㅅ

사(死) 39, 170, 180, 220, 289
사(嗄) 365, 366
사구(死句) 15
사구(四句) 219, 220, 223
사대(四大) 212, 216, 369, 372, 388
사동일가(事同一家) 159
사로두(死路頭) 75
사리(闍梨) 109
사삼랑(謝三郎) 331, 333

사삼랑불식사자(謝三郎不識四字) 332, 333
사생(四生) 33, 39
사선천(四禪天) 187
사십팔유(四十有八) 377
사십팔칙(四十八則) 27
사유상하(四維上下) 96
사은(四恩) 308
사인촉기(事因囑起) 334
사입총림(乍入叢林) 88
사자교아(獅子敎兒) 150
사자상계(師資相契) 81, 195, 196, 197, 198, 199
사자상승(師資相承) 81, 86, 177, 334
사홍서원(四弘誓願) 156
산답월루종(山答月樓鐘) 163
산호침상양행루(珊瑚枕上兩行淚) 184
살인도(殺人刀) 117, 138, 140
살활(殺活) 350
살활자재(殺活自在) 72
삼각려자롱제행(三脚驢子弄蹄行) 388
삼관(三關) 369, 372, 373, 377, 386, 389
삼대사(三大士) 142
삼돈봉(三頓棒) 143
삼백육십골절(三百六十骨節) 33
삼분(三分) 277
삼십삼천(三十三天) 378
삼유(三有) 308
삼응(三應) 161
삼응료(三應寮) 162
삼일수구(三日漱口) 257
삼잡(三帀) 337
삼전어(三轉語) 181, 183, 184, 186
삼좌설법(三座說法) 219
삼차(參次) 143
삼학사필(參學事畢) 276
삼학안(參學眼) 115
삼환(三喚) 161
상거다소(相去多少) 271

상견(常見) 269
상당(上堂) 45
상대(相對) 211
상량(商量) 227, 228
상사(相似) 33, 266, 359
상신실명(喪身失命) 41, 73, 370, 383
상좌(上座) 201
색계(色界) 187
생(生) 39, 49, 170, 180, 220, 289
생사불염, 거주자유(生死不染, 去住自由) 289
생사안두(生死岸頭) 33
생수(生受) 207
생철(生鐵) 370
서내직지(西來直指) 334
서래의(西來意) 73, 74
서암 386, 390
서천(西天) 66
서천사칠(西天四七) 27, 28,
서풍일진래(西風一陣來) 251
석가노자(釋迦老子) 340
석가모니 28, 46, 81, 82, 83, 84, 85, 86,
   87, 101, 170, 194, 195, 197, 233, 269,
   306, 316, 341, 358, 370, 382
선(禪) 14, 17, 18, 27, 30, 34, 57, 74, 83, 90,
   105, 132, 137, 178, 197, 217, 230, 243,
   263, 278, 292, 333, 344, 352, 386, 389
선경(禪境) 256
선문답(禪問答) 13, 68, 81
선선(鄯善) 307
선심(禪心) 127, 145, 170, 171, 342, 380
선안(禪眼) 116, 382, 387
선자(扇子) 378
선종 336
선지(禪旨) 148
설두(舌頭) 181
설두무골(舌頭無骨) 115
설봉료(雪峰寮) 133
설불화(說佛話) 257

설은(雪隱) 133
섬전광(閃電光) 192
섭심(攝心) 14
성명상각(性命喪却) 317
성범진살(聖凡盡殺) 377
성불도(成佛道) 98
성성저(惺惺著) 118
성예등환역구의(星翳燈幻亦久矣) 142
성인(聖人) 101
성인약회즉시범부(聖人若會卽是凡夫) 106
성조(性燥) 148, 149
성조한(性燥漢) 149
성태장양(聖胎長養) 114, 168, 242, 323
세발우거(洗鉢盂去) 88
세작난기(細嚼難飢) 373
세존염화(世尊拈花) 80, 81, 83, 194, 195
소소(小小) 341
소정(紹定) 27, 386, 390
소참(小參) 46
소초(疏抄) 239
속도속도(速道速道) 349
송 21
송직극곡(松直棘曲) 228
수고우(水牯牛) 305
수구(漱口) 257
수기(竪起) 56, 113, 115
수기권두(竪起拳頭) 113
수부지(殊不知) 156
수산죽비(首山竹篦) 347
수상청청취(水上靑靑翠) 51
수연여시(雖然如是) 115
수유(須臾) 338
수재(秀才) 313
수좌(首座) 27, 320, 321, 386
수중(首衆) 27
수처작주(隨處作主) 97, 122, 180, 258, 343,
   372
수타보무반전분(數他寶無半錢分) 190

순세(順世) 56
순인범야(巡人犯夜) 231
승당(僧堂) 125
승언자상(承言者喪) 302
승좌(陞座) 125
시방바가범(十方薄伽梵) 378
시비(是非) 172
시비인(是非人) 172
시자료(侍者寮) 162
시중(示衆) 80
식득(識得) 130
식득자성(識得自性) 369
식신(識神) 123
신기(神機) 265
신두귀면(神頭鬼面) 121
신두병귀면(神頭幷鬼面) 343
신부기려아가견(新婦騎驢阿家牽) 351
신심일여(身心一如) 106, 107
신여야자대(身如椰子大) 147
신외무여(身外無餘) 103, 106
신통병묘용(神通幷妙用) 63, 361
실상무상(實相無相) 80
실오(實悟) 67, 68
실참(實參) 67, 68
실체(實體) 122
심동(心動) 249
심두(心頭) 178
심로(心路) 32, 38
심마(甚麽) 45, 85, 93, 98, 115, 238, 242, 293, 347
심마처(甚麽處) 143, 378
심분분(心憤憤) 242
심불가득(心不可得) 242
심불급중생(心佛及衆生) 234
심불시불(心不是佛) 279
심안(心眼) 40, 49
심외무법(心外無法) 109, 250
심외무여(心外無餘) 103, 107

심처(甚處) 115, 125, 143, 171, 252, 262, 369
심행(心行) 110
십겁좌도장(十劫坐道場) 98
십만팔천(十萬八千) 221
십자가두(十字街頭) 359

ㅇ

아(我, ātman) 122
아각(啞却) 76
아사리(阿闍梨) 109
아손(兒孫) 166
아수(阿誰) 357
아자득몽(啞子得夢) 33
악수(惡水) 243
안광낙시(眼光落時) 369
안사유성(眼似流星) 96
안생근(眼生筋) 198, 199
안심(安心) 6, 39, 51, 328, 330, 331, 335
안심경(安心竟) 328
안우두끽초(按牛頭喫草) 164
안유성(眼流星) 117
안정(眼睛) 246
안주(安住) 51, 179, 260, 308, 344, 346
안주부동여수미산(安住不動如須彌山) 321
안처문성방시친(眼處聞聲方始親) 156
안횡(眼橫) 52
암환주인(巖喚主人) 118
압량위천(壓良爲賤) 85
야(喏) 118
야무한사괘심두(若無閑事挂心頭) 178
야미(也未) 88
야야(喏喏) 118
야참(夜參) 368
야호(野狐) 44
야호견해(野狐見解) 121
야호선(野狐禪) 47, 68
약재(若在) 139
양기(楊岐) 387

양기파 22, 72, 71, 72, 97, 152, 188, 368, 391
양두(羊頭) 85
양두(兩頭) 93
양두구절단(兩頭俱截斷) 136, 270
양면경상조(兩面鏡相照) 37, 196
양채일새(兩采一賽) 51
양풍(涼風) 178
어(語) 302
어묵(語默) 183, 184, 211, 216, 293, 296
어묵동정(語默動靜) 184
어불투기(語不投機) 302
어언삼매(語言三昧) 215
어중무영상(於中無影像) 196
어째서 66, 182, 183, 306
억하(抑下) 18, 62, 77, 86, 206, 236
억하(抑下)의 탁상(托上) 18, 62, 77, 86, 206, 236
언(言) 302
언무전사(言無展事) 302
언전불급(言詮不及) 322
언하(言下) 174
언하대오(言下大悟) 44
엄연미산(儼然未散) 83, 197
엄이변주(掩耳便走) 257
업식(業識) 342
업식망망(業識忙忙) 342
여각(驢脚) 385
여법(如法) 49
여세량마(如世良馬) 268
여시(如是) 262
여염(閭閻) 85
여인음수(如人飲水) 202, 292
여자출정(女子出定) 337
여탈종횡(與奪縱橫) 72
여하시도(如何是道) 174
여하시불(如何是佛) 169, 189, 255, 274
여하시불여인설저법(如何是不與人說底法) 232
여하시조사관(如何是祖師關) 32
여하시조사서래의(如何是祖師西來意) 298
여하통불범(如何通不犯) 211
역겁무명(歷劫無名) 32, 69, 119, 280, 281, 307, 348
연수여시(然雖如是) 110, 156, 171, 227, 242, 257, 282, 365
연아불각추(憐兒不覺醜) 242
연일연(嚥一嚥) 205
열반당(涅槃堂) 45, 49
열반묘심(涅槃妙心) 80
열철환(熱鐵丸) 33
염각(拈却) 93
염관(塩官) 국사 54
염기(拈起) 87
염기죽비(拈起竹篦) 350
염화미소(拈華微笑) 80
염화시중(拈花示衆) 80, 82
영득(贏得) 50
영산(靈山) 80, 82, 197, 263
영산밀부(靈山密符) 80
영산일회(靈山一會) 83
영산회상(靈山會上) 80
영오(領悟) 56
영취산 80
예주(澧州) 242
오가(五家) 72
오가칠종(五家七宗) 202
오각(惡覺) 33
오매항일(寤寐恒一) 220, 223
오봉루전문낙양(五鳳樓前問洛陽) 146
오상어차절(吾常於此切) 46, 375
오악(五嶽) 63
오역문뢰(五逆聞雷) 72
오온(五蘊) 94
오위(五位) 112
오조(五祖) 202
오조개자야연(五祖豈藉爺緣) 386

오조산(五祖山) 292
오종(吾宗) 229
오지(惡知) 33
오참상당(五參上堂) 45
와해빙소(瓦解氷消) 177
왕노사(王老師) 141
외도(外道) 268
외도문불(外道問佛) 268
요괄총림(橈聒叢林) 334
요식진금화리간(要識眞金火裏看) 185
욕계(欲界) 187
용담(龍潭) 245
용불저(用不著) 75
용상사 27
용안로활(龍安路滑) 377
용출(湧出) 338
우과창령(牛過窓櫺) 305
우반끽반(遇飯喫飯) 373
우사분경(雨似盆傾) 378
우차끽차(遇茶喫茶) 373
우하지상습(雨下地上濕) 283
운문시궐(雲門屎橛) 189
운문종 72, 145, 148, 152, 189, 368, 391
운문화타(雲門話墮) 313
운수여반시(運水與搬柴) 63, 361
운월시동(雲月是同) 290
울력(普請) 54
원내시이(元來是爾) 334
원래시부평(元來是浮萍) 51
원시주거서(元是住居西) 270
위앙종(潙仰宗) 72, 104, 224, 327, 356
유(有) 37, 67, 138, 269, 270, 271, 272, 353
유나(維那) 45, 49
유념(有念) 49
유도미첨진(猶道未沾唇) 108
유마유마(有麽有麽) 113
유무회(有無會) 33
유미(猶迷) 96

유불여불(唯佛與佛) 84
유불처(有佛處) 365
유불처주부득(有佛處住不得) 365
유생(有省) 238
유성(有省) 88
유악(帷幄) 265
유어(有語) 349
유언(有言) 268, 269
유일신(唯一神) 122
유희삼매(遊戲三昧) 33, 39
육경(六境) 155
육근불구(六根不具) 331
육도(六道) 33, 39
은산철벽(銀山鐵壁) 269
음덕(陰德) 133
음양(陰陽) 198
읍누작례(泣淚作禮) 201
응낙(應諾) 108, 118
응병여약(應病與藥) 331
의갱친(意更親) 172
의단(疑團) 32, 33, 36, 37, 330
의발(衣鉢) 201
의사즉차(擬思卽差) 240
의정(疑情) 32
의중(意中) 265
의초부목정령(依草附木精靈) 32, 35
의황세인(羲皇世人) 228
이(咦) 331, 332
이각어언(離却語言) 211
이금(而今) 197
이다시(已多時) 91
이미(離微) 211
이사불이(理事不二) 226, 230
이승권렴(二僧卷簾) 225
이심전심(以心傳心) 81, 84, 196, 197, 334
이조(二祖) 328
이조불왕서천(二祖不往西天) 334
이즉미(離卽微) 212

이즉사(理卽事) 226
이차과(已蹉過) 192
익불사숙(弋不射宿) 315
인과(因果) 44, 45, 46, 48, 49
인과법 45
인심(因甚) 154, 181
인자(仁者) 249
인준불금(忍俊不禁) 252
인천(人天) 87, 316
일가(一家) 159
일개(一箇) 115, 121
일개무자(一箇無字) 32
일개문인(一箇門人) 331
일개혼(一箇渾) 187
일검(一劍) 117
일검의천한(一劍倚天寒) 136, 270
일관(一關) 32
일관천각(一串穿却) 61
일구(一句) 130, 163, 187, 214, 245
일구기(一口氣) 148
일구미절(一句未絕) 313
일귀하처(一歸何處) 187
일기지용(一期之勇) 323
일념(一念) 37
일념보관무량겁(一念普觀無量劫) 340, 374, 375
일념불기(一念不起) 203
일대사(一大事) 334
일대장교(一大藏敎) 75
일돌(一突) 324
일득일실(一得一失) 225
일로(一路) 148
일로열반문(一路涅槃門) 378
일맹인중맹(一盲引衆盲) 367
일백복(一百輻) 93
일봉(一棒) 238
일붕(一棚) 129
일사독조한강우(一絲獨釣寒江雨) 333
일산(一散) 289

일생여인추정발설(一生與人抽釘拔楔) 191
일성(一聲) 119
일수사견(一水四見) 341
일수춘풍유양반(一樹春風有兩般) 114
일암주(一庵主) 113
일여(一如) 381
일요요살(一澆澆殺) 243
일원상(一圓相) 130
일인어고고산정립(一人於高高山頂立) 380
일인향심심해저항(一人向深深海底行) 380
일일부작(一日不作) 54
일일불식(一日不食) 54
일임사해횡항(一任四海橫行) 385
일장(一掌) 45, 55
일장누두(一場漏逗) 252
일장령과(一狀領過) 253, 254
일장잡극(一場雜劇) 340
일장호소(一場好笑) 243
일적(一滴) 239
일전어(一轉語) 44, 45, 47, 115, 116, 138, 197, 308
일점변저(一點便著) 33
일즉일체(一卽一切) 115
일지(一指) 56
일지두선(一指頭禪) 56, 59
일척수(一隻手) 380, 381
일척안(一隻眼) 50, 51, 227, 308, 367
일체즉일(一切卽一) 115
일체처(一切處) 295
일초직입여래지(一超直入如來地) 176, 269, 273
일하(一下) 337
일호(一毫) 239
임마(恁麽) 27, 73, 74, 143, 154, 262
임제(臨濟) 71
임제장군(臨濟將軍) 72
임제종 7, 13, 14, 16, 21, 22, 55, 71, 72, 97, 105, 152, 188, 189, 319, 376, 391
입승(立僧) 386, 390

입승수좌(立僧首座) 390
입실(入室) 13, 15
입정(入定) 339
입중의(入衆衣) 155
입처개진(立處皆眞) 258

ㅈ

자개(者箇) 67
자고제처백화향(鷓鴣啼處百花香) 211
자구불료(自求不了) 296, 316
자기(自己) 94
자노한(者老漢) 125
자리(者裏) 50, 61, 75, 115, 138, 148, 197, 214, 227, 252, 276, 289, 295, 308, 316, 340
자명인추(慈明引錐) 368
자사(者些) 310
자성(自性) 370
자수용(自受用) 119
자수용삼매(自受用三昧) 119
자승(者僧) 313
자연(自然) 33
자유(自由) 343
자유출신지노(自有出身之路) 214
자재(自在) 33
자지(自知) 33, 302
자타일여(自他一如) 95, 159
자휴병거고촌주(自携瓶去沽村酒) 344
작마생(作麽生) 27, 33, 73, 85, 138
작마생탈(作麽生脫) 369
잡극(雜劇) 340, 341
잡념 32
잡득안(眨得眼) 192
잡득안내(眨得眼來) 28
장삼이사(張三李四) 358
장억강남삼월리(長憶江南三月裏) 211
장위(將謂) 45, 85, 86, 161
장주지몽(莊周之夢) 223

재송도자(栽松道者) 389
재전상삼(齋前上參) 225
쟁나(爭奈) 115, 214, 246, 323
쟁지도(爭知道) 257
쟁지시도(爭知是道) 174
저개(這箇) 84, 89, 200, 207, 213, 240, 258, 260, 348, 353, 356, 383
저불의(著佛衣) 257
저야(抵夜) 238
저저상묘(著著上妙) 156
적(適) 121, 185, 186, 323
적도정병(趯倒淨瓶) 320
적수호(赤鬚胡) 45
적요(寂寥) 148
전(傳) 81
전도(顚倒) 308
전등(傳燈) 81, 196, 197, 202, 210
전무석가(前無釋迦) 301
전사(展事) 302
전수(傳授) 85
전전부착(轉轉不錯) 45
전제(全提) 41
전좌(典座) 321
전좌료(典座寮) 133
절기심멱(切忌尋覓) 259
절대무(絕對無) 38
절대주체(絕對主體) 156
절대지(絕對智) 341
절체절명(絕體絕命) 330
절후재소(絕後再蘇) 59
점심(點心) 242
정념상속(正念相續) 37, 120, 325
정령(正令) 41
정문안(頂門眼) 367
정반성(定盤星) 257, 258, 367
정법(正法) 84
정법안(正法眼) 6, 51, 80, 86, 367
정법안장(正法眼藏) 80, 85

정병(淨甁) 320, 321
정안(正眼) 367, 380
정전백수(庭前柏樹) 298
정전백수자(庭前柏樹子) 298
제방(諸方) 355
제시(提撕) 33, 37
제창(提唱) 15, 57, 60
제철(提掇) 390
조개선(蚌蛤禪) 171
조고각하(照顧脚下) 100, 127
조관(祖關) 32
조동사민(曹洞士民) 112
조동종(曹洞宗) 72, 110, 112, 153, 384
조리(笊籬) 324
조번신(早翻身) 150
조복(調伏) 103
조사(祖師) 32, 299
조사서래의(祖師西來意) 74, 298, 299, 336
조성양개(早成兩箇) 67
조이불강(釣而不綱) 315
조주감파(趙州勘婆) 262
조주구자(趙州狗子) 29
조주세발(趙州洗鉢) 88
조지등시화(早知燈是火) 91
조진동문영(朝進東門營) 183
존숙(尊宿) 390
종문(宗門) 167
종문일관(宗門一關) 32
종문입자(從門入者) 27
종사(宗師) 242
종상제성(從上諸聖) 232
종성칠조(鐘聲七條) 154
종연득자(從緣得者) 27
종전(從前) 123
종전악지악각(從前惡知惡覺) 33
종지(宗旨) 380
종풍(宗風) 72, 112, 152, 218, 231, 242, 327, 334, 355, 356, 368

좌저인(坐底人) 363
주감암주(州勘庵主) 113
주객일체(主客一體) 95
주인공 118, 123
주자수위호(朱紫誰爲號) 361
주장자(拄杖子) 352
주저(躊躇) 28
주차(周遮) 324
주파(注破) 148, 149
죽비(竹篦) 347
죽인다 39
중관(重關) 324
중생무변서원도(衆生無邊誓願度) 6, 147, 156
중유풍로향(中有風露香) 82
즉금상인성(卽今上人性) 369
즉심시불(卽心是佛) 255, 275
즉심즉불(卽心卽佛) 240, 255,
증계(証契) 84
지(知) 101, 174, 176
지고(至高) 383
지도(至道) 175
지두(指頭) 56
지불시도(智不是道) 279
지시(指示) 88
지시시인청단장(只是時人聽斷腸) 275
지요단랑인득성(只要檀郎認得聲) 162
지음(知音) 50
지촉(紙燭) 238
지허노호지(只許老胡知) 104
직요저저재기선(直饒著著在機先) 382
직지인심(直指人心) 132
직하(直下) 148, 257
직하명득(直下明得) 96
직하회변회(直下會便會) 296
진(眞) 123
진경(眞境) 230
진리 178
진망(眞妄) 288

진저(眞底) 289
진제(賑濟) 108

ㅊ

차과(蹉過) 28
차도(且道) 32, 110, 115, 138, 156, 164, 171, 221, 227, 264, 271, 293, 313, 340, 347, 357, 365
차별득평등 212
차별즉평등(差別卽平等) 115
착인정반성(錯認定盤星) 257, 367
착착(著著) 157
찰간(刹竿) 194, 196
참(參) 45
참각(斬却) 134
참구 12, 17, 33, 36
참문(參問) 143
참선(參禪) 32, 34
참차(參次) 44
창해(滄海) 235
처파(覰破) 374
천녀리혼(倩女離魂) 107, 285, 357
천지일병, 만물일산(天地一餠, 萬物一山) 244
천진(天眞) 230
천차유노(千差有路) 28
천착만착(千錯萬錯) 51
천청일두출(天晴日頭出) 283
철가(鐵枷) 166, 323
철산(鐵山) 330
청규(淸規) 54
청담무비(淸談無比) 128
청룡소초(靑龍疏鈔) 241
청룡초(靑龍鈔) 132
청법(請法) 220
청사부진(聽事不眞) 90
청세고빈(淸稅孤貧) 108
청원(靑原) 108, 109
청익(請益) 27

청정행자(淸淨行者) 46
청천백일(靑天白日) 259
청풍(淸風) 325
청풍만지(淸風滿地) 136
체구자미(滯句者迷) 302
체득(體得) 31
체청체청(諦聽諦聽) 219
초녹(抄錄) 27
초조(初祖) 66, 299, 334, 335, 336
초지보살(初地菩薩) 340
초혜(草鞋) 138
총림(叢林) 88, 133, 148, 149, 334, 335, 390
총용불저(總用不著) 75
추손역포(麤飡易飽) 373
출각입각(出殼入殼) 289
출정(出定) 339
취멸(吹滅) 238
치둔인(癡鈍人) 333, 365, 384
치서부도가(馳書不到家) 112
치인(癡人) 69, 123
치인면전 불가설몽(癡人面前, 不可說夢) 69
친(親) 172, 245
친견(親見) 33
친절(親切) 197, 214, 215, 252, 295, 301, 340
칠불사(七佛師) 339
칠불지사(七佛之師) 340
칠수팔각(七手八脚) 289
칠전팔도(七轉八倒) 355
칠조(七條) 154
칠종(七宗) 72
침두삭철(針頭削鐵) 353

ㅌ

타궁막만(他弓莫挽) 360
타노(他奴) 357
타마막기(他馬莫騎) 360
타비막변(他非莫辨) 360
타사막지(他事莫知) 360

타성일편(打成一片) 33, 38
타시리일(他時異日) 118
타시아수(他是阿誰) 357, 358, 361
탁발(托鉢) 125
탁상(托上) 18, 62, 77, 86
탈득생사(脫得生死) 369
탈적창살적(奪賊鎗煞賊) 330
탈체현성(脫體現成) 204
탐견천상월(貪見天上月) 49
탐이자저(貪餌者著) 317
태공(太空) 229
탱문병주호(撐門幷拄戶) 166
탱문주호(撐門拄戶) 191
탱천병주지(撐天幷拄地) 355
통신(通身) 33, 76, 385, 387
통호곡(痛號哭) 56
투기(投機) 302
투득(透得) 28, 33
투부(鬪富) 111
특특(特特) 331

ㅍ

파계비구(破戒比丘) 46
파수공행(把手共行) 33
파안미소(破顏微笑) 80
파자(婆子) 262
파정(把定) 380
파초엽상무수우(芭蕉葉上無愁雨) 275
파초주장(芭蕉拄杖) 104, 352
팔만사천호규(八萬四千毫竅) 33
팔비나타(八臂那吒) 27
패궐(敗闕) 242
패궐당풍류(敗闕當風流) 343
패궐처(敗闕處) 227
편중불편경(便重不便輕) 323
평등일여(平等一如) 247, 341, 364
평등즉차별(平等卽差別) 115, 212, 226
평상시도(平常是道) 174, 279

평상심 174, 175, 176, 177, 178, 179, 180
평상심시도(平常心是道) 174
평생기력(平生氣力) 33
평어 21
폐구우상(閉口又喪) 221
포장규굴(抱贓叫屈) 259
표신(表信) 201
풍골구(風骨句) 215, 216
풍동(風動) 249
풍류(風流) 50
풍번(風幡) 249

ㅎ

하(夏) 143
하사(何似) 102, 106, 107, 199, 385
하어(下語) 320
하여(何如) 199
학도(學道) 155
학도지인(學道之人) 123
학인(學人) 44
학장부단(鶴長鳧短) 228
한 길(一路) 379
한사(閑事) 179
할(喝) 148
할각(瞎却) 246, 366
할계하용우도(割雞何用牛刀) 265
항불항(行佛行) 257
항살활령(行殺活令) 350
항자(行者) 201
해동사무외대사(海東四無畏大士) 112
해중조차(奚仲造車) 93
향상(向上) 178, 364, 383
향상일구(向上一句) 127
향상일규(向上一窺) 382, 383
향수해(香水海) 187
향엄상수(香嚴上樹) 73
향적쌍망(響寂雙忘) 156
향하(向下) 178

허공소운, 철산최(虛空消殞, 鐵山摧) 63, 240
허명(虛名) 163
허무회(虛無會) 33
험(險) 138, 386
현변(玄辨) 239
현애살수(懸崖撒手) 272
현재심불가득(現在心不可得) 242
현전(現前) 98
현전신(現全身) 363
현하지변(懸河之辨) 75
혈적적(血滴滴) 62, 372, 295
형호제응(兄呼弟應) 198
호남(湖南) 143, 144, 145, 146, 147, 149, 151, 243
호떡(胡餅) 190
호사불여무(好事不如無) 48
호수적(胡鬚赤) 45
호시절(好時節) 179
호육완창(好肉剜瘡) 27
호인(胡人) 45
호자(胡子) 66
호자무수(胡子無鬚) 66
호장삼(胡張三) 358
혹암(或庵) 66
홍기섬삭(紅旗閃爍) 152
홍사선(紅絲線) 184
화광(和光) 164
화광동진(和光同塵) 165
화두 16, 20
화산(華山) 62, 63
화종(火種) 243
화타(話墮) 253, 313, 314, 316
환종작옹(喚鐘作甕) 90
활각(活却) 75
활계(活計) 111
활달마(活達磨) 68
활로두(活路頭) 75
활발발지(活潑潑地) 60

활안(活眼) 199, 242, 244, 367
활인검(活人劍) 117, 138, 140
황룡삼관(黃龍三關) 17, 22, 385, 386, 387, 389
황룡파 72, 319, 368, 376, 391
황매(黃梅) 202
황매현 208
황면(黃面) 85
황면구담(黃面瞿曇) 85
황면노자(黃面老子) 85
황사(黃沙) 307
황사백전천근금갑(黃沙百戰穿金甲) 307
회(會) 101
회두토면(灰頭土面) 364
회의론(懷疑論) 269
회창(會昌) 132
획일획(劃一劃) 378
후무미륵(後無彌勒) 301
흑만만지(黑漫漫地) 381
흑이사(黑李四) 358
힐문(詰問) 56

1700공안 15
33천 378, 379
48칙 28
9산선문 261

인 명

ㄱ

가섭(迦葉) 80, 81, 83, 84, 85, 86, 87, 194, 195, 196, 197, 198, 199,
각철취(覺鐵嘴) 303, 304
개복 도녕(開福道寧) 97

건봉(乾峯)　378, 379, 381, 382, 383, 384
경청(鏡淸)　217
굉지 정각(宏智正覺)　228
구지(俱胝)　56, 57, 58, 59, 60, 61, 62, 64, 65, 122
국사(國師)　161, 164, 165, 167, 168
금화 구지(金華俱胝)　65

ㄴ

나옹 혜근(懶翁惠勤)　391
나한 계침(羅漢桂琛)　230
남악 회양(南嶽懷讓)　261, 278
남양 혜충(南陽慧忠)　106, 161, 168, 224
남원 혜옹(南院慧顒)　217
남전 보원(南泉普願)　42, 53, 141, 261, 368
남전(南泉)　42, 53, 105, 106, 134, 135, 136, 137, 138, 139, 140, 141, 142, 174, 175, 176, 177, 178, 232, 233, 234, 235, 236, 261, 279, 281, 282, 283, 284, 368
남탑 광용(南塔光湧)　104, 356

ㄷ

단제 선사(斷際禪師)　55
달마(達磨)　28, 45, 50, 66, 67, 68, 69, 70, 73, 74, 101, 140, 167, 178, 208, 298, 299, 301, 302, 309, 316, 328, 329, 330, 331, 332, 334, 335, 336, 382
대매(大梅)　255, 256, 257, 258, 259, 261, 274, 275
대매 법상(大梅法常)　65, 255, 261
대혜 종고(大慧宗杲)　21, 36, 349, 391
덕산(德山)　43, 124, 125, 126, 127, 128, 129, 131, 132, 133, 238, 239, 240, 241, 242, 243, 244, 245, 246, 247, 248
덕산 선감(德山宣鑑)　132, 239
도명(道明)　210
도솔 종열(兜率從悅)　369, 376, 377
도오 오진(道吾悟眞)　235

도헌(道憲)　261
동사 여회(東寺如會)　281
동산 법연(東山法演)　357
동산(洞山)　112, 133, 143, 144, 145, 146, 147, 148, 149, 150, 151, 152, 153, 158, 169, 170, 171, 172, 302, 321
동산 수초(洞山守初)　144, 152, 153, 169, 302, 321
동산 양개(洞山良价)　112, 152, 153, 158, 384

ㅁ

마조(馬祖)　53, 141, 142, 234, 236, 255, 256, 257, 261, 274, 275, 277, 278, 281, 377
마조 도일(馬祖道一)　141, 255, 261, 278
망명(罔明)　337, 338, 340, 341, 342, 343, 344, 345, 346
목주 도종(睦州道蹤)　152
몽산 혜명(蒙山慧明)　210
무량 종수(無量宗壽)　386, 390, 391
무문(無門)　36, 71, 99, 188, 386
무문 혜개(無門慧開)　20, 22
무제　336
문수(文殊)　263, 337, 338, 339, 340, 341, 342, 343, 344, 345, 346
문제(文帝)　277
밀암 함걸(密庵咸傑)　188

ㅂ

방(龐) 거사　63, 261, 361
배휴(裴休)　55, 323, 327
백운 수단(白雲守端)　292
백장(百丈)　44, 45, 47, 48, 49, 50, 53, 54, 78, 142, 320, 321, 322, 323, 324, 325, 326
백장 회해(百丈懷海)　53, 142, 261
범단(范丹)　111
법안 문익(法眼文益)　230
보리 달마(菩提達磨)　336
보봉 극문(寶峰克文)　377

분양 선소(汾陽善昭) 368
불일 계숭(佛日契嵩) 148, 149

ㅅ

사심(死心) 313, 319
사심 오신(死心悟新) 319
서당 지장 53, 142, 261
서암 사언(瑞巖師彦) 118, 124
서암언화상(瑞巖彦和尙) 118
석가미륵(釋迦彌勒) 357
석두 희천(石頭希遷) 248
석상 경제(石霜慶諸) 319
석상 초원(石霜楚圓) 72, 368, 391
선각(善覺) 321, 322, 327
설두 중현(雪竇重顯) 148, 368
설봉 125, 126, 127, 128, 129, 133, 152, 294, 321
설봉 의존(雪峰義存) 133, 152
세존(世尊) 80, 82, 83, 84, 194, 268, 269, 270, 271, 272, 337, 338, 339, 340, 379
송원 숭악(松源崇岳) 188
송원화상(松源和尙) 181
수산(首山) 347, 348, 349, 350, 351
수산 성념(首山省念) 351
승조(僧肇) 211, 212, 216
신감(神鑑) 261
신광(神光) 329, 336
신수(神秀) 209
신회(神會) 168

ㅇ

아난(Ānanda) 194, 195, 196, 197, 199, 268, 270, 271, 272
암두 125, 126, 127, 128, 129, 131, 133
암두 전활(巖頭全豁) 124, 132
앙산(仰山) 104, 218, 219, 220, 221, 222, 223, 224, 327, 356
앙산 혜적(仰山慧寂) 224, 327

양기 방회(楊岐方會) 22, 72, 235, 368, 391
언충(彦忠) 65
염관 제안 261
엽현 귀성(葉縣歸省) 348
영명 연수(永明延壽) 231
영안 도원(永安道原) 231
영운(靈雲) 157, 370
영운 지근(靈雲志勤) 327
오암 사언(烏巖師彦) 124
오조(五祖) 202, 285, 292, 293, 305
오조 법연(五祖法演) 72, 97, 285, 292, 357
오조 홍인 105, 250, 292, 386, 388, 389
용담(龍潭) 238, 239, 240, 241, 242, 243, 245, 246, 247, 248
용담 숭신(龍潭崇信) 132, 248
운거 도응(雲居道膺) 83, 112
운문(雲門) 43, 133, 143, 144, 145, 146, 147, 148, 149, 151, 152, 154, 155, 169, 189, 190, 191, 192, 193, 216, 313, 314, 315, 316, 317, 318, 378, 379, 381, 382, 383, 384
운문 문언(雲門文偃) 152, 384
운문천자(雲門天子) 152, 189
원오 극근(圜悟克勤) 71, 292
월림 사관(月林師觀) 22
월암(月庵) 93, 94, 95, 97
월암 선과(月庵善果) 97
월주 건봉(越州乾峯) 384
위산(潙山) 78, 79, 104, 224, 320, 321, 322, 323, 324, 325, 326, 327, 348
위산 영우(潙山靈祐) 54, 224, 326
육긍(陸亘) 141, 142
육조(六祖) 112, 201, 202, 203, 204, 205, 206, 208, 210, 249, 250, 251, 252, 253, 254, 261
육조 혜능(六祖慧能) 112, 208, 249, 250, 261
이엄(利嚴) 112, 261
인종(印宗) 249, 250

임제 의현(臨濟義玄) 43, 55, 71

ㅈ

장사 경잠(長沙景岑) 123, 142, 364, 368
장상영(張商英) 377
장자(莊子) 223
장졸(張拙) 313, 314, 315, 316, 318, 319
조산(曹山) 108, 109, 110, 111, 112
조산 본적(曹山本寂) 112
조주(趙州) 29, 30, 31, 32, 33, 34, 36, 41, 42, 43, 68, 71, 88, 89, 90, 105, 113, 114, 115, 116, 117, 134, 137, 138, 139, 140, 141, 174, 175, 176, 177, 178, 262, 263, 264, 265, 266, 267, 298, 299, 300, 301, 303, 304, 313
조주 종심(趙州從諗) 42, 142, 368
주금강(周金剛) 132, 243, 244, 245
지광(智光) 250
지종(智宗) 231
진공장(陳孔章) 277

ㅊ

천룡 56, 57, 58, 59, 60, 61, 62
천룡 굉(天龍 肱) 22
천태 덕소(天台德韶) 231
천황 도오(天皇道悟) 248
청량대법안(淸凉大法眼) 225
청량 문익 230
청세(淸稅) 108, 109, 110, 111, 112
청양(淸讓) 98, 99, 100, 104
초산 사체 71

ㅌ

탐원(耽源) 224
탐원 응진(耽源應眞) 161, 168
태고 보우(太古普愚) 391

ㅍ

파초(芭蕉) 224, 275, 352, 353, 354, 356
파초 혜청(芭蕉慧淸) 104, 224, 356
풍혈 연소(風穴延沼) 217, 351
풍혈화상(風穴和尙) 211

ㅎ

항우(項羽) 111
항주 천룡(杭州天龍) 65
해중(奚仲) 93, 94, 95
향엄(香嚴) 73, 74, 75, 76, 77, 78, 79, 157, 294, 370
향엄 지한(香嚴智閑) 78, 294, 327
현사 사비(玄沙師備) 120, 230, 332
혜가(慧可) 167, 328, 329, 330, 331, 334, 335, 336
혜가 대조(慧可大祖) 336
혜개(慧開) 27
혜거(慧炬) 231
혜능(慧能) 28, 104, 105, 161, 168, 202, 205, 206, 208, 209, 210, 249, 250, 261
혜명(慧明) 201, 202, 203, 204, 205, 206, 208, 210
혜충(慧忠) 79, 106, 161, 167, 168, 224
호국 경원(護國景元) 71
혹암(或庵) 66, 67, 69, 71
혹암 사체(或庵師體) 71
화림 선각(華林善覺) 321, 327
황룡 사심(黃龍死心) 97, 315, 319
황룡 혜남(黃龍慧南) 72, 319, 368, 376, 386, 391
황매 104, 105, 202, 204, 205, 250
황벽(黃檗) 45, 49, 50, 54, 55, 71, 152
황벽 희운(黃檗希運) 54, 71
회당 조심(晦堂祖心) 319
흥양양화상(興陽讓和尙) 98
흥양 청양(興陽淸讓) 104, 224, 356

서 명

ㄱ

『경덕전등록』 21
『고봉원묘선사선요(高峰原妙禪師禪要)』 333
『고존숙어록(古尊宿語錄)』 235
『굉지선사광록』 228, 366
『금강경』 132, 208, 239, 241, 242, 243, 244, 245, 248

ㄴ

『낙양가람기』 336
『노자』 165
『논어』「술이편」 315
『논어』「자로편」 83

ㄷ

『대범천왕문불결의경(大梵天王問佛決疑經)』 80
『대정신수대장경』 16

ㅁ

『무문관(無門關)』 14, 16, 17, 20, 21, 22, 23, 28, 35, 43, 107, 147, 169, 188, 210, 224, 279, 313, 370, 383, 389, 390
『문수소설경』 46

ㅂ

『방발경(放鉢經)』 339
『법화경』 82
『법화경』제7「화성유품(化城喩品)」 98
『법화경연의』 83
『벽암록』 14, 15, 16, 21, 43, 63, 104, 105, 107, 149, 168, 232, 292, 313, 332
『보장론(寶藏論)』 211, 212
『불설급고장자여득도인연경(佛說給孤長者女得度因緣經)』 305

ㅅ

『사기』 265
『선종무문관(禪宗無門關)』 16, 27
『수능엄경』 220, 379
『심왕명(心王銘)』 256

ㅇ

『열반경』 132, 250
『오등회원』 124, 126, 216, 302, 321, 349, 354, 388
「용상경(龍象經)」 342
「운지 자각(雲知慈覺)」 354
『유마경』 294
「이미체정품(離微體淨品)」 211
『이혼기(離魂記)』 285
『임제록』 15, 107, 218, 277
『입중일용(入衆日用)』 391

ㅈ

『자치통감』후진기(後晉記) 85
『잡아함경』 271
『전등록』 57, 65, 83, 107, 123, 126, 133, 231, 249, 281, 321, 327, 328
『제불요집경(諸佛要集經)』 338
『조당집』 104, 106, 124, 281
『조주록』 30
『종경록』 231
『중아함경』 342
『증도가(證道歌)』 260

ㅎ

「행록」 218, 277
『화엄경』「광명각품」 374
『화엄경』 60, 190, 220, 234

『무문관』 불조(佛祖) 법계표(法系表)

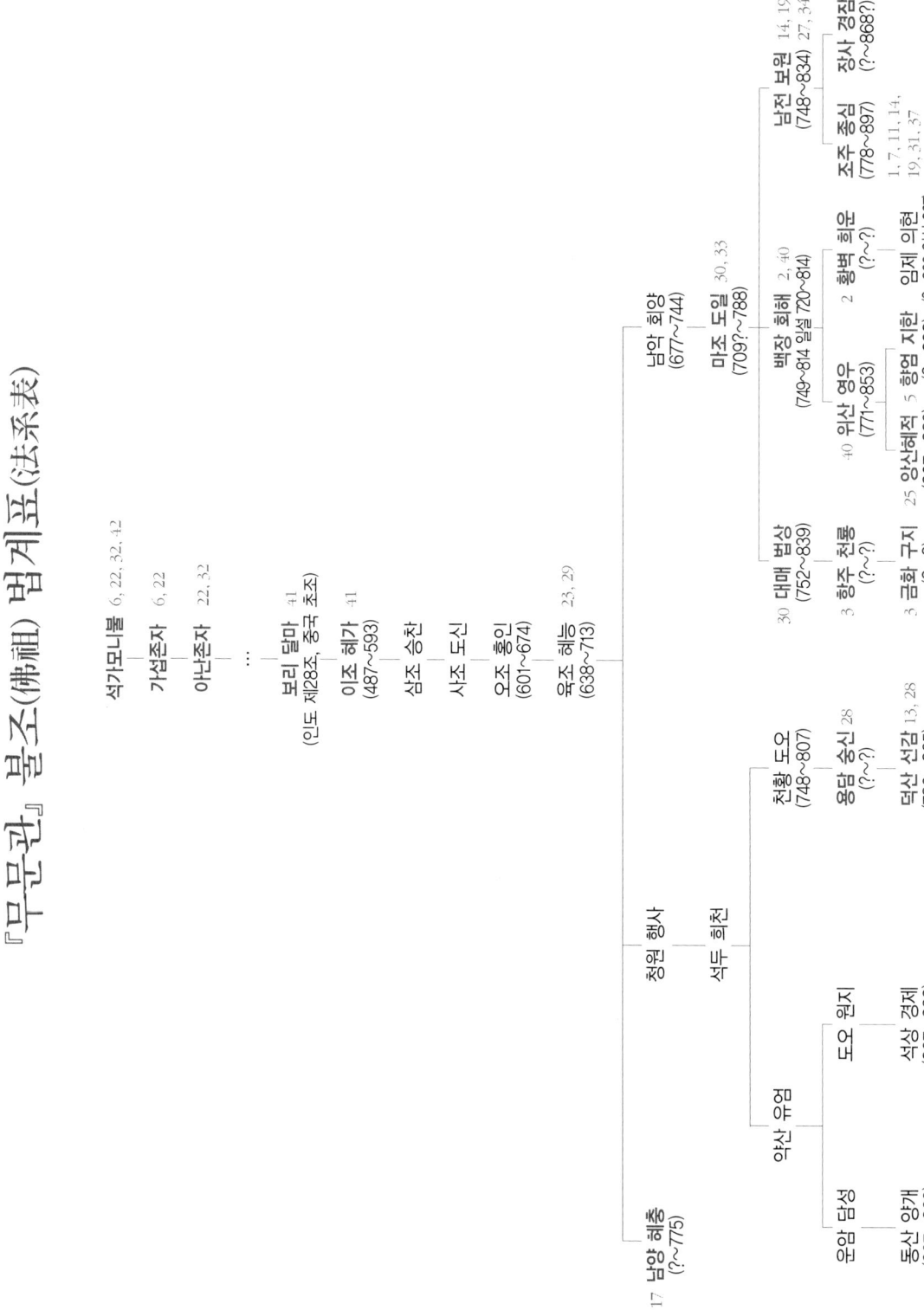

※ 숫자는 『무문관』에 등장하는 본칙을 표기한 것임.

[10] 조산 본적 (840~901)
[10] 청세 (?~?)
월주 건봉 [48] (?~?)
장졸 수재 [39] (?~?)
[15, 16, 21, 39, 48]
[15, 18]
암두 전활 [13] (828~887)
서암 사언 [12] (?~?)
설봉 의존 [13] (822~908)
운문 문언 (864~949)
동산 수초 (910~990)
현사 사비 (835~908)
나한 계침
법안 문익 [26] (885~958)

흥화 존장
남전 보원 (850~938)
남원 혜옹
파조 혜정 [44] (?~?)
풍혈 연소 [24] (896~973)
동앙 청양 [9] (?~?)
수산 성념 [43] (926~993)
분양 선소
석상 초원 [46] (986~1039)
양기 방회 (992~1049)
백운 수단
황룡 혜남 (1002~1069)
회당 조심
보봉 극문
황룡 사심 [39] (1043~1114)
도솔 종열 [47] (1044~1091)

[35, 36, 38, 45] 오조 법연 (?~1104)
개복 도녕
원오 극근 (1063~1135)
[8] 월암 선과 (1079~1152)
대홍 조종
호구 소륭
응암 담화
호국 경원
죽암 사규
밀암 함걸 (1118~1186)
죽암 사제 [4] (1108~1179)
목림 사관
무문 혜개 (1183~1260)
송원 숭악 [20] (1132~1202)

■ 장휘옥

부산대학교 사범대학 화학과를 나왔다. 같은 과 대학원에 진학했지만 과학보다는 삶과 죽음의 문제에 깊은 관심을 가져, 동국대학교 불교학과에 학사 편입해 석사 과정을 졸업했다. 이후 일본 도쿄(東京)대학 대학원 인문과학연구과(인도철학 인도문학 전공)에서 화엄사상으로 석사·박사학위를 받은 뒤, 동국대학교 사회교육원 교수로 재직했다. 일본 도쿄대학교 동양문화연구소 연구원, 한국불교학회 이사, 원효학연구원 연구위원, 한국정토학회 이사를 역임했다.

『불교학개론 강의실 1·2』(장승), 『해동고승전 연구』(민족사), 『정토불교의 세계』(불교시대사), 『자, 떠나자 원효 찾으러』(시공사), 『길을 걷는 자, 너는 누구냐』(공저, 더북컴퍼니) 등 10여 권의 책을 썼으며, 『화엄경 이야기』(장승), 『대승기신론 이야기』(장승), 『중국불교사 1·2·3』(장승) 등 여러 권의 책을 번역했다.

■ 김사업

서울대학교 인문대학 영문학과를 졸업했다. 대기업에 입사했으나 어렸을 적부터 가졌던 "나는 누구인가?"에 대한 의문을 회피할 수 없었다. 결국 회사를 그만두고 동국대학교 불교학과에 학사 편입하여, 같은 과에서 유식사상을 세부 전공으로 석사·박사 학위를 취득했다. 일본에 유학하여 교토(京都)대학 대학원 문학연구과(불교학 전공) 박사 과정을 수료하고, 동국대학교 사회교육원 교수로 재직했다. 저서로는 『인문학을 좋아하는 사람들을 위한 불교수업』(불광출판사), 『길을 걷는 자, 너는 누구냐』(공저, 더북컴퍼니), 『Chontae Thought in Korean Buddhism』(공역, 동국대 불교문화연구원)이 있다.

간화선 수행의 교과서, 무문관
무문관 참구

초판 1쇄 발행 | 2012년 1월 30일   초판 3쇄 발행 | 2023년 5월 30일

제창 | 장휘옥·김사업   펴낸이 | 윤재승

주간 | 사기순   기획홍보팀 | 윤효진   영업관리팀 | 김세정

펴낸곳 | 민족사 출판등록 제1-149호.(1980.05.09)
주소 | 서울시 종로구 삼봉로 81 두산위브파빌리온 1131호
전화 | 02)732-2403~4   팩스 | 02)739-7565
홈페이지 | www.minjoksa.org   이메일 | minjoksabook@naver.com

ⓒ 장휘옥 · 김사업, 2012

ISBN 978-89-7009-536-3   03220

※책값은 뒤표지에 있습니다. 잘못된 책은 바꿔 드립니다.
※저작권법에 의하여 보호를 받는 저작물이므로 무단으로 복사, 전재하거나 변형하여 사용할 수 없습니다.